高校体育教学多元理论与运动方法设计研究

刘瑛　阿拉腾仓　任才　著

吉林科学技术出版社

图书在版编目（CIP）数据

高校体育教学多元理论与运动方法设计研究／刘瑛，阿拉腾仓，任才著．—长春：吉林科学技术出版社，2023.8

ISBN 978 - 7 - 5744 - 0966 - 8

Ⅰ.①高… Ⅱ.①刘… ②阿… ③任… Ⅲ.①体育教学－教学研究－高等学校 Ⅳ.①G807.4

中国国家版本馆 CIP 数据核字（2023）第 200670 号

高校体育教学多元理论与运动方法设计研究

著	刘　瑛　阿拉腾仓　任　才
出 版 人	宛　霞
责任编辑	刘　畅
封面设计	木　子
制　　版	北京星月纬图文化传播有限责任公司
幅面尺寸	185mm×260mm
开　　本	16
字　　数	479 千字
印　　张	19.25
印　　数	1–1500 册
版　　次	2023年8月第1版
印　　次	2024年2月第1次印刷

出　　版	吉林科学技术出版社
发　　行	吉林科学技术出版社
地　　址	长春市福祉大路5788号
邮　　编	130118
发行部电话/传真	0431-81629529 81629530 81629531
	81629532 81629533 81629534
储运部电话	0431-86059116
编辑部电话	0431-81629518
印　　刷	三河市嵩川印刷有限公司

书　　号	ISBN 978-7-5744-0966-8
定　　价	114.00元

前　　言

　　高校体育不仅是我国高校课程体系中的重要组成部分，而且也是高校实施素质教育和培养全面发展人才的重要途径。体育教学的核心目的便是促进学生身心健康发展，培养学生的终身体育的观念和终身体育的锻炼习惯。同时，面对竞争日益激烈的社会环境，高校体育与健康教育如何培养大学生健康的体魄和良好的心理素质，是目前高等教育工作者需要履行的最为重要、迫切的职责和义务。

　　但是，我们需要认识到一点，我国高校传统的体育教学形式，已经无法适应现有的高校办学规模和教育体制，基于此，我国高校体育教学改革，已经成为一项迫在眉睫的任务。尤其是近年来，虽然高校体育教学改革获得了一定的成绩，但是在改革过程中存在着各种各样的问题，要想妥善解决这些问题，必须对高校体育教学理论进行重新的认识和定位，用实践来检验出改变传统体育教学的必要性。同时，为了全面贯彻与实施党的教育方针，促进大学生的健康发展，使当代大学生成为社会主义事业的建设者和接班人，笔者根据国务院批准发布实施的《学校体育工作条例》的精神和教育部颁布的《我国普通高等学校体育教学指导纲要》的基本要求，结合高校体育教学的发展趋势，在查阅大量相关著作文献的基础上，精心撰写了《高校体育教学多元理论与运动方法设计研究》一书。

　　本著作由十章组成，重点在于对现阶段我国高校体育教学多元理论进行系统地研究。首先，对高校体育教学发展、教学价值展开分析，为后续高校体育教学多元理论的相关研究奠定基础。其次，从教学方法、教学内容、教学模式、教学评价、教学管理五个方面出发，分别探究其多元化的必要性以及多元化实践。最后，以项群理论为基础，对体育运动项目进行分类，较为全面地对体育项目的运动方法进行介绍，为大学生科学、有效地参加体育锻炼提供指导，从而充分发挥体育运动在促进学生身心健康这一方面的重要作用。本著作结构清晰，内容丰富，具有较高的理论价值和实用价值。

本书由刘瑛、阿拉腾仓、任才共同撰写完成，具体分工如下：

刘瑛（山东理工大学）第一章第三节、第二章第二三节、第三章、第七章、第十章；

阿拉腾仓（鄂尔多斯应用技术学院）第一章第一二节、第四章、第六章、第九章；

任才（海南医学院）第二章第一节、第五章、第八章；

最后由刘瑛、阿拉腾仓、任才进行统稿与定稿。

由于撰写时间仓促，著作中会有诸多不足之处，并且在本著作中并没有一一标明被引用者的姓名和论著的出处，对此我们表示真诚的歉意，并向所有被引用文章的原著作者表示最诚挚的感谢！真诚地希望广大师生和专家能对本研究提出宝贵的意见和建议。

作　者

2023 年 7 月

目　　录

第一章　高校体育教学发展的多元化研究 ·· (1)
　　第一节　高校体育教学多元化发展的溯源分析 ·································· (1)
　　第二节　高校体育教学多元化发展的现状分析 ·································· (11)
　　第三节　高校体育教学多元化发展的对策分析 ·································· (14)
第二章　高校体育教学价值的多元化研究 ·· (22)
　　第一节　高校体育教学多元价值的理论基础 ····································· (22)
　　第二节　高校体育教学多元价值的基本内涵 ····································· (24)
　　第三节　高校体育教学多元价值的回归探索 ····································· (26)
第三章　高校体育教学方法的多元化研究 ·· (39)
　　第一节　高校体育多元化教学方法的理论基础 ·································· (39)
　　第二节　高校体育教学自主教学法的重要性分析 ····························· (46)
　　第三节　高校体育教学合作教学法的重要性分析 ····························· (53)
　　第四节　高校体育教学探究教学法的重要性分析 ····························· (57)
第四章　高校体育教学内容的多元化研究 ·· (66)
　　第一节　高校体育教学内容多元化的必要性分析 ····························· (66)
　　第二节　高校体育多元教学内容的资源开发 ····································· (69)
　　第三节　高校体育多元教学内容的应用研究 ····································· (77)
第五章　高校体育教学模式的多元化研究 ·· (86)
　　第一节　高校体育教学模式多元化的必要性分析 ····························· (86)
　　第二节　高校体育 SPOC 混合教学模式的构建分析 ························ (89)
　　第三节　高校体育课内外一体化教学模式的构建分析 ····················· (93)
　　第四节　高校体育俱乐部教学模式的构建分析 ································ (105)
第六章　高校体育教学评价的多元化研究 ·· (121)
　　第一节　高校体育教学多元评价的必要性分析 ································ (121)
　　第二节　高校体育教学多元评价体系的框架建设 ··························· (123)
　　第三节　高校体育教师教学能力的多元化评价分析 ······················· (129)
　　第四节　高校体育学生学习能力的多元化评价分析 ······················· (138)
第七章　高校体育教学管理的多元化研究 ·· (145)
　　第一节　高校体育教学管理内容的多元化分析 ································ (145)
　　第二节　高校体育教学资源的多元化管理分析 ································ (150)
　　第三节　高校体育教学主体的多元化管理分析 ································ (163)

　　第四节　高校体育教学活动的多元化管理分析 ……………………………（171）

第八章　隔网对抗型项目的运动方法设计 ……………………………………（187）

　　第一节　乒乓球项目的运动方法设计 ………………………………………（187）

　　第二节　羽毛球项目的运动方法设计 ………………………………………（200）

　　第三节　网球项目的运动方法设计 …………………………………………（210）

第九章　同场对抗型项目的运动方法设计 ……………………………………（223）

　　第一节　足球项目的运动方法设计 …………………………………………（223）

　　第二节　篮球项目的运动方法设计 …………………………………………（232）

　　第三节　排球项目的运动方法设计 …………………………………………（246）

第十章　表现难美型项目的运动方法设计 ……………………………………（260）

　　第一节　体操项目的运动方法设计 …………………………………………（260）

　　第二节　武术项目的运动方法设计 …………………………………………（276）

　　第三节　跳水项目的运动方法设计 …………………………………………（289）

参考文献 …………………………………………………………………………（297）

第一章　高校体育教学发展的多元化研究

第一节　高校体育教学多元化发展的溯源分析

虽然我国早在春秋时期就有了体育相关的教学内容，如传统教育内容"六艺"中的"射、御、乐"就均与体育有关，但是在长达两千余年的封建社会时期，一般学校的教育内容主要以儒家的"四书""五经"为主，偏重德育、智育，总体的教育思想是重文轻武。唐朝实行文举、武举分开的科举制度；朝开始兴办武学，文武教育分道扬镳。但这一时期武举制度主要在于选拔和训练军事人才，与体育教学之间的关系并不密切。直到清朝末年，我国日本和欧美各国开办近代新式的学校，在这些学校中开始有了体操（相当于体育）的教育内容，社会上才开始有了西方式的体育活动。因此，想要梳理我国体育教学的发展脉络，从近代开始较为适宜。

一、中国近代体育教学的发展溯源

（一）近代学制建立前的体育教学（1840 年～1902 年）

近代学制颁布之前，学校教育中的体育形态根据各类学校性质的差异表现出不同的特点。在清朝贵族学校中，存在着传统的体育的教育；在洋务学堂和维新时期的学校中，存在着"兵式体操"的教育；在教会学校中，有以近代田径运动和球类项目为主的体育课程和课外体育活动。此阶段仍旧处于清政府的统治时期，所以传统的体育教学和"兵式体操"教育是体育教学的主要形态，具有浓重的军事色彩，表现出军事训练代替体育教育的现象。

1. "废科举、兴学堂"以前的体育教学

清朝贵族学校中的传统体育教学，以八旗子弟的骑射为标志。凡是满人的读书考试，即便是文科的举人、进士，也必须会骑射才能录取。与"文科举"形式相呼应的是"武科举"，以此来选拔军事人才。各地设"武学馆"，为想通过武技获取功名者提供练武的场所。武举考试分童试、乡试、会试、殿试，各试三场，考试内容为马步、射弓、刀石技勇，内场考试为古典军事理论等。① 这些早已存在的传统体育内容，在学堂章程颁行全国和废除武科举之后，才逐渐退出体育教育的舞台。

2. 洋务派兴办学堂时期的体育教学

洋务派办学堂时期，设立"中学为体、西学为用"的教育模式，开设体操课程，引进西方体育，打破了我国两千多年来学校中没有体育课程的状态。但洋务派官僚们并不具有全面发展

---

① 朱有瓛．中国近代学制史料（第一辑上册）[M]．华东师范大学出版社，1983：481.

的教育思想，在学堂中设置体育课程，完全是从增强军事需要出发，以维护和稳定清朝封建统治为目的。不可否认，洋务学堂体育课程对中国近代体育课程的形成起到了较大的促进作用。

在洋务学堂中，除了语言学堂之外，军事学堂、技术学堂均以学习"西艺"为主。这类"西艺"学校，是围绕"洋务"建设的中心，即培养军事人才而展开的，重点放在仿制洋枪炮、洋机器，训练洋操和学习洋兵法上。军事技术学堂主要是培养军工类的技术人员，部分学堂在其课程设置中开设"体操科"，如"福建船政学堂"入校先学普通课程，然后学专门学科，并习兵操、射击诸艺。教学制度为"一师制"，即每班所有课程，除了中文、兵操之外，都由一位教习包教。但是在课余时间内均要求学员进行操练，尤其是临将毕业时还有专门的学生实习。学生至学业有成，将下船实习，前数月以洋枪队伍步伐口号为主，每日早晚在操场演练两次，均自六点钟至七点钟。

军事（水师、武备）学堂的主要目的是培养陆军和海军的军官，这类学校在正式课程设置中开设"体操科"，而且所有这些军事学堂所设课程，有军事科目，如练洋操，用洋军器，学习驾驶与制造船炮等。功课有学科和术科两类：学科称为讲堂功课，术科称为操场功课。操场功课有操枪队、操炮队、操马队、打枪靶、演习体操等；教官由聘请的外国人担任。

3. 维新运动时期的体育教学

"新式学校"是资产阶级宣传变法、培养变法人才的主阵地，大多是由先进的知识分子所创办或主持的。在这些新式学校中均有体操科的规定，此时期比较有名的是广州的万木草堂，由梁启超主办。《康有为传》中说："梁启超其为教也，德育居其十之七，智育居其十之三，而体育亦特重焉。"梁启超不仅在学纲中提倡"游于艺"，强调属于体育的"礼、射"，还在课外学科中要求体操要"每间一日课之"。

维新运动时期，京师大学堂是清政府谕令全国学校仿效的榜样，戊戌变法失败之后，除了京师大学堂之外的所有改革措施均被废除。《京师大学堂章程》中关于体操科的规定有，第二章学堂功课例中"今略依泰西日本通行学校功课之种类，参以中学，列表如下：体操学第十，以上皆溥通学；其应读之书，皆由上海编译局纂成功课书，按日分科。"① 除了设置功课之外，还在课程外对学生的体育活动有所要求，"京师大学堂规条，每日肄业暇时，必有体操功夫以养身，仿古人藏休息游之意。"②

4. 教会中的学校体育

尽管阻力很大，但是几乎所有教会学校都在成立之初就将体育列入课程表。课外活动也是教会学校首为之倡，尤其是体育活动。③ 课外体育锻炼也成为学校积极鼓励和引导学生参加的活动之一。由于教会学校与西方国家的密切联系，很多先进的体育用具和设备往往首先在教会学校内使用。因此，外国传入的体育竞赛项目，如篮球、排球等，也大多由教会学校首先开始传播，之后普及其他性质的学校。

《圣玛利亚女书院章程》第六章中记载了"体操"的有关规定："本学堂体操每礼拜分两次，

---

① 汤志钧，陈祖恩. 戊戌时期的教育 [M]，上海教育出版社，1993：128.
② 朱有瓛. 中国近代学制史料（第一辑下册）[M]. 华东师范大学出版社，1986：668.
③ 何晓夏，史静寰. 教会学校与中国教育近代化 [M]. 广东教育出版社，1996：341.

一次须服操衣，借以强健体质，舒畅脉络，于卫生大有裨益。如因他故不能当此者，禀候队长及领队员准许，方可免邀。"① 上海圣约翰大学附属中学所留存的资料中，也有"体育部"的有关记载："诸生于开学之时，均需赴校医处验身，验后再赴体育处长办公室处度量身材。凡诸生非经校医准免者，均需体操。除星期天外，每日清晨有柔软体操。每星期一、三、五下午有兵式体操或童子军操等。此外，每星期尚有两小时强迫运动，此项运动种类不一，多以学生喜悦为准，然亦有依其体格而酌定者。"②

（二）近代学制建立后的体育教学（1902 年～1912 年）

《壬寅学制》《癸卯学制》颁布后，学校中正式设置"体操"为一门功课，并在学堂章程中对"体操科"的学时、内容等进行了详细的规定。1909 年 3 月，清政府批准实施《学部奏变通中学堂课程分为文科实科折》。这个文件规定，将中学堂分为文科实科，其课程仍照奏定章程十二门分门教授；各分主课通习两类，体操均为通习；每周 3 课时，以柔软体操和兵式体操为主要课程内容。

自此，体育课程在学校教育中的地位以法令制度的形式得到确立。此时期的中小学堂开设体操课程，各年级每周均 3 课时。但在所开设的学科中，体操课时所占比重均不到学科平均周课时，且随学段（初小、高小、中学）升高所占比重逐渐减少。体操内容包括普通体操、兵式体操，各年级相同，高年级应以兵式体操为主。普通体操主要内容包括：准备法、矫正术、徒手操、哑铃操、球竿操、木棍操、火棒操、藤圈操、投豆囊等。兵式体操主要内容有：柔软体操、个人教练、小队教练、中队教练、枪剑术、野外演习和兵学大意等，而且学习内容基本上是千篇一律，没有内容和方法上的差别。此时期的体操课程对象仅是男学生，因为当时的女子是没有受教育权利的，直到 1907 年《女子教育章程》颁布之后才有所改变。

"壬寅—癸卯学制"时期，体育教学的最明显特征是强烈的军事色彩和对日本学校体育简单的模仿，从体育课程目标、内容，到体育教材教法、体育教师的聘任，甚至连体育课上的口令都是如此。吕达将清末《奏定中学堂章程》中所规定的普通中学课程与日本明治 32 年（1899年）《中学校令施行规则》中所规定的普通中学课程进行对照比较，发现同日本学校的学制与课程是如出一辙的。在学制模仿日本的前提下，清末的学校体育模仿日本的体操课程也是当时必然的选择。王华倬把《奏定学堂章程》中规定的高等小学堂、中学堂体操课程与日本明治 33 年（1900 年）《改正小学校令施行规则》中所规定的高等小学校体操课程和日本明治 35 年（1902年）《中学校教授要目》中所规定的体操课程进行对比，发现与同期日本中小学校的体操课程几乎完全一致。兵式体操是此时期学校体育的主要内容，从高等小学校开始直到中学堂第 5 年均把兵式体操作为主要内容，当时的退伍军人大量担任体育教员又是一个显著特点，主要原因是体育师资的缺乏。这一类体育教员从未学习过正规体操，仅会喊几句队列练习的口令，各类学堂的兵式体操都是简单的"立正""稍息""托枪""开步走"之类的动作。这使得部分地方体操课形同虚设，多数情况是以兵式体操代替整个体操，进而又以兵式体操中的队列、队形变换代替兵式体操，使得体操课变成了队列练习。

---

① 朱有瓛，高时良. 中国近代学制史料（第四辑）[M]. 华东师范大学出版社，1993：312.
② 朱有瓛，高时良. 中国近代学制史料（第四辑）[M]. 华东师范大学出版社，1993：312.

（三）"壬子—癸丑学制"的学校体育（1912年～1920年）

"壬子—癸丑学制"时期，中小学堂均开设体操科，小学每周为3课时，中学女子每周2课时，男子每周3课时。体操内容包括普通体操和兵式体操，小学堂以游戏为主，女子中学免设兵式体操。当时的体操教员大多数仍旧是退役士兵，他们只能教些简单的队列训练，即立正、稍息、托枪、举枪、开步走等技能，一般不会教普通体操和游戏运动，造成当时的体操课实际上是军训课。民初的体育课程，基本上沿袭了清末的体育课程，都是以日本体育课程为模式。民初教育总长蔡元培在1912年全国临时教育会议开会词中，曾直言不讳地说："至现在我等教育规程，取法日本者甚多。此并非我等苟且，我等知日本学制本取法欧洲各国。惟欧洲各国学制，多从历史上渐演而成，不甚求其整齐划而又含有西洋人特别之习惯；日本则变法时所创设，取西洋各国之制而折中之，取法于彼，尤为相宜。"在全国教育联合会及全国中学校长会议后，学校体育出现了一些变化：（1）加强武术的研究，决议将《中华新武术》列为全国各中学校正式体操。（2）力求完备体育设备及器械。（3）奖励自由研究，理论上认为适当者，得设法实施之，以力求教授之改良。（4）注重课外活动。（5）设法优待体育教员。（6）规定体操及教练成绩考查法（成绩考查包括身体方面，考查其强健、姿势及技术三点；精神方面，考查其诚意、元气及规律、协同诸点；知识方面，考查其关于体操及教练知识）。此时期的部分学校体育中还出现了双轨现象，即除了体育课程内的兵式体操和普通体操外，还开展了以田径、球类为主的课外体育活动。

（四）《壬戌学制》的体育教学（1920年～1927年）

1922年，北洋军阀政府教育部颁布了新学制，即《壬戌学制》。这个学制是模仿美国的六三三学制。新学制废除了旧的教育宗旨，提出新的标准：（1）适应社会进化之需要。（2）发挥平民教育精神。（3）谋个性之发展。（4）注意国民经济。（5）注意生活教育。（6）使教育易于普及。（7）多留各地方伸缩余地。

1923年颁布的《新学制课程标准》正式把学校体育的"体操科"改名为"体育课"，剔除了中小学的兵操，体育课的教材改为以球类、田径、游戏、普通体操为主。从此，我国学制从过去学习日本转为模仿美国，以田径、球类为主的运动竞赛盛行，导致许多学校出现了只重视训练少数选手去参加运动竞赛，而不注意大多数的学生体育现象。因此，我国学校体育发生了重大变革，进入一个新的历史时期。

《壬戌学制》吸收了美国的自然主义体育思想，尊重人的个性发展，强调儿童本位。在学校体育内容上废除兵式体操，提倡田径、球类运动、游戏为主的近代体育项目，并纳入生理卫生和保健知识。同时，还制定了初、高中和小学各级学校体育目标，明确提出了体育要"顺应儿童爱好活动的本性""发展个人之本性及人格"；在中学采用分科选科制和学科制、学分制，提高了课程和教学的灵活性。这些改革举措对促进学生生长发育与身心发展有着积极的作用，但由于学校体育内容和目标在很大程度上是对国外的生搬硬套，与国内实际情况严重脱节，出现了全盘西化和片面强调体育的娱乐、个人兴趣和自由发展的情况，因而造成了"放羊式"体育的泛滥。

这一时期，对我国学校体育影响比较深刻的思想主要有：军国民主义教育思想；蔡元培"五育并举"思想中的体育观（他认为教育的目的在于"养成完全之人格，必须体、德、美、智四育并重"）；毛泽东体育观（他在《体育之研究》中阐述了体育对人的全面发展具有首要的意义，提出"体育于吾人实占第一位置"，并主张学校"宜三育并重"）；新文化运动中的新体育思想（在新文化运动中，由于受美国杜威的进步主义教育思想深刻影响，吴蕴瑞等人积极宣传自然主义体育思想，因此，学校开始批判军国民主义教育思想，否定以"兵式体操"为主的理论）等。

（五）"暂行课程标准"时期的体育教学（1927 年～1931 年）

1931 年初修订了《学校体育标准》，其中对各级学校的体育课时、早操、课外运动的时间、体育目的和体育教材等，都做了很多相关的规定。

国民党统治初期还制定颁布了众多中小学课程计划、中小学体育课程标准以及教授细目、实施方案等。其中，与中小学体育课程有直接关系的主要文件有：1929 年颁布的《小学课程暂行标准总说明》《小学课程暂行标准·小学体育》《初级中学暂行课程标准说明》《初级中学体育暂行课程标准》《高级中学普通科暂行课程标准说明》《高级中学普通科体育暂行课程标准》。1929 年的课程标准又被称为"暂行课程标准"，是我国历史上第一部以学科形式颁布的中小学体育课程标准，也是在国家正式颁布的课程文件中，第一次把以往的"体操课"改为"体育课"，明确把体育课程分为课内和课外两类，详细规定了课内和课外的教学时间。体育课程标准的结构包含了课程目标、作业类别及事项、授课时间及学分分配、小学的"各年级作业要领"和中学的"教材大纲"、教学方法要点、小学的"最低限度"和中学的"毕业最低限度"等。在第一部以学科形式颁布的中小学体育课程标准中，将"体育科"改为"体育课"。体育课的目标是强健身体，发展运动能力等，对中学生还提出"养成生活上必需的运动技能"，培养以运动为娱乐的习惯，培养诸多方面的个人品德和团体精神等目标。将体育课分为"课内"与"课外"两类，"课内"每周时间中低年级是 150 分钟，高中年级是 180 分钟；教学内容增加了球类、田径、器械运动，为了适应不同年龄学生的教学还采用分组上课的方法。"课外"每天至少应有两三小时以上的活动，包括课外运动、日常姿势比赛、定期运动会等。

（六）"正式课程标准"时期的体育教学（1931 年～1935 年）

国民党统治强化期颁布了众多中小学课程计划、中小学体育课程标准以及教授细目、实施方案等，这一次改革的明显特征是以"公民训练"替代"党义"课程。其中，与中小学体育课程有直接关系的主要文件是：1932 年颁布的《小学课程标准总纲》《小学课程标准——体育》《初级、高级中学课程标准总纲》《初级中学体育课程标准》《高级中学体育课程标准》。1932 年的课程标准被称为"正式课程标准"，初高中改学分制为学时制，初中的综合课程改为分科课程，高中的教学确立了升学为主的目的，取消了选修课程。小学的教学时间有所增加，初中体育每周 3 学时，高中每周 2 学时。在这次体育课程改革中，还将田径运动、远足和登山提前安排在小学中年级中，并提出课外每天要有集体运动和个人自由活动，要求是"课外活动以课内运动时间所教学的内容为主"。

（七）"修正课程标准"时期的体育教学（1935 年～1937 年）

这段时期颁布了众多中小学课程计划、中小学体育课程标准以及教授细目、实施方案等。其主要特征是合科课程的设置和职业科地位的提升。其中，与中小学体育课程有直接关系的主要文件有：《小学课程标准总纲》《小学中高年级体育课程标准》《小学体育教授纲目》《初级中学体育课程标准》《修正初级中学课程标准》《初中课程标准变更之概况》《高级中学体育课程标准》《修正高级中学课程标准》《高中课程标准变更之概况》。1936 年的课程标准被称为"修正课程标准"。因为普遍反映学生的课业负担沉重、教学课程难度大，所以各学段的教学时间和课程内容均有所减少。体育课程的变化主要表现在：（1）减少教学时数。1932 年的正式课程标准颁布后，各地学校特别是中学普遍认为教学总时数过多，学生负担过重。因此，初高中体育课时由原来的每周 3 小时减少到 2 小时；小学中高年级的四、五、六年级保持原有课时，三年级减少到每周 120 分钟，小学低年级唱游（体育与音乐）每周 180 分钟。（2）小学低年级把"体育"与"音乐"合并为"唱游"；初中体育及童子军共每周 4 学时，规定课内各为 2 学时，童子军另有课外训练 1 课时。（3）中小学体育成绩考核采用了比较科学、客观的评定方法，规定每年至少进行 1 次体格检查，以考核过去的体育成绩，并指导学生做身体发育记录。（4）规定高中女生进行"每周 3 学时，共 1 学年"的军事看护训练，以养成军事看护技术及其应用能力。

（八）"重新修正课程标准"时期的体育教学（1937 年～1949 年）

1938 年 3 月末，国民党在武汉召开了临时全国代表大会，制定了《抗战建国纲领》，还通过了《战时各级教育实施方案纲要》，提倡教育要文武结合，要适合军事的需要。教育部制定的教育实施方案中规定："体育的目的，平时为自强，战时为卫国。故体育关系民族的强弱，各级学校应按照规定切实推行军训及童子军训练，强行实施课外活动，并提倡劳动服务，以增强其体质。"抗日战争时期颁布了众多中小学课程计划、中小学体育课程标准以及教授细目、实施方案等，主要特征是合科课程、分科课程均有设置和初高中的课程均增加了抗战救国的相关内容。其中，与中小学体育课程有直接关系的主要文件有：1940 年颁布的《初级、高级中学课程标准》《修正初级、高级中学体育课程标准》《初中、高中课程标准变更之概况》、1941 年颁布的《六年制中学备科课程标准草案》和《六年制中学体育课程标准草案》、1942 年颁布的《小学课程标准总纲》和《小学体育科课程标准》。1940 年（小学 1942 年）的课程标准，称为"重新修正课程标准"。1948 年颁布的《小学课程标准总纲》和《中学课程标准总纲》没有实施，体育课程没有发生改革，仍旧维持先前的体育课程制度。在微观方面，体育课程的变化主要表现在：（1）小学周总教学时间略有增加，将小学低年级的"体育与音乐"唱游由原来的合科教学又改为分科教学。（2）控制中学周总教学时间在 31 课时以内，中学体育课时仍每周 2 小时，同时，也规定了"早操或课间操，每日 15～20 分钟"，课外运动"至少每周 3 小时"。（3）为适应战时需要，提出中学体育课程要"训练生活上及国防上之基本技能"的目标，高中设置军事训练或军事看护课程，共 3 学年，每周 3 学时。增强中学国防教育，既要求渗透于各科教学之中，又规定每周须有 2 课时为战时后方服务训练。

二、中国现代体育教学的发展进程

教育部 1950 年颁发了《小学体育课程暂行标准（草案）》，是中华人民共和国成立后颁布的第一个体育课程标准。其内容包括：体育教学的目标、教材纲要和教学要点。教学目标中最突出的内容就是"培养儿童健康智能、健康体格，以打好为人民、为国家的建设战斗而服务的体力基础"。教材纲要包括 7 大类：整队、步伐、体操、舞蹈、游戏、技巧运动、球类运动、田径。其中，游戏、舞蹈占的比例较大，整队和步伐、体操次之。技巧运动、田径运动、球类运动从小学三年级开始设置。每周教学节数一、二、三年级是2节，四、五年级是1节。受器材设备条件的影响，部分教学内容可减少（技巧运动），但基本活动应保证。

1954年，国家体委、教育部和共青团中央发文要求，"着手试行体育正课改革""把体育正课、课外体育活动、运动竞赛、早操等有机地结合起来"。教育部还要求把体育工作列入学校工作计划，明确体育课为必修课，并在学时上给予保证，从而确立了体育在各级各类学校教育中的地位。1955年，教育部编写了小学、中学和师范学校《体育教学大纲（草案）》，明确了中小学体育课的教学目标、教材和考核办法。

体育课程目的是使学生掌握体育锻炼的基本知识和基本技能，积极锻炼，促进身体正常发育，增强体质。教学计划的进度要结合学生的实际水平和教材的系统性，并根据劳卫制项目及全面锻炼身体的要求来安排，从而使中小学体育课有了明确的品德目标和技能目标。学校课外体育活动是学校体育工作的有机组成部分，以积极组织、自愿参加、内容多样为原则。实行劳卫制是学校开展群众性的课外体育活动的重要形式。学校的课外体育活动主要是早操、课间操、保健操，许多学校还建立了篮球、排球、乒乓球、田径、游泳、体操等体育锻炼队或锻炼组，开展群众性体育训练和竞赛。

体育课程的教材体系是以运动项目为主体按照年龄差异建立的。小学体育教材分为基本体操与游戏两大类，基本体操包括队列练习和体操队形练习的基本动作，是一般发展和准备的练习；游戏按活动量大、中、小分类编排。一、二年级以游戏为主；三、四年级基本体操和游戏占同样地位；五、六年级以基本体操为主，理论知识没有单独列出。中学体育教材包括基本教材和补充教材两部分，基本教材是必须贯彻执行的教材，补充教材是为适应地区气候不同或其他条件差异而编定的。基本教材分为体操、田径、游戏三大项，各大项教学内容以发展学生身体基本活动能力为中心进行选择和编排。各类教材按各年级逐渐深入的方式反复排列，为区别男女性别差异，高中体育教材则按男生和女生分别进行排列。体育课程的考查要求是让学生掌握大纲内所规定的各项练习的知识和技能，得到身体的全面训练，并保证初中生毕业前达到"劳动与卫国体育制度"少年级的及格标准，高中生毕业前达到"劳动与卫国体育制度"一级的及格标准，并规定以5分制作为体育课成绩考核的评价方法。

1961年，教育部重新制定颁布了十年制《小学体育教材》《中学体育教材》，这两个文件包括教材和大纲两部分，大纲部分按年级分项目编写，成为中华人民共和国第二部中小学体育教学大纲，教材部分则是按项目分年级编写。明显的变化是在体育课程建设上，确立了以增强学生体质为主的体育课程目标，建立了以增强学生体质为中心、以运动项目为主要框架的体育教材内容体系，首次纳入体育基础理论知识教材，首次设置体育选修教材，首次把武术作为体育教材的一部分等。在体育课程实施上，也形成了从增强学生体质出发、面向全体学生、课内外一体化的"两课、两操、两活动"（每周2节体育课，早操和课间操，每周2次课外体育活动）的学校体育实施模式。

1969年5月，《人民日报》发表《农村中小学教育大纲（草案）》后，在课程设置上中小学均将体育课改为军体课，还编写出版了军体课教材。军体课教材中增加了大量的军事动作，削减了体育基本教材的内容。

1978年，《全日制中小学暂行工作条例（试行草案）》中规定，全日制中小学设置体育课程。中小学阶段要上好体育课，坚持课间操，增强体质。要使学生掌握体育基本知识和技能，懂得科学锻炼身体的方法，积极推行《国家体育锻炼标准》。学生的体育活动（包括体育课、课间操和课外锻炼）每天要有 1 小时。1978 年，《全日制十年制中小学教学计划试行草案》明确规定了中小学要设体育课。体育课要加强体育基础知识的教育和基本技能的训练，促进身体的正常发育，养成锻炼身体的习惯，并参考《国家体育锻炼标准》安排教学内容。教育部于 1978 年制定并颁发了《全日制十年制学校中小学体育教学大纲（试行草案）》，这套大纲特别注重教材的编写，体现了培养现代化合格人才的宗旨；确定了"全面锻炼学生身体，增强学生体质""掌握体育基础知识、基本技术和基本技能"和"向学生进行思想品德教育"三方面的体育教学基本目标；强调了要"收到增强体质的实效"，对那些"提高身体素质有效的教材，要争取课课练，使之有适当的密度和运动量"；强调了基本教材应作为体育课的主要教材，选用教材的适用范围不仅扩大到小学，比重也有所增加。教材体系力图"打破以运动竞赛为中心的编排体系"，其含义是"不能只是围绕体育比赛用得上的运动技术来编排教材，使学校只抓少数运动尖子，而忽视大多数学生，背离体育教学面向全体学生的基本要求。'打破以运动竞赛为中心的编排体系'并不是不要竞赛，更不是否定运动项目作为中小学体育教学内容的重要性"。[①] 它加强了中小学体育基础理论的比重，每学年都安排体育基本知识教材，内容上不仅有"体育基础知识"，还增加有"卫生保健知识"。大纲还首次详细地规定了体育课考核项目和标准。

《义务教育法》颁布后，根据《九年义务教育教学计划》，国家教委组织编写了九年义务教育全日制小学、初级中学体育教学大纲。这套大纲由国家教委于 1988 年颁布，确定为"初审稿"，于 1990 年经"全国中小学教材审定委员会"初审通过，在全国进行了两个完整学年的教学试验后，国家教委于 1992 年 11 月正式颁发开始试用《九年义务教育全日制小学体育教学大纲（试用）》和《九年义务教育全日制初级中学体育教学大纲（试用）》。这套大纲的指导思想是体育课程要努力适应 21 世纪培养社会主义建设人才的需要和要求，体育课程定位在义务教育课程的各年级必修课程，其根本宗旨是育人。学校体育目标方面沿用了"一个目的，三项基本任务"的提法，在课程目标体系上，按学段（小学和初中）分别提出体育教学的目的、任务、各项教材的要求、各年级理论知识教学、身体锻炼、掌握运动技术的目标、各项身体素质和技术考核标准等，由此构成了一个较为完整的体育教学的目标体系。在体育课程内容方面，全部教材内容划分为理论和实践两部分，将教材分为通用和选用两部分。强调提高学生的身体素质，并把提高身体素质教材单独作为一大类，它强调"课课练"，把原来的"武术"教材拓展为"民族传统体育"，编选了传统养生和健身等特色内容。

1996 年 12 月，国家颁发了与义务教育相衔接的《全日制普通高级中学体育教学大纲（供试验用）》，学校体育改变了过去"一个目的，三项基本任务"的提法，直接提出学校体育三个方面的目的：全面锻炼学生身体，增进学生身心健康；掌握体育的基础知识、基本技能，提高学生的体育意识和能力，为终身体育奠定基础；培养良好的思想品德，陶冶学生情操。它还提出了"以育人为宗旨、符合高中学生身心特点、健身性和知识性相结合、继承性和时代性相结合、统一性和灵活性相结合"等体育教学内容五个选编原则。在体育课程结构方面，明确把体育课程分为学科类课程和活动类课程，指出学科类课程是体育课程的主体；将体育、保健基本理论知识和田径、体操、民族传统体育、提高身体素质练习列为必选内容；将韵律体操与舞蹈、足

① 王占春.新中国中小学体育教材建设与体育教学改革［M］.人民教育出版社，1994：64.

球、篮球、排球、游泳列为限选内容以及任选内容。大纲规定了考核方式及计分方法，采用结构考核，综合判定体育课成绩，包括体育课的出勤率、课堂表现、体育保健基本理论和运动技能等考核内容。同时，把调整考核项目和标准的权限下放到省、自治区、直辖市一级教育行政部门。

2000 年 12 月，《九年义务教育全日制小学体育与健康教学大纲（试用修订版）》《九年义务教育全日制初中体育与健康教学大纲（试用修订版）》《全日制普通高级中学体育与健康教学大纲（试用修订版）》（以下简称《体育与健康教学大纲》）正式颁布，并决定从 2001 年 9 月 1 日起作为过渡性教学大纲在全国正式实施。大纲以"健康第一"为指导思想，重视和发挥学生的主体作用，重新诠释了学校体育的"一个目的，三项任务"的观点。大纲运用整体观和系统论的思想，构建了体育与健康教学的目标体系，建立了必修与选修（含限选和任选）相结合的课程结构，并扩大了选修内容的比重，加强了体育课程内容的弹性。将原小学分六个年级构建教材内容改为按照小学低（一、二年级）、中（三、四年级）、高（五、六年级）三个阶段安排，从而有利于统筹安排教材内容，增加教材的灵活性和弹性。田径教材仍占首位，体操教材是三至六年级的重点内容之一，武术为必修内容，其他形式的民族、民间体育项目与养生方法列为选修。评价标准上废除了原大纲规定的"结构考核"体系，取消百分制，实行优秀、良好、及格、不及格四级制。在考核内容上除了由教师考查学生出勤、学习态度、进步程度、动作质量之外，在评价主体上增加了学生的自我评价和同学间相互评价，最后对学生作出综合性评价。

2001 年 6 月，《国务院关于基础教育改革与发展的决定》进一步明确了要"加快构建符合素质教育要求的基础教育课程体系"。按照党中央国务院要求，2001 年 6 月，教育部制定颁发了《基础教育课程改革纲要（试行）》，研制了包括《全日制义务教育·普通高级中学体育（1～6 年级）、体育与健康（7～12 年级）课程标准（实验稿）》在内的基础教育各门课程的课程标准，并于 2001 年 9 月开始在全国范围内进行实验。新的课程标准坚持"健康第一"的指导思想，培养学生终身体育的意识，重视学生的主体地位。将体育与健康课程界定为一门以身体练习为主要手段、以增进中小学生健康为主要目的的必修课程，是学校课程体系的重要组成部分，是实施素质教育和培养德智体美全面发展人才不可缺少的重要途径。新的课程标准在课程目标上划分为"运动参与""运动技能""身体健康""心理健康""社会适应"五个学习领域目标，还根据学生身心发展的特征，将中小学的学习划分为六级水平，并在各学习领域按水平设置相应的学习目标。体育与健康课程改变了传统的按运动项目划分课程内容和安排教学时数的框架，以目标引领内容，根据领域目标构建课程的内容体系。新课程标准提倡三种学习方式，即自主学习、合作学习和探究学习，更加注重教学过程中的情感、态度、价值观的形成，以及兴趣和能力的培养。突破注重终结性评价而忽视过程性评价的状况，强化评价的激励、发展功能，而淡化其甄别、选拔功能，把学生的体能、知识与技能、学习态度、情意表现与合作精神纳入学习成绩评定的范围，并让学生参与评价过程，以体现学生学习的主体地位，提高学生的学习兴趣。在新课程标准中，体育课程管理采用了三级管理模式，即国家、地方、学校三级管理，为学校和地方课程管理、课程开发、课程创新增加了积极性和自主权。

2003 年，教育部颁布普通高中体育与健康课程标准，依据"健康第一"的指导思想，着重培养学生健康的意识和体魄，注重学生运动爱好和专长的形成，奠定学生终身体育的基础。它将高中体育与健康课程界定为一门以身体练习为主要手段，以体育与健康知识、技能和方法为主要学习内容，以增进高中学生健康为主要目的的必修课程，并且具有鲜明的基础性、实践性和综合性，是高中课程体系的重要组成部分，是实施素质教育和培养德智体美全面发展人才不可缺少的重要途径。在2001年新课标的基础上，进一步将高中体育课程内容划分为必修和选修两部分。为了与九年义务教育体育与健康课程的四级学习水平相衔接，设置了两级学习水平（水平五、水平六）和七个系列（包括田径类项目、球类项目、体操类项目、水上或冰雪类项目、民族民间体育类项目、新兴运动类项目六个运动技能系列以及一个健康教育专题系列），并以模块教学的形式开展。第九次课改主要是以基础教育课程标准的修订为的，按正常的时间规划，在2009年应该与其他学科一致，出台新的课程标准。但是，由于各种原因，基础教育阶段的体育课程标准迟迟没有颁布，到了2011年年底才正式出台，与其他学科相比，整整迟了三年。在教育部的领导下，课程标准修订组认真分析了十年来一线体育教师、教研员和专家提出的意见和建议，在充分吸收各方面建议的基础上完善相关内容。

此次课程标准在2001年颁布的课程标准基础上进行了一些修改，但基本的理念与思想并没有太大的变化，主要的差别体现在以下几个方面：

一是课程名称的变化。2011年版课程标准将课程名称由2001版《全日制义务教育·普通高级中学体育（1~6年级）、体育与健康（7~12年级）课程标准（实验稿）》，统一改称为《体育与健康课程标准》，将小学1~6年级的课程名称从"体育"改变为"体育与健康"，与7~12年级的课程名称统一起来。

二是课程性质的界定和发展。正确理解和界定体育与健康课程的性质，是把握课程教学改革正确方向的前提。课程标准明确提出了"三个主要"，即主要手段、主要学习内容和主要目标，还提出了体育与健康课程是一门以身体练习为主要手段，以体育与健康知识、技能和方法为主要学习内容，以增进学生健康、培养学生终身体育意识和能力为主要目标的课程。课程性质的界定和发展，对于不断完善体育与健康课程体系和提高教学质量与内涵具有十分重要的意义。

三是课程目标的发展变化。根据课程性质和课程内在价值，课程标准确定了课程的总目标、四个方面的目标要求，并在课程内容中按照四个水平将总目标、方面目标与各个水平的课程内容紧密结合，改变了"由目标到目标""内容笼统空泛"的不足，以便于广大体育教师理解"目标统领内容"和"通过内容、教学方法和教学过程实现目标"的思想。从制定课程目标的指导思想上看，改变了过去几十年以技术、增强体质、终身体育、快乐体育为主的思想制定课程目标的思路。既突出了体育与健康课程的核心价值，又较好地发挥出课程的必要功能。

四是课程内容的变化。如果说目标是课程的核心，课程内容则是构成核心的筋骨和血肉，如果没有科学的内容体系，很难支撑起课程目标，课程对教学的指导作用就会受到影响。新课程标准根据课程性质、总目标、四个方面的目标和设计课程内容的思考，为了增强对教学的指导性，对课程内容做了以下充实和修改：（1）将"内容标准"改为"课程内容"。（2）用运动参与目标、运动技能目标、身体健康目标、心理健康与社会适应目标统领了各个水平的课程内容。（3）把五大目标改为四大目标，即"运动参与""运动技能""身体健康""心理健康与社会适应"。

五是为了增强课程目标对教学的指导性和可操作性，在课程内容之后增加了"评价要点"和"评价方法举例"。

六是为了方便教师阅读和教学，课程内容按学习水平排列四个方面的学习目标与内容。

七是强调要重视健康教育，提出了各地各校应根据实际情况，充分利用雨雪等天气，每学年保证开展一定时数的健康教育内容教学，建议用每学年课时的 1/10 左右上健康教育课（10 课时左右）。

八是实施建议方面的变化：（1）教学建议方面，教师要结合实际情况"细化课程目标"，指导教师在制定教学目标时"应该包括'条件'（在什么情境中）、'行为'（做什么和怎么做）和'标准'（做到什么程度）三个部分"。（2）评价建议方面，课程标准提出评价是为了"促进学生更好地'学'和教师更好地'教'"，最终都是为了学生的体育学习和发展。

第二节 高校体育教学多元化发展的现状分析

一、当前体育教学工作中存在的问题

目前，我国体育教学工作已取得了长足发展，各项教学工作都得到了很好的改善，但在一些方面仍然存在许多问题，如教育观念比较落后、教学内容过于注重竞技化、教学组织形式较为单一、教师的主导地位较为薄弱等，这些都对我国学校体育教学工作的发展产生影响。

（一）体育教学工作的现状

1. "育人"是学校体育教学工作最根本的目标，但有的学校体育教学的情况是处在因缺乏具体的教学内容，从而缺乏对学生全面素质培养的方法和手段的情况之下，因此，在学校体育教学实践中必须要重视增强学生体质。

2. 目前，各学校对于体育教学往往过于重视"三基"的创收，但却在很大程度上忽视了对学生实际的体育能力的培养，同时，在教学思想、教学体系、教学方法等方面都缺乏对学生体育能力发展的重视，这就造成了一些大学生的综合素质无法得到有效提高的局面。

3. 学校体育课程往往过于重视竞技体育项目，导致课程设置不符合促进学生终身体育观念的形成及全面推行学校学分制的要求。

4. 大学校园中的配套体育设施不够齐全，体育电化教学普及度不高，而对于非正常天气的体育教学也缺乏对策。

5. 学校体育教学往往欠缺明确的教学目标，这主要表现在以下两个方面：首先，学校体育教学往往过于重视大学生对某项运动技能的掌握，反而忽视了对于大学生在运动创造性和运动个性等方面的发展；其次，学校体育教学常常对于不同专业的大学生是否需要开设不同的体育课程的问题欠缺全面的考虑，从而导致了大学生的自身特点无法有效地发挥出来。

6. 学校体育教师队伍的综合素质有所欠缺。我国当前学校体育教师在学历层次、知识结构层次、科研能力等方面都与其他学科的教师存在一定差距，总体素质有待提高。总的来说，他们大多属于技术型和训练型教师，虽有一专但却不多能，这种情况不利于教师自身以及学校体育教学的进一步发展。

（二）体育教学工作中存在的问题

我国目前正处于国家建设、经济腾飞的关键阶段。相对于其他国家，我国与它们之间的竞争，从实质上来讲终究是民族素质的竞争，也可以理解为是教育的竞争。基于对这一理念的深刻认识，我国目前非常重视素质教育，这种教育方式主要以提高学生的综合素质为首要任务，而在素质教育中，体育则作为一项非常重要的内容而存在。从这里我们可以看出，学校体育承担着增强学生体质，增进学生健康，促进学生身心全面发展的重要任务。虽然我国学校体育改革正处在不断深化的过程中，但是仍存在着一些急待解决的问题。这主要表现在以下几个方面。

1. 落后的思想观念

在二十世纪八十年代以前，我国受社会政治、经济等方面的影响，学校体育在观念上往往强调国家和社会对学生的体育需求，却很少顾及学生个体的体育需求。自改革开放以后，我国学校体育才开始全方位学习和借鉴先进的体育思想文化以及学校体育的先进经验，取得了许多可喜的成就。但是在学习和借鉴的过程中，仍然带有一定的盲目性，指导思想不够先进，存在着重竞技轻普及、重课内轻课外、重尖子轻全体等问题。目前，从整体上来看，我国学校体育教育的思想还较为落后，而在新的体育思想观念落实的过程中也存在着各种各样的问题，不能将大学生学习体育的积极性和兴趣完全激发出来。而学校体育思想观念的落后，会直接影响学校体育的改革方向与改革成果的取得，最终不利于"终身体育"目标的实现。因此，随着社会的发展与时代的进步，我们应转变这种落后的思想观念，积极跟上世界发展的形势和潮流，将我国的学校体育教学纳入快速发展的轨道上来。

2. 单调且过于重视竞技的教学内容

目前，我国学校体育教学的内容显得比较单调和贫乏，而且在很多项目上过于重视竞技化。而竞技性运动项目具有明显的相对独立性特征，对人的训练要求也有其特殊之处。反观学校体育课程的开设，是以增强学生的体质、提高其综合素质为目的，并不是百分百地追求竞技成绩。从目前学校体育的教学内容来看，竞技项目所占比重很大，这就明显妨碍了学校体育教学的普及。过于追求竞技化必然会忽略对学生身体素质发展的重视，陷入程式化训练的误区，与增强体质的目的背道而驰。

3. 单一的教学组织形式

在传统教学模式下，学校体育教学往往以运动技术教学为主，学校体育教学在组织形式上往往显得较为单一，与社会的发展有脱节。目前，许多学校虽然采用了选修课的形式，但是在内容上仍旧缺乏创新，使得学生感到枯燥无味，在课堂上提不起学习兴趣。这肯定不利于学生才能的施展，对于学校体育教学可以说是资源浪费。

4. 教学计划、评价舍本逐末

体育教学计划、评价是学校体育教学中的一个重要环节，教学计划是对整个教学过程进行的安排，教学评价是对教学效果的检测，两者之间有着紧密的联系，对学校体育教学有着非常重要的作用。但是，在实际的学校体育教学当中，教学计划往往只是一个形式，而体育教学评价更是由于设计的考核标准过于重视体育成绩而走向了"一刀切"的误区。正常情况下的体育教学计划应该根据学生的实际情况来进行制定，体育教学评价也应该根据学生的具体情况来进行详细的分析评价。当代学校体育教学必须要重视学生的个体性差异，关注学生的主观努力和进步幅度，客观地评价学生所取得的成绩，这样才能真正促进我国学校体育教学的发展。

5. 教师主导地位被削弱

在学校体育教学中，由于教育思想的某些方面的积极转变，学生的主体地位得到了提升。但这种转变却有些过犹不及，使得教师的主导地位受到了盲目的排斥。甚至很多人认为为了发挥学生的主观能动性，可以削弱教师的地位，乃至可以取消教师，这种观点是根本站不住脚的。

虽然强调学生在学习过程中的主体地位是符合学生认知规律的，但是这离不开教师的重要的引导作用。教师精心的教学设计、精练的教学语言，往往能够深刻影响学生的身心发展，提高学生思维的活跃度。因此，在学校体育教学中应该避免盲目地去追求自主、合作、探究的学习方式，要重视教师的主导地位。其最好的做法就是将学生的主体性地位和教师的主导性地位有机地结合起来。

二、高校体育教学发展的现状

近年来，我国体育教学改革正在如火如荼地进行，其理念在于打破传统的以竞技体育为主的教育思想和破除竞技体育体系的教学安排，力求将更加有人本主义精神的，以贯彻身体健康、娱乐竞技等作为体育教学改革的目标。在这种理念的指导以及众多有益的改革尝试下，体育教学改革取得了一定的成绩，不过，这个成绩与二十一世纪对人才所提出的"知识、能力、素质全面发展"目标要求相比仍旧有相差甚远，改革中遇到的许多弊端限制了教学改革的步伐和进展。由此可见，我国高校体育教学改革正走在正确的道路上，不过，这条道路要走很长时间，过程中也一定会经历种种困难。

从高校体育教学的改革现状来看，我国高校体育教学的现状主要可以归纳出以下几个方面。

（一）体育教学目标缺乏准确性

在目前各大高校开展的体育教学中，主要的教学目标仍旧是以让学生掌握某项体育运动技术为主要内容，如掌握乒乓球、羽毛球或足球技术。其年终考核也是以这些技术的量化指标为标准，显得非常生硬和单调。这种教学目标过于重视让学生强行接受教学内容，而不花费太多心思在新型教学的创造上，如此就使教学的要求和标准大大降低，并且使体育教学的目标与真正的目标有所偏离，使这个目标缺乏准确性。

（二）教学质量出现下降趋势

前面提到了体育教学目标缺乏准确性的现状，基于此，会使得接受此类体育教学的学生在体育学习领域的积极性不高，学习兴趣不够突出，仅仅是像生产产品一样接受一致的教学，不能充分体现现代体育的特殊性。新型教育理念要求在教学中体现出以人为本与主动性的双重原则。但在实际的体育教学当中，为追求高效率，尽管体育教师一方面强调要在秉承以人为本的原则下开展教学工作，但是另一方面在教学实践中只是将这些理念停留在文字和语言上，显得空洞、乏味。学生在接受教学的过程中始终感受不到新意，久而久之也就失去了对体育教学的期待和兴趣，长此以往，必然导致体育教学工作质量的下降，不利于学校体育教学任务的达成。

（三）教师专业水平参差不齐

体育教学所涉及的内容很多，其教学环境也与其他学科教学有很大区别，由此可见，体育教学绝不是由一位老师带领学生玩闹、晒太阳这么简单。体育教学是一门专业性非常强的学科，要想达到预期的体育教学目标，就需要在教学过程中拥有经验丰富的体育教师。现代体育教学的内容中充满了较为新颖、现代的体育运动，体育教师率先掌握这些新兴运动项目的技术就成为保证教学质量的关键。

从现阶段的实际来看，体育教师的发展速度显然还没有完全跟上新兴运动进校园的速度。现代体育教师的培养方式多在传统体育教学模式下产生，一些条件较好的高校还聘请了一些退役运动员担任体育教师的职位。不过，这两类体育教师大多是技术型和训练型的，他们对自己已掌握的运动技能有着充足的信心，但由于他们自小接受单一的体育运动训练，因而文化水平与其他学科教师相比较低，科研能力较弱。另外，受传统培养方式的影响，体育教师的工作随意性较大，对自己专业以外的体育课程和项目重视不够。

从总体上来看，我国部分高校体育教师所掌握的知识相对陈旧，教学方法与手段也缺乏创新，个别体育教师整体上专业能力不足，从而影响了本校体育教学工作的发展。

（四）传统教学思想仍起主动作用

我国是教育大国，我国的传统文化非常重视教书育人的作用。由此，传统的教育理念也一直流传影响至今。然而，现代教育早已不同于传统教育，这是社会发展到一定阶段所产生的必然现象。如果仍旧固守传统教学思想，肯定会阻碍我国教学的现代化发展。

我国高校体育的教学思想一直秉承着体育健身的理念开展。这种理念本没有错，然而当素质教育被提出后，仅在乎身体健康的体育教学就表现出其片面性。若高校体育教学的实际工作还停留在以竞技项目为主要内容的传统体系，将会对未来我国体育教学的发展带来极大阻碍。

第三节　高校体育教学多元化发展的对策分析

随着现代社会的发展和教育观念的转变，人们对学校体育教学有了更为清晰的认识，学校体育教育的发展也得到了体育界、教育界广大有识之士的重视。同时，人们也认识到学校体育教学有许多不当之处需要改进。经过专家、学者们的不断探讨，学校体育教学的内涵和结构也日渐清晰，对学校体育教学发展前景的预测也更为准确。本节就学校体育教学的发展前景进行阐述。

一、体育教学发展的基本走向

（一）终身体育作为体育教学发展的指导思想

所谓终身体育，是指将体育纳入个人生活之中，使之成为自身生活的一部分，并伴随人的一生。学生终身体育意识的形成、终身体育观念的树立和终身体育能力的养成，都与学校体育教学的发展有着非常密切的联系。

1. 终身体育是现代社会发展的需要

一个人在社会生活中，个人作用的发挥具有特殊性，并且这种特殊作用是由体育的特殊功能所决定的，从而使人们对体育产生了需求。随着现代社会的快速发展，人类文明的不断提高，社会生产方式发生了很大改变，人们有了更多的闲暇时间来享受生活，无论是在工作还是生活中，人们能够进行大肌肉群的活动越来越少，体力劳动强度降低，与之相反的是由于知识更新速度加快，科学技术水平迅速提高，人们必须不断地改善自己的知识结构才能够适应社会的发展，人们的工作节奏和精神往往都处于高度紧张的状态。因此，需要随时调整自己的心态以面对来自各种竞争的压力，一旦缺乏合理调节，就会导致失眠、焦虑、心血管系统疾病、运动系统过早出现退行性变化等问题，致使人们的健康水平下降、工作效率降低。而应对这种压力和活动不足造成的结果，最好的办法就是通过科学的体育锻炼来缓解和消除。

社会经济的快速发展也给人们的生活提供了更多的物质条件，现代化、高效率、快节奏的工作方式使得人们的工作时间缩减，而余暇时间大大增加。现代医学的发展为人们的健康提供了更好的医疗卫生保障条件，使人们的寿命得到延长。为了提高生命和生活质量，人们需要体育走进余暇生活，使余暇生活变得更加丰富多彩，需要通过进行运动活动来放松身心，需要通过体育运动锻炼来增强自身体质，提高健康水平。总而言之，现代社会中各个阶层、各个年龄层的人们都需要进行体育锻炼，由此可见，发展终身体育是大势所趋。

2. 终身体育需要树立正确的观念，培养必要的能力

树立正确的观念，培养必要的能力是学校体育教学的重要任务。树立终身体育的观念需要学生能够正确认识和充分理解体育的价值，对体育持一个科学的态度，这是在学校体育教学的实践中，教师要充分发挥主导作用，来引导学生完成的。终身体育能力的培养，是指学生通过掌握体育锻炼的相关知识和技能，养成良好的体育锻炼习惯，掌握体育锻炼效果的评价方法，从而能够自觉坚持科学的体育锻炼，为走向社会和终身进行体育锻炼打下良好的基础，这也是学校体育教学的重要任务。

（二）调整课程目标是体育教学发展的重点

体育课程目标是体育教学编制的依据，调整课程目标，使之更符合以学生为本的现代教育思想，是当今课程目标发展的共同趋势，具体表现在以下几个方面。

1. 增强学生体质，提高学生的健康水平

把增强学生体质、提高学生的健康水平作为学校体育教学的首要目标，这是由体育的本质属性所决定的。

2. 重视体育知识、技能和方法的掌握

在掌握体育知识、技能和方法的同时，要重视培养学生良好的体育兴趣和爱好。学校体育教学目标的着眼点是未来，培养学生良好的体育兴趣和爱好，是激发学生体育动机的需要，而体育的知识、技能和方法是构成学生体育素养的基本要素。因此，积极的体育动机和良好的体育素养能为今后学生从事体育锻炼打下良好的基础。

3. 重视终身体育观念的树立

树立终身体育的观念就要注重终身体育能力的培养，养成良好的体育习惯。这些观念是学校体育教学目标改革的指导思想，也是学校体育教学发展的落脚点。终身体育能否实现，在很大程度上取决于这种观念是否树立以及能力是否形成，当然也在于是否养成了经常锻炼的习惯。

4. 注重学生的个性发展

在培养学生个性发展方面，要将以往旧的培养模式摒弃，要重视学生之间的个体差异性，倡导个性化的教育，这是学校体育教学发展的切入点，而学校体育教学目标的重要内容就是要培养学生的创造能力和竞争意识，这也是促进学生个性发展的重要因素。发展学生健康的个性已越来越受到广泛的重视。

5. 重视体育在促进人的全面发展中的作用

作为教育的重要组成部分，体育能够促进人的全面发展，这也是学校体育教学的根本目标。通过进行体育锻炼，在促进学生身心素质发展的同时，也使学生的智力得到发展。此外，还能通过体育对学生进行审美教育和思想品德教育，这也是促进学生全面发展的具体体现。

（三）以教学内容的更新和充实作为体育教学发展的突破口

课程内容是实现教学目标的要素，也是实现教学目标最重要的载体。课程内容要适应现代学校体育教学的发展需要，具有以下几个特点。

1. 科学性和逻辑性

科学性，是指内容体系的合理性，在学校体育教学课程设计的不同阶段，有与之相适应的侧重点，符合教育的内在规律和学生的身心发育特点。逻辑性是指教学内容内部技能的处理与学生的身心发展规律相一致。

2. 多样性和趣味性

多样性，是指内容丰富，学生有较充分的选择余地，而不是每个学生都必须学习很多统一的内容。而趣味性则有两层含义，首先是要选用那些受学生欢迎、生动有趣的教学内容；其次是要引导学生认识教材当中介绍的锻炼价值，使学生对教材产生兴趣，并积极主动地学习。

3. 通用性和民族性

通用性，是指教学内容具有统一的规范，适用于各种类型的学生，这是现代学校体育教学内容的主体。民族性，是指教学内容中应吸收那些学生喜闻乐见、兴趣浓厚、具有明显地方色彩的民族或乡土体育运动项目。这些内容容易激发学生的学习积极性，从而达到理想的效果。

4. 迁移性和灵活性

迁移性，是指教学内容内在联系密切，一部分内容的掌握可以为另一部分内容的学习打下基础，从而实现教学内容的可转移化。灵活性，是指"以学生为本"，使得教学内容有较大的选择余地，不搞同一标准、同一模式，充分扩大学生在教学当中的自主权。这一举措具体到教材上来说，可以突破它的技术限制，根据学生实际和健身的要求，降低技术规格，调整动作结构，改善评价办法，使之易于教学，从而最大限度地提高教学效果。

（四）综合性体育教学体系的建立

学校体育教学的主体是学生，因此，评价教学体系的标准是学生的发展程度和对社会需要的满足程度，教学体系的建立必须以满足学生个体发展的需要和社会需要为前提。实际上学生的个体需要和社会需要是辩证统一的。社会需要从某种意义上来说就是所有个体发展的需要。而从体育的角度来说，学生个体必须发展成一个融知识、品格、能力和方法为一体的综合性素质结构。因此，学校体育的教学体系就必须有助于学生体育锻炼和身体保健知识的掌握、良好品格的养成、健康个性的发展、终身体育能力的培养和体育方法的训练，这是学校体育教学发展的总体趋势和基本要求。

二、高校体育教学发展对策及趋势

（一）高校体育教学发展的对策

在分析了高校体育教学的现状后，就应该根据这些现状中的不足找寻相应的对策予以解决，以促进高校体育教学在未来的发展。具体来看，措施主要包括以下几点。

1. 制定合理的教学目标

教学目标是各种学科教学必须设定的，它是这个学科教学将要达到的预期效果，没有教学目标，就不存在教学行为。体育教学也是如此，因此，体育教学管理部门自始至终都非常关注对体育教学目标的合理设计，如2002年教育部颁布的《学生体质健康标准（试行方案）》指出："我国大学体育教学的目标即通过对各运动项目理论和技能的学习，了解各运动项目的基本知识，掌握一定的各运动项目的锻炼方法与健身手段，提高学生的整体素质，增强体质，促进身心健康发展，为终身体育奠定良好的基础。"

体育教学目标的制定并不单单是一个摆设和空想的愿景。它必须是一个基于现实学生状况指定的具有一定可操作性和可行性的目标。具体在确定高校体育教学目标时要做到以下两点要求。

（1）始终以提高学生的身心素质和适应社会的能力作为教学的基本目标。

（2）创立合理、可行的课程结构，并且融合与体育相关的其他学科知识，从而使学校学生的健康知识、自我锻炼意识以及卫生习惯的养成等身心的全面发展得到有效实现，进而使"健康第一"的思想真正地落到实处。

2. 提高教学工作质量

体育教师要注重教学工作的质量，使体育教学成为一项严谨、认真、活泼的素质教育教学活动。为此，体育教师应按照新颁布的《普通学校体育课教学指导纲要》要求，科学制定教学计划，并且根据教学内容情况选择最恰当的教学方法和手段，以使学生对体育的兴趣和需要得到较为充分的满足。此后，体育教学管理部门和体育教师还要注重对体育教学的某段周期的教学监督及周期结束后的评估工作，并且不断改进评估方法，确保体育教学活动开展的有效性。

3. 提高教师的专业水准

体育教师是一线体育教学的直接实施者和参与者。由此可见，作为体育教学主体之一的体育教师对教学活动的重要性。为此，体育教学管理部门需要特别注意提高体育教师的专业水准，力争打造一支优秀的、专业的、高质量的、具有高度负责精神的体育教师队伍。具体来说，提高教师专业水准的措施主要包括以下两个方面。

（1）加强对在职体育教师的在岗或脱岗培训工作，进一步加强体育教师的专业能力和高度的责任心。

（2）为年轻体育教师提供多种形式的入职培训和在岗培训机会，以提高他们的学历和教学水平。

上述方式均提到了对教师的培训和再培训。为了使这些培训能够真正起到提高教师综合素质的作用，需要对他们的知识结构和教学理念进行更新，即首先在理念上跃升到先进的行列中，再以此为基础进行技能方面的培训，最终获得双方面的共同提高。另外，作为一线体育教师，他们在现代的体育教学改革中担任着重要的观察者和实践者的角色，为此还要倡导体育教师积极投身到教学改革的工作中去，调动他们授课和做学术研究的积极性。

4. 加强硬件设施投入与管理

硬件设备是做好体育教学的基础。尽管在硬件设备不足的情况下也能完成体育教学工作，但要做好体育教学必定离不开优质的体育资源。近年来，大幅度的高校扩招使得学生的人均体育资源使用率逐年下降，学校体育经费也出现了捉襟见肘的情况。因此，体育教育管理部门需要对体育资源和经费予以适当增加，为高校配备足够的体育场地和设备。其次，如果不能获得充足资金的话，可着重对已有场地或设备进行完善和翻新，其中，特别需要对场地和设备的安全性做重点完善。

在获得或完善了体育场地与设备后，对其管理也是一门学问。体育场馆与器材在使用过程中会经常出现损坏或衰老的情况，因此，为了最大限度地使这些资源保持良好的状态，最大化地发挥其使用价值，就需要有制度化和精细化的管理与保养工作，定期对体育教学物资进行检查，使体育场地、设备及器材得到更好的利用。

5. 革新教学思想并落到实处

教学理念的革新不是一朝一夕能够完成的，需要在体育教学实践中不断积累经验，让实践促进思想进步，同时，将思想的进步也反馈到实践的指导工作中。

体育教学管理部门和一线体育教师，应该充当好现代体育教学思想落实的先行者和践行者。首先，要求现代体育教学思想的先行者转换传统的体育教学思想，让新思想输入概念中；其次，他们需要在这种思想的影响下成为该思想在体育教学实践中的践行者，即将思想落到实处，真正应用到体育教学当中，将这种体育教学思想的理念传达给每一个接受体育教学的学生。

（二）高校体育教学发展的趋势

科技的发展带动人类社会的发展。在当今社会中，几乎所有事物的发展都离不开相应技术的进步。对于高校体育教学的发展来说也是如此，科技的发展带来了更多丰富的体育教学方法与手段。当然，体育教学的发展也不能全部依托于科技水平的发展，教学理念的进步是发展的软实力，它与科技带来的帮助同等重要。

从高校体育教学的发展过程中可以看出，教育理念是所有教育行为的基础，这就需要高校体育教学部门重视体育教育理念的转变，具有与时俱进适时转变体育教育理念的意识。具体到体育教师来说，他们不仅要具有良好的体育教学超前意识，而且要有新的人才观、质量观来满足未来学生发展的需求，更应该使学生树立"终身体育"和"全民健身"的体育教育观念和意识。为了适应新时代的发展要求，人们将改变传统的选择教育观为发展教育观，通过体育教学，增强高校学生的身体素质、心理素质以及社会适应能力等，促使其身心的全面发展，培养出适应 21 世纪高科技快速发展的高素质人才。

在新形势下，我国高校体育教学的发展趋势主要体现在以下几个方面。

1. 更加重视发展高校学生的健康素质

众所周知，体育教学及锻炼对增进和保护高校学生的身体健康具有最积极、能动和行之有效的作用。学校体育教学也应建立在多维健康观的基础上，全面贯彻"健康第一"的指导思想，深化学校体育改革。

（1）提高学生的体质健康水平

高校体育的本质决定了体育教学必须为提高学生的体质健康水平服务。提高学生的体质健康是学校体育贯彻"健康第一"指导思想最直接的体现，是提高学生整体健康水平的基础。提高学生的体质健康不仅是他们在学生阶段完成学业的需要，也是他们终身健康的需要。

（2）提高学生的心理发展水平

心理发展水平包括心理健康水平和心理素质水平。心理发展水平和人的生理健康密切相关。一个患有心理疾病的人是不可能有一个健康身体的。对于学生来说，心理疾病往往要比生理疾病的影响更为严重和深远。随着社会各个领域的竞争越来越激烈，对人的心理发展水平的要求也越来越高。因此，提高高校学生的心理发展水平具有重要意义。

（3）提高学生的社会适应能力

一个人能否处于良好的健康状态，关键取决于他的社会适应能力。从社会文化的视角来看，体育的实质是对社会生产和社会生活的一种模拟。因此，有人把体育课堂称之为"社会课堂"，把体育精神视为现代社会精神的缩影。因此，重视学校体育对提高我国高校学生的社会适应能力具有十分重要的作用。

2. 更加关注向高校学生灌输"终身体育"的意识

在深化学校体育改革实践中，广大学校体育工作者深刻地认识到，传统的学校体育比较关注增强学生体质的近期效益，而对培养学生的体育意识、兴趣、习惯和能力重视不够，要使学生终生享有健康，就必须让体育伴随其终生。

因此，学校体育既要重视近期效益，又要重视长远效益。加强对学生进行终身体育的教育，培养学生的终身体育意识，使其养成经常锻炼的习惯，掌握科学健身的知识与方法，具有独立进行科学锻炼的能力。进入 21 世纪后，新一轮的基础教育与高等教育的体育课程改革，更加强调要对学生进行终身体育的教育。

3. 加强体育教学的选择性与层次性

（1）体育课程管理体制的改革为学校体育的选择性创造了条件

传统的体育课程与体育教学，基本上是实行统一管理的办法：由国家统一制定和颁发《体育教学大纲》，规定统一的教学目标、教材内容、教材比重与时数分配，统一的考核项目，统一的评分标准。各地各校对体育教学的选择性只局限在"选修教材"中，且对"选修教材"的实施也有诸多规定。

由于我国幅员辽阔，经济与教育发展不平衡，因此，我国试行了国家、地方和学校三级课程管理体制。在课程管理方面，国家只制定课程标准，提出课程目标，对课程内容不作硬性规定，采取开放与放开的做法，对课程进行宏观管理。具体课程标准的贯彻实施、达成方法、内容设置等，完全由各地、各校根据实际需要和条件自行选择。

（2）层次性将成为体育教学中贯彻区别对待的重要原则

由于我国教育基本上采用大班教学，一个教学班少则四五十人，多则六七十人，要完全实施个性化教学目前尚有一定的困难。因此，根据个性化教学的基本思想，采用分层次教学成为体育教学实践中实施因材施教、区别对待的重要形式。

分层次教学是根据学生的身体条件与运动技能，把一个教学班的学生分成若干个层次，按层次确定学习目标和评价方法，采用不同的教学策略，以保证绝大多数学生都能完成课程学习目标。

（3）高校体育将呈现出地域特点与学校特色

由于加大了体育课程的选择性，各地高校只要遵循《课程标准》规定的"选择教学内容的基本要求"，就完全可以根据自己所具有的课程资源、地理条件、气候特点、体育传统等，自主选择体育课程内容与课外体育活动及课余训练内容，因此，学校体育呈现出鲜明的地域特色与学校特色。

4. 高校体育的课内外与校内外一体化

高校体育教学逐渐走向课内外与校内外一体化，主要体现在以下几个方面。

（1）大课程观的确立

课程是为实现课程目标在教师组织指导下一切课内外活动的总和。大课程观的确立为学校体育走向课内外与校内外一体化奠定了理论基础。

新一轮的体育课程改革是"从大课程观出发，将体育的课堂教学与课外、校外的体育活动包括运动训练纳入课程之中，形成课内外、校内外有机结合的课程结构"。因此，各类学校及体育教师实施新的体育课程，必须认真搞好课堂教学、认真组织好课外与校外多种多样的体育活动，以满足高校体育教学的需要。

（2）增进学生健康的需要

研究表明，"当国民经济发展到一定水平，人的体质健康某些指标呈下降趋势"。但是"与体质健康相关的某些人体生理指标的提高，必须要有一定锻炼时间、量和强度的积累"，如果每周体育活动的总量仅限于几节体育课，那么，体育教学提高学生生理机能的作用将十分微小。《中共中央国务院关于深化教育改革全面推进素质教育的决定》指出，"学校要树立健康第一的指导思想，切实加强体育工作""确保学生体育课和课外体育活动的时间"。要贯彻落实学校教育与体育课程"健康第一"的指导思想，有效地增进学生的健康，增强学生体质，学校体育就必须走课内外、校内外一体化的整体改革和发展道路。

（3）课程资源的开发和利用

为了适应"课内外、校内外有机结合的课程结构"的需要，必须充分开发和利用体育课程资源。

首先，就人力资源而言，除体育教师外，班主任、辅导员、有体育特长的其他学科教师、校医、共青团员与学生会的干部以及体育特长生等，都将被动员起来，充分发挥他们在学校体育中的作用。

其次，就课程时间和空间而言，除课程计划规定的教学时间外，早晨、课间、课外、双休日、节假日的时间，也将得到合理的利用。

最后，体育课程将拓展到家庭、社区、少年宫、业余体校、体育俱乐部，以及江河、湖海、田野、山林、草原等一切可以用来进行体育锻炼的地方（在保证安全的情况下），为学校体育冲破课堂与校园的束缚，实现课内外、校内外一体化提供可能性。

5. 高校体育朝着多样化的方向发展

（1）学生个体体育需要的多样性

在高校体育教学实践中，不同的学生具有不同的体育需求，同一学生的体育需求也是多种多样的，如健身需求、健美需求、娱乐需求、发展体育特长的需求、调节身心的需求等。因此，高校体育教学应顺应和满足学生个体体育的多样性需求。

（2）学校体育内容形式的多样性

为了满足不同学生、同一学生不同的体育需求，学校体育的内容必将朝着多样化的方向发展，具体如下：

①开设个体健身类的体育项目，如健美运动、健身操、越野跑、山地自行车等。此类项目可个人进行锻炼，受制因素少，校内或校外均可进行，简便有效。

②开设反映时代特征的现代体育项目，如足球、篮球、跆拳道、攀岩、体育舞蹈等。此类项目极富挑战性，发展学生个性，满足学生实现自身价值和加强社会交往的需求。

③开设休闲体育项目，如网球、台球、保龄球、乒乓球、羽毛球、游泳、冰雪运动、轮滑、滑板等。此类项目娱乐性强，技术含量高，能满足学生愉悦身心的需求。

④开设民族民间体育项目，如武术、跳绳、跳方格、跳皮筋、跳竹竿、踢毽子、荡秋千、爬竹竿等，扩大学校体育资源与体育课程资源，以满足学生健身、娱乐等多种需求。

（3）学校体育组织形式的多样性

目前，学校体育组织形式主要朝着以下几种类型发展。

①体育俱乐部。体育俱乐部将成为高校体育的重要组织形式。为适应学生不同的体育需要，高等学校将根据自身的条件，组织多种多样的体育俱乐部，以满足大学生的健身、健美、娱乐、发展学生体育特长、提高运动技术水平的需要。

②体育社团。学校体育社团由学生自己组织、自主管理、自由参加，一般由学生会、团委出面发起组织，学校体育教研部（室、组）支持和指导，大都以单项体育协会的形式出现。学生根据协会章程，自愿报名参加，交纳一定的会费，民主选举管理人员。另外，一些全国性的综合体育团体，如全国大学生体育协会，主要任务是负责组织相同级别的学生体育竞赛。这些体育团体能有效地提高学生参与体育活动的积极性。

③非正式学生体育群体。非正式学生体育群体多是以共同的体育爱好为基础自发建立起来的，以直接、面对面、相对固定的角色互动来进行活动，成员之间年龄相近，彼此之间并不存在正式的控制手段。如引导和运用得法，这些非正式学生体育群体将为学校体育注入新的活力。

第二章 高校体育教学价值的多元化研究

第一节 高校体育教学多元价值的理论基础

价值是行为的追求。体育教学价值是体育教学参加者共同的行为目标。研究体育教学，最基本和最重要的问题是如何追寻其价值的最大实现，怎样才能促进学生知识、身体、心理和社会的全面发展。因此，价值研究也就是行为研究、过程研究的归宿。

体育是基础教育的构成部分之一，其实施主要通过教学来完成，那么如今的体育教学教给了学生什么？体育教学的初衷和价值是什么？如今的体育教学实践和理论研究都显示出对这一问题的相对忽视和模糊认识。据此，本文运用定性与定量结合的研究方法，对体育教学价值及相关问题进行较为全面的系统研究。

价值多元性的思想，在古希腊时代就有了。现代西方哲学中不少学者非常强调价值多元化。B·威廉姆斯说："价值，至少基本的价值是多元的，而且在一种真正的意义上是不可通约的。"在他看来，价值是多元的、相对的。当代西方后现代主义哲学的一个基本观点是多元性、多元化、多元主义。A·博泰兹说："视角的多元化是后现代主义的特征，它强调个人与物之间的相互作用，并认为只能通过解释的多元性来认识现实。"由于体育学科的特点，它在基础教育中的地位相当特殊，对学生具有特殊意义。体育教学中有多个主体，如教师、家长、学生、社会等，但就教育是一个培养人的活动来说，学生是教学活动的对象，是积极思维的主体，是教学效果的体现者，应是教学研究中重点讨论的主体。

一、体育教学的哲学基础

从哲学的角度来看体育，本体论关心的是身心关系。研究者对于身心关系的看法，有身心统一论和身心二元论两种观点。二元论的身心观要么鄙视身体和一切身体活动，要么极端强调身体活动和机械训练。理性主义二元论把人的理性放在至高无上的地位，心灵可以统摄身体、支配身体、塑造身体。心灵居住在身体之中，指挥身体的活动。柏拉图认为理性可以随意塑造身体和身体的活动，人的灵魂统摄身体，身体从属于心灵。笛卡尔认为心灵与身体是分离的，是彼此相互排斥的不同实体，身体属于物质实体，心灵属于精神实体。人只要深思、内省就可以产生一切精巧的动作，而身体的锻炼实质上只是为了保持基本的健康状况，为人的心灵活动提供一个前提和场所而已，除此之外没有什么重要价值。

人的理性是身体的主宰，但身体的活动只与人的低级欲望相关，与人的理性无关，对人的高级心理过程不产生任何影响。理性二元论重视心灵，忽视身体，把身体锻炼限制在一个有限的范围内，不能过度，否则会干扰精神生活。经验主义的二元论者重视身体实践活动的价值，只提倡机械地训练身体。洛克从经验主义认识论出发,强调知识来源于感觉经验,身体是联系世界的桥梁,具有重要价值。他认为身体与心灵之间不是等级从属关系,而是依赖关系,身体健康的主要价值在于更好地服务于心灵。洛克认为教育的主要功能是培养健康的身体,但他认为心灵和身体之间是分离的。最早的身心统一论者是亚里士多德,他反对柏拉图的灵魂独立于身体的观点,认为人的灵魂就是人的身体本身的生命形式,它作为人的身体的形式,是不可能离开身体而独立存在的。

人的灵魂和身体是统一的,是不可分离的。灵魂并不是存在于身体之外或之中的一种异于身体的东西,它就是"身体的某种东西",是身体的本性和能力。实用主义者提出身体自身有其存在价值,具有主体性,而不是服从于心灵,心灵与身体是一体的。存在主义者认为,身体不再是心灵的附庸,而是完整个人的有机组成部分,身体是受人尊重的,是理解知识的源泉。

美国著名体育理论家耶西·F·威廉姆斯在谈到前欧博林学院院长亨利·邱吉尔金对他的影响时说:"金是第一个使我认识到身——心并不分离,而是同一有机整体的两个方面。如果你在进行活动,它并不仅仅是身体的,而是整个有机体都在参与。这一认识是我哲学的主要基础。"

二、体育教学的终极价值

由于对身心关系理解的差异,体育教育中出现过两种不同的思想,即通过身体的教育和针对身体的教育。通过身体的教育认为人是一个身心统一的整体,人在身体运动的过程中,也承受心理的负荷;在肌肉运动的同时,他的情绪、意志和智力等心理因素对整个人都有直接影响。人的身体具有主体性,身体锻炼可使智力发展,同时,使道德、精神发展等都是可能的,也是体育必须承担的任务,"身体锻炼不仅只是要求肌肉运动,而且同人的身心都有关系,要求智力的不断发展和社会相应的反映,在考虑对道德乃至精神陶冶方面的培养作用"。针对身体的教育的观点,体育对教育的独特贡献是纯粹身体方面的,主要强调肌体发展、技能获得。此观点认为身心之间的相互影响不是体育应该关注的重点,体育的唯一的、最重要的目的是完善身体,提高技能水平,其他方面的发展则是附加功能。针对身体的教育把身体放在一个至高的位置,与心理等其他方面脱离。通过身体的教育的观点与身心一元论的观点一致,即强调人是一个身心统一体。

吴蕴瑞和袁教礼先生早在二十世纪三十年代的专著《体育原理》中就提出"身心一统"的体育教育思想。吴先生认为,人的身心是统一的,强调要全面地理解人体和人体的运动。之所以将身心二分,是因为"吾人因心身分界之墙垣所遮蔽而未能窥见吾人园地之全部"。在吴先生看来,"身心一统"的体育也有多重功用,"体育上之活动无处不为个性之表现及情感之发抒,且无处不与社会价值、道德标准、人与人相互关系等相联系。"他批评了"身心二元"为基础的"体育即身体教育"思想,认为体育之真谛在"运用身体之活动,以教育我人","体育教师之责任,在于发达儿童之身体,重于培养儿童之品格"。他坚持增强体质和促进健康融于教育之中,在培养人的过程中增强体质,提高健康水平,使之身心共同发展。他主张采取符合学生特点的游戏、舞蹈、球类、田径和攀爬、举重、搬运等运动,认为体育教育最终目的是培养学生达到精神与身体健康的高度统一和谐。我们以身心一元论为基础,认为体育教学对学生的终极价值是身心发展。任何教育都是针对一个完整人的影响,其结果都是综合性的。体育教学对学生的影响不仅在身体,它同时也作用于心理等其他方面,是一个综合的过程,是一个对学生身心发展完善的过程。这与身心二元论的主张"身体活动在某种程度上是一种干扰，它与精神活动毫无关系，使人心分离"的观点完全不同。身和心的发展是密不可分，体育教学对学生身心发展具有重要的作用。体育活动与"身心"紧密相关，是由"身"至"心"的过程，人体的智能层次同人体的生长发育控制核心两者重合在以大脑为中心的神经系统中。教育学和心理学的研究已表明，感觉和运动是认识发展的重要基础，体育活动具体地表征着身心关系的内在统一性。

三、当今体育教学价值关注学生如何具体体现

现阶段体育教学价值主体应关注学生，这一点已不容质疑。那么体育教学对学生主体的价值究竟是什么？它可具体表现在哪些领域和哪些方面？

如果不明白这个问题，将给我们的体育教学带来很大困难。因为教师不明白，教学过程的实施及教学效果的达成就不会理想。学生不明白，他们将很难配合教师教学，也难以形成正确的体育教学价值观。学校领导不明白，体育教学将不会受到重视，教学的保障条件也很难到位。

从我国数千年的教育发展来看，体育教育不重视发展学生身体，或者说对身体持否定度，这与由我们的文化传统、教育理念及在此基础上形成的蔑视身体和体力劳动的人生观密切相关。孔子倡导学而优则仕和读书做官论；孟子主张劳心者治人，劳力者治于人；在整个封建社会，特别是儒家文化主要倡扬的就是万般皆下品，唯有读书高，人生最高目的就是求功名利禄，以光宗耀祖。其代价就是头悬梁，锥刺骨，十年寒窗苦，一朝人上人；不惜牺牲自己的身体和精神，直至死而后已。中国人特别是中国的知识分子普遍地蔑视身体，无视体育，及至形成"君子之学，死而后已"的人生观。

总之，体育教学对学生而言具有诸多价值，本文从多角度论述了健身、社会化、运动技能等方面。上述这些价值并不是孤立的关系，而是具有一定的关联性，甚至有时是矛盾的，因而有价值的选择问题。就价值的关联性而言，我们可举例来说，健身与健心关系密切，通过身体练习能提高学生的身体健康水平，但此过程中对学生的心理也会发生一定程度的作用，两者很难分开。运动技能与健身、健心和社会化也很相关，运动技能可看作是载体，为后三者的实现提供可能，为学生身心发展服务则是其最终目的。运动技能与娱乐也有关系，运动技能的选择能为娱乐价值的实现提供前提。我国体育教学历史上的某段时期，曾一度强调运动技能、运动技能至上而忽视学生的身心健康，造成不良的教学后果，这些经验为我们合理认识体育教学价值提供反思。

第二节　高校体育教学多元价值的基本内涵

体育教学价值具有丰富的内涵，下面从三个方面来分析体育教学价值的内涵。

一、知识形态转化视角下体育教学价值的内涵

在教学的价值体系中，知识价值是最明显的，具体表现为学生通过教学活动将他人总结的知识与经验接收并内化。知识价值是古今中外一切教学活动的共同价值体现，其他教学价值的实现都是基于这一基础价值而言的。

知识包括以下两个内涵。

1. 像概念、原理、规律等这些科学知识是对特定对象的客观反映。

2. 知识是能力、品格与方法的综合体，是创造者通过内化凝结而成的。教师必须从学生的实际出发对这些知识进行挖掘、剖析，才能获得进一步的升华。

二、教学功能视角下体育教学价值的内涵

体育教学具有以下两方面的显著功能。

1. 继承功能。体育教学将前人总结的体育知识、经验传授给学生，使这些体育文明成果被学生继承与传承。

2. 发展功能。学生在体育教学中可实现身心素质协调发展的目标。

发展这个概念在教学理论中具有非常广泛的含义，不仅是指学生智力的发展，还指学生情感的发展、性格的发展、意志品质的发展、集体主义精神的发展等。体育教学内容丰富，不同内容又具有深刻的知识内涵，一般的科学的方法论也能够在体育教学中体现出来，因此，体育教学的知识更加丰富多样。体育教学的知识除了一般所指外，还包括以下几个方面。

（1）用情感和意志建立良好的品格结构。

（2）对学生情意和能力的培养。

（3）用能力推动学生全面发展。

（4）用科学方法使学生取得理想的学习效果。

所以，教学功能视角下体育教学基本价值的内涵表现为以下几点。

1. 使学生获得知识。

2. 使学生得到能力的发展。

3. 使学生形成良好的品格。

4. 使学生掌握能够促进自身发展的科学有效的方法。

三、素质构成视角下体育教学价值的内涵

教学活动最根本的价值体现在对学生素质结构的构建与完善上。不同历史时期，社会对人的素质会提出不同的要求，未来社会会对人的基本素质提出怎样的要求，有人简单归纳为以下 5 个方面。

1. "会生存"的素质要求。

2. "会做人"的素质要求。

3. "会求知"的素质要求。

4. "会健体"的素质要求。

5. "会创造"的素质要求。

也有人简单地用下面 5 个字来概括人的素质。

1. 德——思想品格修养和科学道德修养。

2. 识——智力和见识。

3. 才——技能、才能和科学 方法。

4. 学——知识和知识结构。

4. 体——体魄。

在以上归纳与概括中，各素质之间密切联系、相互包容与渗透，而非孤立存在，甚至有些素质之间是互为条件的。归根结底，上述素质是由四个基本要素组成的，即知识、能力、品格和方法。

不管是什么学科的教学，所追求的一个共同目标是对素质的构造，只是不同学科教学中构造的素质侧重点不同，各学科教学的本质特征能够从这些不同的侧重中体现出来。

体育教育教学是发展学生身体，增强学生体质，提高学生技能，培养学生道德和意志品质的教学。在素质构建中，其与其他学科教学活动具有一般共性，此外，还具有其他学科无法替代的功能，如增强学生体质，提高学生健康水平，为学生科学锻炼身体提供理论和方法指导。不仅如此，虽然体育与其他学科都具有培养学生情感与意志品质、培养学生人格等功能，但由于体育教学活动环境更开放，教学组织更灵活，且运动负荷可调节，所以体育教学在这些功能的发挥上比其他学科有更大的优势。因此，构建学生的全面素质也是体育教学价值的重要体现。

第三节　高校体育教学多元价值的回归探索

现代体育教学价值体系是由生命价值、教育性价值、迁移价值、生活价值、审美价值及文化价值等多元价值组合而成的综合大系统，在体育教学中实现这些价值的回归，对现代体育教学层次与水平的提高具有重大意义。本节主要就研究的生命价值、生活价值及教育性价值的回归。

一、现代体育教学生命价值的回归

（一）体育教学与生命教育

人的体育需要是提高身体健康水平的需要，即通过身体锻炼来增强体质，人的体育需要体现了社会进步与发展，这也是社会深层次需要的反映。人的生命不止包括自然生命，同时，还有精神生命、社会生命，这几个部分密切联系，构成了生命的统一体，简单又复杂。

体育教育要回归生命的本质，就要将自然生命教育、精神生命教育及社会生命教育有机结合起来，在尊重生命、回归生命本质的基础上展开具体的教学活动。精神生命教育是内在生命的教育，是在自然生命教育基础上的较高层次的教育，个体的人格集中反映在这一层次的教育中。在体育教学中进行精神生命教育，关键是要使学生吸收体育与精神文明，同时，也要大力建设校园体育精神文化。

下面从自然生命与社会生命两方面来理解体育教学是生命教育的内在需要。

1. 体育教学是自然生命的需要

众所周知，促进人全面健康发展是教育的最终目的诉求，但人发展的基础是什么，却很少有人提及。自然生命是人发展的基础，基于这一认识，人的发展就不止包括身心的发展，还包括道德的发展、智能的发展以及人格的发展，只有这些方面共同发展，人的自然生命才能继续延伸，也才更有意义。

人的自然生命能够延续到什么程度，直接受教育活动的影响，体育教学活动对延续与丰富人的自然生命具有重要的作用。体育教学从根本上追求身心和谐、健康发展，直接层面上追求强其筋骨、益其体肤、延长生命。作为体育教育根基的"体"又是以"身"为根基的，"身"同样是"心"的根基，体育教学追求身心统一，从身到心都要健康，这是个体整个生命中的不懈追求。体育教学不仅追求身体素质的发展，还追求心理素质的发展。只有达到身心协调发展的目标，体育的"体"才是集"智、德、美"等于一体的真正意义上的"体"，而非单纯的身体。

体育教学历史悠久，现代体育教学的发展从现代社会进步中获得了很多有利的条件。21 世纪，生产力迅猛发展，这主要得益于以信息技术为代表的现代科技的发展，生产力发展又促使人类社会向信息社会的过渡，同时，逐渐从工业社会中走出。机械化、电气化、自动化以及智能化随着信息社会的到来而充斥在每个人生活的方方面面，大大加快了人们的工作与生活节奏，人们一方面沉浸在高科技带来的快感中；另一方面又因为一切都变得越来越快而感到苦恼，而信息社会带来的最大困扰是，人们的生活越来越智能化，原始的身体活动越来越少，人们的健康受到了威胁。

"健全的体魄，高尚的道德情操，丰富的科学文化知识"是联合国教科文组织在 20 世纪 70年代对现代教育提出的人才培养要求，以适应当时社会发展和需求，在新的人才培养计划中，体育教学的地位重新受到重视，体育教学的关注度也越来越高。各国响应联合国号召，争先恐后变革体育教学，深入研究体育教学理论，探索体育教学实践，体育教学内容、教材以及教学方式是研究与改革的重点。在这一背景下，日本的"快乐教育"思想逐渐确立并传播开来，在该思想的指导下，对人格的培养与个性的完善成为体育教学追求的目标之一，而且体育教材的结构研究和小集团教学成为体育教学改革与发展的新方向，最明显的体现就从单独，追求身体健康和掌握技能过渡到追求身心协调平衡发展。

2. 体育教学是社会生命的需要

社会个体是集自然属性与社会属性于一体的，拥有双重属性。社会生命教育的本质是推动个体的社会化，即使人从"自然人"转变为"社会人"，承担一定社会角色。体育作为社会文化现象之一，具有一定的复杂性与特殊性，人的教化、精神的形成、品格的发展等与体育的关系都非常密切。体育是非生产性体力活动，它直接或间接影响着人的社会化进程与社会化实现程度。

体育教学具有目的性、组织性与计划性，其在推动学生社会化转变，提升学生社会适应能力方面发挥着重要作用。学生在体育教学中不仅能够了解社会行为规范、学习社会行为准则、掌握社会行为方式，还能形成社会行为能力。不同的社会角色有不同的行为准则与规范，也有其相应的行为期望。扮演着不同社会角色的个体都要彰显自身的个性，即与该角色相符的特点，这能够加快人的社会化实现进程。每个个体都要对适宜社会角色的规范、规则及行为方式加以学习，争取达到社会生命的要求，获得进入社会的"入场券"，而体育教学为学生这方面的学习提供了良好的环境与平台。

（二）体育教学生命价值的回归诉求

二十一世纪，科学技术高速发展，在新的历史时期，体育教育教学的目的与社会需求的联系越来越密切，这是由时代发展与社会发展双重驱动的结果。新时期的体育教学必须科学改革原有的教学观，与时代发展相适应，坚持社会目标的导向，深入挖掘与理解体育内涵，可见新时期的体育教学要想取得发展，必须先转变观念，具体表现在以下三个方面。

1. 转变体育观

人们的思想与体育观要随着社会的进步而做出相应的改变，即从单纯的"生物体育观"（集中注意力挖掘体育对人的生物性改造功能），过渡到人文精神和人文体育观上，强调"以人为本"，如果这时依然还只是一味重视体育的生物改造功能，对人的精神发展毫不重视，则说明体育的发展出现了"异化"，这是不正确的体育发展道路，需要及时认清形势，并及时改正错误。

对于现代人而言，树立人文体育观具有以下意义。

（1）干扰竞技运动的物化与异化。

（2）促进体育运动与人自我教育和自我发展的结合。

（3）使体育真正成为人们日常生活中一种积极健康的生活方式和休闲方式。

2. 转变教育观

随着社会的进步与文明成果的积累，市场经济发展中受到的知识经济方面的影响越来越大，市场经济社会因此而面临着艰巨的挑战，这就对现代体育人才提出了更多、更高的要求，具体表现在以下几个方面。

（1）基础理论知识过硬。

（2）同时拥有人文知识与科技知识，知识全面、丰富。

（3）有能力获取知识。

（4）专业技能扎实。

（5）博学多才、品行高尚。

从上面这些要求可以发现，现代体育教学对学生生命的数量、质量都有严格的要求，对数量和质量都很重视，因此，对科技知识与人文知识的教育力度在不断加强，高校尤其如此。在教学的现代化发展趋势中，一个重要表现就是将体育教育、人文教育、科技教育融为一体，使学生集中专业素质、文化素质与道德品质于一身，实现生命的完整发展与整体提高。

3. 转变价值观

作为学校教育的一个重要组成部分，体育教育应该及时对传统的价值观进行改革，向"实现学生生命最大价值"的价值观转变。人的生命价值的大小、实现程度在某种意义上是由个体的主观努力程度所决定的。人只有通过接受教育才能形成对自己的生命价值的认识，在人追求与实现自己生命的价值方面，教育具有义不容辞的责任，这也反映了体育生命化教育的目的。

在生命教育中，要积极引导学生对自己生命的价值的主动追求，促进其生命价值的实现。教育的目的永远不是由具体的任务或者技术训练构成的，引发与唤醒人类对生活的思考与认识，或培养人性意识才是教育的目的。当前，认知意识仍处于被遮蔽状态的人依然有绝大多数，因此，需要通过教育将其这种认知意识唤醒，对待教育，必须脚踏实地，认真严谨，从总体出发，夯实基础，从而使个人的才能得到充分发挥，使人的个性得到全面发展。

总之，要想真正回归体育教学生命本质的价值，就必须对体育教学的生命本质进行深层次理解，在此基础上关注生命，积极转变观念，坚持社会需求的价值导向，使体育教学充分发挥自身在引导学生生命发展的完整性方面的重要作用。

（三）实现体育教学生命价值的重要路径

1. 设置体育教学目标与生命化教育

在体育教学中，不仅要将体育知识、技能输送给学生，使学生获取知识，掌握技能，提高身体素质与运动能力，还要引领学生用心去对生命的价值进行感知与体会，这在体育生命教育中最为重要。教育的本质是让人学会做人，使学生将课堂上的感知运用到生活中，关注学生的心灵体会，而不是传授了多少知识。在体育生命教育教学中，体育教学目标的设置要符合生命本质，这就需要做到以下两点。

（1）关注学生个体生命

在体育教学中，尤其是在运动技能练习中，要引导学生将身心共同投入其中。在挖掘学生的体能潜力后，要让其体会到快乐和愉悦；当学生在竞争中失利后，要让其感知到失落和挫败；在学生获得同学的关心后，要让其重新鼓起勇气，继续努力。

体育教学是一个人性感知的历程，这是建立在获得知识基础之上的。在学生掌握体育知识后，要让学生真正从内心深处体会到生命在于运动的含义及运动之于生命的重要意义。因此，体育教学中能够明显反映出生命的整体性，通过体育教学，要把学生培养成身体健康、心理健全、能够勇于面对挫折和接受挑战的人，这也是体育教学的主要目标之一。

（2）理解学生都是独立的生命个体

在传统教育中，学生就像是木偶，没有思维，只能被动接受知识。而在体育生命教育中，学生有鲜活的生命，有丰富的思维，是活灵活现的生命个体。学生作为生命个体，在不同的阶段有不同的成长，因此，学生对于生命的感知也具有阶段性特征。让学生战胜与超越自己，在困难面前克服心理障碍，迎难而上，不管是否成功，对精神在生命中的意义都有独特的领悟，这正是体育生命教育的关键，也是体育教学的一个重要目标。该目标要求在体育教学中将学生的独立性把握好，要重视学生的情感体验。

2. 安排体育教学内容与生命化教育

能否深入研发与探究体育教学内容，在一定程度上决定着体育教学改革的成败。当今社会，从生命角度出发，把学生作为生命个体，着重发挥其主动性的教学非常少，体育教学也是如此。学生是体育生命教学的主体，因此，在教学内容设置与安排中必须以学生的生命意识为源泉，以挖掘与培养学生的思维、主体能动性、独立能力为出发点。基于此，体育教学内容的安排可从以下两方面着手。

（1）设置能够带来愉悦感知的教学内容

体育教学要重视学生对生命的感知，重视学生对生命的理解与感悟。学生只有在体育教学中体验到生命的意义与快乐，才能主动克服学习困难，主动学习知识，锻炼体能，掌握技巧，从而进一步获得对体育的深入认识。

（2）体育教学内容和实践有机结合

结合实践设置与安排体育教学内容，能够促进学生认知的多元化，提高学生掌握知识的兴趣，强化学生的技能。体育生命教学强调将生活融入课堂，弱化体育题材的主体地位，将爬山、跳房子、呼啦圈等更具生活气息的活动内容引入体育课堂教学中，也可以根据具体的教学条件把蒙古舞、摔跤等民族项目带入课堂中，培养学生的民族情结。

3. 选择体育教学方法与生命化教育

培养有血有肉的全面发展的人，以人为中心，发挥人的主观能动性，这是我们改革体育生命教育的主要目标。基于此，应从以下两个方面出发开展体育教学。

（1）学生是学习主体

在教育过程中，学生必须是一个积极的参与者和探索者，而不是一个被动的接受者和教师灌输的对象，要充分发挥学生的主体能动性，确立学生的主体地位。教学效果如何，教学的影响力如何，都是通过作为学习主体的学生反映出来的。只有真正将学生作为课堂上的主体，真正以学生为中心展开教学，学生学习的主动性才会更强，学习的动机才会更加积极。比如，为了增强学生的臂力，可以组织简单的比赛，男女要各自分组，能够在杠杆上停留最长时间，且动作最准确的一组学生获胜，也可以安排男生做俯卧撑，增强学生体魄，使其获得乐趣。这些都可以提高学生的锻炼积极性，从而也会提升其学习能力。

（2）学生身心全面发展是生命完整发展的核心

在体育教学中，要重视学生的心灵感受，对学生的积极感知进行培育，从而深入发掘学生的学习动机。学生只有建立了正确的、积极主动的学习动机，才不会出现逆反的学习心理，他们会保持良好的学习心态，自由自主地学习体育知识，掌握运动技巧，而且这样的学习会更持久、更有益。

4. 构建师生关系与生命化教育

教育是一项充满交流与互动的活动，在这一特殊的社会活动中，人与人之间展开对话交流，从而构建了教与学的关系。在体育生命化教育中，老师和学生的关系已经超越了主体与客体的关系，他们之间的互动是生命之间的交流。不同生命主体之间的交流与对话体现了师生关系的价值，具体表现如下。

（1）合作和交流的关系

在现代体育课堂上，老师指导学生，扮演指导者的角色，而非传统教学中自导自演的角色。师生之间利用体育课堂这一特殊的教学场所而展开交流互动，并相互协作完成教学任务。在学生的练习活动中，教师是检查员角色，督导学生完成练习。在这一过程中，老师必须投入全部身心仔细观察每一个学生，并且在处理自己与学生之间的关系以及学生与学生之间的关系时，要学会运用情感的方式。这样的教学能够使学生摆脱枯燥的锻炼者角色，使其获得心灵上的释放和自由，在体育课堂教学中，只有师生共同努力，才能打造创新型的活动乐园，只有构建平等的师生关系，师生之间才会更加信任，才会更密切地合作，也才会更加尊重对方。在体育教学中，要让学生获得成就和对生命价值的感知，使学生全面发展。

（2）同一视角的平等关系

师生之间要建立平等关系，就要打破教师统治课堂的局面，提高学生的地位，使学生在课堂上有权利自由探讨和发表意见，发挥学生的主体性。教师与学生的地位没有高低之分，在相互沟通时，教师要表达真情实感，以真心换真心，从而营造有趣的、活跃的、感人的课堂氛围。与此同时，教师要提高自己的修养，尽可能不要将负面情绪带到课堂上，而要以热忱的一面感染学生。

二、现代体育教学生活价值的回归

（一）体育教学生活化概述

《体育课程标准》明确指出："要重视从学生的生活经验和已有的知识中学习体育和理解体育。"[①] 现代学者在体育研究中倡导回归自然，回归生活，基于自然与生活的角度对体育进行研究成为体育研究领域的一个热点。

体育教学生活化是学校体育教学范畴中的一个概念，是指在体育教学中从学生的生活经验出发对与学生生活联系密切且能够调动学生学习积极性的教学内容、方法等进行挖掘与设计，从而使学生自觉学习的过程。在体育教学中，如果学生对课堂上出现的某个情境较为熟悉，他们便有兴趣参与这个情境下的体育学习活动，而如果对学生来说教学情境完全陌生，其很难融入进去。因此，教学情境的设计要偏于生活化，在体育课堂上搭建体育与生活的桥梁，使学生认识到体育并非离自己很遥远，而是切切实实发生在身边的一项活动。

1. 体育教学生活化的含义

当前，对于体育教学生活化，人们还缺乏准确的理解，理解不到位自然也就无法在教学中真正落实这一点。因此，首先必须解释清楚什么是体育教学生活化，其真正含义又是什么。下面我们从三个方面来解释。

（1）体育教学生活化是教学与生活的结合

陶行知先生曾指出，我们要"在生活里找教育，为生活而教育"，这一观念给现代体育教学带来的启示作用是非常重要的，要求我们清除陈旧老套的体育教学内容，改革那些离学生生活实际遥远的教学内容，处理那些与学生思想认识能力不符的教学现象。《终身教育经典文献：学会生存—教育世界的今天和明天》也指出，必须在空间和时间上重视对教学活动的重新分配，从而将生活经验与教育真正融合起来。由此可知，对体育教学资源的挖掘必须以贴近生活为主，甚至可以直接从生活中挖掘资源，教师创造的教学情境必须有趣、有生活气息，一定程度上还原生活中的某个场景，使学生在充满生活气息的环境中，学习与掌握将来能够运用到实际生活中的知识与技能，从而达到学以致用的目的。这比枯燥乏味的传统体育课堂教学更有现实意义，效果与长期效益更突出。

（2）体育教学生活化是对学生生活世界和精神世界的关注

陶行知先生指出，在教学活动中要解放孩子的头脑、手脚，从空间和时间上使他们获得充分的自由，从自由的气息中接受教育。学生在体育教学中既有认知需要，也有一定的心理需要，但教师往往忽略了学生的心理需要，一味追求认知目标，关注学生掌握了多少知识与技能，课堂教学比较死板，与学生原本的生活完全不同，学生即使暂时学到了知识，也无法理解这些知识与自己的生活有何关系，也就无法体会到精神生活的意义。

在传统体育教学中，因为课堂离生活遥远，所以学生的精神世界单调贫乏，甚至是萎靡不振，而如果教师能从生活的角度展开教学，积极营造充满民主、趣味、和谐的教学气氛，关注学生的心理需求与精神需求，使课堂教学如同一个生活缩影，有喜悦、有悲伤，有成功、有挫

[①] 张丽荣.体育教学的价值回归探索 [M].北京：中国纺织出版社，2017.

折，有思考、有交流，有血有肉、丰富多彩，就能使学生的精神世界变得积极而活跃，也能使学生认识生活中真实的自我，增强学生的自信心，完善学生的人格。

（3）体育教学生活化关注学生将来可能选择的生活，发展学生能力

陶行知先生认为，生活教育的含义，简单来说就是给生活以教育，用生活来教育，为丰富生活而教育。从这一点来看，教育之所以要培养学生的社会适应能力，促进学生的社会化发展，主要就是为了给学生未来更美好的生活提供保障。因此，在体育教学中，教师不仅要引导学生掌握体育知识与技能，还要使学生明白这些知识与技能如何在生活中发挥作用，如何用这些学习所得来对现实生活进行改善，从而在根本上强化学生体质健康，为学生未来发展打好基础，做好准备。

2. 体育教学生活化的内容

体育教学生活化具体体现在教学目标、教学内容及教学方式等方面，下面就这几个内容进行分析。

（1）体育教学目标生活化

从根本上来说，体育教学就是培养人的活动，在体育教学生活化改革中，满足学生生活需求、建构可能生活才是体育教学的根本目标，而非传统教学中的目标，如增强体质、提高技能等。这一根本目标中，"可能生活"体现了对学生内在价值的重视，体现了人文关怀，即关注学生的生存状态及生活方式，注重对学生生存、生活能力的培养，同时，引导学生自我关怀。

体育教学目标生活化要求在体育教学目标制定中，综合考虑以下两个要素。

第一，整合学生的现实生活需要和可能生活需要，使学生在学习中接受生活的熏陶，培养其独立人格和自主意识。

第二，整合人类生活经验和发展需要与学生现实生活世界及学生自我价值实现。

在考虑上述两个因素的基础上，应从发展角度出发将课堂教学目标确立下来，这个环节的根本着眼点在于学生可能选择的生活，起点为学生已经形成的生活认识，条件为现实课堂生活。

（2）体育教学内容生活化

生活教育理论要求密切结合人类的社会生活来开展教育教学，即为了生活的丰富多彩，为了人与社会的进一步发展而实施教育。此外，该理论还要求教育活动中应该教"人生需要的东西"，应该密切结合人类社会的实际生活而选取教学内容，力争满足课堂教学的生活化要求，在课堂上将生活中的具体问题展示给学生，使学生在常见的生活情景中解决问题。

在对体育教学内容资源进行选择与整合时，不要一味从科学世界和竞技世界中选取素材，要看到生活世界中也有大量丰富的教学素材与资源。事实上，当前我国体育教学内容就已经呈现出了生活化倾向，这主要体现在纯技术性的、生命力弱的内容在不断减少，而相应增加了生命力鲜活、生活色彩浓烈的内容，这也是体育新课程改革的成果。在新课程改革中，与学生实际特征相符是选取体育教学内容的一个主要原则，同时，体育新课程注重培养学生的兴趣，而将学生熟悉的、感兴趣的和贴近学生生活的内容融入体育课堂教学中，自然就能够激发学生的兴趣与积极性。

在体育教学内容的选编中，可以创设贴近学生现实生活的"生活情景"，消除学生对课堂的恐惧感，使学生犹如置身于日常生活环境中，这样学生才能更好地进入学习状态，在玩与动的

过程中积极思考、认真探索，在活跃的环境中达到学习的目标，体验体育课堂的魅力。学生兴趣的养成与强化是其树立终身体育意识的基础与前提。

体育课程改革要求将应用价值强的练习内容引进体育课堂，要求选择的身体活动方法能够对学生产生长期的效益与价值，使学生能够可持续健康发展。学生走向社会后需要经常用到的内容是教学的重点，多讲多练对于学生更好地适应社会，立足社会并服务于社会具有重要意义。

（3）体育学习方式生活化

在体育教学中，学生获得技能主要有两种途径，第一种是从教师的讲授中获得，第二种是学生通过自己的活动体验去获得，实践证明，通过第二种途径获得的体验更深刻。体育新课程主张在体育教学中采用探究学习、自主学习、合作学习等方式。例如，体育教师在教学的开始部分对接近生活的课堂情境进行创设，对教学任务进行合理分配，学生基本进入学习状态后，教师运用多媒体设备不断重复播放动作，并明确告诉学生通过练习要达到什么目标，练习中要达到哪些要求，学生观看和听讲后，学习的兴趣会不断强化，从而自主自觉练习，以完成学习任务，取得良好的学习效果。这与传统的、枯燥的、机械的体育课堂教学相比，更有利于促进学生的发展，有利于促进学生主观能动性的发挥。

生活教育理论是具有科学性与进步性的教育理论，其生命力旺盛，现实意义巨大，在推进体育教学改革方面发挥了巨大的作用。在生活教育理论的指导下，体育教师应积极树立新型课程理念，在教学中将学生的认知规律作为一个主要出发点，带领学生全身心投入体育学习中，使体育成为学生现实生活的一部分，使学生对生活中的体育有更深刻的理解，能够站在现实生活的角度上对体育加以审视与评价，从而获得对体育现实价值和意义的深刻感知。在体育教学中，要将运动技能和生活知识有机结合起来，相互衍生、相辅相成，并将生活教育思想的精华创造性地融入体育教育中，在先进理念的指导下开展体育教学工作，最终实现提升学生综合素质的目的。

（二）现代体育教学生活化中存在的问题与缺陷

将书本知识和现实社会联系起来，这是体育新课程教学所强调的重点，因此，体育教师要对学生的生活经验给予密切关注，对满足学生的现实需求给予高度重视，使体育教学的生活意义及生命价值从根本上得到强化。

然而，通过对当前我国体育教学实践的调查与分析发现，新课程所倡导的"生活化"教学并不是"原汁原味"的生活化，体育教学生活并没有真正落实，主要存在以下问题。

1. 简单的生活移植

培养学生，促进学生全面发展的教学目标，要求体育教学回归生活，回归生活不是将生活场景简单地搬到课堂上，不是为了贴近生活而勉强创设不伦不类的生活情境。这样根本不可能达到预期效果，甚至也不会取得像之前那样的教学效果。部分体育教师将大量的人力、物力、财力投入到将生活场景照搬到课堂的工作中，以追求教学的生活化。

例如，在体育公开课或示范课中，教师将扁担、箩筐、南瓜等非体育性教材的生活实物搬到课堂上，美其名曰"生活情境""课堂设计亮点""创造性课堂"，但理智地来看，这无异于"作秀"，这样的情境创设是不恰当的，与体育教学的性质完全不符，这样只会改变体育教学原来的"味道"，使体育教学显得幼稚、肤浅。

2. 偏离学生实际

在体育课堂教学中，学生的学习状态，学习情绪如何，与教师对学生学习经验的评估有关，评估"过高"或"过低"，学生都不可能保持良好的学习情绪与身心状态。因此，在体育教学中，为了满足生活化的要求，要从学生的生活中挖掘学习材料，将这些生活材料与体育知识技能有机结合，从而拉近体育教学与学生生活的距离，对学生的学习兴趣进行激发，提高学生的学习兴趣与效果。

在一些体育教学实践中，虽然体育教师尽可能满足体育的生活化教学要求，但这里的生活与学生的生活还是有差距的，不是从学生实际出发的生活，甚至严重偏离学生生活实际，这就导致学生的现有生活经验无法运用到学习实践中，从而影响了学生的学习情绪与效果。

3. 流于形式

当前，很多体育教师对体育教学生活化的理解还显得比较肤浅，不够透彻，而且有片面化倾向，生搬硬套、流于形式等问题的产生都是源于无法正确深入地理解"何为体育教学的生活化"。例如，日本的"快乐体育"思想广泛传播后，体育课堂失去了规范性、严谨性，一味强调玩乐，这无异于"放羊式"教育，表面看师生之间很融洽，也都很快乐，但最终却不出成绩，看不到效果，学生在课堂上掌握的体育知识与生活体验十分有限，这严重违背了快乐体育教学思想的初衷，也是对这一思想的亵渎。

体育教师必须清楚地认识到，体育教学的生活化不能为了生活而生活化，不能勉强生活化，否则体育教学就变质了，生活化是要将学生的生活实际与运动技术教学结合起来，达到一种适度的生活化，从而使学生的技能、体能、生活经验都能得到发展。

（三）体育教学生活价值的回归诉求

在现阶段，体育教学中存在着严重的问题，其中，与生活化方面相关的问题主要表现为教育内容与学生生活实际不符、与学生认识水平及现实经验不切合，代表性事件是"阳光体育"大搞形式化，缺乏持久性，快乐体育过于空洞化与理想化，缺乏内涵等。而陶行知的生活教育理论对于解决这些现实问题具有积极的意义。体育教学中选用的体育资源，必须有相当一部分是从实际生活中挖掘与吸收而来的，课堂教学情境必须有趣味性，与学生生活贴近，而且没有半点勉强，体育教师要指导学生在生活中运用所学知识和技能，学以致用，从而使学生的生活质量在原来的基础上得到改善。

为了使体育走进学生生活，发挥体育的现实功能，使学生深入理解体育与生活的关系，理解体育对丰富与完善生活的实际意义，体育教师需从以下几方面来努力进行体育教学改革。

1. 转变教学观

改革体育教学现状，使其走向生活化之路，首先要转变教学观念，这是体育生活化教学的基础与前提。陶行知先生提出"教学做合一"，就是要结合生活活动来进行教学，这就对体育教学的主导者体育教师提出了新的要求，如尊重学生，关注学生生活，使学生获得生活经验与改善生活的能力。对此，体育教师应深入理解教学的生活化，明确教学定位，与学生建立平等的关系，密切的互动与交流，改变传统不科学的师生关系，引导与帮助学生进步，而不是一味压制学生，控制学生。

陶行知先生还提出："生活教育与生俱来，与生同去。出世便是破蒙，进棺材才算毕业。"可见，陶行知所说的"教育"是指终生教育，它以"生活"为前提，生活是一切活动与智慧的来源。他坚决反对没有"生活做中心"的死教育、死学校、死书本。《全民健身计划纲要》中指出："要对学生进行终身体育的教育，培养学生的体育锻炼意识、技能和习惯。"①

"健康第一""终身体育"是体育教师应当大力倡导和积极落实的教学理念，培养学生的健康意识与终身体育意识应该被更多的教师重视起来，在教学中要将学生的生活需求联系起来，满足学生的生活需求，对于学生的个体差异，要给予尊重，要尽可能全面兼顾，要考虑现在的教学内容、理念及方法是否对学生改善生活有益，对学生未来职业化发展有益，要尽可能使学生对体育的本质有深刻的把握，使学生获得丰富的生活体验与体育经验。

2. 落实体育教学目标的生活化

体育教学和所有的教学活动一样，都是为了培养人，这一宗旨要求在体育教学中将根本教学目标确定为满足学生的现实生活需求和对学生可能生活的塑造。在具体教学目标的设计中，要综合考虑学生的生存状态、生活方式、生活能力及可能生活，从而确立不同的教学目标，如认知教学目标、情感教学目标、意志教学目标等。

让学生获得一定的技术技能并不是体育教学的唯一目标，让体育成为学生的一种健康生活方式，使学生树立积极的生活观是体育教学的又一重要目标。

3. 落实体育教学内容的生活化

使教育教学与人类社会生活紧密结合，为了打造健康、积极、向上的生活而实施教育，人生需要什么而教什么，这是陶行知生活教育理论的核心。体育教学的生活化集中体现在体育教学内容的生活化中，因此，与人类社会实际生活密切联系的素材与资源应该成为体育教学内容的主要来源，切实落实课堂教学内容的生活化。

体育教学内容要与学生特点相符，要能满足学生的需求，要能培养学生的兴趣，因为提高体育教学效果的主要突破口就是提高学生的兴趣。体育教学内容比例中，纯技术性的、生命力不够的内容应适当减少，学生熟悉的、喜欢的，贴近其生活的内容应该适当增加。体育教学是否贴近学生的实际生活，体育的生活价值是否得到体现，要看体育教学内容与学生的经验的接近程度。

由此可知，体育教学在选择教学内容时，应当尽可能选择学生感兴趣的、喜闻乐见的、技术难度适中的，有利于培养学生终身体育锻炼能力的运动项目，对密切联系学生实际生活的课程资源进行深入挖掘，同时，将其充分运用到体育教学中，让体育教学充满生活气息。在安排教学内容时，专门创设和学生实际生活、情感经验、生活阅历密切相关的"生活情景"，使学生深刻感受体育的吸引力，从而引起学生共鸣，激发其学习的积极性。

4. 落实体育学习方式的生活化

在体育学习中，应主张自主、合作、探究的学习方式，改变传统体育教学中学生重复模仿、机械枯燥练习等现象，推动学生进行积极、富有个性的有效学习。

---

① 张丽荣.体育教学的价值回归探索［M］.北京：中国纺织出版社，2017.

三、现代体育教学教育价值的回归

(一) 现代体育教学中教育价值的缺失

强身健体、教化育人既是体育的本色，也是体育的本质，因此，体育本就属于教育范畴，是具有自身规律与特征的教育活动。所以，不管教化还是育人，文化和教育是体育最终的必然归属。课堂教学是学校教育中最基本的活动形式，也是最主要的活动形式。但在体育课堂教学中，教师却总是有意无意地忽略学生的生存状态及生命价值，这就造成了教育和教学是相互分离的。传统课堂教学观最大的缺陷就是简单地将丰富复杂的课堂教学过程划归为一种特殊的认识活动，完全将课堂教学与整体的生命活动隔离开来，忽视了以下两个主要问题。

1. 忽视了教师与学生作为独立个体既有多种需要，又有无限的潜在能力。

2. 忽视了师生共同活动体的双边多向交互作用。

上面列出的两点从根本上而言就是忽视了课堂教学过程中人的因素，这是体育教育始终停留在工具性教育层次的主要原因。传统体育教学"目中无人"，不重视人生命的丰富性，只是作了简单化的处理，体现不出对生命价值的追求，因此，教育界中让体育教学回归教育本源的呼声越来越高，体育教学的教育性价值是其本真价值，"文化育人"的功用主要就体现于此。

《普通教育学纲要》第一条中明确写到：教育学就是以生命的可塑性为前提，探讨如何将这种可塑性从可能性变为现实性的科学。体育是教育的一个重要组成部分，在所有的教育形式中，能够使学生最直接、最深刻地感受人生、体验人生的教育形式就是体育。体育教学承担着培养全面发展的人的重要任务，这是其同其他课程的相同之处。通过体育教学，要使学生生命更加完整与完美，要提高学生的生命质量。

目前，我国的体育教学状况显然还未能充分满足对全面发展的人的培养要求，教学问题、矛盾、困难及瓶颈普遍存在，最突出的问题就是教育因素在课堂教学中的缺乏，体育课只是教师传授运动技能的媒介，教师完全按照教材或教案来组织课堂教学，汇编教学内容，一味强调学生对运动技术和技能的掌握，而对学生的身体锻炼、身体健美及自我生命展现漠不关心，这样的体育教学不免有了功利的色彩，与教育的原点渐行渐远。此外，在传统师资培养模式的影响下，知识结构单一、专业素养不够的体育教师不在少数，这些教师的眼里只能看得到学生掌握了多少技能，而看不到学生其他方面的进步与发展。体育教学的身心培育、团队精神、文化熏陶等教学要求已被完全忽视，寓教于乐的体育教学特点也渐渐弱化，学生参与体育活动的情绪体验、学生主动性、创造性的发挥等依旧得不到重视。总之，教育的精神在体育教学领域一步步走向萎缩，而且很多教师都没有意识到，甚至意识到也没有奋起变革的想法与胆识。

(二) 体育教学教育价值的回归诉求——开展"教育性教学"

开展"教育性教学"要求做到以下几点。

1. 整合人文教育和知识教育

目前，学校体育迫切需要解决学生体质逐年下降的问题。在体育教学目标中突显增强体质的目标是正确的，这与我国国情、学生身体现状也是相符的。但是我们忽略了"教育使人社会化"这个很重要的问题。教育的目标之一是促进人的社会化，所以不能单单从体质本身着手来对学生的体质问题进行解决，头痛医头、脚痛医脚的做法是无法将问题从根本上解决的。很多情况下，人们对体育的解释与理解都比较狭隘、肤浅，即贸然提出技术的掌握和体质的增强就是体育的实质。文化本位思想的回归才是从根本上解决学校体育教学中所遇到的各种问题的必然选择。

从文化学视角来看，社会大文化中包含体育这一要素，体育语言和体育符号、体育知识和体育技术、体育规则和体育制度、体育观念和体育精神、体育行为和体育价值等都是体育文化的组成因素或表现形式。从育人的角度来看，体育教育和人文教育关系密切。一方面，体育教育和人文教育具有内在同一性，人的能动性和创造性是人文精神和体育精神得以发挥的主要依赖。体育精神追求"真"与"实"，人文精神追求"善"与"美"，要达到真、善、美，就需要将两者结合起来；另一方面，思维方式与能力在体育教育与人文教育中都很受重视。形象思维是体育教育强调的重点，逻辑思维是人文教育强调的重点，二者缺一不可。科技、社会和教育的发展及人的全面发展等都要求体育教育与人文教育的融合，可见二者的融合是历史的必然结果。

赫尔巴特曾提出，教学课程必须内容广泛，必须体现多方面性，这样才能充分培养学生的品格，对学生进行良好的知识训练，而这些要求在体育教育中都能得到满足。"教育性教学"要能够提高学生的理性思考能力，体育美学恰恰能够达到这一目标。蔡元培先生也曾指出："体育中含有大量的美育因素，体育是实施美育的重要手段之一。"生命时时刻刻都在运动，这是生命"美"的体现，而这种美也恰好集中反映在体育中。学生在体育教学中积极参与运动锻炼，切身体验速度与力量，爆发力与技巧，获得心灵愉悦和精神享受。体育运动美对人的感召力、教育性是不可估量的。

2. 落实"教""管"结合的育人思想

苏霍姆林斯基说："教给学生能借助于已有的知识去获取知识，这是最高的教学技巧之所在。应教给学生一些方法，让他们有的放矢；应给学生一点启示，让他们举一反三。""教"是体育教学的基础，"学"是体育教学的根本，二者之间双向互动，"学"以"教"为前提，"教"要落实到"学"上，"教"引导"学"，由"学"来实现"教"的目标。因此，体育教学的立足点必须及时转移，即从重"教法"转到重"学法"上，将学生的主体地位确立下来，并给予尊重、重视。要使教与学的基本功能得到最优化的发挥，就要在体育教学中将学生的主体性作为基本点，同时，为了实现学生的主体作用，需要以体育教师为主导。

总之，教师的主导和学生的主体是体育教学的两个方面，二者相辅相成、相互促进。要更好地发挥学生的主体性，就要对教师的主导性有正确的认识。

赫尔巴特曾说："教师必须在确保工作能顺利进行下去的范围内，可以给予学生最大限度的自由，这种方式乃是最好的教育方式。"在体育教学中，纪律严格，规则明确，使学生知道有所为，有所不为；何时为，何时不为，使学生在课堂上释放自我，收获知识和力量，从而达到"高峰体验"，这便是体育教学的意义所在。

人的全面发展离不开体育的教育，体育教学充满生命活力，社会和民族应该为体育教育的缺失而感到悲哀。值得庆幸的是，我国体育教学经过不断的改革，正在逐渐打破"对人的局部关注"的局限，并不断回归教育的原点。

目前，我国体育教学很少真正地触及教学活动中根本性的东西，即很少关注学生对自身生命的需求，既没有将此作为体育教学的起点，也没有将"满足学生对自身生命的需求"确定为终极教学目的。这样的教育缺乏使命感，没有责任担当，是盲目的、肤浅的。因此，在今后的体育教学改革中必须将此重视起来。

3. 实现隐性因素的潜移默化的作用

（1）"身"教

对于学生在教学活动中的学习状态，有这样一种形象的说法，将学生的眼睛、耳朵、大脑分别比作"录像机""录音机"和"计算机"，学生的大脑储存录下来的信号，学生的行动由这些信号支配。需要重视的是，无意识的内隐心理活动中往往蕴藏着巨大的学习潜能。人们大量的无意识活动、大脑中的经历与经验促进了灵感的产生，造就了自发的创造活动，使人达到豁然开朗的境界。因此，在体育教学中，教师不仅是"人类灵魂的工程师"，还是"塑造人类健美的建筑师"。体育教师要不断提高自己理解美和欣赏美的能力，要善于对体育教材、运动项目中所蕴含的审美因素进行充分深入的挖掘，从而将体育、美育融为一体，将蕴含美的教学语言、教学环境、教学行为呈献给学生，让学生在学习中对体育的自然美、运动美、艺术美、心灵美、时代美等有深刻的体验。另外，体育教师作为学生的审美对象之一，举手投足间都具有一定的审美意义和教育意义。体育教师要从思维点拨、智慧启迪、价值引导等方面充分发挥自己的作用与价值。

（2）"风"教

这里的"风"指的是学风、教风、校风，是校园舆论及师生共同价值观、道德规范、行为准则的表现。校园体育文化指的是校园体育的"风气"，校园体育文化的育人方式较为独特，在人才培养中发挥的作用举足轻重。体育教学应加强对学生体育学习兴趣和积极性的培养，让体育融入学生生活，从而对学生身心健康水平的提高、良好习惯的养成、审美情趣的发展、进取精神的塑造等各个方面都产生积极的影响。

除了开设体育课之外，课外体育活动、运动训练、竞赛等丰富多样的学校体育形式都可以达到这一目标，因此，要将体育课堂教学与其他教育形式有机结合起来。

第三章　高校体育教学方法的多元化研究

第一节　高校体育多元化教学方法的理论基础

一、体育教学方法的含义

体育教学方法具体是指在体育教学过程中，为了达到体育教学目标和实现体育教学目的而由师生所采用的可操作性的教学方式、途径和手段的总称。针对体育教学方法的含义，可从以下几个方面加以理解。

（一）体育教学方法是"教"与"学"的统一

体育教学方法是教与学的统一，只有师生之间实现有效的双边互动，才能够更好地发挥体育教学方法的价值与作用。体育教学活动可以简单理解为"教师的教"和"学生的学"两个层次的内容，教师和学生是教学活动的主体。体育教学方法和手段都是针对学生来选择与运用的，教师和学生之间具有密切的关系，在师生的双边互动中，体育教学的任务和目的逐步实现。因此，教和学两方面的内容贯穿于体育教学方法实施的始终。

教学方法是在师生互动中得到贯彻与实施的，体育教学方法也是师生之间行为动作总和的体系。体育教学的方法与其他科目教学方法的主要区别在于，体育教学方法在注重教学语言要素的同时，更加注重动作要素。在体育教学过程中，各种动作的掌握和熟练都需要教师进行示范、讲解和纠正，并在此基础上，学生重复进行练习，才能最终掌握相应的技术动作。因此，体育教学方法是教师和学生的动作和行为的总和。

（二）体育教学方法与教学目标不可分割

任何一种体育教学方法都具有一定的目标性，如果脱离了目标，那么体育教学的方法也就失去了其存在的意义。体育教学方法应与体育教学目的之间保持密切的联系，教学方法的实施应能够促进体育教学目标和任务的实现。因此，体育教学方法作为体育教学的重要组成部分，其服务于体育教学的目标和任务。体育教学方法和体育教学目标之间具有一定的不可分割性，如果将两者割裂开来，那么体育教学方法没有明确的方向，会表现出一定的盲目性；而体育教学目标和任务如果脱离了体育教学方法，则不能得到有效实现。

（三）体育教学方法具有多元化功能

现代体育教学不仅注重学生动作和技术的掌握，以及各方面身体素质的增强，它还更加注重学生的全面发展。因此，体育教学方法具有多元化功能，其不仅能够在一定程度上促进学生运动能力的增强，还能够促进学生思想道德品质、心理素质等方面的发展，对于学生的全面发展具有重要的促进作用。

二、体育教学方法的分类

在现阶段，教学方法依然没有统一的划分标准和依据，一般将体育教学方法划分为教法类、学法类和练法类三种类型。

（一）教法类

1. 知识技能教法

（1）基本知识的教法

基本知识的教学包括体育保健类知识以及体育的相关理论等的教学。体育基本知识的教学方法同其他学科的教学方法类似，这类教学方法进行分类时也较为复杂，根据不同的分类依据可将其分为不同的类别。

在体育教学过程中，教师在选择相应的体育教学方法时，要注意教学的情意活动和它的多功能作用的发挥，要将体育教学的基本知识与体育活动的具体实践密切结合起来，教学方法要具体可操作。

（2）体育技能的教法

体育技术技能的教学方法，即为一般意义上的运动教学方法，这是体育教学方法中与其他学科的教学方法有很大差别的部分。首先，在采用相应的体育教学方法时，教师应明确教学的目的是使学生掌握运动技术技能，还是发展学生身体或是要达到其他什么目的；其次，应对体育教学的内容进行分析和处理，运用相应的动作教学方法来实现相应的教学任务。当体育教学的目的以及体育教学的内容不同时，活动的方式也会有很大的区别，这时就需要采用不同的动作方法和策略。因此，体育技术技能教学方法具有灵活多变的特点，应根据具体的教学情况随机应变。

2. 思想教育法

思想教育法是对学生进行思想品德教育和美育的方法，这也是体育教学的重要任务之一。在开展相应的思想教育时，应结合体育教学的特点采用相应的教学方法，确保教学能够收到很好的效果。体育教学方法的运用要能够促进学生顽强拼搏的意志品质的形成，培养其团队协作的意识，要促进学生个性意识的发展，并促使其形成正确的价值观和审美观，培养其探索性和创造性思维。

（二）学法类

学法类，即为指导学生进行学习的方法，这也是体育教学的重要方面。在进行体育教学时，指导学生进行学习的方法应注重以下两个方面内容。首先，应确保学生能够较好地掌握前人积累和总结的知识和经验，在继承的基础上求得发展；其次，学生应将相应的知识和经验与自身的个性特点相结合，从而最终形成终身体育意识与拥有相应的能力。

从整体分析，学法类的教学方法应使学生不仅能够掌握相应的知识和技能，还要使其愿学、会学，并且在以后的工作和生活中能够对所学的知识进行运用，使其养成良好的体育锻炼习惯。

（三）练法类

指导学生锻炼的方法是体育教学里最具本质特征的方法。练法类教学方法对学生的身体素质以及各项运动技能的发展具有直接的影响和效果，在教学过程中，学生应能够理解和感受身体运动时的各项体验。在教学过程中，具有众多的身体锻炼的方法，其效果也是因人而异。学生的学练法可划分为三个阶段，具体内容如下。

1. 第一阶段

第一阶段为建立动作技术的直观表象阶段，通过听、看、思、记等手段来实现相应的学习，具体方法有观察法聆听法探究法、形象思维法、归纳思维法、有意记忆法、理解记忆法、联想记忆法。

2. 第二阶段

第二阶段为运动技术的实施和矫正阶段，具体方法有模仿练习法、分解练习法、完整练习法、表象练习法、重复练习法、变换练习法、间隙练习法、游戏练习法、循环练习法等。

3. 第三阶段

第三阶段为动作技能的巩固和提高阶段，具体方法有强化练习法、提高难度练习法、比赛练习法等。

除此之外，在教学过程中，各种教学方法既可以单独使用，也可以进行有效地整合，从而形成一定的方法体系来运用。在教学过程中，教师应使学生明确各种练法的作用和意义，并把握不同练法之间的联系，从而能够自如运用。

三、体育教学方法的特征

（一）多种感官集体参与性

体育教学活动是感知、思维和练习三者的结合，因此，其教学活动也需要多种感官参与其中，这样才能够保证各项动作的顺利完成。体育教学活动的特殊性要求在体育教学过程中，所有参与者都需要动员身体的各种器官。具体而言，教师需要为学生进行相应的动作示范，并且对学生的动作进行必要的指导和纠正；学生则需要进行必要的准备活动，然后进行相应的动作练习。在学习过程中，参与者的眼睛、耳朵以及触觉和动觉等感受器官对运动的方向，用力的大小和动作的幅度等方面进行感知，学生通过自身和他人信息反馈控制身体完成正确的动作，形成正确的动作定式。

鉴于体育教学活动的上述特点，在进行体育教学活动时，教师应运用多种方法，有效地调动学生的各种器官参与教学活动，让学生更好地掌握相应的活动。具体而言，在体育教学活动中，应引导学生进行认真学习，积极进行思考，注重动作技术的调节控制，并大量进行重复练习。对于学生而言，正确的体育教学方法能够最大限度地调动多个身体器官参与活动，从而帮助其掌握各种动作，实现学习目标。

（二）感知、思维和练习有机结合性

在体育教学过程中，学生的学习是一个复杂的认知过程，在这一过程中学生需要动用思维、感知、记忆和想象，并结合具体的身体练习，最终实现动作的掌握。因此，体育教学方法也是感知、思维和练习相结合的过程，在结合过程中，学生需要通过自身的信息接收器官将外界信息传送至大脑皮层，并运用大脑对各种信息进行整理分析和加工，然后大脑指挥人体的各器官完成相应的动作；通过动作的不断重复，使得学生建立起相应的动力定型，实现动作的自动化，同时，掌握相应的动作技术。在这个学习过程中，信息的感知是动作学习的基础，思维活动则是学习过程的核心，而练习是动作技术掌握的重要手段。体育教学方法的实施过程是认识与实践、心理与身体相结合的过程，是感知、思维和练习三者的有机结合。

（三）实践操作性

体育教学方法与一般的教学方法相比，最大的特点是实践操作性。体育教学方法必须与体育教学实践紧密相连，当然有些方法是室内学科教学方法的借用，如直观教学法、讲解法等，但这些方法必须根据室外体育教学的特点环境、学生的队列等情况加以调整，否则就不能适应体育教学。

体育教学的主要方式是身体运动，身体运动是学生对自身身体的运动感受，具有"此时此地"的特点，因此，在选择与安排教学方法时，一定要根据体育教学自身操作活动的实践特点进行，而不仅仅是停留在理论层面上。只有结合实践操作的体育教学方法，才能让学生在掌握动作技术概念的基础上，通过身体实践活动达到掌握运动技能、促进心理发展的目的。同时，体育教学方法必须得到体育教学实践的检验，才能判断其教学方法是否有效。

（四）时空功效性

体育教学可以划分为不同的阶段，在不同的阶段内，有着鲜明的阶段特点，师生之间相互产生一定的影响。在教学的开始阶段，教师处于主导地位，随着时间的推移，学生的主体地位逐渐增强。

在教学过程中，教学方法和途径发挥了重要作用。在开始阶段，学生学习动机、兴趣、欲望等的激发，需要教师运用合理的方法；教师通过讲解、示范等方法来使学生理解和掌握相应的知识和技能；学生在学习与练习过一定的方法来感知、理解和掌握相关的知识。总之，在体育教学的不同阶段，体育教学方法都发挥着应有的作用，这是体育教学方法的时空功效性特点。

（五）运动与休息合理交替性

在体育教学过程中，学生的大脑和身体通过一定的学习活动会产生相应的疲劳，造成学习效率下降。尤其是高强度的身体运动对学生的体能消耗较大，这时为了保证教学活动的正常进行，有必要安排相应的休息活动。

在学习活动中，学生通过一定的认知、理解和记忆后，就会有相应的脑力消耗；通过进行相应的身体练习，则会使得人体的能量消耗加剧，人体相应的器官出现一些疲劳的现象，并且随着运动负荷的增加，其会对学习活动产生一定的消极影响。因此，体育教学方法注重运动与学习的结合，使学生的身体疲劳能够得到一定程度的恢复，保证其保持较高的学习效率。需要注意的是，这里的休息并不一定是指暂停相应的活动，也可能是一种积极性的休息——通过开展相应的轻松的活动，来达到身心的放松，帮助学生消除疲劳症状。安排休息时，应注重积极性休息和消极性休息的结合，使得休息能够更好地达到预期的效果。

（六）继承发展性

体育教学的方法是在长期的体育教学实践过程中逐步发展起来的，经过多年的积累、发展和创新，逐渐形成了内容丰富的体育教学方法体系。很多教学方法具有鲜活的生命力，经过多年的发展依然在教学过程中发挥着巨大的作用。这些有效的教学方法值得人们对其进行总结、整理和借鉴。在教学实践过程中，在继承传统的经典教学方法的基础上，一些新的教学方法不断被提出，使得体育教学方法的体系不断完善。需要说明的是，尽管体育教学的方法众多，但不应过于迷信现代化的教学方法，更不能对一些国外的教学方法进行刻板的模仿。教育工作者应在扬弃的基础上发展创新，在时代发展的大环境下，在体育教学具体实际的基础上，对教学方法进行开拓创新。

四、体育教学方法的价值

（一）有利于推动体育教学任务的实现

在体育教学过程中，体育教师与学生双方互动的连接点是体育教学方法。科学有效的体育教学方法有利于密切联系体育教学活动中的两个重要主体（教师与学生），这一连接有利于体育教学目标与任务的实现。倘若没有实效性的科学体育教学方法，体育教学任务就难以实现。

（二）有利于良好教学氛围的营造

合理、恰当的体育教学方法能够提高学生参与体育学习的积极性，促使其学习动机不断得到激发，同时，也有利于良好教学氛围的营造。良好的教学氛围反过来又有利于感染学生，引导学生主动参与学习，从而促进一种良性循环的形成。良好的体育教学方法的科学运用，有助于提高学生对体育教师的信任度，从而乐意听从教师的引导而学好体育课程，这就使得体育教学过程的气氛变得十分融洽与和谐。

（三）有利于促进学生身心的全面发展

良好的体育教学方法体现出一定的科学性特征，体育教师受到科学思想的感染与熏陶而采用科学恰当的教学方法进行体育教学，这对学生的身心发展是极为有利的。相反，不具备科学性与不恰当的体育教学方法所产生的消极影响会对学生身心的发展造成阻碍。在体育教学活动中，实施体育教学方法的过程通常也是学生对体育运动技术进行体验与锻炼的过程。因此，教师不仅要向学生灌输体育方法论的知识，同时，也要引导学生的训练实践，促进学生身心的全面健康发展。因为体育教学活动特殊作用的存在，所以科学的体育教学方法也有利于培养学生的丰富情感、锻炼学生的意志品质。总之，科学的体育教学方法能够积极影响学生身心的全面发展。

（四）有利于体育教学质量的提高

科学的体育教学方法能够通过对各种有利因素的充分利用提高学生的学习兴趣与热情，引导学生充分发挥其主观能动作用，从而促进其学习效率的不断提高，最终促进体育教学质量的提高。

五、体育教学方法的选择

（一）选择体育教学方法的依据

1. 体育教学目标

体育教学目标的主要特征之一是多层次性，身体发展目标、技能发展目标、知识发展目标社会发展目标和情感发展目标等是体育教学目标的不同层次。为了实现不同的教学目标，应采用不同的教学方法。在体育教学中,教学目标并不是孤立的,它是多种目标的综合,而每一单元、每一堂课目标的侧重点是不同的。因此,在教学过程中应根据具体的课堂教学目标选择重点发展某一方面的教学方法。课时教学目标是体育教学总目标的具体化,这一目标具有很强的指导性。它既有相应的运动技能和运动理论方面的知识,也有心理和品质品格方面的内容,针对这些不同的教学目标,应选择与之相匹配的教学方法。

2. 体育教学内容

体育教学的内容与教学方法之间具有密切的关系,如对一些技术动作教学内容应采用主观的示范操作的方法,而对一些原理和知识结构方面的内容则应注重运用语言法进行讲解。不同性质的体育教学内容应采取相应的教学方法。每一种教学方法为实现一定的目标而运用在某一教材内容时,其效果也会表现出一定的差异性。因此,在体育教学过程中应注重教学方法的灵活性。

3. 体育教学环境

教学环境对教学方法的选择产生了重要的影响。教学环境包括场地器材、班级人数、课时数等,同时,外界的社会文化环境也对教学环境产生重要的影响。教学环境必然会对教学方法产生制约作用。例如,一些直观教学方法需要借助一定的教学器材才能实现相应的教学目标,而学校体育教学资源的具体情况在一定程度上对教师采取的教学方法具有决定作用。

在体育教学过程中,教师应充分利用现有的教学环境,选择合理的教学方法,最大限度地利用现有的场地及器材条件。

4. 学生的实际情况

在教学过程中,教学方法的实施对象是学生,采用多种教学方法的最终目的是促进学生更好的学习。因此,在选择相应的体育教学方法时,应与学生特点及其实际情况相符合。学生的实际情况表现多方面的内容,包括学生的年龄特点、性别特征、身心发育状况以及相应的知识储备和学习能力等。

学生处于不同的年龄阶段,其身心发展过程也具有阶段性的特点。对于大学生而言,低年级学生和高年级学生的身心发展特点会表现出鲜明的差异性。另外,男女性别上的差异性也会导致其对体育的态度有所不同,因此,应采取合适的方法,充分调动学生体育学习的积极性。学生的经验和知识储备以及其相应的学习能力,也是教师选择不同的教学方法的重要依据。对于知识储备量较为丰富,已经掌握了基础的知识技能,并且学习能力较强的学生,其在学习新的体育技能时能够更快、更好地掌握。此时,教师可采用合理的教学方法促进学生的技能水平向着更高的水平发展。

5. 教师的自身素质

体育教师是各种教学方法的实施者,其自身的素质对教学活动的效果会产生重要的影响。体育教学如果能力和素质有限,则其将不能发挥相应的教学方法的作用,从而对教学活动产生消极的影响。因此,教师在选择相应的教学活动时,应对自身的专业素养、能力水平以及教法特点有着客观的理解。

通常情况下,体育教师所熟练掌握的教学方法越多,则其越能够根据自身以及学生的实际情况选择出最佳的教学方法。不同教师根据学生实际状况采取同样的教学方法，也会得到不同的教学效果，可见教师的自身条件极大地影响着体育教学活动。因此，教师要有提高认识自身素质与教学风格的意识，并通过积极的学习增强自身的素质，尝试和掌握更多的教学方法。

（二）选择体育教学方法的要求

1. 一般性要求

相关研究表明，在对体育教学方法进行选择与配合时，应当考虑并达到几个方面的一般性要求：（1）体育教学方法必须符合教学规律原则。（2）体育教学方法必须符合体育教学的教学目标。（3）体育教学方法必须符合体育教学内容的具体特征。（4）体育教学方法必须符合学生学习条件的可能性。（5）体育教学方法必须符合教师实际条件的可能性。（6）体育教学方法必须符合学校的教学条件，并且具备较为显著的功能与效果。

2. 具体要求

（1）体育教师要全面了解各项体育教学方法，倘若体育教师对各项教学方法没有做到深层次地掌握，那么选择就无从谈起。教师在了解体育教学方法时，不仅要了解动作技能形成的方法，还需了解传授体育知识的方法，另外，也需要了解发展学生个性、开展思想品德教育以及锻炼身体的方法等。教师只有全面了解与掌握多种体育教学方法，才能依照体育教学的实际要求，选择富有针对性和实效性的体育教学方法。

（2）教师要遵循多中选优原则，原因在于各项体育教学方法均有其自身的优势与劣势，均有其自身的独特性能，但是尚未有任何一项体育教学方法能够达到万能的要求。因此，教师在对体育教学方法进行选择时，必须达到全面了解与掌握体育教学方法的要求，随后才能结合体育教学的实际状况，在众多体育教学方法中选择出最能发挥其独特性能的教学方法。为了真正达到多中选优的要求，所有体育教师均需建立一个具有个性化特征的教学方法"仓库"，以体育教学方法的具体性能为主要依据，将其编成系列（如将其编成卡片），将性能相同或者相近的体育教学编成一类，当教师需要选取适宜教学方法时即可从中选取。

（3）教师要采用比较的方式，从中择优。不同的体育教学方法能够实现相同的目标，至于使用哪一种教学方法的效果更佳，则需要教师对具体教学方法进行多方面比较，从而实现从中择优的目的。教师可以对每一小类或者每一类体育教学方法对学生理论知识的掌握情况，运动技能、身体素质水平、自身个性的发展情况，思想品德和行为习惯的培养情况进行认真分析与比较，充分考虑特定体育教学方法的适用范围和适用条件，具体教学方法解决哪些教学任务最为合适，结合哪些教学内容最为适当，与哪些类型的学生最为符合，对教师和教学环境的具体要求等多项内容展开综合比较，逐级筛选，最终做出最为恰当的选择。倘若体育教师能够达到这些要求，则能够为高效运用体育教学方法奠定坚实的基础。

（三）选择体育教学方法的注意事项

1. 注意师生之间的协调配合

在体育教学过程中，教师和学生的默契配合是取得良好教学效果的重要保证。教学活动不存在没有"教"的"学"，也不存在没有"学"的"教"。因此，不管是何种教学方法，都应考虑到"如何教"和"如何学"两个方面的问题。

在传统体育教学过程中，片面强调以教师为中心，教学方法也只是注重教师"如何教"的问题，而对于学生在教学过程中的作用则选择性地忽略了。例如，教师在进行动作示范时，只考虑动作的优美和协调性，而没有考虑学生的感受，从而使得学生的学习效果不佳，影响教学活动的开展。因此，体育教学方法的应用应考虑师生双方的合理配合，避免两者的脱节。这样才能取得良好的教学效果。

2. 注意学生内部与外部活动的配合

学生的学习过程是内部活动和外部活动的综合体现，内部活动是学生的心理活动以及相应的生理生化反应等方面，外部活动则是其动作质量、情绪、注意力等方面。首先，在选择相应的教学方法时，应注重两者之间的配合；其次，在选择相应的体育教学方法时，应注重两者之间的配合，教师应善于分析学生的内外活动变化，有机结合指导学生外部活动的方法与激发学生内部活动的教学方法，以促进学生积极主动地参与到体育学习中；最后，在选择体育教学的方法时，还应对多种教学方法进行对比分析，从而确定最佳的教学方法。在教学过程中，应明确不同的教学方法适应什么样的教学内容，能够解决什么样的教学问题，能够对什么样的教学对象起到更好的作用等。

3. 注意不同学习阶段的前后配合

学生在学习过程中，在不同的学习阶段会表现出不同的特点。体育教学方法的应用应考虑到学生学习知识的不同阶段的前后配合。例如，在动作学习过程中，应注重"模仿型"向"创造型"的过渡，并实现二者的有机结合。

学生的学习过程是从不熟悉到熟悉的过程。在学习的初始阶段，通常以模仿（模仿教师或他人）学习为主，之后，学生就会形成动作定式而完全摆脱模仿，从"模仿型"过渡到了"创造型"。这两个阶段之间既具有一定的联系，又相互区别。因此，在运用教学方法时，既要防止两者之间的互相代替，又要防止两者之间的割裂。

第二节　高校体育教学自主教学法的重要性分析

一、自主学习的实质与机制

所谓自主学习，是指学习者自觉确定学习目标、选择学习方法、监控学习过程、评价学习结果的一种学习方式。社会认知学派齐莫曼教授（B. J. Zimmerman）提出了自我调控学习研究的基本框架（表 3-1），为后来的相关研究提供了依据。齐莫曼认为，完全意义上的自我调控学习和非自我调控学习是极其少见的，大多数学生的学习都应介于这二者之间，如果一个学生能够对表 3-1 中第三列所述的 6 项任务条件做出选择或控制，那么他的学习就是自我调控学习，若不能则就不是。

在齐莫曼看来，自我调控学习的动机应该是内在的或自我激发的；学习的方法是有计划的或经过练习已达到自动化的；学生的学习时间应是定时而有效的；自主学习的学生能够意识到学习的结果并对学习过程做出自我调控；学生能够主动营造有利于学习的物质和社会环境。齐莫曼还认为，自主学习可以分为计划、行为或意志控制和自我反思三个连续的阶段。他借鉴班杜拉的个人、行为、环境交互决定论思想以及前人的自我调控学习思想的基础上，以个人、行为、环境三者之间的交互作用，建立了三者之间的关系模型（图 3-1），也称之为自主学习的机制。

表 3-1　自我调控学习的研究框架

科学的问题	心理维度	任务条件	自主的实质	自主过程
为什么学	动机	选择参与	内在的或自我激发的	自我目标，自我效能，价值观，归因
如何学	方法	选择方法	有计划的或自动化的	策略使用、方法选择等
何时学	时间	控制时限	定时而有效	时间计划和管理
学什么	学习结果	控制学习结果	对学习结果的自我意识	自我监控、判断、行为控制意志等
在哪里学	环境	控制物质环境	对物质环境的敏感和随机应变	选择、组织学习环境
与谁一起学	社会性	控制社会环境	对社会环境的敏感和随机应变	选择榜样、寻求帮助

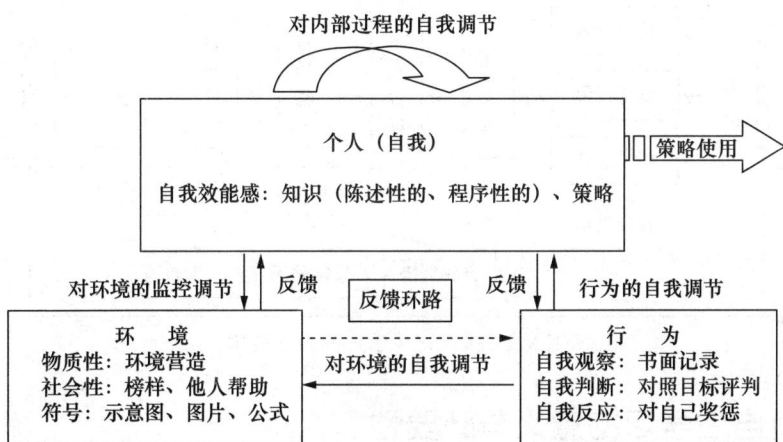

图 3-1　个人、行为、自我之间的相互关系

二、体育自主学习的含义与内在机制

（一）体育自主学习的含义

体育教学单靠教师的传授是远远不够的，只有调动学生的积极性，培养学生的自学能力，才能适应社会发展的需要。学生通过自主学习来掌握体育知识技能的比重，必须随着学段的提高而增加。这也是培养学生终身体育能力的需要。

吴本连和季浏两位教授以自主学习理论为指导、借鉴其他课程改革的经验并结合体育学科特点，把"体育课中的自主学习"定义为"学生自定学习目标和练习方法，通过自我监控练习过程和及时评价练习结果等方式，在教师必要的示范、精讲和帮助引导下，最终实现学习目标的学习"。

（二）体育自主学习的内在机制

吴本连和季浏两位教授还综合了自主学习的相关理论提出了一个详尽的体育自主学习的程

序图，用来阐释体育自主学习的内在机制（图3-2）。

他们认为，构成学生的自主学习教学的程序主体主要包括学生自己完成学习和教师帮助引导两个环节，其中，学生自己完成的学习是核心，主要包括自定目标、自选练法、自我监控、自我反馈和矫正练习，而教师的作用主要是组织教学、情景导入、目标设置、精讲示范和答疑鼓励，为学生有效的自主学习创造条件，并且提供帮助。显然，在他们看来，学生的自主学习是具有一定的独立性和相对性的，但学生学习的自主"确定、选择、监控、评价"，又是在教师有效地组织和引导下进行的，并非是脱离教师的完全"自主"。比如，他们要求学生"在教师设置参考目标以后，再根据自己的实际情况确定自己的学习目标，然后自己选择适合自己的练习方法"，就是一个充分的说明。这为以后的体育自主学习教学模式的构建提供了一定的思想依据。

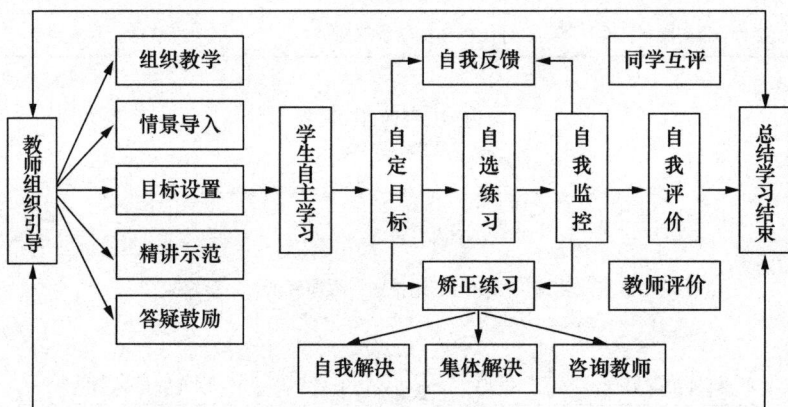

图 3-2　体育自主学习的内在机制

三、体育自主学习的意义与必要性

（一）体育自主学习的意义

一是通过教师在体育课中所采用自主学习的各种教学方法与手段，使学生明确自主学习对终身学习意识的形成与终身体育行为的产生都有着极其重要的作用。

二是通过对体育教学课的安排，达到使学生有创新意识、创新理念及其创新行为的体现，使学生获得自主学习的能力及进行探究、合作学习的能力，学会自我锻炼的方法，提高自我锻炼的能力。

三是学生能通过体育课中自主学习的教学安排，获得参与和体验体育锻炼及其创新的浓厚兴趣，为实现体育教学目标奠定基础。

四是使学生在自主学习过程中，在身体素质与心理、社会交往方面得到明显的提高，实现运动技能的掌握和社会适应能力提高的高度统一。

（二）体育教学中培养学生自主学习的必要性

1. 体育自主学习是素质教育的需要

素质教育的推行是迎合时代特征的拓展，素质教育的目标是促进人的全面发展和综合素质的全面提高，要求学生在智力、才能、兴趣、特长等方面都能和谐统一地发展。无论是从理论上讲，还是从实践来说，人的素质提高应该说是在反复学习的过程中完成的，这种学习包含着终身学习，从体育教学的角度讲，就是终身体育。我们通过体育自主学习教育，使学生掌握自我学习与锻炼的方法，也就是说，自主学习这个促进学生终身体育意识形成的重要学习方式（严格说可以是一种教学策略），正是终身学习、终身体育的基础所在，也是人的素质基础所在。

2. 体育自主学习是培养终身体育意识的需要

近年来，学校体育都特别注重对青少年终身体育意识的研究。传统的体育教学往往重课内学习而轻课外学习；重模仿学习而轻自我学习；重规定性、规范性和统一性，忽视了自主性、灵活性。自主学习可以帮助学生学会掌握科学锻炼的方法，形成自主锻炼的习惯，从而促进终身体育意识的形成。

3. 体育自主学习是增强学生身心健康的需要

"军事化"体育教学使学生在体育课中缺少互相之间的沟通，缺少课堂社会交往的时间，缺少心理上、个性化的发展空间。在自主学习教学过程中，学生有大量的自主学习空间，有互相交往和讨论的时间。通过自主学习探究并掌握体育知识和能力，思考决策、解决问题的技能，促进认知情感、社交技能的发展，体现集体配合的精神与要求，学会对自我、他人学习的合理评价，形成积极向上的自我概念，这都将对增强学生的身心健康有很大的帮助。

四、体育"自主学习"教学的基本特征与策略要点

（一）体育自主学习教学的基本特征

1. 自主性

学生不再是知识的接收器，而是自主学习的探索者，学生能够按自己的方式学习体育知识，进行体育锻炼，体会运用体育知识与技能解决实际问题的意义。学生学习活动的自主性是体育教学中落实学生主体地位的重要标志。

2. 民主性

在自主学习的课堂教学中，师生之间的关系是民主的、和谐的，教师主要是学生学习活动的组织者和指导者，学生能发表自己的见解，同学之间、师生之间互相讨论，学生的个性可得到充分的发展。

3. 过程性

自主学习的课堂教学特别重视学生学习和探索的过程，注重学生在学习过程中的情感体验。

4. 差异性

承认学生的个体差异，是开展自主学习教学的重要体现。这就要求教师要因材施教，分层教学，有意识地培养学生的学习兴趣，发展学生的特长，增强每一个学生的成就感，使每一个学生都能获得成功。

5. 创新性

自主学习的课堂教学中，每个学生都是独特的自我，具有鲜明的个性特征。教师注重向学

生传授学习的方法，培养学生主动学习和创新学习的精神，引导学生在学习中善于发现、勤于探究，既能求同，也能求异，成为适应新世纪需要的创造性的人才。

（二）体育教学中开展自主学习的策略要点

1. 更新教学观念

体育教师必须确立"学生是学习和发展的主体"的教学观念，使自己由教学的主宰者转变为学生学习的指导者和帮助者。向学生阐明自主学习的目的、方法和手段，提高学生对自主学习的认识和兴趣，使学生在自我追求中，从"要我学"转化为"我要学"。

2. 提供宽松、民主的教学氛围

允许学生采用不同的方式和选择不同的形式学习。如在跳高教学中，学生可以选用跨越横竿进行练习，也可以选用跨越软绳进行练习；可以采用模仿练习，也可以运用自己的经验进行个体之间的相互学习等等；鼓励学生大胆质疑，即使学生理解有误、学中有错，教师也应该诚心、热心、耐心地帮助他们、鼓励他们，而不是厌烦他们、指责他们。整个课堂呈现和谐的学习氛围。

3. 课堂学习以学生自主学习为主

传统体育教学模式是学生按照教师的动作示范与讲解，进行高度的规范化、统一化和程序化的模仿练习。这样的教学是被严格限制在一个具体的框架中进行的，学生只能听教师讲，看教师示范，机械地被动练习，没有主动学习的空间，从而束缚了学生能力的发展。

自主学习课堂体现的不仅是接受，而且是在目标引领下的一种"自悟"。在这种"自悟"过程中，学生自己探索与发现体育学习的规律，领会与掌握动作的要领与方法，克服和解决学习中的困难，最终在获得体育知识和技能的同时也体验到体育学习的成功与快乐，形成丰富的情感，继而使学生的自我认识能力得到提高，自我价值观得以形成。

4. 实现教学主体间的多向交流

以往的体育教学多表现为教师对学生的单向交流，而自主学习课堂教学则是以教师与学生、学生与学生之间的多向交流为主的活动。比如，在"篮球行进间运球"的教学中，教师先让学生根据自己已有的经验独立运球，然后组织学生分组讨论，交流彼此的运球经验，分析产生的问题，这是学生之间的初步交流。其间教师再适时地给予补充、点拨，学生便会在讨论与实践中深化认识，完成学习。这样的交流充分地发挥了师生之间和生生之间的相互作用，学生的合作意识和学习能力得到很大的提高。

5. 激发学生自主探究的动机和兴趣

学生的学习是由动机激起和推动的，它直接影响到自主学习的水平、进程和效果。学习兴趣是内部动机中最活跃的成分，是推动、激励学习最有效的动力。

激发学生的学习动机和兴趣，首先，教师要根据学生的年龄、性格、爱好、特长及其自身的需要，尽量选择实用性、趣味性、健身性较强的教材内容，使学生在体育乐趣的过程中进行自主学习。其次，教师要通过挖掘教材的娱乐因素，运用体育特有的魅力来激发学生的求知欲。再次，教师应该了解青少年学生的一般心理特点，多和学生进行情感交流，使其做到"亲其师，信其道"。最后，让学生在学习新知识中体验成功的喜悦，培养体育兴趣。

6. 讲究教学方法

（1）教学结构的开放性。自主学习的教学结构把学生的活动作为教学变革的重心，使课堂教学呈现活泼的开放局面。如根据体育教学的"学习——掌握——提高"三个基本阶段，可以设计和运用"自主法——互助法——集团法"的三步教学模式。

（2）组织形式的灵活性。教学中常见的组织形式有个体教学、分组教学、集体教学。这三种教学形式各有所长，要根据不同情况选择不同的教学形式。如对个体差异明显的学生，宜用个体教学形式；基本技术教学，宜用分组教学形式；全面提高学生的身体素质，宜用集体教学形式。

（3）教学活动的实践性。这是体育学科最重要的特点，运动实践必须贯穿教学的全过程，让学生的自主学习能力和自觉性最大限度地释放出来，让课堂"活"起来，让学生"动"起来，手、口、眼、脑并用，知、情、意、行并行，让学生在宽松的情境中进行自主学习。

总之，体育自主学习教学是建立在师生共同活动的基础上的，其中，学生的自主活动是核心。教师的任务就是把课堂教学目标与学生的发展规律结合起来，创设有利的环境，激发学生学习的兴趣和动机，给学生自主学习的更大空间，让学生在宽松、民主的学习氛围中学会探索与思考，学会分析问题、解决问题，最终获得体育知识和技能，并促进个性的发展，发挥自我潜能，提高自我认识，培养自主精神。

五、构建体育课堂中学生自主学习的基本手段

（一）教学组织

体育教学组织是开展自主学习的主要途径，也是教学最主要的环节。教师在教学中必须有目的、有计划地精心设计，在组织过程中要留有相当多的时间让学生进行自主学习、自主锻炼，并帮助学生学会自主学习、自主锻炼的方法，涵盖学生自主锻炼与自主学习中的各个环节。

（二）设置学习内容

体育新课程开放性地提出"以内容统领学习目标"，这就给体育教学带来了许多挑战，选择合适的学习内容无形中成为体育教学的重要内容之一。体育学习内容在依据课程标准的基础上，应根据学生的实际情况，循序渐进地安排学习内容，动作的练习从简单到复杂慢慢过渡，让学生有一个适应的过程。起初，教师可多采用启发式的教学方法，启发学生在思考中学习，逐渐深入，学生一般就能得心应手。

（三）指导方式

在体育课堂教学中，教师的指导是否有效直接关系到学生自主学习能力的获得，因此，教师指导学生的研究对教学深层发展十分重要。在自主学习、自主锻炼的过程中，教师要避免采用"手把手"的教学方法，避免采用"一刀切"的教学手段。如武术教学中，有些同学稍加指点就可以掌握较难的动作，而有些学生就是经过多次的指导仍很难完成动作，这就需要教师根据学生的实际，分层进行指导与安排，不能采用同一高度、同一方法进行指导，对基础好的、能力强的给予的自主时间可以更多一些。许多教学中的练习内容可以采用"留一手"的方法，让学生能够通过思考或知识迁移的方法来体验获得，如跨越式跳高的助跑与起跳就可以让学生

通过蹲踞式跳远的助跑和起跳方法的回忆而获得。启发式的教学方法比常规的教学手段更能引起学生思考。

（四）成果检验

安排了自主学习、自主锻炼的内容之后，必须定期或不定期进行检验。教师要了解自己所安排的方法是否有效，学生的整个练习过程或练习的结果是否达到预期目标。没有效果的自主锻炼是没有意义的锻炼，我们不能白白浪费学生有限的学习时间。因此，检验是自主学习与自主锻炼中的一项不可缺少的工作，检验学习效果可以从以下三个方面进行。

1. 检验学生的学习积极性

通过观察、谈话的形式，了解学生的具体情况。一般情况下，学生对体育课的积极性有所提高则证明安排的方法有作用或有明显的作用，对学习有帮助。反之，则应考虑安排的学习内容或学习方法是否有欠妥之处，应积极寻求改进。

2. 检验学生的学习成绩

通过对学生学习成绩的检验，考查学生的学习效果，假如我们所安排的方法经过一段时间的运用未能体现出一定的作用，或者效果不明显，那么从某种意义上说，至少方法是欠佳的，这样的自主学习意义就不是很大。我们既要考虑学生自主学习、自主锻炼方法的运用，还需要注重学生身体活动能力的有效提高。学习成绩的检测除了考虑"硬指标"（如考核标准）方面的内容，还要考虑对原有基础成绩提高的内容。

3. 检验学生创造能力与创新能力是否提高

我们可以从以下几个方面进行比较：（1）看学生自己的活动能力，从安排自主学习、自主锻炼之后学生自己活动的具体效果，观察其活动能力是否提高。（2）看学生在教师安排自主学习、自主锻炼之后的活动是否经常出现有意义的创新活动与练习，并且对技术学习与掌握有一定的帮助，或者说对自助锻炼方面有一定的作用。

（五）课后锻炼

学生的自主学习、自主锻炼的能力需要反复培养才能形成，从终身锻炼的需求看也需要学生养成锻炼的习惯。显然，仅靠体育课上的学习对促进学生自主学习能力形成还是远远不够的，我们必须安排一定的课余时间，把学生的课堂学习与业余锻炼（如课外活动）结合起来，拓展自主学习、自主锻炼的内容、方法和空间，巩固学生课堂学习的兴趣，真正实现自我锻炼习惯的养成和终身体育意识的形成。

六、体育自主学习效果的特征表现

（一）学生有积极的参与状态

学生的参与是学生进行自主学习的一个重要特征，也是学习活动得以正常进行和学生自身在活动中得以发展的重要前提，因此，体育新课程把"运动参与"作为一个领域目标单独提出。有效的学习参与状态应该体现以下三个方面。

一是学生具有积极的参与欲望与意识，强烈地表现出从"要我学"向"我要学"的转变，以一种饱满的热情参与到学习中去。

二是看参与面的多少，教育是为促进每一个学生的发展，只有绝大部分学生都有自我的意识，都积极参与活动才是体育学习的价值所在，这也是我们体育教师在进行教学设计所应关注的问题。

三是参与学习活动的过程，学生的学习活动和学习热情要贯穿学习过程的始终，充分体验学习的兴趣与成功的愉悦。

（二）完成教学目标

任何一种教学形式与方法的运用，都是为完成教学目标而服务的。体育自主学习充分体现了学习的自主性和主体性，强调尊重学生的兴趣和爱好，可以由学生自主确定学习目标和选择学习内容，但这种自我确定的学习目标必须建立在整个教学目标的基础之上。自主学习只是在教师引领下的一种学习方式，一方面，这种学习方式对于发挥学生的主体地位，调动学生的学习积极性具有显著的效果；另一方面，如果脱离了课堂教学目标的引领，就容易导致教学目标的泛化、虚化，导致课堂教学的随意性，使得课堂教学的组织结构变的松散无序，降低了课堂教学的实效性。因此，教师在课堂教学中对整个体育教学体系、教学目标要求要有一个整体的把握，要把总体要求分解到具体教学实践中去并使之内化为学生的学习目标，引导其实现自我学习目标。

（三）教师的主导作用得到发挥

过分强调学生的主体地位，可能导致教师指导作用的弱化，影响学生体育能力的发展。由于学生之间的体育基础能力、知识积淀、学习需要与锻炼意识等都存在一定的差异，同时，学生对体育学习的认识与教师的认识在客观上也存在一定程度上的不同，如果教师把握不好，一味强调学生的主观体验，将难以引导学生从一个相对较低的层次、较肤浅的理解走向一个相对较高的层次、较深刻的理解。所以说，重视学生是学习主体的同时，教师的主导作用不可没有，甚至还必须加强。关键是要明白主导什么和如何主导，这就要求教师在备课中更多关注新教学目标的全面落实，更多关注学生的需要，更多关注学生的发展方向，全面关心学生的成长。

第三节　高校体育教学合作教学法的重要性分析

合作学习兴起于二十世纪六十年代末至七十年代初的美国，自二十世纪八十年代末我国开始进行合作学习的研究与实验，但直到近年来掀起新一轮教育改革后，合作学习才得到真正的重视和应用。《国务院关于基础教育课程改革与发展的决定》中明确提出："鼓励合作学习，促进学生之间的相互交流、共同发展，促进师生教学相长。"著名课程改革专家余文森先生指出："学习方式的转变是本次课程改革的显著特征，改变原有的单纯接受式的学习方式，建立和形成旨在充分调动、发挥学生主体性的探究式学习方式，自然成为教学改革的核心任务。"《体育课程标准》也积极倡导自主、合作、探究的学习方式的精神。

一、合作学习的定义及其内涵

"合作"是一个宽泛的概念，关于"合作学习"的定义目前没有统一的说法。比如，合作学习的主要代表人物之一，美国约翰斯·霍普金斯大学的斯莱文教授认为："合作学习是指学生在小组中从事学习活动，并依据他们整个小组的成绩获得奖励或者认可的课堂教学技术。"

著名的教育心理学家、合作学习的代表人物，以色列特拉维夫大学沙伦博士认为："合作学习是组织和促进课堂教学的一系列方法的总称。"

我国合作学习研究学者王坦认为："合作学习是一种旨在促进学生在异质小组中互助合作，达成共同的学习目标，并以小组的总体成绩为奖励依据的教学策略体系。"

中国台湾学者林生傅认为："合作教学乃一种创新的教学设计，目的在使学习活动成为共同的活动，其成败关系团体的荣辱。"尽管国内外学者对合作学习的定义表述都不相同，但是，他们所揭示的许多共性的东西对于我们认识合作学习的内涵及其活动取向具有十分重要的意义。

首先，合作学习是以小组为基本形式的一种教学活动。在小组活动中，合作学习通常采用异质小组，力求小组成员在性别、成绩、能力，背景等方面具有一定的差异，使之具有一定的互补性；合作学习是以教学动态因素的互动合作为动力资源的一种教学活动；合作学习要求所有的教学动态因素（教师和学生）都应当保持互动，特别是合作性的互动，由此推进教学过程。强调动态因素之间的合作性互动是合作学习所具有的重要特征之一；合作学习是一种目标导向的教学活动。所有的学习活动都是围绕着达成特定的共同目标而展开的。

其次，合作学习是以教学动态因素的互动合作为动力资源的一种教学活动。合作学习要求所有的教学动态因素（教师和学生）都应当保持互动，特别是合作性的互动，由此推进教学过程。强调动态因素之间的合作性互动是合作学习所具有的重要特征之一。

再次，合作学习是一种目标导向的教学活动。所有的学习活动都是围绕着达成特定的共同目标而展开的。

最后，合作学习是以团体成绩为奖励依据的一种教学活动。合作学习通常不以个人成绩作为评价的依据，而是以各个小组在达成目标过程中的总体成绩作为评价与奖励的标准。这种机制把个人之间的竞争转化为小组之间的竞争，从而促使小组内部的合作，使学生在各自小组中尽其所能，得到最大程度的发展。

二、合作学习在体育教学中的运用

（一）体育教学中运用合作学习的必要性和意义

体育学习区别于其他许多课程学习的一个显著特征就是体育学习的集体性。这种集体性的活动需要学生个体与个体、个体与群体、群体与群体之间的通力合作，这有助于培养学生的团队精神和合作行为。一些体操动作的保护与帮助、篮球学习的群体活动的趣味效应等都更决定了体育学习中合作学习的必要性。

体育教学中的合作学习，最常见的是采取友伴结合的形式，这是因为友伴之间的亲和力比较显著，在合作学习中相互交流与帮助就很容易表现得积极主动，因而，合作的效果就会更加明显。例如，在跳高学习中，一些能力较差的同学在与非友伴同学面前活动时，会感到自己的差距，因而拘束不安，别人也可能因为他的水平较差而减少与他的交流。如果他的小组成员都是友伴型的，那么他将不会因为能力弱而感到胆怯，同伴也不会冷淡或抛弃他，相反，他们将会给他更多的鼓励，帮助他完成学习任务，这有助于他在跳高技能的学习中取得进步。从体育学习中进行合作学习的必要性来看，合作学习最起码有如下三点意义。

第一，有利于体育学习中个人之间的竞争转化为小组之间的竞争，培养学生合作的精神和竞争的意识；有助于不同体育能力和经验的学生之间的相互促进，相互补充，弥补教师在教学中难以顾全学生多样学习需求的不足，从而真正实现每个学生都得到发展的目标。

第二，由于师生的共同参与、语言的运用、肢体行为的表达、高密度的交互作用和积极的自我概念，使体育教学过程不仅是体育知识和运动技能的获得的过程，同时，也成为一个交往与审美的过程。

第三，在合作学习过程中，教师和每个学生之间的差异能得到承认，其潜能得到充分的发挥，有助于张扬个性和满足学生的需要；合作中学生通过多维的互动能体会到彼此心灵的沟通，形成合作与竞争相融的和谐境界。

（二）处理好合作与竞争的关系

可以说，合作与竞争不仅是学生学习的方法，同时，也是学生适应能力得到体现的两种形式。竞争与合作对于人的发展来说是相统一的，但他们却是相对立的两个概念，这就要求我们的教学必须建立在深刻认识它们的意义与内涵的基础上。竞争是指为了自己的利益和需要，而同他人争胜的行为。竞争的重要意义在于竞争过程中参与者得到的各种心理体验与心理调整，特别是在落后的情况下，心理承受能力得到锻炼与提高。现代社会竞争日趋激烈，但由于种种原因，学生却更明显地表现出意志力的薄弱、耐挫性差、不能吃苦的现象。有学者认为："有十分幸福童年的人，常有不幸的成年。"这就是因为从小对竞争失败的承受力差，长大后就不能适应激烈的竞争和复杂多变的社会。因此，教师在注重培养学生合作精神的同时，必须要加强竞争意识的培养。

体育运动的主要特征之一就是竞争。体育运动既激励人们追求胜利，也锻炼人们不怕失败和承受失败的勇气，而后者对于一个人的人生历程更有意义。因此，在体育教学中，教师要组织多样的竞争活动，让尽可能多的学生在竞争中经受成功与失败的考验。同时，教师还要帮助失败者正确面对挫折，分析失败的原因，让学生有重新振作的信心和勇气，引导学生认识到在合作中竞争、在竞争中合作的意义与必要，正确对待竞争与合作的关系，正确处理"场上是对手""场下是朋友"的关系，既要敢于竞争，又要善于合作，使竞争和合作同行并进，真正使学生适应社会发展的需要。

（三）体育教学中适宜合作学习的教学任务

1. 互动

教学任务是否强调师生之间以及生生之间的交流沟通，在讨论、展示、争辩中彼此共同理解、分享教学过程或成果。

2. 互助

教学任务是否包含了一定的层次要求，在知识和技能的掌握上设计一定的难度，需要在相互帮助下才能完成学习。

3. 互补

教学任务是否需要不同体育基础和经验能力的个体之间的取长补短、齐心协力来完成。

4. 求新

教学任务是否突出了学习者个人的独特感受与体验，尤其是学生对于体育知识和能力经验的迁移，更能突出合作学习的需要。

5. 选择

教学任务是否有多种的方法和策略可供选择。

(四) 合作学习的教学活动流程

合作学习的教学活动设计流程主要可分为准备活动、教学活动及评价活动，如图 3-3 所示。

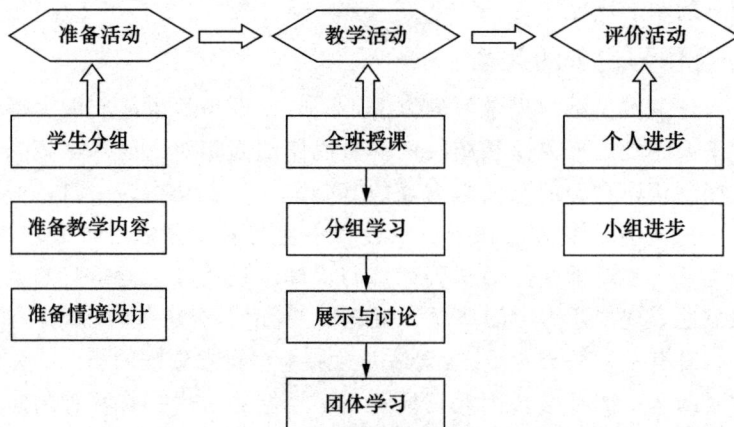

图 3-3　合作学习的教学活动设计流程

1. 准备活动方面

目的是教师针对学生和学习内容的情况，进行必要的人数确定、内容选择和场地器材的选择与布置。

（1）学生分组

根据班级学生情况，一般 5～6 人一组为宜，可以分成六组；学生采取异质分组，让每一组都有低、中、高三种能力的学生，使每一组的成员特质相近；确定组内人员的角色分工，如组长，成果汇报人等。

（2）准备教学内容

教师依据教学目标，选择教学时所需要的教材内容，并设计每一节课的教学活动，包括学生合作学习卡片、评价表格的设计与运用。

（3）教学情境设计

教学情境的设计包括场地器材的布置以及活动形式的安排，以小组划分结构进行设计，便于进行沟通、讨论，场地之间要有足够的空间，防止相互干扰，要有利于每组学生的展示。

2. 教学活动方面

教师可依教学的需要对教学发展过程（图 3-4）、教学时间作适度的调整。在教学步骤中，学生的讨论与展示可以是在教师的引导下进行，而团体学习与小组学习也可根据情况作适当调整。

| 教师组织全班授课 | → | 组织学生分组学习 | → | 展示与讨论 | → | 团体学习 |

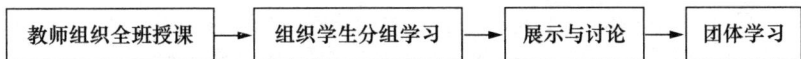

图 3-4　教学发展过程

3. 评价活动方面

（1）学习评鉴

依照不同的教学方法，用不同的评鉴方式来评量教学目标是否已经达到；应用团体学习时的发言来评量小组是否达到合作学习的目标。

（2）教师辅导学生学习的方法

指导学生扮演好自己的角色任务。在小组学习中，教师必须观察学生在活动中是否发生了问题，如果学生发生了问题，教师最好是根据问题进行指导和帮助；鼓励学生合作并将所学的技能多练习和应用；在课余时间，提供学生归纳或评价所学的机会；对课堂学习优秀的个人或小组进行适当的表扬或奖励。

4. 注意事项

（1）充分发挥学生个体的优势和特长

由于学生个体存在很大的差异，体育教学中的合作学习的最终目的不是要求小组成员中的每个人都能获得相同水平的运动能力或者运动技能，而是在于最大限度地促进每个学生形成学习意识，并能在过程中满足不同学生的自我需要，同时，在情感交流和社会适应能力等方面都能有所提高。因此，作为教师不能强求学生一定要在小组合作的过程中扮演某一个角色，而是应该充分发挥学生的优势，表现出他们的特长。

（2）合作学习中要避免"搭车"现象

在体育分组教学中，经常会出现一部分成员在讨论与学习时，总有个别同学似乎无所事事，这种现象称为"搭车"现象。"搭车"现象会使那些能力相对差一些的学生在学习过程中受到冷遇，而一些比较积极的同学也可能很少去和那些表现不积极的同学商讨。"搭车"现象不利于最大限度地促进学生的学习，会减弱学习的效果。消除这种现象需要依靠教师根据学生的实际情况，使每个学生在小组学习过程中都负责承担独特的一部分任务，使学生认识他们自己的学习责任。在教学评价中，教师可以综合考虑小组中每个成员的表现，把它作为小组成绩的评价依据，小组的任务就是确保每个小组成员在学习过程中都能达到教学目标，让学生感受到对于任何一个小组来说，忽视小组任何一名成员的做法都是得不偿失的。

第四节　高校体育教学探究教学法的重要性分析

随着新一轮基础教育改革的深入，探究性教学也在学校体育教学中得到广泛的关注，成为研究的热点。但是，目前人们对探究性教学的理解还往往与教学的实践不能同步，也有人把它等同于探究性学习，这显然是理解上的一种误差，所以深入理解探究性教学对于现代体育课堂教学的建构是具有极其重要的现实意义。

一、探究性教学的内涵

探究性教学是相对于探究性学习方式而提出的。探究性学习（Inquiry Learning）是一种积极的学习过程，主要指的是学生在科学课中自己探索问题的学习方式。最早提出在学校科学教育中要用探究方法的是杜威。在1909年前，大多数教育者认为科学的教育方法主要是通过直接教学让学生学习大量的科学知识、概念和原理。1909年，杜威在美国科学进步联合会的发言中第一次对这种方法提出批评。他说，"科学教学过于强调信息的积累，而对科学作为一种思考的方式和态度没有予以足够的重视。"杜威认为科学教育不仅仅是要让学生学习大量的知识，更重要的是要学习科学研究的过程或方法。

从1950年到1960年，探究作为一种教学方法的合理性变得越来越明确了。教育家施瓦布指出，"如果要学生学习科学的方法，那么有什么学习比通过积极地投入到探究的过程中去更好呢?"这句话对科学教育中的探究性学习产生了深远的影响。施瓦布认为，教师应该用探究的方式展现科学知识，学生应该用探究的方式学习科学内容。为实现这些改变，施瓦布建议科学教师首先要到实验室去，引导学生体验科学实验的过程，而不是在教室里照本宣科地教授科学。换言之，生介绍正规的科学概念和原理之前，应该先让他们到实验室里做实验，用实验的证据解释和深化教材中的内容。

探究性教学把类似"科学家的研究过程"引入到教学过程，强调"科学家的研究过程和学生的学习过程的相同性和不可分割性的一面"，体现了学习过程和研究过程的统一性。由此可见，探究性教学是在教师指导下，学生主动地从学习生活和社会生活中选取与教学和社会生活中有关联的，选取与教学目的和教学内容有关联的问题或项目，用类似于科学研究的方式去获取知识、应用知识、解决问题的教学活动。

二、体育探究性教学系统

探究性教学从本质上是一种教师引领下的学生类似于科学家的研究，主张用实验证据来解释和深化教材中的内容，这在一些实验性比较强的学科教学中意义非常重大。但体育学科是一门很特殊的学科，体育教学主要是一种以身体练习为载体的师生双边活动，这在很大程度上与其他学科的教学活动存在差异。因此，作为一名体育教师，我们首先需要思考的是本学科的自身特点及教育价值，这是我们做出判断的基点。

体育教学是由师生以及教学内容、场地器材等共同构成的一个复杂教学关系的系统，这里面包括学生与教学环境、学生与教师、学生与学生、教师与教学环境等关系组成的系统。对于探究性教学而言，学生与学习环境的关系是关键和核心，学生的探究性学习就是通过学生主动的探究而达成问题的解决、疑虑的消除和新旧知识与经验的适当处理，学生与学习环境达成协调。因此，教师设计探究性教学的目标应为学生的自我探究、自我调控、主动参与、主动学习而设定，形成以学生与学习环境的探究系统为中心，加上学生与教师交往系统、学生与学生的合作系统和教师与学习环境的调设系统组成的探究性教学系统。

(一) 探究系统

1. 问题性

问题是探究性教学的核心，没有问题就无所谓探究，学生的探究就是在问题的产生、分析与解决的过程中展开的。开展探究式课堂教学首先碰到的关键环节是如何选择探究的问题，可以说，好的问题是成功的一半。好教师对选题是十分注重研究的，课堂上的选题看似信手拈来，实是苦心经营，他们在课前花费了大量的精力。但是在现实当中，不够重视，课前没有认真准备，缺乏对教学内容和学生的深入研究，课堂教学中探究性问题的提出显得很随意，什么问题都要求学生去探究一番，就像将启发式教学异化为"满堂问"一样，探究式教学就有点随便"探"的味道了。因此，体育教学中的问题的设计与呈现必须要考虑到问题的性质，因为不同性质的问题对学生的探究性学习是有直接影响的。

鉴于体育教学自身的特点，体育教学中首先要避免大而一般问题，提倡小而具体的问题，问题的指向是解决学科教学，这些问题是师生所提出或遇到的，是在教师的指导下，通过师生、生生及教学环境的共同作用，可以解决或得出一定结论的问题。其次，要引领学生学会与掌握发现问题、解决问题的方法与途径，即通过实践归纳找到探究性问题的着眼点。从体育教学的实际看，学生探究问题的着眼点主要在以下几个方面：一是从教学内容的重点或难点中，寻求或发现探究的问题；二是从大多数学生感兴趣且有争论的教学内容中，寻找与发现所探究的问题；三是从学习内容与生活关系中，寻找与发现探究的问题；四是针对一定的教学情境中，从学生相互交流和讨论中所引发的有价值的疑难和矛盾中寻求与发现所探究的问题。

2. 生成性

由于新课程标准的特点、学生个性特点和经验基础的差异性以及体育教学情境的复杂性，都决定了体育探究性教学是一个动态的生成性过程。其主要表现在以下几个方面：一是生成新的体育知识（经验）和能力。学生通过对体育学习过程中问题的发现与判断、分析与比较、归纳与推理，获得一些处理问题的知识和经验，并在多次的分析与解决问题中逐步生成新的动作能力和创新的意识。二是生成体验与理解。体验是体育学习的主要方式，它更多体现的是学生在目标引领下的一种"自悟"。在这种"自悟"过程中，学生自己探索与发现体育学习的规律，领会与掌握学习动作的要领与方法，克服和解决学习中的困难，最终在获得体育知识和技能的同时，也体验到体育学习的成功与快乐，并逐步理解体育探究性学习本身的真谛和本质，形成丰富的情感，继而学生的自我认识能力得到提高，自我价值观得以形成。三是生成意义与价值。探究性教学的目的是通过这样的教学途径来实现课堂教学目标，而探究过程本身就体现着学生的需求和愿望，因此，探究性体育教学不是为探究而探究，它是对学生的个性的一种承认与尊重，让学生的生命意义与价值在探究性教学中得以体现。

（二）交往系统

1. 对话性

著名教育家钟启泉先生说过："教学，是拥有教学理论素养的教师与学生进行沟通的文化。"而对话正是这种文化的一种表现形式，体育教学虽然有自己固有的特殊性，但它仍然具有学科的共有属性，即在教学中是通过师生及相关教学环境的共同对话来完成的。在对话中，师生围绕体育运动知识和技能以及健康三维的获得，各自以自己的视角和经验，进行相互沟通、交流、启发、补充，彼此形成一个真正的"学习共同体"。实际上，教学所展现的就是"自我"与"自我"的相遇，只有师生真诚地展示自我，才能形成一个氛围良好的探究场所，才能有助于师生生命的社会意义和主体价值体现。

在体育学科的探究性教学中，对话的形式一般表现为前瞻性对话，即对教学中可能出现的一些问题进行假设性的一种对话，有助于教学行动中尽可能避免不良结果；引导性对话，即在沟通新旧知识和经验的联系，引入新主题、新课程或新内容时采用的中介性的对话；诊断性对话，即在教学过程中了解和掌握学生的可能情况，如班级的纪律状况、学生体育兴趣趋向、体育能力差异等方面信息的对话，主要侧重于学生在体育学习中可能出现的困难和问题的了解，以便教师确定解决这些问题和困难的策略；讲解性对话，主要是针对探究性教学中某一探究内容、问题或者知识点的解释和说明而展开的对话；反思性对话，主要是就教学过程中所获得的成功与失败进行总结与分析，或者是把教学效果与教学目标进行比较而进行的对话。

2. 互助性

对于教师而言，在课堂教学前对学生的特点、教学目标、教学内容、教学方法以及对教学过程中可能出现的生成性问题有一个整体上的认识与确定，并进行系统化的整合，尤其是在教学内容资源和学生的需要之间找到一种探究的联系。对于学生而言，也要及时把自己在动作活动中的信息及时反馈给教师，积极参与配合教师共同进行探究学习，并能和教师一起体验教学过程的乐趣与艰辛，从而构建一种新型的师生交往关系。

（三）合作系统

一方面，学生要通过共同问题的关注和解决，使探究学习指向学习目标的达成；另一方面，学生的个性与体育经验、基础能力都存在着差异，促使学生个体与个体、个体与小组、小组与小组之间的不同观点、见解、方法与分工方式在解决问题或完成任务的过程中相互沟通和互补融合，从而为合作形成了可能。构建一个"学习共同体"是开展合作学习的有效形式，因为共同体中的学生和教师是在一种相互尊重、自由表达、相互沟通、共同促进的形式中存在的。

（四）调设系统

所谓调设，是指教师在设计和设施探究性教学过程中，针对学生和教学环境的核心关系的动态变化进行的一种教学策略或行为的调节过程，包括探究的导向安排、情境设置等预设性设计和探究过程中出现的生成性的问题的调节与变通。

1. 设计性

首先是导向性设计，教师对课前的宏观把握是有效进行探究性教学的基础。教师在课堂教学前对学生的特点、教学目标、教学内容等有个整体上的认识，从而为探究活动的目的、思路和方法等构建一个有效的"规划图"，并提出相应的策略和建议。必要的时候，还需对探究过程中可能出现的情况或事件提出预案。其次是对探究性情境的设计，以便唤起学生探究的欲望和热情，激发学生积极思考。真实的、有意义的和有挑战性的问题情境更有利于学生进行主动探究。因此，教师所创设的问题情境应与学生已有的体育经验和生活经验以及能满足其未来体育锻炼意识的发展需要和意愿相关，才能让学生在探究性体育学习中保持足够的热情。

2. 调节性

体育教学本身的时空特点和交往的复杂性就决定了体育教学设计调节的必要性，这也真实地体现了体育学科特征下探究性教学中预设性和与变通性的统一，确定性与不确定性的统一。因此，体育教师要充分发挥和不断提高自身的教育智慧，在复杂的教学环境中正确面对与处理探究性教学中的矛盾，形成各种可转化的教学策略。如根据教学情况的发展调节分组的性质，适时制止不良的学习行为，利用可观察的有用信息剔除无关的、干扰的信息，调整教学方法、改变教学内容让学生从消极的学习情绪中走出来等。

三、体育探究性教学的关键实践要点

（一）体育探究性教学要符合体育学科的特点

探究性教学的最初提出主要体现在借鉴科学家研究方式，突出学生依据一定的课题，通过实验等途径和方法得出一定的学习结果。但体育探究性学习是与学生的体育知识与技能密切相关的，体育教学的性质决定了体育探究性教学必然在以身体练习的形式为主，促进体育知识和技能的学习与掌握，并形成健康意识的框架中进行。因而，体育教学中的探究学习应是对运动技能和身体练习的感悟、迁移、运用和创新。

但是，由于认识和理解上的偏差，在体育探究性教学中还有很多异化的现象，表现在无论什么教学内容都要探究，强调探究而忽略了学生的身体练习的时间和练习的强度，甚至探讨的问题与体育教学的内容无关等。比如，一位体育教师在教授"速度跑"的内容时，设计了这样的一些问题："你知道速度跑要注意哪些动作？""起跑有哪些方式？你喜欢哪一种？""现在高水平运动员一般用哪些起跑方式？"这些问题有的根本就不是学生通过讨论探究能得出的结论，把完全可以通过室内讲解的知识运用到实践课的教学中来，学生讨论的时间多于练习的时间，这显然背离了体育教学的本质特征。因此，毛振明先生在谈到这些课堂教学现象时指出："这种毫无身体锻炼价值的体育课，通常是打着'研究性学习'、'探究性学习'、'合作性学习'和'自主性学习'的旗号，实质上是既没有深入的探究，也没有什么值得研究的问题，有的是虚假的合作和自主……"探究性学习之本是学生通过体育知识与技能学习，提高健康意识和健康水平，学习方式的选择也要服务于这样的教学目标。"

（二）探究性体育教学不可忽视学生已有的知识经验和生活体验

探究性学习尽管是现代教学理念所追求的一种最基本的学习方法，但并不是所有的学习过程都必然是探究性的。体育教学是否需要探究，要看教学的内容以及学生的情况等实际需要，比如，学生是否已经具有相应的知识和能力基础。特别需要提出的是，开展探究性教学并不是要抛弃接受性教学，相反，在某些环节或者学生还缺少探究条件的情况下，运用接受性教学是非常必要的。

在教学实践中，忽视了学生基础经验及真实体验，而一味追求探究形式的课堂现象还是屡见不鲜的。比如，在一次"武术"课的教学中，教师用笔记本电脑播放了武术内容片段，并亲自做了优美的动作示范，当学生都表现出强烈求知欲望的时候，教师适时地引导学生进行分组讨论、研究创编组合动作，场面却一下子又变得沉闷起来。评课会上，我们对学生创编武术动作的教学提出了质疑。教师显得有点不解，他告诉我们他的目的是引导学生进行研究性学习，培养学生的创新精神，这不很符合新课程的精神要求吗？

不可否认，引导学生进行研究与创新学习本身是没有问题的，但"研究、创新"必须建立在学生已有的知识和经验体验的基础之上才有意义。苏霍姆林斯基告诉我们，"教给学生能借助于已有的知识去获取知识，这是最高的教学技巧之所在"。教师只有引导学生通过对旧知识的再认知和对基础经验的再体验，并以此为基础不断探索和实践，才能获得新的知识和经验的生成。如果学生连一点武术的基本知识和能力都不具备，仅仅凭视觉上的感受就让他们研究、创编出新的武术动作，这样的"探究、创新"显然是不切实际的，最终只能流于形式。

（三）探究性体育教学的问题设计要体现一定的深度和层次性

教学中的问题要有一定的深度和推进性、层次性，这样才能体现知识和能力探究的相关性。比如，有位老师在跨越式跳高助跑教学中提出了这样的问题："你会起跳前的助跑吗?""你知道什么样的助跑能让你跳得更高呢?"很显然，这样的问题尽管与教学有一定关系，但对于学生来讲大多数只能停留在"会"或者"不会"、"知道"或者"不知道"的肤浅回答上，而对于真正启发学生的探究思维还是显得不足的。在"跨越式跳高"的教学中，有教师创设了这样的问题情境："蹲踞式跳远助跑与跨越式跳高助跑有哪些相同点，有哪些不同点? 如何把跳远助跑的知识转化为跨越式跳高的助跑上来呢?"由于教师设计的探究学习环节，具备了"明确的目的、值得探究的问题，学习的程序清晰，学习方法多样"，学生根据已有的经验和能力，运用知识迁移的原理进行探究，他们分组去体验、去思考，有的跑、有的跳，有的凝目观察、有的低头沉思，时而争辩、时而击掌庆贺，课堂上呈现出良好的探究学习氛围，在探究中逐步地实现教学目标的达成。

以下为探究问题应用的一节课堂教学的片段。

师：在生活锻炼中，无论是耐久跑还是快速跑，都不可能总是跑直线，那么在遇到弯道时，我们的摆臂方式、身体姿势、跑步速度等与跑直道将会有什么样的不同呢?

生：要放慢速度；要注意手臂的摆动；身体姿势要正确，要有一定的向内倾斜度；

……

师：大家都只是回答了问题的一个方面，即使你的回答是正确的，但仍然要处理好方法上的细节问题，而这些细节的感受与处理，必须要经过你们自己去亲身体验才能获得、解决，请同学们先带着这样的问题，到操场上沿着不同大小的圆进行体验，然后把你们的感受说出来进行总结。

生：各自到场地上进行练习，约5分钟后集合。

师：根据你们刚才场地上的练习，大家总结一下跑弯道和跑直到有什么样的不同感受?

生：跑弯道比跑直道感觉费力，而且很别扭。

生：跑着跑着身体就会离开跑道，而且越快越容易这样。两腿总不好用力。

……

师：你们发现了这些问题，说明你们已经投入了。但仅停留在发现问题上还不行，必须要想办法解决这些问题才是我们的目的，请你们根据刚才的感受，再去体验并通过相互讨论，看能否找出解决问题的办法。

生：练习并相互讨论。

……

师：请大家把刚才讨论的结论说出来，看哪些意见是最好的。

生：跑的时候，身体要向内倾斜。而且两腿用力也应不一样，外边的腿用力要大一点。

……

教师对学生的表现进行了表扬与鼓励，肯定了学生的回答，同时，带领学生看挂图，进行动作要领的讲解，并亲自做了动作示范。然后要求学生根据师生共同总结的要领与方法再次进行体验学习并交流彼此的成功经验。学生在场地上不断练习和交流着。

本教学片段结合学生的生活实际，充分以问题为引领，以体验为主线，以合作探究为形式，以"跑弯道和跑直道的不同感受"为着眼点，解决教学中的疑难的有价值的问题，学生的学习是在问题的层层推进中进行，在不断体验与交流中去发现和解决问题。

（四）探究性体育教学的问题必须以引导学习目标的达成为基础

探究性教学是一种教学模式，也是一种教学策略，任何一种教学都必须以完成课堂学习目标为前提，否则，探究性教学就只能是为探究而探究，失去了教学的价值。因此，探究性体育教学中教师设计的问题必须紧紧围绕课堂教学的目标而开展。毛振明先生在《探索成功的体育教学》一书中列举了两节关于日本佐佐木先生"篮球运球学习"的实践案例，案例中教师和学生通过朴实自然的、又能紧紧围绕学生学习的现状的问题，在教师的引领下不断推进学习活动的探究，推动了教学目标的实现。现把这个案例摘录下来，以便能为我们体育探究性教学提供很好的借鉴和启示。

案例1：第3学时（运球课）的记录（1）

学生运球学习状况：手和球生硬相碰；拍球时忙忙乱乱；拍球用力过度，球反弹过高而慌乱；球反弹过高而身体直起；等等。学生的情况比较复杂。

在各小组之间巡回观察后，学生集合起来，各人谈自己对运球要点的发现。

中田：运球跑时，将球向前斜拍比较容易。

木下：拍球时如果在小腿附近就容易碰到脚。

山本：一拼命跑，就容易碰到球而摔倒。

平井：球着地时，如果手的节奏与球不一致，球就会脱手。

对照学习：针对山本的"一拼命跑，就容易碰到球而摔倒"的发现进行讨论。

教师：为什么会这样呢？

山本：一拼命跑，球再拍得低，人就冲到前边去了。

赤木：一跑快，球与手就对不上了。

教师：那么，这里的关键是什么呢？

学生们：不能慌；球拍得稳；注意看着球跑。

教师：对，用手一下一下稳稳地拍，大家再试一次。

教师：（针对平井的"球着地时，如果手的节奏与球不一致，球就会脱手"的发现）那么又会怎样呢？

赤木：不一致，身体就跑到前面去了。

熊本：膝盖就把球碰跑了。

西川：身体在先，球在后。

教师：那为什么手和球对不上呢？

西川：开始时还对得上，途中就乱了。我想可能是不能一下一下稳稳拍球的缘故。

熊本：不能稳住劲，所以就乱了。

教师：我们在学习跳远起跳时，不是讨论过人和踏板谁支配谁的问题吗？

学生们：对了，说过。

教师：那时我们是如何考虑人和物的关系的？

学生们：人应该自由地去掌握物体。

教师：那我们现在怎么样呢？

学生们：被球推着跑、跟着球跑、被球牵着鼻子跑。

教师：那我们现在怎么办？

学生们：人应该去掌握球，不能跟着球跑，我们应该加紧练习。

……

案例2：第3学时（运球课）的记录（2）

学生们的发现：

中村：拍球时，不能把胳膊伸直拍，而腋下夹紧，肘弯曲着拍比较容易。

冈崎：向前运球时，拍得低些，就比较容易。

教师：为什么呢？

学生：主要是不适应，手把球推跑了。

教师：为什么球拍得高呢？

宏一：用力过大。

冈崎：球的气太足。

教师：为什么球拍高了，身体就得向后？

学生：球高过手，于是身体向后撤，球落下时就好拍了。

山本：在腰部附近拍球容易，而且有利于向前。

教师：为什么呢？

山田：太高就得抬手，太低又得弯腰而且也容易碰脚。

教师：为什么呢？

唯彦：球拍得慢慢腾腾的容易被抢跑。

中村：现在是学拍球又没有学抢球，你先拍好球就行了。

唯彦：是啊，对不起。

川岛：拍球向前时，球向斜前拍，节奏好掌握。

教师：大家认为川岛的发现怎么样啊？

学生们：挺重要的，就得像那样运球。

教师：好的，那我们现在就开始练习。

……

以上两节课的案例，描述的是学生和教师一起，通过对课堂教学中的运球中存在的问题，共同讨论与总结，体验与练习。这种紧扣课堂学习目标的探究，在发现问题、分析问题、解决问题的过程中逐渐培养学生的解决困难的意识和能力，让学生由下至上形成自我的认识，是会牢牢地记在孩子们的心中的。另外，通过学生们的篮球学习，让每个人的发现在大家的确认下亦由发现"为什么这样"朝着"应该如何去做"，即创造的方向发展，这就是我们体育探究性教学课堂的根本思路。

（五）体育探究性教学要注重评价的过程性和结果性的统一

毛振明教授在《如何正确理解与运用探究学习》一书中提到，探究学习的重要意义是"通过探究学习，培养学生探究意识，培养学生发现问题、解决问题的能力"。这告诉我们，探究学习不仅要重视学生体育知识的获得，更要重视学生在探究学习中克服困难，认真研究获得知识的过程。这也要求我们教师的评价"不仅注重结果性评价，而且要重视对学生学习过程的评价"。当学生在探究学习中有气馁、消极情绪时，教者用期待性评价给予积极引导，用自己的体态、情绪给学生自信；当学生对探究学习意犹未尽时，教者应立足于获得评价最大效益，运用延迟性评价，使学生保持探究热情，积极参与到探究活动中。

第四章 高校体育教学内容的多元化研究

第一节 高校体育教学内容多元化的必要性分析

体育教师如何在新的《课程标准》指导下，充分发挥创新能力，根据学生的兴趣发展规律和终身体育观的形成规律，更加科学合理的安排体育教学内容，是我们广大体育教师所面临的一个新的课题。通过分析相关资料，我们认为体育教学内容而言，多元化十分重要，教学内容多元化是指在一节体育课教学中采用多个教学内容。教学内容的多元化主要体现在教学内容的选择上，体育教师可根据本校具体情况而定，选择 3~5 个进行系统教学，以达到预期的教学效果，对此，我们在分析单一体育教学内容不足的基础上，对体育教学内容多元化的相关理论展开讨论，以突显体育教学内容多元化的必要性。

一、传统单一体育教学内容的不足

传统的《体育教学大纲》指导下的单一的体育教学内容模式已经不适应现代教学发展的需要，对学生和教师都有着显著的束缚，随着新课程的实施，单一的体育教学内容模式的课堂教学必将成为过去，究其不足主要体现在以下几个方面。

（一）内容单一，不利于调动学生学习的积极性和学生兴趣的培养

体育教学内容单一在调动学生学习的积极性和学生兴趣的培养方面，有着明显的不足，满足不了学生的主观要求，大大的降低了学生学习的积极性，通过对采用单一体育教学内容的教学课堂进行调查，由此可以得知，无论哪种课程都无法使所有学生获得满意，表现在体育课上练习的积极性不高，对这部分同学来说，失去了体育课真正的意义。

（二）束缚了学生和教师创新能力的发展

由于传统的《体育教学大纲》对体育教学内容做了很多规定，体育教师必须循规蹈矩的安排《体育教学大纲》规定的每一课时，学生也注定了必须接受这种模式下体育知识的传授，对学生和教师有着极大的束缚，制约了学生和教师创新能力的发展。

（三）不利于学生的个性发展和终身体育观的形成

学生的个性需求是多方面的，单一的体育教学内容很难满足学生的多元需求，终身体育观的形成是建立在学生体育兴趣的基础上的，学生在得不到满足的情况下，就会逐渐失去对体育课的兴趣，对学生的个性发展和终身体育观的形成有着消极的作用。

（四）体育课练习密度小

由于体育教学内容单一，大部分学校活动场地较小，器材不足，使学生在体育课时练习密

度小，很难达到愉悦和心增强体质的作用，这在我国大部分城市的中小学校是比较突出的问题。

二、体育教学内容多元化的理论依据

体育教学内容是体育教学工作者在进行体育教学时的主要参考，因此，体育教学内容在体育教学中占据非常重要的地位。再加上体育教学内容所涉及的知识点较为繁杂、宽泛，因此，对于任何一名体育教学工作者而言，体育教学工作必须建立在对体育教学内容充分了解的基础上。

（一）体育教学内容的概念

笔者根据多年来对体育教学的研究与认识，并结合对体育教学内容的理解，将体育教学内容定义如下：体育教学内容是依据当前国家总的教育方针和社会对体育教学的需求选择出来的，根据对学生身体条件和学校教学条件的深入分析和研究，在体育教学环境下传授给学生的一种体育锻炼活动。

体育教学内容是根据体育教学的目标进行选择的，是根据学生在成长过程中的发展需要以及体育教学过程中必备的教学条件最终整理而成的，并且是根据社会需求的发展而不断变化的。

体育教学内容主要是针对教学对象的大肌肉群的运动进行的，其具有很强的实践性，主要包括身体的锻炼、运动型教学的比赛、运动技能的获取等。

诸如语文、数学、英语等学科知识的传授可以在教室内完成，学生可以通过对书本的反复研读，最终获得一定的知识和技能。但是对于体育教学而言，其所有的运动技能的传授，必须在体育教学活动中才能完成。

（二）体育教学内容与体育运动内容的区别

众所周知，体育教学内容是保证体育教学正常进行的有力保障，但是其与体育运动内容之间却也有着非常细微的差别。作为一名体育教育者或是研究者，清楚地掌握它们之间的差别，有助于不断深入地了解体育教学内容。经过深入的分析和研究，对体育教学内容和体育运动内容之间的区别介绍如下。

1. 服务的目的不同

体育教学内容是以教育为主的，其服务的目的是促进学生身心健康的发展，其内容偏于理论性，对教学活动具有指导意义。体育运动内容是以提高竞技运动水平、夺取胜利为主的，其服务的目的较偏重于教学内容的娱乐性和竞技性，对教学活动而言具有很强的实践性。

2. 内容的改造要求不同

随着时代的不断进步，体育教学内容需要根据时代的变化和社会的需求不断改变，以保证体育教学内容能够满足社会培养人才的需要。因此，需要对体育教学内容进行必要的改造、组织和加工，而体育运动内容不必进行这种改造。

（三）体育教学内容的特点

1. 体育教学内容的功能具有多样性

体育教学内容起源不同，又受到所处文化形态的影响，这就决定了体育教学内容具有不同的功能，人们对体育教学内容的判断也必然会受到其传统起源的影响。因此，在进行体育教学的时候，要遵循因材施教的原则，这样才能保证体育教学的顺利进行。

2. 体育教学内容的更新速度较快

体育教学本身对实践性要求较高，体育教学中所涉及的因素也非常多，受当前有关体育教学方针的影响，再加上体育教学本身受到地域、经济、政治、文化的影响较大，因此，体育教学工作者在进行体育教学时的工作难度较大，要想与时俱进地开展体育教学，就要根据社会的需求不断地更新教学内容。

3. 体育教学内容之间是一种平行的关系

体育教学虽然涉及的内容较多，但是各内容之间并没有太多的联系和牵制，各内容之间是一种平行的关系。如跑步和跳远之间，就是相对平行的两种内容，在教学过程中，两者之间没有太大的联系。

4. 每一种体育教学内容被赋予的教学任务不同

体育教学内容具有很强的时代性，不同时代的人对于体育教学的要求不同，因此，每一种教学内容所承担的教学目标和任务也就不同，如在体育教学中开展各种体育锻炼是为了提升学生的体育素质，进行比赛是为了培养学生的团队精神、合作意识等综合素质。因此，在进行体育教学或是选择教学内容时，应该仔细地分析教学目标，以便对教学内容进行梳理和选择。

（四）体育教学内容与教育内容的共性

体育教学内容是教育内容的一个组成部分，它与教育内容具有一些共性，这些共性主要表现在以下几个方面。

1. 教育性

体育教学内容是对受教育者进行身体健康教育和心理陶冶教育的参考，当体育教学研究者和教学内容组织者将众多的运动项目选为体育教学内容的时候，首先想到的就是这些运动项目本身所具有的教育性。体育教学内容的教育性主要体现在以下几个方面。

（1）有利于学生身心健康

体育教学是通过指导学生身体的运动和一些竞技性的小组活动，以促进学生的身心健康发展而进行的一种教学。体育运动本身就是一种肌肉群的活动，它能够通过身体的锻炼来增强学生的体质，通过各种小组教学活动和竞技类活动的开展来培养学生的综合素质。

（2）对学生成长具有积极的影响

体育教学内容主要是一些具有深刻影响意义的内容，能调整的心态，培养学生坚强的意志，影响学生价值观的形成，对学生的成长具有积极的影响。

（3）内容的设计具有普遍性

体育教学内容所面对的是教学活动中的全体学生，因此，所选择的教学内容具有普遍性。所谓普遍性就是指教学内容要保证适应大多数人群，这样才能达到教学的统一，有利于教学的开展和进行。

2. 科学性

由于体育教学本身就是一种以学校教育为主要形式进行的有计划、有组织、有目的的教育活动，是以教育和培养青少年的健康发展为主要目的，因此，体育教学内容也应该与学校教育范畴中的其他教学内容一样，保证其具有很强的科学性。经过多年对体育教学经验和教学内容的研究和分析，笔者将体育教学内容的科学性表现划分为以下几点。

（1）体育教学具有很强的针对性

体育教学的对象是广大青少年，其目标就是培养社会所需要的身心健康和面发展的人才。再加上体育教学内容是对人类文明的反映和表现，同时，体育锻炼的实践性也使得人们不得不重视这一过程，因此，体育教学具有很强的针对性。

（2）教学内容符合学生的需求

在对体育教学内容进行筛选时，为了保证体育教学内容能够更好地为学生服务，体育教学研究者要对教学内容进行反复的筛选，使其能够符合学生的身体发展需求和社会需求，同时，体育教学内容具有很强的指导性，为教学过程提供参考和依据。

（3）遵循体育教学的规律和原则

任何一门学科的教学都要遵循其特定的规律和原则，这是保证教学目标顺利实现的基本条件之一。体育教学牵涉的内容较多，较为复杂，为了保证教学过程能够按照目标的方向进行，在选择教学内容时，应该遵循体育教学中特定的科学规律和原则，保证体育教学的科学性。

3. 系统性

体育教学是一门繁杂的学科，不仅所涉及的内容较为繁杂，范围较为宽泛，而且对教学目标的要求也较高。因此，在进行教学内容的梳理时，应该根据知识之间的系统性进行组织和安排。通过对体育教学内容的研究可以发现，体育教学内容的系统性主要表现在以下几个方面。

（1）教学内容本身的系统性

通过以上对体育教学内容的介绍可知，体育教学内容具有很大的复杂性，但是每一个知识内容之间又表现出一定的联系性和逻辑性。如安排低年级的学生学习体育的时候，首先应该培养学生的方向意识，先通过"向左转、向右转、立定、向后转"等一些简单指令培养学生的方向意识，然后对学生进行各种体育教学内容的训练。由此可知，体育教学内容本身就具有系统性。

（2）体育教学目标的系统性

在体育教学的过程中，需要根据体育教学的特点、学生的成长特点和教学环境等，深刻地认识体育教学过程和教学内容之间的规律性。必须根据学生的成长过程系统地、有逻辑地安排各个学校、各个年级的体育教学内容，并处理好它们之间的相互关系，将体育教学贯穿于教学的始终，这就是体育教学目标的系统性。

第二节　高校体育多元教学内容的资源开发

一、体育教学内容资源挖掘的主体

体育教学内容资源的挖掘是由多方面的人员共同努力完成的，如体育学科专家、教育行政管理人员、体育教师、学生、家长、学校行政人员、社区人士、运动员、教练员、其他学科方面的专家学者以及相关的机构等。每一个参与人员扮演的角色、承担的任务、发挥的功效都不相同。其中，尤以体育学科专家、体育教师和学生的分量最重，因而，这三者也被视为体育教学内容资源挖掘的主体。

（一）体育学科专家

体育学科专家一般具有较高的学历和职称，他们主要在高校或科研所从事学校体育或体育课程方面的教学及研究工作，并经过严格的专业训练，具有丰富的专业知识和经验，有较强的创新精神和较宏观的理论视野。体育学科专家的优势在于有比较高的教育学和体育学科方面的理论水平和科学研究水平，对国家的宏观教育政策理解得比较透彻，劣势是缺乏体育课程教学的实际操作经验。体育学科专家虽然不像体育教师那样亲临课程实施的第一线，但他们在体育教学内容资源挖掘中，却起着非常重要的作用。具体来说，体育学科专家一般承担着向下挖掘体育教学内容资源的任务。

1. 编写体育教材

编写体育教材是体育学科专家开发体育教学内容资源的主要任务之一。编写体育教材是一项复杂、艰巨的系统工程，既涉及编写的指导思想、编写原则、标准等宏观问题，也涉及教材的版式结构、呈现方式等微观问题。体育专家凭借自身丰富的专业知识和经验，能够对体育教材进行科学、合理的安排。

2. 挖掘和整理体育教学内容资源

挖掘、整理体育教学内容资源是体育学科专家义不容辞的责任。体育学科专家应充分发挥自己的优势，从我国的国情和学校体育的实际出发，有意识地对一些体育教学内容资源进行开发。现阶段体育学科专家的工作重点是：第一，研究不同年龄学生身心发展的特点和各种体育教学资源的主要价值与作用，开发出育人价值高、适应性和趣味性强的体育教学内容；第二，研究国外体育教学内容资源开发的相关成果，特别是关注国外学校流行的新兴运动项目，并结合我国具体实际进行改造、推广；第三，与中小学体育教师合作挖掘和整理一些有着地方和民族特色的体育教学内容资源。

3. 指导体育教学内容资源的挖掘

体育学科专家理论水平高、科研能力强，因而，可以在宏观与理论层面对体育教学内容资源的挖掘工作进行指导。体育学科专家应积极投身于体育课程资源挖掘的实践，从中发现问题，总结经验，进行理论抽象和概括，以形成体育教学内容资源挖掘的一般规律，用以指导中小学体育教师进行体育教学内容资源的挖掘工作。另外，体育学科专家还可以通过各种形式，定期对中小学体育教师进行培训，为体育教学内容资源挖掘培养骨干力量。

（二）体育教师

教师是课程实践的核心人物，他们在课程实施中扮演着主要角色。同样，体育教师在体育教学内容资源挖掘过程中也起着核心作用，这不仅因为体育教师是体育课程的具体实施和操作者，还在于体育教师本身所具有的知识与技能、过程与方法、情感态度与价值观等都是最宝贵的体育教学内容资源。相较于体育学科专家，体育教师具有其独特的优势。首先，他们与学生接触更广泛，熟悉学生的个性差异和日常交往行为，也最了解学生的想法和感受；其次，他们掌握着体育课程实践的第一手资料，而这正是体育学科专家所非常缺乏的。体育教学内容资源开发的效果，在很大程度上是由体育教师所决定的。体育教师在体育教学内容资源的挖掘中承担着以下任务。

1. 对体育教材进行二次开发

教材是重要的课程内容资源，但并不是唯一的课程内容资源。体育教材也是如此，虽然它是体育学科专家根据课程标准和一定原则编选的，但要进入体育课程成为具体的体育教学内容，还必须经过体育教师的再次和多次开发。

2. 积极挖掘特色性强的体育教学内容资源，并将挖掘成果系统化

在教学实践中，体育教师要根据实际需要不断挖掘其他各种体育教学内容资源，特别是具有地区特色、民族特色、学校特色和学生特色的体育教学内容资源，将这些资源转化为各种内容新颖、形式多样、特色突出、适应性和操作性强的体育教学内容。另外，体育教师还要加强对体育教学内容资源开发实践成果的总结，使开发成果系统化，并争取在此基础上编写出具有校本特色的体育教材。

3. 指导学生进行体育教学内容资源挖掘

学生也是体育教学内容资源挖掘的主体之一，但是学生对于如何挖掘、怎么挖掘体育教学内容资源并没有清晰的认识。因此，体育教师必须要向学生提供必要的指导和帮助，成为学生开发体育教学内容的引导者和服务者。不仅要帮助学生掌握体育教学内容资源开发的方法和手段，而且还要引导学生走出体育教材、走出课堂、走出学校，在社会的大环境里学习和探索各种体育知识和方法。

4. 总结与反思体育教学活动

体育教师对体育教学内容资源的开发，在很大程度上源于对体育教学活动的自我总结，源于对体育课堂中各种情况的思考。体育教师要善于通过课后教学记载、通过与他人交流教学心得、通过自我反思，从实践中总结出有利于体育教学内容资源开发的各种经验。

（三）学生

学生是教育的对象，更是一种重要的教育资源。作为课程的主体，学生还是特殊课程内容资源的挖掘者。这可以从两个方面来理解，一方面，学生的生活经验是课程的重要依据，课程编制的一切活动都是建立在这个基础之上的；另一方面，学生在课程实施过程中并非被动地接受，而是主动地参与，课程本身具有"过程"和"发展"的含义。以学生为主体挖掘体育教学内容资源，其挖掘的广度、深度及相应的效果主要取决于两个基本因素：一是学生本身所拥有的经验基础，二是体育教师对学生的帮助与指导。学生挖掘体育教学内容资源的任务主要有以下几点。

1. 达成学习目标

与体育学科专家和体育教师不同的是，学生挖掘体育教学内容资源的真正目的并不在于获得一些可供体育教师参考的体育教学内容，而在于使学生获得学习的方法，学生挖掘体育教学内容资源的过程实际上就是实现学习目标的过程，达成学习目标是学生挖掘体育教学内容资源所要完成的基本任务。

2. 促进学习方式的转变

促进学习方式的转变也是学生挖掘体育教学内容资源需要完成的重要任务。以学生为主体进行体育教学内容资源挖掘，是对传统的学习方式—接受性学习的挑战，通过主动参与体育教学内容资源挖掘，学生懂得如何主动地去学习，懂得如何进行合作学习和研究学习，从而真正改变课程实施中过分依赖教材、过于强调接受学习和死记硬背的现状。

3. 促进经验的不断生成

从表面上看，课程是由特殊的社会成员设计的，但深层次上，课程是由学生创造的。课程实施不是课程设计者为学生预设的发展路径，学生也并非完全是通过对成人生活方式的复制来成长的，他们在与课程的接触过程中，时刻用自己独特的眼光去理解和体验课程，并不断创造出鲜活的经验，而这些鲜活的经验又是课程重要的组成部分。从这个意义上来说，以学生为主体挖掘体育教学内容资源，也要实现这个任务使学生在体育教学内容资源的挖掘过程中，不断地利用自己已有的经验，不断分享他人的经验，并不断生成新的经验。

4. 挖掘新的体育教学内容资源

尽管以学生为主体挖掘体育教学内容资源的根本目的不是获得各种体育教学内容，但学生所挖掘的体育教学内容资源在体育教师的指导下，可以经过进一步加工和筛选，形成一些具有学生特点的、有代表性的体育教学内容资源库。一方面，可以为体育教师指导学生进行体育教学内容资源挖掘提供参考；另一方面，体育教师也可从中选择部分内容，运用到体育课程的具体实施中。

二、体育教学内容资源挖掘的范围

体育教学内容分为三类，即运动参与类、体育知识与技术类、体育活动经验类。简要来说，这三者分别代表的元素是身体练习、知识、经验。身体练习、知识、经验不仅是体育教学内容的主要元素，也是体育教学内容的主要来源，与之相对应的是身体练习资源、知识资源、经验资源，也是课程内容资源的主要来源。体育教学内容资源的挖掘应在这个范围内进行。

（一）身体练习资源

身体练习是体育课程的主要内容。与其他文化课不同的是，体育课程学习的结果主要表现在体能的增强、运动技能的掌握和行为态度的改变等方面，必须通过学生亲身参与各种运动实践才能实现。这就决定了体育课程各种教和学的内容，主要由各种形式的身体练习所组成。因此，身体练习资源在体育教学内容资源体系中亦占有非常重要的地位，是我们要重点挖掘的体育教学内容资源。体育教学内容的身体练习资源主要由单一动作结构的身体练习资源、组合动作结构的身体练习资源、活动性游戏资源和运动项目资源四个方面构成。

1. 单一动作结构的身体练习资源

单一动作结构的身体练习，特点是动作简单、环节少、要素单一、时空条件变化小，主要包括了一些基本的运动动作，如走、跑、跳、投等，它们是构成后三类身体练习——组合动作结构的身体练习、活动性游戏和运动项目的基础。

2. 组合动作结构的身体练习资源

将各种单一动作结构的身体练习组合在一起，便构成了组合动作结构的身体练习。组合动作结构的身体练习资源是非常丰富的，体育课程中大量的内容实际上是由这类练习组成，因此，具有非常大的开发潜力。

3. 活动性游戏资源

游戏不仅是学校教育的重要内容，也是学校教育的重要方法和手段。活动性游戏的数量非常多，而且新的游戏还在源源不断地被创编出来，这为体育课程提供了一个巨大的资源库。

4. 运动项目资源

运动项目是身体练习的高级表现形态。运动项目特别是竞技运动项目与学校体育课程有着非常密切的联系，从近代体育课程的发端到今天，各种运动项目一直就是体育课程的主要内容。运动项目的种类非常之多，是课程内容资源挖掘的宝库。

（二）知识资源

体育教学内容的知识资源主要源自体育学科的知识体系。因此，根据体育学科的知识体系，我们可以将体育教学内容知识资源分为三大类：体育基本理论知识资源、运动项目知识资源和健康知识资源。

1. 体育基本理论知识资源

体育基本理论知识资源主要涉及体育的一些基本原理方面的知识，主要源自体育人文和社会学方面的学科知识，如体育的学科基础、体育与社会发展的关系、体育的发展、体育与人的发展关系，等等。

2. 运动项目知识资源

运动项目知识资源主要涉及各个运动项目的基本理论知识，如各运动项目的运动技术、战术原理、比赛规则、训练方法等。

3. 健康知识资源

体育课程所涉及的健康知识主要有三个基本来源：一是体育自然科学学科方面的知识，如运动解剖学、运动生理学、运动保健学、学校卫生学、体育测量与评价等；二是医学学科方面的知识，如卫生学、保健学、营养学、体质测量与评价学、中医学等；三是心理学方面的知识。

（三）经验资源

每个个体在成长的过程中，总是不断地接受外部环境的刺激，并体验外部事物，形成经验。学生经验的获得，与其生活环境（包括自然环境和社会环境）是密不可分的。在社会环境中，家庭、社区和学校对学生经验的形成有着非常重要的影响。体育课程所涉及的学生经验资源大致包括了学生的家庭生活经验资源、社区生活经验资源和学校生活经验资源三个方面。

1. 家庭生活经验资源

学生的家庭生活经验是多方面的，而与体育课程有关的主要表现在以下几个方面。

（1）家庭游戏、娱乐及运动设备使用经验。

（2）学生个人游戏、娱乐及运动活动经验。

（3）家庭成员共同游戏、娱乐及运动活动经验。

2. 社区生活经验资源

社区为人们提供了社会交往的组织空间和地理的活动空间，人们的日常生活，大都是在一定的社区范围内进行的，社区对人的思想观念、行为规范、生存和发展等方面有着重要的影响。社区同时也是学生生活的重要空间，他们在社区的活动是丰富多彩的，社区生活经验构成了其经验的重要组成部分，具有非常重要的开发价值。可以作为体育教学内容资源开发的学生社区生活经验主要有以下几个方面。

（1）社区娱乐、游戏和运动活动经验。

（2）社区娱乐、游戏和运动环境经验。

（3）社区交往经验。

（4）社区文化活动经验。

3. 学校生活经验资源

对于学生来说，由于学校生活的时间非常长，因此，学校生活经验对他们的成长有着重要的意义。可以作为体育教学内容资源开发的学生学校生活经验主要有以下几个方面。

（1）学校娱乐、游戏和运动环境经验。

（2）学校娱乐、游戏和运动活动经验。

（3）学校体育社团活动经验。

（4）学校交往经验。

三、体育教学内容资源挖掘的方法

挖掘体育教学内容资源的方法有很多，概括起来主要有筛选、改造、整合、拓展、总结五种。

（一）筛选

筛选，是指按照一定的标准从大量的体育教学内容资源中，选择出合适的体育教学内容的方法。就使用的对象来说，体育学科专家、体育教师和学生在体育教学内容资源挖掘中都可以运用这种方法。但相对来说，体育学科专家在编写体育教材或者体育教师在确定体育教学内容时运用这种方法比较普遍，而学生则使用得比较少。筛选的一般步骤如下。

1. 开列内容清单

尽可能地将所要挖掘的体育教学内容相关资源列出来，以供选择。

2. 确定选择标准

选择标准因挖掘主体、挖掘目的的不同而在具体内容上有所差异，但一般要考虑国家的教育和体育政策、学校体育的指导思想和目标、体育课程标准、学校的体育环境、师资、体育教材、学生的特点、具体的课堂教学目标等因素。

3. 按照选择标准筛选出合适的体育教学内容

值得注意的是，为了避免筛选法的缺陷，在实际的体育教学内容资源挖掘过程中，还要尽可能地将筛选法和其他方法结合起来运用。

（二）改造

改造，是指根据体育课程具体实施的对象和条件等特点对原有体育教学内容资源的某个构成要素进行加工、变化、修改。改造是体育教学内容资源转化为体育教学内容的基本途径。改造方法的主要使用对象是体育学科专家、体育教师以及具有一定改造体育教学内容资源能力的学生。从各个体育教学内容资源挖掘主体的不同特点来看，使用改造法最频繁的是体育教师，为了提高体育教学内容的适应性和可操作性，他们时刻要根据学校条件，自身特点，学生的兴趣、爱好及身心发展特点等，对各种体育教学内容资源进行改造，以适应具体的体育课堂情境。改造的一般步骤如下。

1. 分析学生的特点和学校的条件

如分析学生的年龄、性别、兴趣、爱好、生理发育特点、心理发育特点、生活经验基础以及学校的场地、器材设备条件等，通过分析来确定改造的具体内容和方式。

2. 改造体育教学内容资源的构成要素

体育教学内容资源都是由一定的基本要素所构成。例如，身体练习就是由练习方法要素、环境要素、人与人及人与环境关系要素、比赛规则要素等构成的，改造实际上就是对这些要素的不断变化、加工和修改。对某个具体的体育教学内容资源而言，从中提取一些要素，改变一些要素，增加一些要素或舍弃一些要素就可以形成一个新的体育教学内容。

改造不是随意进行的，必须遵循一定的原则，才能保证改造的合理性与科学性。一般来说，改造需要遵循以下原则。

（1）趣味性与游戏性原则

对所改造的体育教学内容资源尽可能揉进一些趣味性、游戏性、情节性的要素，使学生爱学、愿学、乐学，特别是对一些比较枯燥、单调的身体练习资源的改造。

（2）教育性与文化性原则

尽可能地挖掘体育教学内容资源中的教育性和文化性因素，突出体育教学内容的健身、育人和文化价值，使学生在运动活动中受到教育，并了解与掌握各种形态的体育运动文化，包括民族传统体育文化等。

（3）适应性与可行性原则

所改造的体育教学内容资源要尽可能满足学生的体育需要、适应学生身心发展的特点和学校场地器材等条件，并具有可行性。

（4）生活性与实用性原则

所改造的体育教学内容资源要尽可能地贴近学生的现实生活，尽可能地使体育教学内容与学生的日常生活相联系，并能够在他们的日常生活中发挥作用。

3. 重构与修改

重构与修改是对改造后的体育教学内容资源进行重新构建，运用于体育课程的课堂实施，在了解其效果和存在的主要问题后，并进行适当修改，为下一轮实施提供参考。

（三）整合

整合，是指将各种体育教学内容资源的某些要素通过一定的方式有机地结合在一起，从而形成新的体育教学内容的方法。就挖掘主体而言，使用整合方法的主要是体育学科专家和体育教师，学生在体育教师的指导下，也可以采用这种方法进行体育教学内容资源的挖掘。整合的一般步骤如下。

1. 确定整合的主要目的

采用整合的方法进行体育教学内容资源开发，一般有以下几种目的：一是为了发挥体育教学内容的多种教育功能；二是为了增加体育教学内容的趣味性；三是为了提高体育教学内容的适应性。不管是为了何种目的进行体育教学内容资源的整合都必须要明确。

2. 分析体育教学内容资源的要素特点，确定整合的方式

体育教学内容资源的各要素之间有多种整合方式，因此，有必要对整合的要素进行精心选择和设计。

3. 对体育教学内容资源要素进行整合

在整合之前，还要运用改造方法对一些要素进行必要的改造，以便使整合后的体育教学内容具有更强的适应性和可操作性。

4. 检验与修改

将整合后的体育课程资源内容通过教学等途径实施，以检查其可行性并发现存在的问题，然后再做一定的修改和调整。

（四）拓展

拓展，是指对原有的体育教学内容资源在形式、具体内容及功能等方面进行扩展、补充，使体育教学内容在具体内容和形式上更加完整，在功能上更加全面的方法。体育学科专家、体育教师、学生皆可以使用拓展方法进行课程内容资源挖掘。拓展的一般步骤如下。

1. 分析体育教学内容资源的性质和特点

分析各体育教学内容资源的内容结构、呈现方式、主要功能等方面的特点，以便为如何对该内容进行拓展提供依据。

2. 寻找拓展的空间

考虑从哪些方面进行拓展，是进行内容结构拓展，还是呈现方式或主要功能的拓展等。

3. 尝试对体育教学内容资源进行拓展

拓展时要充分利用学校、社区和家庭的各种条件，如图书馆、资料室、网络、书店等，并注意对拓展的内容进行必要筛选、改造，使其具有可行性和可操作性。

4. 整理、实施与总结

对拓展后的内容通过课堂教学实施，并对实施的情况进行总结，还要分门别类进行整理，有些内容可以作为资料长期保存，有条件的还可以建立相关的资源库。

（五）总结

总结，是指对体育教学内容开发实践中的各种经验、成果等进行回顾、分析和反思，以归纳出具有典型意义的体育教学内容方法。在体育教学内容资源的挖掘中，总结既是一种挖掘方法，也是挖掘过程中的一个重要环节。体育学科专家、体育教师、学生皆可以运用总结方法进行体育教学内容资源挖掘。总结的一般步骤如下。

1. 反思开发过程

反思开发过程是对体育课程开发过程中的各种经验、心得、教训等进行反思和回顾。反思要尽可能详细，以便能从中发现一些有价值的经验。

2. 形成文字材料

在反思的基础上，把反思的结果用报告、小论文、学术论文及专著等形式反映出来。

第三节 高校体育多元教学内容的应用研究

一、体育教学内容的编排

（一）体育教学内容的编排逻辑

体育教学内容编排，必须充分考虑不同教学内容之间的逻辑关系，良好的逻辑关系有助于教师很好地开展和组织教学工作，同时，也有助于结合学生的认知规律来安排不同教学内容的顺序，以便于学生更好地接受体育知识与技能。教学内容的编排应符合以下三个基本逻辑。

1. 根据教学内容内在逻辑顺序编排。不同的体育教学内容之间存在一定的逻辑关系，教师选择与安排不同教学内容的教学应充分认识到学生对各教学内容的认知规律、掌握规律，要由浅入深、由易到难，循序渐进。

2. 根据学生身心发展规律编排教学内容。以学生发展为本位，结合学生的身心发展规律和特点来选择和安排相应的体育教学内容。

3. 根据教学目的依次编排教学内容。以体育教学目标为本位，根据教学目标要求，为我所用地编排体育教学内容。

（二）体育教学内容的排列方法

体育教学内容的具体排列直接关系到体育教学实施效果，发展到现在主要有以下四种排列方法。

1. 直线式排列方法

体育教学内容的直线式排列，是在体育教学中，不同的体育教学内容基本上不再重复，是顺序排列，依次在体育教学课程中出现并呈现给学生。

2. 螺旋式排列方法

体育教学内容的螺旋式排列是教材在各年级反复出现，但在体育教学内容的学习程度上，会表现出知识和技能不断复杂、深入的特点。一般情况下，"锻炼身体作用大"的体育教学内容更加适合于"螺旋式排列"法。

3. 直线式和螺旋式混合排列方法

直线式和螺旋式混合排列方法是对教学内容的直线式排列与螺旋式排列的综合方法。

4. 周期循环排列方法

体育教学内容的循环，是指同一教学内容在不同学段、学年等范围内的重复安排。这种循环可能以课、单元、学期、学年等为周期进行循环。

在体育教学实践中，学生对体育运动知识和技能的掌握是依靠不同周期的教学内容的学习的合理安排和相互作用来掌握的，以学生的体育技能学习为例，结合学生技能学习需要经过泛化、分化和自动化的三个阶段的客观学习规律为例，在不同的学习阶段，对体育教学内容的循环需要突出"大、小循环"（图 4-1），以达到"温故而知新"和"巩固提高"的教学目的。体育教学内容的具体应该安排大循环，还是小循环，应结合教学内容的特点来进行。

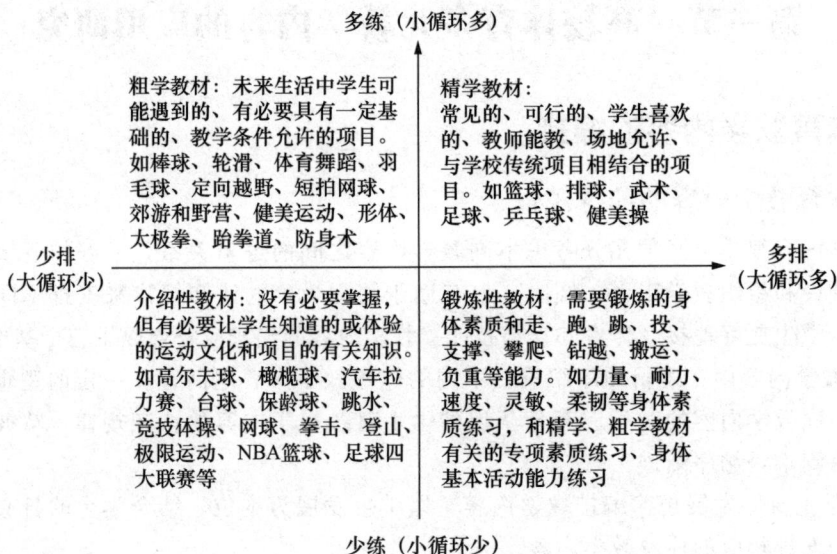

图 4-1 "大、小循环"

对体育教学内容进行加工处理，不论是哪一种排列法，都需要注重不同的体育运动和身体练习的特征。

（三）体育教学内容的媒介化

在传统体育教学中，体育教学内容主要是书面教材程序，随着现代科技的发展，教学内容呈现可以有更多方式，对此体育教师也应与时俱进掌握现代教学方法、教学技术，教师对体育教学内容的编排不仅限于板书、教案，开始更多地使用多媒体课件、网络音视频课件，这就需要教师对教学内容的媒体化编排方面具备专业的教学媒体技术应用能力，以更加科学地编排教学媒体课件，更好地呈现体育教学内容，便于学生理解和教学活动开展。

二、体育教学内容的选择

（一）体育教学内容选择的依据

1. 体育课程目标

体育课程目标是体育教学内容的重要选择依据，体育课程目标是体育教师在教学工作中必须始终牢记的一个内容，在选择体育教学内容时，应对备选的教学内容进行筛查，或者直接根据体育课程目标去寻找合适的教学内容。

2. 体育教学规律

体育教学的开展应符合客观体育教学规律，如学生身心发展规律、学习认知规律、技能形成规律等。

在不同教学阶段选择不同的体育教学内容。在具体的体育教学中，应关注学生对教学内容掌握情况的一系列的客观规律性，不能违背教学规律认知规律等进行教学。

3. 学生发展需要

学生是体育教学的对象，学生的特点就决定着教学内容当中的各项要素。绝对不能忽略学生的实际情况。体育教学内容应能满足每一个学生的体育发展需要，通过体育学习，使每一个学生都能有不同程度的发展。

4. 社会发展需要

人具有社会属性，社会是学生实现自我价值的最终归宿，体育教学内容必须能够满足学生在社会上发展当中各方面的需要。体育教学内容的选择，应考虑到学生当前的身心健康发展需要，也要考虑学生走出校园、进入社会之后的体育参与需要，为学生的社会生存、适应能力发展奠定基础。

（二）体育教学内容选择的原则

1. 教育性原则

体育教育属性决定了体育教学内容选择的教育性原则，具体要求如下。

（1）分析体育教学内容是否具有教育价值。

（2）体育内容选择必须与体育教学目标相符，为体育教学目标实现服务。

（3）体育教学内容注重教学内容的文化内涵，传授运动技能的同时弘扬体育文化。

（4）体育教学内容选择应重视学生的意志、品德方面的发展促进，同体育教学促进学生终身受益。

（5）体育教学内容选择应与社会价值同步，促进学生的社会价值的实现。

2. 科学性原则

体育教学内容的选择应符合客观规律、体现教育的科学性，要求如下。

（1）体育教学内容的选择应有利于学生身心的协调共同发展，对学生的心理健康不合适的教学内容应摒弃。

（2）体育教学内容应促进学生对科学锻炼的原理和方法的深入了解，通过体育学习能促进学生科学从事体育活动实践。

（3）体育教学内容本身应具有科学性。

（4）体育教学内容应与学校实际相结合。

3. 趣味性原则

兴趣是最好的老师，体育教学内容选择的趣味性原则体现如下。

（1）体育教学内容应有助于激发学生的体育学习兴趣，避免过度竞技化的体育教学内容的选择，专业竞技体育知识和技能学习与学生水平不符，容易打击学生的学习积极性。

（2）结合学生特征选择他们感兴趣的、有趣味的内容。

4. 实效性原则

体育教学内容应具有简便易行、有效促进学生身心健康发展。

（1）改变传统教学内容当中的"难、繁、偏、旧"，以及教学过程过度的偏重书本知识的体育教学内容。

（2）体育教学内容的选择一定要兼顾选择与学生自身的体育学习兴趣和经验相接近的，以及大众喜欢的、社会上比较普及的，为学生的终身体育奠定基础。

5. 民族性与世界性原则

体育教学内容应体现民族性，符合我国实际，体现当今时代中国的特色，同时，要与世界体育发展接轨，借鉴吸收国外好的课程内容与文化。

三、冬季体育教学的内容选择与实施建议

受季节性因素影响，冬季体育教育的开展相较于春秋季体育教育的开展存在一定的劣势。对此，为了充分利用体育课程优势，减轻季节因素带来的影响，促进学生身体和心理全面、健康地发展，我们需要积极反思冬季体育教学中的问题，从问题入手，选择科学有效的冬季体育教学内容及方法，让学生在冬季也能进行有效的体育锻炼，从而使体育锻炼伴随学生良好学习和健康成长。

（一）冬季体育教学的重要性

北方地区尽管总体温度较低，但有供暖系统辅助，属于"外挂式防冻区"。在南方地区，由于地域和纬度差异，耐寒能力也会有很大差异，并不是所有的地方都能抵御寒冷。因为天气越来越冷，学生的身体素质将受到影响，很容易感冒，所以冬天时期加强体育教学极具必要性，可加强学生身体素质。有关冬季体育教学的重要性，主要体现在以下几点：

一是冬季体育教学可以增强学生耐寒能力，青少年在冬天进行体育活动，不但可以使其身体得到锻炼，而且可以提高学生免疫力。同时，冬季体育教学可以促进学生体内血液循环，当学生体内热量增多时，学生对寒冷的抵抗力也会有所增强。因此，在冬季坚持运动的学生，学生身体抵抗力是普通人的 8～10 倍，这对促进学生健康成长具有重大意义。

二是冬季体育教学能令学生骨骼更加坚固、有力。因为冬季多做体育锻炼，对骨骼的健康成长有极大帮助，所以冬季需要进行适当锻炼。冬季时期，参与运动的学生要比不参与运动的学生更易于长高，长高约 4 厘米左右。同时，冬季体育教学还能增加学生大脑氧供给，有助于缓解因长时间学习而导致的疲惫感，提高学生记忆力和学习效率。

三是冬季体育教学有益于学生控制体重，有一定的减肥效果。冬季是学生身体最易于发胖的时节，许多学生不愿意离开自己的舒适区域，缺乏体育运动，因此，会变得肥胖。然而，冬季进行体育运动，能够促进学生身体和精神品质全面发展。学生在寒冷天气下进行体育运动，会消耗更多热量，以维持体温。同时，冬季适当运动可以加快学生脂肪消耗，使学生体内卡路里消耗的能量要比平常多 3％～7％。

（二）冬季体育教学内容特点

在进行学校体育教学工作时，教师要考虑到冬季的特点，分析学生学习实际状况。在此基础上，优化体育教学内容。具体来讲，应保障初中冬季体育教学内容具有以下几种特点。

一是要以实现课程目标为目的，课程目标是课程体育教学改革的起点与终点，是课程内容的选取条件，冬季体育教学内容的选取需服务于课程目标。因此，在教学内容的选取上，应有助于学生达到预期体育学习目标。

二是适应学生生理心理特点，在不同的发展阶段，由于学生身体和心理特征不同，学生对体育和运动的需求也大有差别。只有使学生对所学的冬季体育内容感兴趣，学生才能全心全意地投入到实践中，养成良好的体育学习意识和习惯。

三是冬季体育教学要具有实效性特点，新课标把所有有利于学生的体育课程都列入了选课范畴。但是，在选择教学内容时，必须考虑到一些冬季体育内容和活动对提高学生身心健康的影响。因此，就需要增强冬季体育教学内容的有效性。

四是冬季体育教学内容要与时俱进，体育课程在社会发展背景下也在发生变化，体育项目和娱乐方式也需要随之做出变革，并呈现出一定的时代特征和多样性。因此，在冬季体育教学中，应注意与时俱进，并推陈出新。

五是冬季体育教学内容要保持一定的科学性，新课程标准的核心思想就是要注重学生的个体差异，以保证每个学生都能从中获益。因此，在冬季体育教学内容选择上，要充分考虑到学生的个性特点，才能更好地促进学生身心发展。同时，也要从科学角度来考量教学内容，丰富冬季体育教学内容，令学生在学习中受到更多的启迪。

六是高校冬季体育教学内容必须具备文化性特点，体育是一种具有人文精神的文化。如果选择恰当的教学内容，将会对学生产生深刻影响，从而达到与学生心灵交流的效果，为提高学生身心发展水平奠定基础。

七是冬季体育教学内容要保持可置换性，体育活动的诸多内容相通。因此，在选择冬季体育教学内容时，教师要注意冬季体育教学内容的互补性。比如，练上肢、羽毛球、沙包、保龄球等项目，均可以用来作为冬季体育教学的投掷练习内容。

八是冬季体育教学应顾及场地设施的便利性，不同学校场地设备状况不尽相同，这就需要根据实际情况，合理选用教学内容，并将安全问题纳入考量，从而切实强化冬季体育教学效果。

（三）冬季体育教学现状

1. 缺乏对冬季体育教学的关注与投入

由于冬季体育教学条件的限制，传统的冬季体育教学工作难以取得预期的效果。尤其是一些学校对冬季体育资源的投资比较有限，能带着学生参加的冬季体育活动较少，对冬季体育活动的兴趣不大，对学生冬季体育的锻炼不够全面。冬季体育教育资源投资较少，在户外进行体育学习和运动时，对学生的身心发展无疑是一种挑战，各种原因导致冬季体育教学的成效并不明显。

2. 冬季体育教学缺少制度的支持

目前，中国广大体育教师在冬季体育教学中缺少系统性的教育手段，如何在冬季开展有利于学生身心健康、锻炼和发展的冬季体育活动，怎样才能更好地进行体育教育活动，这是体育教师在冬季体育教学中需要考虑的问题。冬季对学生身体素质和运动能力的影响较大，而冬季有关的体育教育也需要科学且有效的教育手段来支持。在我国中学冬季体育教学中，教师要不断丰富和改进教育手段和内容，否则，无法促进中国基础教育阶段的冬季体育教育工作健康发展。

3. 场地设备及气候环境有影响

在北方地区，体育资源比较匮乏，教育经费的缺失导致了体育活动不多，体育设施也不多，一些学校甚至连运动场、塑胶跑道都没有。由于北方冬天的气候恶劣，存在极端天气如雾霾、冰雪等，便会显著增加冬季体育教学困难程度，导致学校的冬季体育课不能正常、有序地进行。

（四）冬季体育教学内容优化示例分析

1. 优化"跑"的教学内容

跑步是一种最基本的体育教学活动，也是各种体育项目的基础。在冬季体育教学时，教师应把枯燥乏味的竞技化跑步活动转变成有目的性、形式多样的运动项目。例如，短跑变成了各种各样的赛跑，弯道跑变成交叉接力赛，从起步训练变成快速起步和闪避，耐力跑变成各种各样的追逐和球类运动，如改变规则和减少难度。此外，还应重视发展跑步的多种教育功能，使其在实现参与、技能、健康等目标的过程中，注重对学生心理和社会目标进行合理的培养。

2. 优化"跳"的教学内容

跳跃内容是学生最喜欢的一项运动，能给学生带来快乐，也能让学生有机会展现自我。在跳高、跳远比赛中，训练学生体育技巧，通过"开火车""青蛙跳荷叶"等教学内容，切实培养学生"跳"的技巧和能力。

3. 优化投掷教学内容

除了使用纸飞机、自制保龄球、沙包等替代垒球、铅球等来训练投掷技术与力量，还可以根据学生特点，设计出符合学生特征的教学内容，如实施故事教学法，结合原始人围剿猎物游戏的情境，融入极具海、陆、空联合演习的内容，分别设置低、中、高三种投掷目标，达到教学目标，在冬季体育教学中合理锻炼学生身体。

4. 优化球类教学内容

球类教学是冬季体育项目的核心内容。在改革该课程的教学内容时，应该采用游戏与竞赛，可适当简化规则，以提高学生对竞赛的兴趣，并能熟练掌握简单的竞赛规则，进而促进简单技术的传授技巧，有利于培养学生终身体育观。

（五）冬季体育教学的实施策略

1. 了解冬季体育学情，推动体育教学发展

体育是学生的户外活动课程，也是大多学生十分喜爱的一门课程。然而，部分学生的冬天体育学习及锻炼热情较低。因此，体育教师要根据学生的心理状态，对问题成因进行分析，以达到更好的效果。在新课改的过程中，学生是主体，教师要针对学生实际情况进行具体分析。通过对学生心理进行研究，得出了以下几个主要原因：一是学生的思想认知不到位，许多学生受到应试教育的影响，对"主科"的重视程度较高，而体育则属于"副科"，常常被学生忽略；二是学生未意识到冬季体育学习的重要性，许多学生因天气变冷而不愿活动，一些学生甚至因参加户外体育运动而患上感冒疾病，没有认识到体育运动对强身健体、增强体质的重要作用；三是在冬季体育课上，许多教师采用老方法，使体育课失去对学生的吸引力，学生学习兴趣降低；四是学生心理方面存在恐惧因素，如今大部分学生都是独生子女，从小在父母溺爱中成长，所以在严寒天气里，学生便会产生懈怠情绪。

2. 趣味导入冬季体育，激活学生运动兴趣

兴趣是学生进行各种活动的第一动力，对其进行体育锻炼，既能提高学生运动素养，又能激发学生使用各种体育技能的意识。为了达到这种教学目标，在将冬季体育活动进行整合时，可以采用"趣味导入"的方式，使其引入方式更加有趣，从而激发学生对冬季体育活动的兴趣。例如，教师在进行冬季体育项目"滑雪"教学时，可以使用多媒体投影仪进行辅助。在课堂导入的过程中，教师可以利用投影仪，将运动员在雪地上的风采展现给学生，让学生欣赏一段精彩的"雪人英雄"为祖国争光的比赛片段，从而激发学生对滑雪的热爱。然后，教师利用多媒体器材，将滑雪所需的技术与冬季体育教学内容进行结合，进行及时的模仿，为滑雪打下坚实基础。同时，激发学生练习的积极性。通过互动教学，有效地提高学生课堂学习能力，并在生动、动感的视频教学中，充分激发学生体育学习兴趣，开发学生体育学习潜能。

3. 创新冬季体育内容，锻炼学生运动素养

（1）引进越野内容

与传统理论学科相比，体育学科最大的区别是要求学生具有一定的基本素质，从而合理"驾驭"体育知识和技能。但是，由于学生天赋和身体条件不同，学生体育素质也会有极大差别，如果教师只采取以往"整体化"教学方式，很难保证学生体育素质。所以，教师可引进"越野"这一冬季体育项目，根据不同学习目标，将学生分成不同的层次，引导学生进行合理的锻炼，让学生在这一过程中，逐渐增强身体素质。例如，在开展冬季越野活动时，可以按照学生体育素质的高低来进行分级训练。在越野比赛开始之前，教师要应带领全体学生进行赛前热身运动，以防止因准备不足而导致事故。然后，教师应为学生分配一些特殊的训练任务。体育素质高的学生，教师可以安排这一组学生进行长距离、障碍、负重的越野跑。体育素质中等的学生，教师可以安排这一组学生进行中距离、负重越野。体育素质还有待提升的学生，由教师带队进行培训，并根据学生具体情况，适时地进行指导和调整教学内容[①]。通过对不同类型学生进行分级教学，充分考虑到不同学生的个体差异，保证学生在原有基础上得到提高，从而达到提高体育素质的目的。

（2）引进冰壶内容

与滑雪、越野冬季体育运动项目相比，冰壶运动要求较高，在进行冰壶运动教学时，教师要注意培养其职业技能。为了达到这种教学目标，教师可以通过互动的方式来帮助学生，通过详细讲解来解释冰壶知识。例如，教师在进行冰壶运动教学时，可以在课堂上播放"冰壶"相关的比赛片段，激发学生对这项运动的兴趣。在教学中，教师利用多媒体设备的暂停、慢放等

---

① 王丽辉.全民运动视角下冬季体育的实施措施 [J].冰雪体育创新研究，2021（05）：3—4.

功能，直至比赛结束。在通过障碍时要小心，如果碰到障碍会被扣分，通过有效的训练，使得学生障碍物训练能力不断提高。最后，实施冰上双人滑接力的拓展训练。在冰上进行接力赛训练，教师可以将溜冰场地分为四个接力区，每一个接力区之间的间隔为50米，在每个接力区都有对应的标志，当第一名学生抵达终点时，再进行交接。在这一过程中，教师要将学生分成8人1组，由两名选手进行滑冰，率先抵达终点的队伍为胜利者。

（六）引导学生防冻训练，加强体育安全教育

在上体育课之前，要督促学生穿戴好衣服。运动前穿好衣服，避免在冰冻地面上休息，防止学生感冒和冻伤。[1] 对于远离心脏的手、脸、鼻、耳等地方要经常搓擦，以促进局部血液流通，防止出现冻伤。同时，根据天气情况，可以在课堂上适当地穿戴帽子、耳朵、手套等不影响活动的防寒装备。教师应尽可能选择在有太阳和下风的地方进行锻炼，多运动，少休息，避免感冒。在冬季来临时，体育课运动量要比其他季节稍微多一些，在做完准备后，要及时地把重点放在学习上。同时，教师讲解和演示要做到言简意赅，力求做到精讲多练。在不打断学生练习的情况下，适当安排讲授，避免讲授太过专注或重复，要让学生有足够的时间进行练习和锻炼。另外，要加强对学生的人文关怀，防止学生在严寒天气下长时间停课、等候，防止学生站着挨冷受冻。在这一过程中，还要避免与金属设备直接接触，以免受到寒冷和冻伤。在下雪期间，组织学生进行安全意识、规则意识和行为习惯的养成活动，这一点非常重要。在学习过程中，充分利用学生对冰雪运动的强烈渴望，事先与学生协商制定"安全公约"，并制定相应的处罚措施。教师做好安全措施，密切注意学生言行，防止学生过分、随意或冒失，并对学生进行警告或阻止。在下课之前及时总结，针对个别课堂出现的问题进行深刻分析，并提出改善的意见和建议，让学生逐渐形成较好的学习习惯。

（七）加强体育负荷训练，促进学生健康发展

冬季严寒天气影响下，体育教学应根据学生实际情况，注重因人而异。一般而言，冬天时学生动作比较迟缓，不宜进行剧烈的、高强度的，以及对身体灵敏感要求较高的无氧运动，以中等强度运动为主，否则，很可能造成运动伤害事件。[2] 适度的有氧运动教学过程中，既要让学生得到合理的体育锻炼，又不能过度出汗，但也需避免由于运动量过少而导致身体不适，或者由于剧烈的运动导致出汗过多。同时，在冬季体育教学中，教师应及时调整学生运动负荷，以防止运动过量或不足，运动强度过大或过低，对学生均十分不利。在冬天，教师要引导学生主动走出课堂，到运动场上进行有益的运动。如遇天气较差的现象，应安排学生在室内进行体育课。教师可以为学生提供有关冬天的运动保健知识，如防冻伤、运动补水及运动防滑等。此外，还可以组织学生参加全国性的身体健康标准测试。冬季运动能有效地增强机体抗寒性，可达到防治感冒的目的，体现出人与自然的和谐相处，顺应自然健康生态。

（八）重视体育课后巩固，培养体育运动效果

由于传统教学观念影响，一些体育教师在实施教学任务时往往把工作重心集中在"课堂讲练"上，很少关注课后巩固，从而导致体育教学的整体效果受到影响。若要有效地解决这一问

---

① 童莉，谢丽华.冬季体育教学中德育的渗透策略探索［J］.当代体育科技，2017，7（33）：64—65
② 魏龙飞，丁铭一.新课标背景下拓宽中初中冬季体育教学思路的几点做法［J］.运动，2017（14）：114—115.

题，教师就需重视"课后巩固"，针对每个学生的具体情况，制定相应的强化任务，让学生逐渐形成良好的冬季锻炼习惯。例如，教师在课后巩固"作业"设计上，可以从多个方面进行。从生活角度出发，教师可以安排学生在业余时间进行越野、冬季跑步及拉练，从而增强学生身体素质。从技术角度出发，教师可以录制教学视频，让学生在闲暇时间，通过下载观看和学习视频。从实践角度分析，教师可以在周末、节假日等时间，带着学生进行滑雪训练。教师从多个方面进行任务安排，可使学生的身体素质得到提高，并丰富学生学习生活，在经常性、高频率的日常锻炼中，真正培养学生的积极运动意识和良好运动习惯。[①]

---

① 唐宝盛. 冬季体育教学要树立以学生健康成长为本的理念 [J]. 冰雪运动，2016，38 (05)：48—50.

第五章　高校体育教学模式的多元化研究

第一节　高校体育教学模式多元化的必要性分析

随着我国素质教育的发展，传统的体育教学模式不仅难以满足时代的发展需要，也难以符合素质教育所提出的要求，这就需要对当前的体育教学模式进行适当的改革与创新，以实现其的多元化发展。在将来，多元化教学模式势必成为整个教育体系可持续发展的必然趋势。对此本书首先探讨了多元化教学模式对高校体育教育的重要作用，其次对高校体育教学模式多元化发展的必要性与可行性进行探讨，并在此基础上，探索新时期我国高校体育教学模式多元化发展的基本策略，以为高校体育教学模式的深入研究提供一定的理论借鉴。

一直以来，体育教学都是我国整个教育体系中非常重要的一个组成部分，它是连接学校教育与社会教育的重要枢纽。目前，越来越多的人已经开始认识到终身体育思想的重要性，并对其持以高度的认同，随着终身体育思想的普及与发展，如今，终身体育思想不仅渐渐成为现代人们社会生活的理想，也在学校体育中获得充分的重视与运用。高校体育作为学校体育教育的最后阶段，可为大学生将来走向社会，并在社会生活中养成终身体育习惯与行为打下坚实的基础。高校体育教学模式是高校体育教学的基本结构，其中凝聚了高校体育教学理论核心，是一个具有操作性与实践性的体育教学框架。在当前高校体育教学改革的过程中，构建多元化体育教学模式，不仅有利于培养大学生健康的身心素质和持久的体育思想，实现大学生身心素质的全面发展，同时也符合当今时代对于综合素质全面发展人才的需求。

一、高校体育教学中多元化教学模式的重要作用

在当前的高校体育教学过程中，多元化体育教学模式的运用，能够充分体现大学生在教学过程中的主体性，通过鼓励并引导大学生积极参与到体育教学过程中，增加大学生参与体育活动的主动性，使得大学生能够在彼此之间的互动与交流中学习体育理论并提升体育技能，因此，多元化的体育教学模式不仅有利于培养大学生的实践能力和团队协作能力，也有利于激发大学生对于体育课程学习的兴趣与热情，增强大学生的体育学习效果，最终实现体育教学目标。在高校体育教学过程中，实施多元化体育教学模式时，要充分挖掘并利用已有的体育教学资源，对体育教学模式进行适当的改革与创新，增强体育教学模式的新颖性、多样性与有效性，并积极引入符合大学生身心发育特征、受大多数大学生欢迎的体育活动形式，在保证体育教学模式科学性与实用性的基础上，进一步丰富高校体育教学模式，从而促进高校体育教育事业的高水平发展。高校体育教师在运用多元化教学模式进行体育教学时，首先需要充分了解并掌握当地大学生的具体情况，探索出科学合理且具有特色的体育教育形式，以便于更进一步地丰富体育

教育体系，对体育教育相关资源进行充分挖掘与有效整合；其次，可以在整个教学过程中，适当融入一些趣味性元素，以实现体育教学过程的趣味化与特色化，最终促进高校体育教学有效性的提升。

二、体育教学模式多元化的必要性与可行性

（一）体育教学模式多元化的必要性

多元化现已成为社会中多个领域发展的普遍追求。在学术领域中，多元化为学术理论的生存与发展提供了比较广泛的空间。在如今的社会中，传统的绝对主义思想已经渐渐被多元化发展思想所取代，而多元化发展思想则渐渐推动着现代教学模式的合理化与科学化发展。所以，在新时期，对于高校体育教育而言，必须要顺应时代的发展需要，自觉改变过去传统单一的体育教学模式，积极改革并创新体育教学模式，并结合自身发展实际，充分挖掘、利用与整合当地的教育资源，探索出多种符合实际的新型体育教学模式，进一步丰富体育教育体系，以实现体育教学模式的多元化发展，从而促进高校体育教育整体水平的有效提升，这正是当前高校体育教育过程中的一项重大举措。

（二）高校体育教学模式多元化的可行性

1. 课程行政主体的多元化

我国所制定的新课程标准与传统的教学大纲具有比较明显的差异，主要表现为只是制定了教学目标，而对具体的教学内容没有进行详细且硬性的规定。该课程标准还将体育教学目标进行了适当的划分，共分成了五个领域和六个水平。但是对详细的评价方法与可行性的评价方案并未进行具体明确的规定，而是交给高校和体育教师自行设定。总之，该体育课程标准的实施，为高校体育教学模式的多元化发展提供了良好的政策环境。

2. 对传统体育课教学模式的反思

传统体育教学的教学目的在于提高大学生的体能素质，并向大学生传授运动技术。在传统的体育课堂教学中，主要运用的是一种教师讲解示范—分解练习—完整练习—熟练巩固的教学模式，在该模式下，主要是以大学生的运动技能形成规律为基础。尽管这种传统的体育教学模式有利于增强大学生的身体素质和运动技能，但是缺乏一定的针对性，不利于大学生综合素质的全面发展。同时，该模式没有充分尊重大学生的个体差异性，没有充分考虑不同大学生的实际情况，这种单调传统、缺乏针对性的体育教学模式容易导致很多对体育运动感兴趣的大学生不乐意上体育课。由此可见，这种传统单一的体育教学模式不利于大学生体育素质与综合能力的全面发展。基于这样的情况，作为高校体育教学工作者，应该积极创新，勇于探索，自觉培养自己的创新意识与探索精神，并根据时代发展需要，结合现代体育教学理念，构建多元化的新型体育教学模式，培养符合时代发展需求的复合型人才。

三、新时期高校体育教学模式多元化发展的策略

（一）加深对体育教学模式多元化的认知

在当今这个信息时代背景下，各大高校应该积极转变自己的体育教学理念，积极学习并引

入先进的教学理念，在传统的体育教学评价中，教师只是将学生的成绩作为评价学生体育能力的唯一标准，这种评价方式缺乏一定的科学性与全面性，难以对学生进行客观公正的评价，对此，高校体育教师在对大学生的体育能力进行评价时，应围绕着大学生的身体素质、心理素质等多方面展开。同时，在体育教学过程中，高校与体育教师应该重新审视信息化教学的重要价值，充分认识体育教学的重要性，适当提高体育教学的地位，实现其学科地位的提升，要想做到这一点，首先需要高校体育教学工作的管理者充分认识到体育教学模式多元化发展的重要性，只有这样，才能使得高校体育教学工作者积极转变过去传统的教学理念，在体育教学实践过程中，能够自觉运用现代信息技术。

（二）创新高校体育教学模式

在信息时代背景下，高校应该以新型的、先进的体育教学理念为指导思想，积极探索出新的体育教学模式。高校体育教师是整个教学过程的重要主体，是整个教学活动的引导者与组织者，在整个教学过程中发挥着非常重要的作用，因此，体育教师在实际的教学过程中，应该充分尊重大学生的主体性，通过在教学过程中适当融入一些趣味性元素，以激发、调动大学生自觉学习体育课程的积极性与主动性，鼓励并引导大学生主动探索体育学习中的奥秘，培养大学生的自主学习能力和实践能力。与此同时，体育教师还可以根据教学大纲的要求，积极开展趣味性的体育教学活动，例如，体育教师可以通过分组教学法与比赛教学法相结合的方式，让大学生通过自由组合与比赛活动的形式，主动参与到体育项目技术的学习中，从而激发大学生的学习兴趣与热情，最终实现体育教学效果的提升。

（三）提高高校教师的技术水平

在互联网时代背景下，信息技术已然成为推动教学发展的重要手段，而在信息环境下，高校应该加大对体育教学专业技能的训练，比如，对计算机相关知识的培训，要求教师不仅要掌握相应的 Photoshop 和 Office 办公软件，还要学会动画等教学视频的制作；将教师的信息技术能力作为教学考核的重要标准等，只有这样，体育教师才能够以提升自身的专业水平为根本，不断加强对信息技术的学习，定期与优秀的体育教师进行技术交流，实现共同进步。

（四）加强高校体育教学、科研经费投入

高校体育场地、器材不仅是教师选择教学内容的重要依据，也是限制大学生参加体育活动的重要因素。高校体育教师在进行教学研究的过程中，遇到最大的问题就是经费投入不够，这在一定程度上降低了他们从事科研工作的积极性。加强高校体育教学、科研经费的投入，不仅可以激发教师进行教学改革的动机，也是教改研究顺利进行的财力、物力保障。

（五）尊重大学生主体地位

素质教育要求把学生作为学习的主体，强调参与、合作、尊重差异和体验成功。教师在选择体育教学模式时，应注重与大学生之间的积极互动，共同发展。研究大学生的身心特点，因人而异，因材施教，满足不同大学生的学习需要。创设能引导大学生主动参与的教学环境，激发大学生学习的积极性。努力发展大学生的聪明才智和个性特点，使其养成自觉锻炼身体的习惯，使"主动"成为体育教学的核心，引导大学生自己去掌握知识、技能，学会锻炼身体的方法，并且实现由"学会"到"会学"的转变，增强大学生的学习能力，并使之获得可持续发展。

（六）运用模式，超越模式

在强调模式方法重要性的同时，还应充分认识到模式方法的局限性。其一，模式是在系统分析的基础上抽象和简化而成的，模式一旦构建完成，就具有相对的稳定性。在一定条件下，模式的稳定性会和不断发生改变的系统产生一定的抵触。此时模式就不具备先进的导向性了。其二，构建模式的目的在于在相同条件的区域进行推广，但是，一旦无限扩大模式推广的领域和范围，就会使其与客观实际相脱离，因此模式是不断发展的，模式的推广也是有条件的。适用一切目的和一切分析层次的模式显然是不存在的，重要的是根据自己的目的去选择正确的模式，并对多种模式进行综合运用。

综上所述，对高校体育教学模式多元化的探析，旨在改变当前高校传统的教学理念，以信息技术为依托，实现体育教学模式的创新。同时定期开展座谈会，提高教师自身的专业技术水平，创新教学的内容，从而更好地提高教学的质量。

第二节　高校体育 SPOC 混合教学模式的构建分析

线上教学是信息时代背景下应运而生的教育信息化产物。近年来，由政府主导、高校主体、社会参与等方式，集聚优势力量和优质资源，构建了众多具有中国特色的在线开放课程体系和公共服务平台。线上教学模式课程设置覆盖各学科专业大类，为高校提供了丰富优质的在线课程与虚拟仿真实验教学资源，多媒体技术和远程教育等模式在高校教学中的应用日益广泛。近年来在线教育大规模普及，教学组织结构从共位集中式转变为异位散布式，丰富的线上网络资源与日益完善的网络技术更是发挥了巨大优势，为教学活动的正常进行提供了相应的保障。2022 年 3 月，教育部等五部门发布《关于加强普通高等学校在线开放课程教学管理的若干意见》，指出高校是在线开放课程教学管理的责任主体，要规范课程选用、教学、评价、督导和学分认定等管理制度，对在线开放课程的设置提出了更高的要求。就体育学科而言，在线上教学不断普及的背景下如何顺应时代发展，建设兼顾专项特色与提升锻炼素养的在线开放课程，迫切需要我们对高校体育课程的教学模式进行改革与探索。

小规模限制性在线课程（Small Private Online Course，SPOC）自 2013 年由加州大学伯克利分校阿曼德·福克斯教授提出和使用以来，在全球范围内受到了广泛关注与推广使用。SPOC 教学在传统教学模式的基础上融入了线上网络教学，学生规模一般在几十人左右，并对学生设置限制性准入条件，非常适合体育类课程线上线下混合型教学模式。这种混合教学模式融合了线上、线下教学的双重优势，不仅可以满足学生的个性化需求，体现学生学习的主体性，还能够满足体育课程实践教学的要求，提高面授教学的效率与活力，有效实现在线教育资源利用最大化，切实推动高校体育教学的改革与发展。

一、教学现状与难点

现阶段，高校体育课程的教学模式仍以传统面授课堂为主。基于体育课增强体质、发展运动技能的本质属性，传统面授课堂在教学中有其不可代替的重要作用。随着互联网信息技术的蓬勃发展，在线教学成为高校体育教学的重要途径之一。在我国大力发展在线教学的大背景下，将线上教学的新技术、新范式融入常规教学体系中，已是目前体育教学势在必行的趋势。然而，在实际的教学过程中，普遍存在一些亟待解决的问题，直接影响着体育课程预期的教学效果。

（一）传统面授课堂教学方法单一

体育课程传统面授课堂教学多以教师示范为主导，学生跟随模仿学习。虽然能够完成教学设计，但是无法全面顾及学生的自身基础、能力、兴趣、学习进度等差异。学生自主学习、分析、理解、拓展的空间有限，严重影响着学生对课程的学习积极性。课堂教学时间有限，理论知识以及延伸扩展内容无法在课堂中获得充分阐释。

（二）线上开放课程缺少师生互动

由于体育课程存在较多的技术要点动作示范，学生仅通过视频学习，未必能够准确地明晰技术关键，同时，教师也不能准确把控学生的学习情况，及时纠正指导学生的问题所在。线上教学教师与学生之间沟通交流不便，相互的课堂效果很难得到即时反馈。

（三）线上教学缺乏系统规范监管

线上教学资源丰富，教学资料的选取多取决于教师，规范的教材或教学素材库有限。从教学管理角度而言，听课学生相对分散，学习环境各异，对学生身份的识别、学习情况的了解以及考核评价的公正性等都缺乏管理，难以真实保证课程教学质量。

基于此，SPOC 混合式高校体育教学模式的构建是探索将传统面授课堂与线上教学有机融合的方法途径。而如何构建 SPOC 混合式教学模式、采用何种科学的教学方法与手段以及如何有效提升的教学效果，不仅是当前各高校建设体育课程亟须思考和解决的重点与难点，也是当前体育教育专业领域教育教学改革研究的热点。

二、SPOC 混合式教学模式应用于体育教学的价值分析

（一）SPOC 混合式教学模式与其他教学模式的对比

随着教育信息化的不断发展，大数据、人工智能、智慧学习、虚拟现实等新理念、新技术逐渐对教育和学习产生了深远影响，推动着体育教育理念和教育方法的变革与创新。在此背景下，高校体育课程的设置应及时更新教学理念，敢于创新，促进传统教学模式与信息技术的有机融合。体育课程作为一种以学生身体练习为主要手段的实践课程，动作技能的掌握需要教师的示范纠正和自身的模仿练习，团队项目更需要队员间的协作配合。单一的线上教学或线下教学均不能实现全面的技术教学和科学的体育锻炼过程。当前 SPOC 混合式教学与其他教学模式的对比见表 5-1 所示。

表 5-1 教学模式对比

教学模式	身份识别	参与人数	学生基础	学习形式	学习进度	教学资源	反馈互动	考核评价
传统教学	可识别	适中	相对统一	线下	统一	有限	有限	期末
MOOC 教学	不可识别	较多	不统一	线上	不统一	无限	随时	过程式
SPOC 教学	可识别	适中	相对统一	线下＋线上	相对统一	无限	随时	过程式

（二）SPOC 混合式教学模式应用于体育教学的优势

1. 精讲技术要点，提高教学效率

SPOC 混合式教学模式要求教师在课前提前发布课程视频及任务，学生观看视频，通过自主学习，发现问题，反馈问题。关键技术点的讲解，可使用多角度的视频示范，结合动画融入理论知识，详细分解说明。一方面改善线下课堂由于时间有限，强调技能而忽视理论知识的情况；另一方面学生可根据自身的掌握程度反复观看视频，减少教师重复讲解示范所耗费的时间，提高教学效率。

2. 实现自主学习，激发学习兴趣

线上教学部分的教学资源丰富，不限定具体的学习时间，更能适应不同学生个体能力与兴趣点的差异，充分满足学生自主学习的个性化需求。该环节中，教师可以更为便利地因地制宜，因材施教，在引导学生自主理解知识点的基础上，进行线下反馈强化教学，既有助于学生专业技能的掌握与实践，又能够提升学生的学习兴趣。

3. 符合专项特色，利于技能掌握

体育课程作为一种以身体练习为主要手段的实践课程，专项技术的掌握还有赖于身体力行的反复练习，重要技术点的动作姿态在自主模仿的同时仍需要教师及时的纠正与指导。特别是团队项目，队员间的协作配合更是精髓所在。单一的线上教学无法满足体育课程实践练习的需求，SPOC 混合式教学模式则能实现线上线下课堂的双轨融合，符合体育专项特色，实现在线教育资源利用最大化。

4. 限定选课机制，规范课程管理

SPOC 混合式教学模式主要是针对校内大学生进行线上教学设计，从人数、专业基础等方面限定准入条件，非常符合高校体育课程的开设机制。在开课过程中可对学生的身份认定、出勤、在线学习时长、学习进度、反馈互动以及考评等方面进行监管评估。SPOC 混合式教学模式既有利于任课教师了解学生的真实学情，又有助于在线课程管理的规范。

三、高校体育 SPOC 混合式教学模式构建的目标与方案

（一）构建目标

高校体育 SPOC 混合式教学模式是教育信息化背景下高校体育教学模式的推陈出新。其构建目标是，筛选整合部分体育基础教学内容，在将其制作为在线网络学习资源的基础上，通过线上网络教学与传统面授教学的形式，将学生的自主线上学习和常规课堂教学进行双轨融合，在发挥教师启发、引导、教学、评价主导作用的同时，又充分体现学生自主学习的主体作用，进而打造一个轻松、自由、广博、规范的混合式线上学习社区。通过 SPOC 混合式教学模式，突出学生的主体地位，培养学生良好的学习习惯和自主学习意识，激发学生线上随时参与，积极自由互动的学习热情，充分保证线上教学的效果，构建起有效提高教学质量与学生综合素质的混合型教学体系。

（二）构建方案

高校体育 SPOC 混合式教学模式主要分为课前、课中和课后三个学习环节。课前，由教师

进行课程设计，根据教学大纲筛选整合教学内容，制作视频课件，形成学习任务点发布至 SPOC 线上平台。学生自行学习教学内容，完成学习任务点。学习过程中通过线上平台与教师互动答疑反馈。课中，是线下教学环节。教师根据学生完成任务点与反馈情况，集中讲解重难点内容，不再展开讲解该课程的全部内容。分配时间组织学生分组进行专项技术练习，同时巡回指导，发现和纠正学生所忽视的技术点。学生线上自主理解学习之后，再经过教师的面授指导与线下的实操练习，进一步将体育知识与技能内化，从而加深对知识点的掌握。课后，教师对教学内容进行总结整理与教学反思，并设置课后作业。学生根据教师要求自行强化练习，拍摄视频上传 SPOC 线上平台，完成作业任务点，并通过教师点评和学生互评的形式进一步促进学生的技能巩固。

综上所述，通过 SPOC 混合式教学模式构建出"线上学习——反馈互动——回顾理解——实践强化——成果反馈——学习掌握"的循环学习过程，将优质的线上教育资源与传统面授教学混合融通，优势互补。一方面能提升学生自主学习过程的主动性、积极性与创造性；另一方面能创新课堂教学模式，激发教师的教学热情和课堂活力，提高教学质量。教学模式如图 5-1 所示：

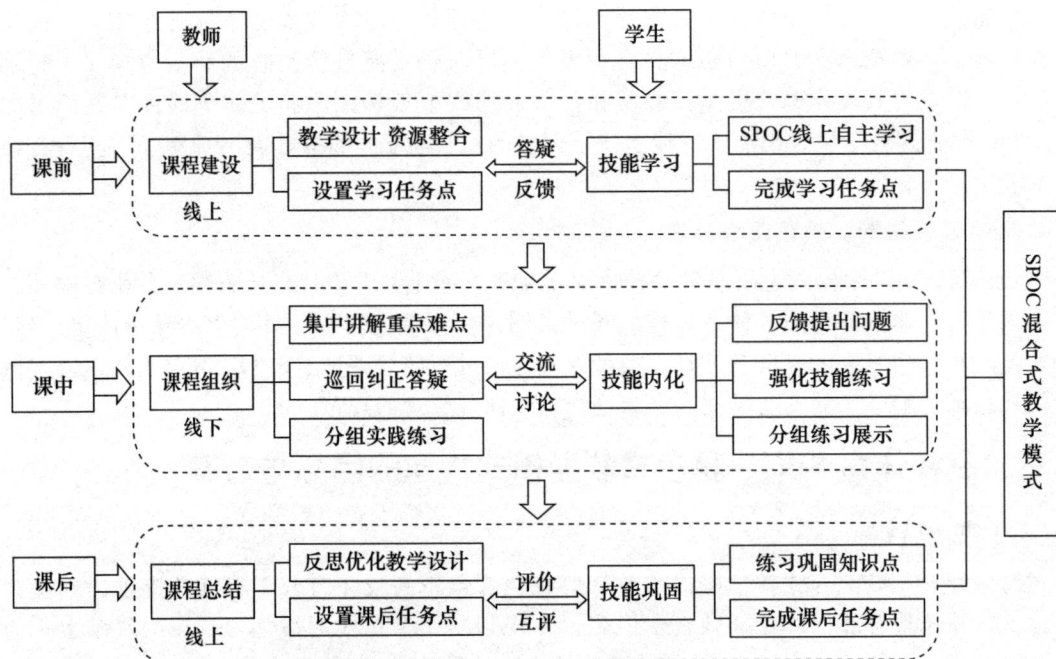

图 5-1　SPOC 混合式教学模式的教学流程

四、高校体育 SPOC 混合式教学模式的探索与思考

（一）契合教学大纲设置教学内容

SPOC 混合式教学模式主要是针对高校体育课程的设置而构建的，在 SPOC 线上教学环节的内容安排上，应充分契合教学大纲，筛选整合大纲所涉及的知识点，适当选取拓展延伸内容。体育课程中设置偏离或是过多的教学任务点，不仅不利于学生精准把握知识要点，还会导致学

生产生畏难情绪，从而造成变相的教学资源浪费。同时教师可根据体育学科特色，换位结合学生的兴趣点设计任务点内容，进而提高学生的学习兴趣与效率，保证线上教学的效果与质量。

（二）线上教学与线下教学双轨结合

线上网络教学形式新颖，教学资源丰富，可适应学生能力、时间、空间等多元化的个性需求。与其他课程不同，线下课堂教学对于体育课而言，有其完全不可替代的实践意义。在实际教学时，不可一味偏重某种教学形式，而应根据学生和教学内容的实际情况，两者取长补短。一方面要充分挖掘网络教学资源的优势，另一方面要务实面授课堂教学的作用。主辅分明，实现线上教学与线下教学的双轨结合，切实提升混合式教学的质量。

（三）落实学生的教学主体地位

SPOC 混合式教学模式在课前与课后两个线上环节都是学生独立完成部分，课中则以教师学生互动为主，充分体现了学生在教学过程中的主体地位。教师作为主导方，更多以问答、讨论、探究式的教学方法引导学生自主学习。为此，在课程设计的各环节，教师应结合选课学生的学情基础与实际环境，调整补充教学内容，从激发主动性的角度出发，给予学生主动发现问题、思考问题、探究问题、解决问题的机会与途径，培养学生自主学习的能力与意识。同时发挥线上教学与反馈的优势，以 SPOC 混合式教学模式促进学生参与教学过程，落实学生的教学主体地位。

（四）多渠道规范课程管理

SPOC 混合式教学模式涉及线上线下两方面的教学管理。高校作为课程设置与教学管理的责任主体，应切实履行课程教学管理责任，做到线上与线下课程同管理、同要求。在课程选用方面，确保课程符合正确的政治方向和价值导向，具备科学性、新颖性、适用性的高质量教材要求。通过加强对开课教师的管理，实施系统规范的教学活动，并及时更新课程内容，做好线上线下服务，保证课程质量。严格学生在线学习规范与考试纪律，加强学生的诚信教育，健全学生违纪行为认定与处理办法。健全课程平台监管制度，运用 SPOC 平台跟踪监管学生学情，保障教学各环节的有序进行。

第三节 高校体育课内外一体化教学模式的构建分析

一、体育课程"课内外一体化"教学模式的内涵

体育课程"课内外一体化"教学模式是坚持"健康第一"和"终身体育"的指导思想，以体育选项课和选修课为核心，结合课余体育活动、竞赛、训练等课外体育活动形式，通过合理的体育教育和科学的体育锻炼过程，达到增强体质、增进健康和提高体育素养、养成良好的体育锻炼习惯的一种体育教学过程。它以现代课程论、现代教学论、现代学习论为理论支撑，课程培养目标强调"个性化"和"多样化"结合，强化"差异性"教学目标的实现，以促进学生身体、心理健康和社会适应能力整体水平的提高，关注学生的健康意识和锻炼习惯的养成，强调将学生的健康意识培养贯穿于课程实施的全过程；在课程设置、教学实施及评价体系上体现"以人为本"的思想，满足学生的现实需求与长远需求和重视学生的情感体

验，重视学生学习主体地位的体现；学习方法注重学生弹性学习方法的培养，打破课堂空间条件的约束和限制，给学生一个个性化的学习空间，消除学生在学习时间、地点、内容和方式方法上的障碍，拓宽学生的学习途径，因而受到大多数学生的青睐，被认为是一种较为理想的体育教学模式。

二、高校体育课程课内外一体化的必要性研究

体育是一门科学，它有着非常丰富的文化内涵。同时它也是一种健康、文明的生活方式，是鼓励参与者竞争、健身的体育活动，在苦累中磨炼毅力，加强社会道德的意识，改变和形成良好的生活方式的有效方法。随着社会和经济的发展，人们逐渐认识到，真正的健康是生理健康、心理健康、社会适应能力较好。在以人为本的理念下，体育教育已经成为一种促进学生健康发展的方法，体育与健康观念的转变为我们构建一体化体系奠定了思想基础。大学生的文化素质、自学能力、体育发展得越来越成熟，为体育教育的形式灵活、开放奠定了基础。政府重视体育的程度加大，体育支出的增加，体育设施设备、体育健身器材有了进一步的升级，体育健身环境的日益改善，为我们扩大体育教育奠定了坚实的物质基础，因此，改革高校体育教育，实施高校体育教育一体化不仅十分必要，而且切实可行。

以中国传统体育文化中的武术教学为例。

目前，课时数少、教学内容单一、课外活动组织无序以及部分校园普及率过低是影响与制约高校体育教学发展的主要因素，这对于实现通过高校体育教学来推进武术运动的传承这一重要的发展目标会产生严重的阻碍作用，同时，还会造成高校武术教学资源的严重流失。因此，为了有效解决这一现实问题，改善高校武术教学的发展现状，构建"课内外一体化"教学模式，就成为彰显适应性与实效性特征的重要举措，是实现高校武术教学创新发展的关键环节。

（一）构建"课内外一体化"教学模式是高校武术教学改革发展的必然趋势

所谓"课内外一体化"教学模式是指兼具课堂教学与课外活动双重功能的新型教学模式。该教学模式通过对武术教学中"教"与"学"行为的有机外延，实现了对教学资源的全面整合与重组，促进了课外活动的常态化开展，进而在有效修正传统教学模式弊端的基础上，实现了自身的创新发展。针对高校武术教学的现存弊端，构建高校武术"课内外一体化"教学模式，就成为新形势下高校武术教学发展的必然趋势。

1. 高校武术教学的创新发展，需要对现有武术教学资源进行全面开发与整合

任何教学活动的开展，相关的教学资源是不可或缺的必要条件。教学资源一旦出现缺乏的现象，则势必会对教学活动的发展产生严重的影响。高校武术教学因资源运用的不合理而呈出发展缓慢或发展停滞的状况，已无法切实满足新形势下社会发展需求。而"课内外一体化"教学模式的构建，拓展了高校武术教学资源的开发领域，实现了对闲置于课外活动领域内的高校武术教学资源的有机唤醒，修正了传统课堂教学所造成的资源闲置或流失的弊端。这种资源开发领域的全面拓展，有助于实现对高校武术教学现有资源的有机整合，进而为推进高校武术教学的创新发展，打下了坚持的资源基础。

2. 高校校园武术运动的普及，需要武术教学发展领域的全面拓展

提高学生的武术素养，推动武术运动在高校的普及与发展，是高校开设武术课程的目标之一，而实现这一目标的关键环节在于为武术运动的发展营造理想的发展领域。长期以来，由于课堂教学始终占据着高校武术教学的主导地位，致使高校武术教学的发展领域被局限在"课堂"这一狭小的领域当中，形成了一种"蜗居"式的发展状态。武术素养的形成是一个循序渐进的发展过程，不仅需要教师在课堂教学中进行必要的技术传授与动作讲解，同时，更需要学生的自主练习与自我完善。然而，这种拘泥于课堂教学的发展领域，无法为学生提供必要的自主修为的环境，因而，极大地限制了高校学生武术运动技能的发展。而构建"课内外一体化"教学模式，不仅实现了课堂教学与课外活动的有机融合，还修正了因传统课堂教学模式的限制而呈现出的发展局促的弊端，将武术教学活动的发展领域拓展到高校校园，从而有助于确保校园武术运动的开展。

3. 武术文化在高校的弘扬与发展，需要实效性教学模式的支撑与保障

高校开设武术教学的另一重要目的在于实现对中华武术文化的有效传承。武术文化是我国优秀传统文化体系的重要组成部分，蕴含着"武"与"德"之间深邃的哲理，是中华民族自强不息、宽以待人、从不恃强凌弱的优秀品德的集中体现。因而，构建高校武术教学的"课内外一体化"教学模式，能够实现对课外武术活动的全面激活，以为武术文化在高校的传承与发展打下坚实的基础。

（二）高校武术"课内外一体化"教学模式的基本结构

1. 开放性的教学目标

"课内外一体化"教学模式的构建，在确保教学资源充分整合与合理运用的基础上实现了对武术教学培养目标的重置，将传统的单一技能培养目标转换成为对学生综合素养的培养，使得教学目标在形式上更为开放，目标指向具有综合性。因而，开放性的教学目标是高校武术"课内外一体化"教学模式构成的核心要素。

2. 多元化的发展取向

在高校武术"课内外一体化"教学模式中，发展取向也是重要的组成部分，对于高校武术教学的创新发展具有重要的引导作用。在传统的高校武术教学中，发展取向的确定具有明显的缺失，以单纯的课堂教学为载体的校园武术运动的发展，使得武术运动在高校校园只能以教学科目的身份存在，因而无法摆脱狭隘的教学目标的影响。而"课内外一体化"教学模式的构建，将课堂教学与课外活动有机地融合在一起，不仅实现了对教学环境的优化以及教学领域的拓展，也为学生搭构起了开展武术自主学习的良好平台，从而为学生深层次地了解与掌握武术运动的深邃内涵提供保障。这种由单一课堂教学转化成为课内与课外同步发展的全新取向，具有重要的多元化特征，是推动高校武术教学社会化发展的重要基础。

3. 适应性的教学内容

在"课内外一体化"教学模式中，教学内容体系占据着极其重要的地位，只有实现教学内容设置的合理性、适应性与实效性，才能够确保"课内外一体化"教学模式的有效运用。

长期以来，以基本功、初级拳和初级剑等为核心的高校武术教学内容体系一直得以沿用，但是，面对枯燥乏味的学习内容，学生的厌学心理会自然而生，这已成为影响高校武术教学实用价值全面提高的主要原因。"课内外一体化"教学模式兼容了课堂教学与课外活动两大部分的内容，传统的既单调、又枯燥的教学内容已无法适应与满足学生的发展需求，因此，构建以适应学生兴趣指向、满足学生自我发展需求的武术教学内容体系，就成为全面推广与运用"课内外一体化"教学模式的关键环节。

4. 灵活性的教学形式

"课内外一体化"教学模式集课堂教学与课外活动于一体，因而，需要灵活多变的教学形式。如果仅仅采用课堂教学这一单一形式，不仅无法实现对课外武术活动的组织与开展，同时，还会导致学生学习兴趣的下降。因此，针对不同的教学需求应采用灵活多变的教学形式，例如，在武术基本动作与相关理论的传授上，应以课堂教学为主要形式，而在学生自我修炼与自主发展方面，应以课外武术教学活动为主，可以通过组建学生武术社团、俱乐部来开展有组织、有计划的课外武术学习活动。

(三) 高校武术"课内外一体化"教学模式的发展途径

1. 加强对高校武术教学资源的整合力度，为"课内外一体化"教学模式的构建与发展打下坚实基础

高校武术"课内外一体化"教学模式的构建，打破了传统课堂教学模式的禁锢，通过对课堂教学的外延达成与课外活动的有机结合，进而形成了一种涵盖课内与课外两大教学领域的新型教学模式。因此，该教学模式的构建、运用与发展对于教学资源提出了更高的要求。传统单一性的课堂教学资源已无法实现对"课内外一体化"教学活动开展的支撑与保障，而全面开发课外领域的相关资源，用以实现对"课内外一体化"教学模式所需资源的不断充实，构建起全新的资源保障体系，就成为促进高校武术"课内外一体化"教学模式得以构建、发展与完善的基础条件。

2. 鼓励与支持高校校园武术社团或武术俱乐部的组建，用以确保课内外武术教学活动的开展

由于组织与开展课外武术活动是"课内外一体化"教学模式的重要内容，所以加强对高校课外武术运动的组织与开展，就成为实现"课内外一体化"教学模式的关键环节。因此，为了确保课外武术运动能够有组织、有计划地发展，高校武术社团或俱乐部的逐渐则在其中发挥着重要的实用价值。社团或俱乐部的组建，以学生的趣缘群体为核心成员，通过组织与开展丰富多彩的课外武术活动，来引发其他学生的关注，从而吸引更多的学生积极自主地参与到其中。同时，教师也应积极参与到社团或俱乐部活动的设计、组织与辅导当中，以便于为课外武术活动的健康发展提供必要的保障。

(四) 高校武术"课内外一体化"教学模式的意义

1. 有助于提高学生的学习兴趣

"课内外一体化"体育教学模式的建构能够帮助提高学生的学习兴趣，从而提高学生的学习效率和质量。兴趣是最好的老师，在高校体育教学中，只有先提高学生的学习兴趣，学生才能够调动主观能动性进行积极学习，并主动参与教师布置的各项教学活动和教学任务，提高学习效果。"课内外一体化"体育教学模式的建构将课堂教学和课外体育教学相结合，学生可以在课堂教学中学习到必要的基础知识，也能够通过积极参与课外体育活动来学习到更多的知识和体育精神、技能等，有助于开拓学生的视野，提高学生的学习积极性，激发学生的体育学习需求。

2. 有助于进一步提高学生的学习质量

素质教育要求教师在教学中能够加强对学生在运动技能和体育精神方面的重视，以便促进学生的全面发展。"课内外一体化"体育教学模式的建构在原来课堂教学的基础上增加了课外体育活动，使学生能够在课外体育活动中加强对运动技能的掌握，提高学生的技能水平。除此之外，教师还可以利用课外体育实践活动来加强学生对体育精神的认识，促进学生形成终身体育意识，从而在原有教学的基础上进一步提高学生的学习质量。

3. 有助于提高师生之间的和谐关系

在"课内外一体化"体育教学模式下，教师和学生不仅是师生关系，更是相互帮助的朋友关系，学生的学习主体性地位逐渐突出，教师在教学中充当辅助作用。而大量的课外体育活动也需要教师和学生之间的有效配合，因此在"课内外一体化"体育教学模式下不仅教师和学生之间的关系能够更加融洽，学生的学习积极性和主动性也会得到一定的增强。

4. 促进学生实践能力的加强

高校体育课程的设置目的在于促进学生的身体健康，在教学过程中传授体育锻炼的正确方法，使学生掌握一些体育项目的基本技能，为培养学生终身体育意识打下坚实基础。

对于多数学生而言，课堂学习是传播体育知识、掌握体育项目有关技能的主要阵地。传统的体育课程的授课内容及考核办法也都是在课堂上完成的。这样的教学模式虽然能达到一定的体育教育的目的，但是却忽视了对学生实践能力的锻炼与培养。而体育课程"课内外一体化"模式构建思路的提出，将促进学生对课外体育实践过程的加强。

5. 优化学生课程评价体系

现代体育课的教学过程更多地强调以学生为主体，以促进学生的身体素质全面发展为目的。体育课程"课内外一体化"模式的构建，将更多地关注学生体育实践能力的加强，通过把课外体育实践过程融入整个体育教学过程，来优化学生的课程评价体系，为学生主动增加课外实践活动创造有利的条件。

体育课程"课内外一体化"的教学模式将很好地关注学生的自主实践，它将在促进体育教学过程更加科学合理化的漫途中扮演重要的角色。

6. 促进高校传统体育课程改革的发展

任何新的教学模式的产生和确立都会对之前的教学观念、模式产生一定的影响，传统体育课程"课内外一体化"模式的构建成型亦是如此，它将会引领高校传统体育课程的改革朝着更加科学合理化的道路前行。

一个研究领域或者行业要想长期地立于不败之地，最主要的是要有创新的思想和不断追求完美的恒心。新的体育教学模式的构建，也将在一定程度上促进原有的体育教学过程的发展和进步，因此传统体育课程"课内外一体化"模式的构建在促进高校传统体育课程改革的发展过程中起到一定的推动作用。

三、高校体育课程课内外一体化的理论依据

（一）高校体育课程课内外一体化的相关指导思想

关于体育课内外一体化，大量学者提供了丰富的研究成果，但是他们都只是研究了其中的某一个方面，并未形成一个系统的完善的理论体系。在这里我们将总结学者们的研究成果，具体陈述这一理论，以期形成完善的体系。课内外一体化教学模式，就是要将课内体育教学和课外体育教学相结合，培养学生科学体育的思想观念，全面发展学生的综合素质。这一理念在具体实践中又分为三个层面，它们分别为终身体育思想、体育隐性课程以及体育素质教育。

1. 终身体育思想

体育运动的普及离不开全民运动的推广，而全民运动的最终目标就是要培养人们终身体育运动的意识和爱好，体育教育的宗旨也正是如此。因此，这一理念重在培养人们的锻炼意识而非锻炼技巧，让人们全身心投入到锻炼当中，全面培养人们的体育精神正是这一思想的终极目标。这一理论顺应时代的趋势，符合现代世界体育教学的发展规律。时代在进步，传统的精英式的"象牙塔"教育已经不能满足现代社会发展的要求。作为中国高等教育重要组成部分的大学体育教育，应该积极主动地应对这种变化，扛起体育教学的大旗，在终身体育教育的推广上成为整个社会的领军者，培养出高素质的体育人才，从而适应新时代社会对优秀人才的需要。与此同时，在发展高校体育教育的整个过程中，要以科学锻炼的理论指导实践，进而科学地培养大学生的自我学习能力、自我设计能力、自我运用能力以及自我监督与评价能力，有效地运用校园和社会体育设备设施组织体育健身活动和竞赛活动。

体育课内外一体化教学模式的核心思想正是受该理论基础的启发，以为更好地实现全民终身体育做准备。体育课内外一体化可以让课上体育教学充分结合课下体育锻炼，让体育锻炼贯穿学生整个校园生活，让学生养成热爱体育的习惯，并在参与体育运动的过程中体验到体育的乐趣。这种体育教学模式既是来源于终身体育的指导，同时也是该体育教学理念的延续。

在具体实施的过程中，我们要有短期和长期的目标，宏观和微观的方法，以让学生真正的爱上体育。

大学生体育教育在推广全民体育，培养终身体育中起到举足轻重的作用。因此，大学生也肩负着体育运动全民推广的责任。所以学校在给大学生进行体育教育时，首先要教的不是如何锻炼、运动技巧和运动方法，而是要先了解什么是运动精神，了解自己为什么要进行体育锻炼。只有弄清楚了这些问题，大学生对体育的认知才会有后续的发展。基于这一思想，大学教育必须有自己的训练和教学模式，不能生搬硬套地模仿其他人，要针对不同的学生制订不同的教学计划，做到因材施教。

2. 体育隐性课程

体育隐性课程是相对体育显性课程而言的，传统的体育教育往往只注重对显性课程的教授而忽视隐性课程的重要性。体育隐性课程是间接地、内隐地进行体育教育。体育显性课程与体育隐性课程构成了体育课程的整体，共同实现教育目的和教学目标。体育隐性课程有着施教主体的多样性、教学呈现方式的内隐性、学生接受的无意性、结果的非预期性与评价的难量化性、记忆的持久性及教学涉及范围的广域性等特征。

因此学校在进行体育教学的过程中，除了要对学生进行规范的体育教育，还要在传授学生运动学的知识、教授运动理论的同时对其实施隐性教育。具体做法为，在学校范围内多举办运动会，让全校师生重视体育，爱好体育，达到全民参与的目的。与此同时，学校可以让自己的校队多和外校的队伍打友谊赛，促进院校之间体育运动的交流，培养浓厚的体育教学氛围。

调查分析显示，学生要想全面发展，除了有优秀的教师和合理的课程外，浓厚的校园学习氛围也是非常重要的，这一点在一些名牌大学里面体现得淋漓尽致。而隐性课程就是这一内容的最好诠释，它不仅有着和具体的教学内容同等重要的地位，还能让显性课程更好地被学生接受和吸收。因此，将显性和隐性相结合，二者相互配合推广，既能够使教学起到事半功倍的效果，也能将全校的教育资源发挥得淋漓尽致，让学生真正体会到体育的乐趣所在，寓教于乐。鉴于此，显性教育与隐性教育相结合的教学模式是大势所趋，也能更好地将体育教学的宗旨传达给每一位学生，从而使当代体育教学在文化的选择和学生对文化的适应、培养目标的实践中发挥出它的优势。

3. 体育素质教育

素质教育不仅是我国高等教育的教育宗旨，也是各大高校最为重视的地方。体育素质教育正是在素质教育思潮的背景下提出来的，该思想要求教育不能一成不变，生搬硬套，要做到因材施教，寓教于乐，提倡培养学生的兴趣爱好和特长。体育教程的安排要有的放矢，讲求实效，在体育教师的指导下，使学生体育和素质全面发展。

高校体育教育的作用并非单纯的让学生拥有强健的体魄和娴熟的运动能力。因为，若是在这种浅层的理解下培养出来的学生也许会是一位好的运动员，但他远远达不到高校体育教育真正想要达到的目的。因此，本书提出了高校体育素质教育的概念，它是一种全面的、高效的教育理念。素质教育对于人的一生有着重要的影响，而这一点与体育教育存在着高度的契合度，基于此，体育素质教育应运而生。

因此，我们必须摒弃以往的教学思路和方法，在课堂上，不仅要培养学生的运动技能和体育知识，还要注重素质的培养。这里的素质是全方位的，并非单指与体育相关的素质。因为光有发达的运动能力而欠缺专业素质会制约学生们的发展，所以高校不能为了出成绩就忘记自己的初衷。只有这样，学生才能更好地领悟体育运动的真谛，才能更好地领悟运动精神，才能更好地把课堂上的知识融会贯通。

课内外一体化的教学模式正是在尊重高校体育素质教育的基础上，衍生而来的全新的体育教学模式。该模式注重教学与实践相结合，通过举办比赛、运动会的形式来调动学生的积极性。该体育教学模式充分调动课内、课外的体育资源，以"课上带课下"的方式给予学生丰富的体育锻炼方式选择，关注学生个性的发展，注重体育文化、锻炼意识、意志品质的全面发展。

（二）高校体育课程课内外一体化的理论基础

1. "非指导性教学"理论

"非指导性教学"理论又称人本主义的教学理论，它是二十世纪六十年代产生于美国的一种教学理论，其代表人物是美国人本主义心理学家罗杰斯。"非指导性教学"理论强调人人都有学习动力，都能确定自己的学习需要；教学必须以学生为中心；教师是帮助学生探索生活、学业的促进者；教学的最终目标是促进学生的个性发展。

罗杰斯提出了"以学生为中心"的教学观。他认为学生是学习活动的主体，他们具有内在的潜能，能够自动发展自己的潜能。因此学什么，怎样学，学习进度都应由学习者自己讨论制定。他觉得教学成败关键不在于教师的专业知识和教学技巧，而是人际关系、情感态度。在他看来，学习者具有自我实现的潜能，有自我认识、自我指导和自我评价的能力，因此，教学过程中，应以学习者为中心，教师的职责是促进学习者的自我实现。

罗杰斯认为传统教学不考虑适应社会发展需要，把知识的灌输作为目标，这种消极的教学培养出来的只能是"复制教师思想的学生"。而这种教育理论下培养的人不能适应变化的社会。所以他主张创造一种良好的人际关系气氛，使学生信任自己的体验和价值，形成真实的自我概念。只有在这个条件下，学生的创造潜能才能得到充分的发挥，生动活泼的、自主的、具有创造性和适应性的个性才能得以形成和发展。

在"非指导性教学"理论中，教师的主要职责发生了很大的变化，教师成为学生学习的向导，是解决问题的样板，是发动学习过程的催化剂，是学习过程中的助力，是学生能带着他们的问题前来拜访的朋友。

针对学生而言，学生探索自己所爱好的事物，根据这些资源财富，每个人就自己的学习方向做出选择，并对这种选择所产生的结果负责，据此形成他们个人的或几个人的合作学习计划。达到学生自己所需要的训练是自我训练，学生将训练看成他们自己的责任，并承担这种责任。

教学评价是任何教学活动的一个有机组成部分，在"非指导性教学"理论中，罗杰斯认为自我评价是以学生为中心的课程最称心如意的评价方法，一直经历着自我评价工作的学生有着更多的成长机会。罗杰斯认为评价应由学生本人做出，所以他十分反对外部评价。

将"非指导性教学"理论作为理论依据的原因有两个方面：①充分肯定学生的主体地位，教师的职责进行合理化转变；②把人际关系、情感态度看作实现教学目的的主要条件，主张创造一种真诚、接受和理解的气氛，使学生信任自己的体验和价值，形成事实的自我概念。从而实现学生创造潜能的发挥，活泼自主的个性才能形成和发展。

当然，"非指导性教学"理论也有不足之处，针对其不足也要做适度的调整，主要有三个方面：①不能忽视教师在教学中应起的作用，放弃课程内容对学生的教育作用；②让学生根据兴趣自主选择学习的目标、内容、进程、方法和评价，但要保证学生获得系统的科学知识；③创设具有良好的人际关系、情感态度的教学情境，但不要摒弃适当的学习压力，这也是学习的一个必要条件。

2. "合作教育学"理论

"合作教育学"理论是二十世纪八十年代后期出现于苏联的一种重要的教育理论。它提倡教育过程中的师生合作，重视学生的学习兴趣、学习能力的培养以及个性的健康发展，主张取消分数而以发展学生的认知积极性为目标。其代表人物是阿莫纳什维利、雷先科娃、沙塔洛夫等人。

在师生合作方面，学校要有目的地优化教学条件。在改善和优化教学条件方面，提倡合作的课堂学习环境，强调教师与学生之间、学生与学生之间的互助与协作。教师与学生之间不仅是师生关系，也是合作关系。教师与学生在人格上是平等的，在这样的合作的环境中，学习困难的学生并不完全是受助者，有时也是助人者，在帮助别人的过程中又能加深自己对知识的理解。

在教学评价方面，"合作教育学"理论认为，教师必须认识到，分数不是教学的目的，而是一种教育学生积极向上的手段。既不能把它作为表示爱憎之情的砝码，也不能把分数当成显示教师威力的武器。每一次"真正意义"的评分应该促使学生去弥补知识点中的不足，使学生逐渐养成自己要求自己的习惯，这有助于学生提高自尊感，增强学习的自觉性。

代表人物"阿莫纳什维利"主张采用实质性评价，就是把学生的学习和认识活动的进程或结果，与事先要达到的进程或结果进行对比的过程，以便确定是否接受下一步的学习任务。评价活动的目的在于促进学生的学习活动，使学生的学习和认识活动有明确的目标。这样的评价对学生的学习活动起着激励、促进、校正、调节和控制的作用，是使学生的学习活动有明确的目标和取得有效成果的"调节器"和"充电器"。他认为，只有这样的评价才可以激励学生的学习，使学生自主地学习，并从中得到满足和快乐。

将合作教育学理论作为理论依据的原因有两个方面：①在师生合作方面，提倡教师与学生的人格平等，主张营造民主、和谐的课堂气氛。②在其评价体系中，培养学生自我评价和自我控制的能力作为评价体系的重要组成部分，其目的在于使学生通过自我分析、自我评价，达到自我调节，从而能自觉地、积极地、主动地学习，独立地完成学习任务。

3. 建构主义教学理论

建构主义又称结构主义，是二十世纪八十年代以来对西方的科学哲学、社会学、教育及教学思想的发展等产生巨大影响的一种理论。其代表人物是皮亚杰和布鲁纳。建构主义十分关注以原有的经验、心理结构和信念为基础来建构知识，强调学习的主动性、社会性和情境性，对学习和教学方法提出了许多新的观点。

该理论认为，世界是客观存在的，但是对于世界的理解和赋予意义却是由每个人自己决定的。人们是以自己的经验为基础来建构现实的。由于每个人的经验以及对经验的信念不同，导致人们对外部世界的理解也不同。皮亚杰认为，儿童的认知结构就是通过同化、顺应过程逐步建构起来，并在"平衡—不平衡—新的平衡"的循环中不断得以丰富和发展的。这种认识是一种以主体已有的知识和经验为基础的主动建构的观点。

同时，建构主义者指出，学习应该是一个交流和合作的互动过程，学习者对问题的理解程度不同，存在差异，但这在学习者的共同体中恰好构成了一种宝贵的学习资源。这种资源可以通过交流、讨论与合作，被共同体中的每一个成员所共享，从而促使所有学习者意义建构能力的提高。建构主义改变传统师生的关系，它强调学生是知识意义的主动建构者；教师是教学过程的组织者、指导者及意义建构的帮助者、促进者；教材所提供的知识不再是教师传授的内容，而是学生主动建构意义的对象；媒体是用来创设情境、进行合作学习和会话交流的，即作为学生主动学习、协作式探索的认知工具。

以建构主义作为重要理论依据的主要原因有三个方面：

①强调学习环境是学习者在其中进行自由探索和自主学习的场所。在整个学习过程中，学生不仅可以得到教师的指导，同时可以利用其他一切教学资源进行学习，并且同学间可以互相协作。

②强调学习过程的最终目的是完成意义建构。学生是认知主体、是意义的主动建构者，所以整个教学设计过程应紧紧围绕"意义建构"这个中心展开，在教学目标分析的基础上进行符

合教学要求的意义建构。

③充分利用各种信息资源来支持学生主动探索和完成意义建构。在学习过程中为学生提供各种类型的，包括教学媒体和教学资源在内的信息资源，用于支持学生的自主学习和协作式探索。

而构建主义在实际操作中也存在问题：

①忽视实际知识的传授，难以培养学生的适应能力。

②对教师的要求较高，对教师的能力和责任心是个极大的挑战。

③教学设施和教学条件要求较高，在尚未普及信息技术应用的客观条件下实施缓慢。

四、高校体育课程内外一体化教学模式的构建

本部分内容将以篮球课程为例，来构建高校体育课程内外一体化的教学模式。

（一）高校体育课程内外一体化的教学目标

体育教学的指导思想是制定体育教学模式目标的理论依据，不同的体育教学思想赋予了具体的教学模式以生命力。因此，在确定教学目标之前，首先应明确其教学指导思想的方向。"课内外一体化"篮球俱乐部教学模式是以"健康第一、终身体育"为指导思想，把终身体育作为教学改革的主线，以使学生终身受益为出发点，着重培养学生的终身体育观和终身体育锻炼能力。

体育教学模式的教学目标应该是完整的，系统的，能作为一个体系来用于指导实践教学，是可以进行操作的"说明书"。将"课内外一体化"教学目标细化为教学总目标、课程目标、单元目标、课时目标，并运用于实际操作。

1. "课内外一体化"教学模式的教学总目标

教学总目标是期望教学达到的最终结果。它居于整个教学目标的最顶端，对下面各个层次的具体教学目标具有指导意义。

"课内外一体化"的教学总目标是全面遵循"健康第一"的指导思想，把激发学生兴趣爱好作为确定教学目标的依据，以学生为本，以弘扬人的主体性为前提，注重学生个体特征、体育兴趣与特长的发展。教师从教学的传授者转变为教学的指导者和学生的咨询者，使学生真正地成为终身体育运动的受益者，最终获得体育锻炼、体育娱乐以及体育观赏的能力。

2. "课内外一体化"教学模式的课程目标

课程目标是由学校教学中各门学科目标组成的目标系统。而每门学科教学在所达成的目标上，也会因各学科特点和性质的不同而有所不同。以篮球课程作为研究内容，在制定课程目标时均按照篮球学科的特点和性质进行阐述分析。

篮球项目的课程目标为：

学生自愿选择篮球项目作为本学期的体育学习内容。在教师的指导下，学生掌握日常生活所必需的体育保健知识和篮球运动技能技巧，掌握实际应用的科学锻炼和娱乐休闲的方法，拥有健康的体魄和坚持锻炼的良好习惯，为终身体育锻炼奠定基础。

在知识技能学习方面，通过对体育项目的学习，掌握系统的学习方法和训练方法，能够结合实际进行体育锻炼，注重提高学生的体育知识技能和体育素质。

在情感方面，体验体育运动的乐趣，调节和改善心理状态，培养良好的意志品质。在"课内外"的学习过程中，提高协作交流的技巧，培养乐观的生活态度和社会适应能力。

3．"课内外一体化"教学模式的单元目标

单元是指各门课程中相对完整的划分单位。它反映着课程编制者或教师对一门课程或概念体系结构的总的看法以及在此基础上对这种结构按照教育科学的要求所进行的分解和逻辑安排。单元教学目标在教学实践中是对该单元教学的具体要求，对指导教师的教学具有重要意义。

以篮球为例，这门学科的单元目标是：

在教师的指导下，确定每单元的学习计划，并随学习掌握的进程进行逐步调节，不断改进学习的方法和手段，形成适合个人兴趣和特点的学习方式。在知识技能学习方面，按照个人的学习计划和兴趣爱好，分单元进行篮球技术和知识的学习。一般情况下，要求学生在每个单元掌握两种以上篮球基本技术和战术，了解相关的裁判规则，与此同时，掌握三种以上的体能训练方法，并能在课内外进行自我组织比赛、自我锻炼和自我提高。

在情感方面，随着单元学习的推进，能积极地与教师及同学进行协作、交流。能够主动组织和参与各种比赛或游戏，体验体育运动所带来的乐趣，培养乐观的生活态度。

4．"课内外一体化"教学模式的课时目标

课时是教学活动的基本单位。一个单元的教学目标往往需要由连续的几个课时来完成。而每一课时的教学目标既是课时目标，又是对单元教学目标的进一步具体化。课时目标是和每次教学活动相联系的目标，是非常具体、明确且富有成效的。正是一个个课时目标的实现，才为整个教学目标系统的逐层落实奠定了基础。

以篮球为例，这门学科的课时目标是：

授课方式以教师指导、学生实践为主；教学内容以激发学生兴趣爱好、培养学生终身体育意识为主；学习方式上倡导多样化，引导学生采用自主学习、合作学习和探究学习的方式，促进学生学会学习。

在知识技能学习方面，按照个人的学习计划和兴趣爱好，在教师的指导下，有针对性地学习篮球的基本技术动作和裁判规则，并能根据自身的身体素质情况参加一种以上的体能训练。

在情感方面，具有端正的学习态度，乐于帮助及激励同学，乐于与同学进行合作，与教师进行沟通。争取做到学生每堂课都有新的收获，每堂课都在享受体育运动带来的乐趣。

（二）高校体育课程内外一体化的操作程序

1．"课内外一体化"教学模式操作程序的概述

教学操作程序是在教学实践中不断尝试、不断摸索出来的经验"结晶"。操作者在每一单元、每一次课的教学过程中要按照该体育教学模式的指导思想、目标及配套的教学方法进行系统有序的教学。操作程序的设计有利于教学模式的实际操作，更有利于该模式在其他运动项目中得以推广和应用。

"课内外一体化"教学模式在操作程序上注重教师营造开放式的教学情境，满足学生对篮球运动的求知欲和兴趣爱好。教师实施引导式的教学组织形式，让学生先了解学习的总的内容、总目标，根据自己的学习风格和个性特点自行设计学习的方式，例如，篮球中的投篮练习，学生可根据自己的兴趣爱好，练习3分球或2分球；体能训练，学生可根据自身素质条件，练习力量或耐力。

在"课内外一体化"教学模式的教学过程中，由于学生选择和自行制订的学习计划各不相同，教师在教学计划和教学策略上存在很大的变动和要求，课堂的秩序也会较为"零乱"，这不仅大大提高了教师的备课难度，同时也加大了教师在一堂课中指导学生的次数，但这正是"课内外一体化"教学模式预期要达到的教学情境，因为要实现学生自主学习，注重学生的主体地位。学生的求知欲可以通过各种学习的方式得以满足，比如选择"自学自练""团队合作学习""组队比赛"等方式都可以完成自己的学习计划。"健康第一"的理念不单单指学生的身体、生理上的健康，更为重视的是在当代的社会中学生心理方面的承受力，体育课从传统的教学角度来讲就是要传授学生运动技能，让学生获得全面发展。从实际教学环节去看，"课内外一体化"教学模式，就是要让学生放开手脚去玩、去练、去思考、去沟通，在一次次的学习情境中积累学习经验，获得成功。

2. "课内外一体化"教学模式操作程序设计

（1）"课内外一体化"教学模式操作程序总体设计（图5-2）

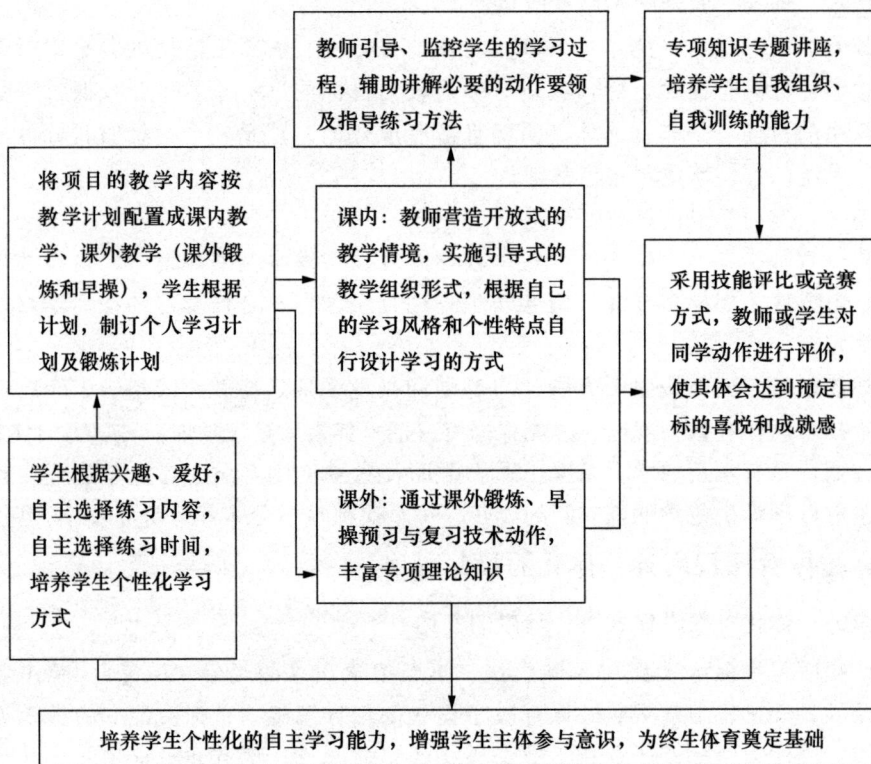

图5-2 "课内外一体化"教学模式操作程序总体设计

（2）"课内外一体化"教学模式课内教学操作程序（图5-3）

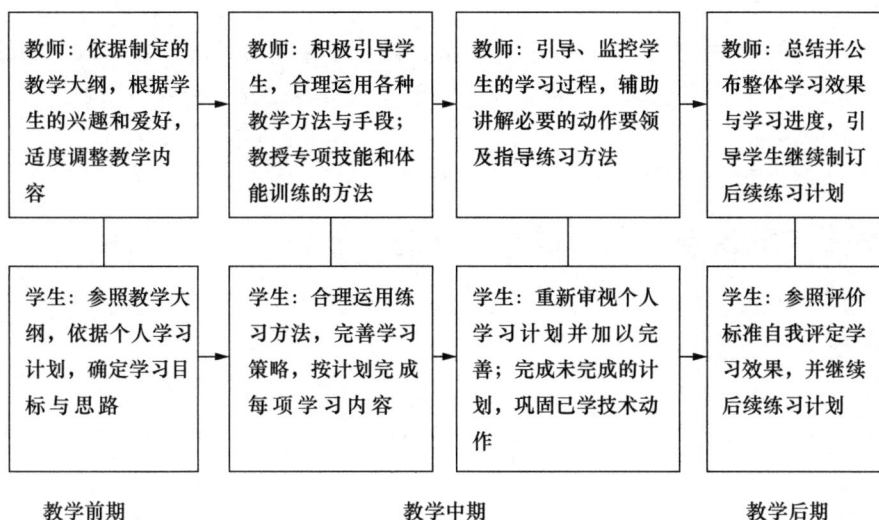

| 教师：依据制定的教学大纲，根据学生的兴趣和爱好，适度调整教学内容 | 教师：积极引导学生，合理运用各种教学方法与手段；教授专项技能和体能训练的方法 | 教师：引导、监控学生的学习过程，辅助讲解必要的动作要领及指导练习方法 | 教师：总结并公布整体学习效果与学习进度，引导学生继续制订后续练习计划 |

| 学生：参照教学大纲，依据个人学习计划，确定学习目标与思路 | 学生：合理运用练习方法，完善学习策略，按计划完成每项学习内容 | 学生：重新审视个人学习计划并加以完善；完成未完成的计划，巩固已学技术动作 | 学生：参照评价标准自我评定学习效果，并继续后续练习计划 |

教学前期　　　　　　　　　　教学中期　　　　　　　　　　教学后期

图5-3　"课内外一体化"教学模式课内教学操作程序

（3）"课内外一体化"教学模式课外教学操作程序（图5-4）

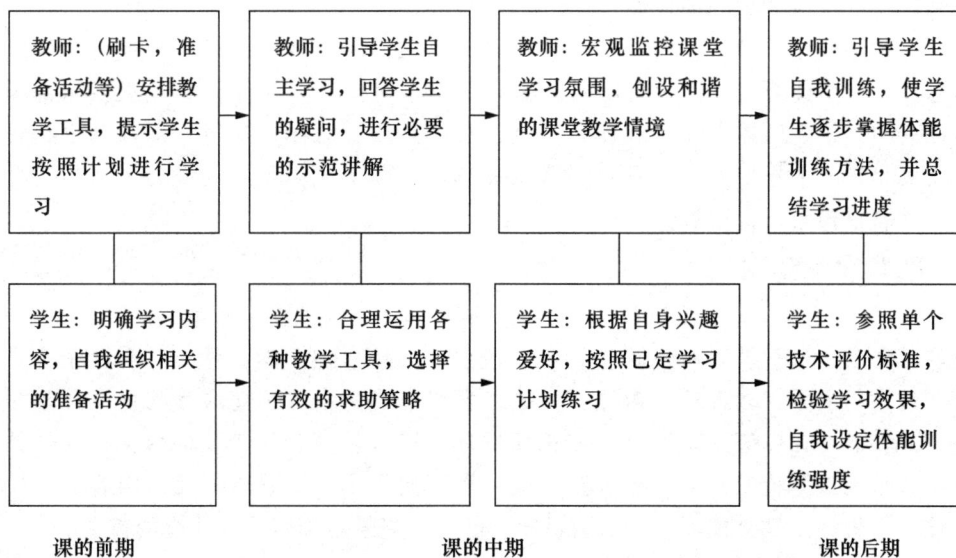

| 教师：（刷卡，准备活动等）安排教学工具，提示学生按照计划进行学习 | 教师：引导学生自主学习，回答学生的疑问，进行必要的示范讲解 | 教师：宏观监控课堂学习氛围，创设和谐的课堂教学情境 | 教师：引导学生自我训练，使学生逐步掌握体能训练方法，并总结学习进度 |

| 学生：明确学习内容，自我组织相关的准备活动 | 学生：合理运用各种教学工具，选择有效的求助策略 | 学生：根据自身兴趣爱好，按照已定学习计划练习 | 学生：参照单个技术评价标准，检验学习效果，自我设定体能训练强度 |

课的前期　　　　　　　　　　课的中期　　　　　　　　　　课的后期

图5-4　"课内外一体化"教学模式课外教学操作程序

第四节　高校体育俱乐部教学模式的构建分析

我国高校公共体育教学改革应树立整体改革的观念，确立"健康第一""终身体育"的思想，把增进学生身心健康，培养学生的健身意识和健康的体育生活方式作为主要目标，促进学生的全面发展。根据我国国情，以及大课程观和公共体育课程改革的发展趋势，我们在原有体育教学俱乐部模式的基础上，对课程模式进行了重新梳理，提出了新的发展思路，即弹性体育教学俱乐部模式。

弹性体育教学俱乐部模式吸收了国外体育教学俱乐部课程模式的优点，以"健康第一"和"终身体育"为目标，有针对性地解决体育教学俱乐部在实施过程中遇到的问题，以便更好地适应体育课程改革的需要。这种课程模式是动态的，并且有可伸缩的空间，以使体育教学俱乐部在实施中更具适应性和可操作性。

一、弹性体育教学俱乐部模式的构建

现实差异和教育理论构成了弹性体育教学俱乐部模式构建的主要基础。

（一）现实差异基础

我国地域辽阔、民族众多，各个地区的社会环境、经济状况、文化背景、教育条件和水平同样具有差异性、特殊性和不平衡性，正是这些差异性、特殊性和不平衡性对体育课程提出了不同要求。因此，弹性体育教学俱乐部模式的构建，必须对各个地区的现实情况进行认真研究，以切实增强体育课程对地区的适应性。我国不同地区的差异进一步导致了学校之间的差异，甚至同一地区的学校也可能存在着差异性，这些差异主要体现在培养目标、师资构成、场地器材、教学条件和学生的体育基础上。因此，弹性体育教学俱乐部模式的构建，必须考虑到学校的差异，以增强体育课程对学校的适应性。

弹性体育教学俱乐部模式的构建是一种对象性实践活动，其最终目的是促进学生的健康发展及体育习惯、终身体育养成。教育的对象是学生，学生差异是弹性体育教学俱乐部模式构建的主要基础。由于学生的体育态度、体育基础、身体素质、对体育学习的动因等也存在着严重的差异，尤其是进入大学以后，心理发展逐步成熟，逐渐形成了稳定的爱好和兴趣，并能够选择一两项运动项目进行终身锻炼。

（二）教育理论基础

21世纪科学人文主义教育观以科学主义为基础，以人文主义为价值取向，是一种信奉科学、崇尚人道的教育观，这种教育观反映在教学实践上，必然是把"学会做人"和"学会做事"结合起来。在科学人文主义教育观的指导下，体育课程模式的指导思想应该面向全体学生，立足"健康第一"；教学目标应该是阶段目标与长期目标相结合，并着眼于长期目标；管理体制上应向学生自主、自觉锻炼转变，从学校、教师统一管理向学生自主管理过渡；内容上应体现实用性、可行性、娱乐性、健身性等特点，满足全民健身、兴趣培养、终身体育的需要。

当今时代，世界各国课程改革的一个共同趋势就是谋求科学世界向生活世界回归，实现科学世界与生活世界的融合。当这种时代精神具体渗透到体育教育领域的时候，就意味着大学体育应把确立"主体教育观"作为改革的一个重要使命。"主体教育观"有两个基本内涵，首先，人是主体，教育应当尊重并提升人的主体性，培养具有主体性的人，人与人的关系是主体与主体之间的关系——"交互主体的关系"。教育中，教师和学生这两类主体通过交往而形成共同体，教师与学生之间自然也是交互主体的关系，通过师生持续交往而培养具有主体性的人，这是教育的直接目的和内在价值。其次，教育要回归生活世界，回归了生活世界的教育在社会中具有主体地位。弹性体育教学俱乐部模式，应贯彻"主体教育观"理念，从课程设置、教学内容、教学方法及评价体系上体现"以人为本"，真正做到让学生成为学习的主人。

二、体育教学俱乐部弹性化的含义

体育教学俱乐部是高校课程改革的一大趋势，而体育教学俱乐部弹性化则是当前课程发展的新趋势，它是多种因素交互作用、协调融合的结果，是复杂的体育教育现象，需要从多个向度揭示其丰富的内涵。在这里，从体育教学俱乐部发展向度、体育教学俱乐部项目向度、体育教学俱乐部对象向度对体育教学俱乐部弹性化的含义做出分析。

（一）体育教学俱乐部的发展向度

这是从宏观上对体育教学俱乐部弹性化做出整体性的分析。体育教学俱乐部弹性化作为体育课程发展的一种运动过程，从宏观上体现了体育教学俱乐部课程模式不断完善和发展的动态过程。

（二）体育教学俱乐部的项目向度

这是从体育课程编制具体项目角度对体育教学俱乐部弹性化做出局部性的分析。

1. 体育教学俱乐部管理弹性化

体育教学俱乐部管理弹性化，打破了原有体育课程模式由学校统筹规划的单一管理模式，促进体育教学俱乐部课程管理的灵活性，促进体育教学俱乐部课程决策的民主性，积极推进体育教学俱乐部课程的多级管理体制。

2. 体育教学俱乐部目标弹性化

大学公共体育课程，应充分考虑社会发展对人才需求的多样性、地区间经济文化的差异、不同办学模式学校的特点、学生的个体差异，所有这些都决定了体育教学俱乐部课程不能对所有地区、所有学校、所有学生提出完全相同的目标，而应综合考虑地区、学校和学生的具体差异，提出弹性课程目标。

3. 体育教学俱乐部内容弹性化

在学校条件允许的情况下，不同地区可根据本地的经济水平、文化背景、教育状况来选择适合本地的体育教学俱乐部课程内容；不同模式、不同层次的学校可根据本校的办学目标、教学条件、师资情况、学生身体素质，选择相应的课程内容；学生可根据自己的兴趣、爱好选择适合自己的课程内容。

4. 体育教学俱乐部实施弹性化

体育教学俱乐部实施弹性化在一定程度上可以理解为体育教学的弹性化，即教师依据学校办学方针、场地设施条件，并结合自己的专项，针对学生的具体情况，有针对性地选择教学内容，创造性地设计教学活动，灵活性地处理教学过程。

5. 体育教学俱乐部评价弹性化

体育教学俱乐部评价弹性化主要包括以下几点：一是评价主体多元化，即评价的主体不再局限于教师的评价，学生也是评价的主体，如学生的自我评价和对他人的评价；二是评价内容多样化，即评价不再唯一指向学生运动技能的学习，也指向体育教学俱乐部课程本身和教师教学，还包括学生的出勤率、学习态度、学习能力等；三是评价方式多样化，如评价学生的体育成绩，除掌握基本运动技能以外，学生自编动作、交流讨论等都可作为学习的评价方式。

（三）体育教学俱乐部的对象向度

体育教学俱乐部模式发展是一种对象性的实践活动，对不同体育课程对象而言，体育教学俱乐部弹性化的内涵也不同。

1. 地区

对地区而言，体育教学俱乐部弹性化是指各地区在《全国普通高等学校体育课程教学指导纲要》的基本要求下，结合本地经济水平、文化背景、体育教育水平，选择具有地方特色的体育项目，形成与学校传统和文化相融合的体育教学特色。

2. 学校

对学校而言，体育教学俱乐部弹性化是指学校在《全国普通高等学校体育课程教学指导纲要》的指导下，根据学校的办学方针、师资情况、体育场地设施情况等来制定学校的体育课程整体目标和阶段目标，充分利用学校的人、财、物资源，开设尽可能多的运动项目，向学生展示出体育的丰富多彩和愉悦身心的魅力。

3. 教师

对教师而言，体育教学俱乐部弹性化在一定程度上等同于体育教师教学活动的创造性。如合分班授课、分层教学、分组教学或个别教授的形式照顾学生体育学习的差异；根据学生体育学习水平的层次差异，安排不同程度的体育活动；对学生进行课外辅导，以增强学生体育学习的兴趣。

4. 学生

对学生而言，体育教学俱乐部弹性化是指学生根据自己的能力、需求、兴趣、爱好及已有的知识基础来选择不同的体育课程项目，以适应自身发展的需要。

三、弹性体育教学俱乐部模式的发展思路

我们在此以整体、系统、综合的设计原则为基础，从管理机制、决策机制、教学机制和具体运作方式四个方面来探讨高校体育教学俱乐部模式的发展与创新。

（一）弹性体育教学俱乐部模式的管理机制

建立一个给体育活动一定伸缩性的管理制度。

1. 外部管理

由于制定管理制度需要涉及学校的方方面面，所以仅靠学校的体育部门去管理是不能解决众多问题和矛盾的，需要学校各部门的共同支持与配合。学校应制定大学生体育教学俱乐部管理条例，这是最基本的管理，在管理条例中要明确体育教学俱乐部的管理方针，加强学校对体育教学俱乐部的宏观管理，同时要让校团委、体育部（室）、大学生体育运动委员会、学生工作

部等部门参与到体育教学俱乐部的管理中，形成齐抓共管的局面。

对于经济发达地区的学校而言，其管理体制和规则制度相对健全、完善。因此，要继续强化体育教学俱乐部的管理体制，让学生能够在俱乐部活动中得到锻炼和提高，真正实现"学生积极参与，学校尽力配合"的管理功能。在管理方面真正做到走"自我管理、自我发展、自主运作"的发展道路。对于发展相对落后地区的高校，应进一步加强学校的管理功能，因为现行体育教学俱乐部的运作起初主要由学校来推行，今后的俱乐部管理工作应该逐步放给学生，让学生进行全方位的管理，从而有利于学生适应能力、管理能力、组织能力的培养，促进其综合素质的提高。

2. 内部管理

由于参加体育教学俱乐部的学生身体素质及运动水平参差不齐，所以建立健全俱乐部内部的规章制度，加强内部管理是非常必要的。但在具体的实施中不能完全依靠学校的管理，要具有一定的灵活性，真正让学生的主体地位在体育教学中得到发挥。但就目前而言，尚未存在一套健全、成熟的俱乐部模式的管理体制，各高校只是按照自己对俱乐部的理解，结合学校的实际情况自定管理办法。实施弹性管理，能充分发挥教和学的积极性，提高教学质量，这绝不是加大教学的随意性，相反，对教师提出了更为严格的要求。

体育教学俱乐部要建立有效的弹性内部管理机制，制定俱乐部长期有效的管理制度，在规章制度规定的范围内进行俱乐部教学、运动训练和运动竞赛。要抓好俱乐部的内部管理，可从以下三方面着手：一是制定切实可行的弹性管理目标；二是加强人力资源管理；三是完善激励和约束机制。

（1）制定切实可行的弹性管理目标

体育教学俱乐部要制定管理目标，而这个目标是由管理者和会员共同制定的。俱乐部的管理目标要与本地区和本校的实际情况相符合，与学生的实际相符合，目标应具有实用性、可操作性和合理性，同时要具体化，例如，学生会员的出勤率应该达到多少。深圳大学只要学生参加体育俱乐部活动并达到70%以上的出勤率，即为体育课合格。

（2）加强人力资源管理

体育教学俱乐部的参与者是学生。各种措施都是围绕提高学生对体育的参与性，充分发挥学生的个性和才能，特别是学生骨干作用的发挥，给学生一个展现自我和发挥的平台，有利于俱乐部的顺利开展。如在比赛中让学生担任裁判等。

（3）完善激励和约束机制

激励的目的是培养人锐意进取，而约束则是培养人循规蹈矩。在遵循以人为本的理念下，引入竞争机制，制定科学的管理制度和措施，奖勤罚懒，奖优罚劣，可以调动学生的学习积极性。对于在不同级别的比赛中取得名次的学生，给予适当奖励，如一定的物质奖励、课时等考核可适当放宽，只要达到学校规定的考核要求即可。对于参加校队训练的学生，也可放松对其必修课时的限制。例如，某一俱乐部的某个学生参加大运会比赛，获得前六名的成绩，其体育课成绩的基数可为90分，而对于那些参加训练的，但没取得名次的，其体育课成绩的基数可为75分。但对于在俱乐部活动中表现极差的学生会员，要及时地批评和教育；对于屡教不改的学生会员要给予相应的纪律处分，并做其思想工作。

（二）弹性体育教学俱乐部模式的决策机制

1. 经费筹集

俱乐部要正常运作，必须要有一定的资金作为保障。而学生作为消费群体，不能让他们来承担俱乐部运作的所有费用。为实现教学俱乐部的正常运作，根据各地区高校开展程度的情况，提出弹性体育教学俱乐部经费的筹措办法。

（1）政府拨款

不管俱乐部开展的程度如何，在现阶段，依靠政府投资办学仍是体育教学俱乐部运作的主要渠道。高校经费主要来源于国家的财政收入，财政收入又与经济发展水平高度相关。因此经济发展水平越高，就越有可能投入更多的教育经费。对于经济发展水平较高的省份，用于高校的经费投入相对较高，学校要寻求政府的支持，各级政府应适当增加财政预算，加大对高校体育经费的投入力度。

（2）筹措体育发展基金

每年学生入学交纳一定数量的资金（根据各高校实际情况而定，成立俱乐部发展基金），各俱乐部可利用这部分经费应对日常的开支，当学生大四毕业离校时，再将这部分资金如数地返还给学生。如新生入学时就交纳 100 元的会费作为俱乐部的周转资金，毕业时再退还给他们。如，以平均每年招新生 5 000 名计，4 年可收取活动周转资金 200 万元，除去学生大四毕业时退还的 50 万元本金外，可实际用于周转的资金为 150 万元。不仅大大减少了学校对体育这方面的开支，同时又为俱乐部自身的发展提供了物质保障。

（3）争取社会赞助

在俱乐部运作过程中，鼓励各俱乐部自己外出拉赞助或参加各种比赛、表演，在提高学校知名度的同时，积极为企业做广告宣传，这样利用名牌效应也可以使更多的企业投资于俱乐部的运营。同时，还应积极争取校办企业和校外企业的赞助。企业赞助为高校体育的收入开辟了生路。各俱乐部可以经常代表学校参加各种比赛，赞助及比赛奖励所获得的资金一部分可以用于自己俱乐部的日常开支，另一部分上交学校，成为发展基金。

（4）获取个人捐赠

捐赠主要是争取校友会、个人、公司和基金会等社会各界的支持。特别是校友捐赠，许多学校的毕业生会根据自己的财力情况慷慨解囊，及时回报母校，为学校的体育事业贡献自己的力量，这占据着不小的比例。高校体育俱乐部接受捐赠的形式多样，可以是现金捐赠，也可以是实物捐赠。捐赠能够在一定程度上成为与政府投入并列的重要的经费来源，有效地缓解体育经费的紧张。

（5）充分利用学校的场馆、器材

在周末、体育节、体育周、假期期间，向社会开放学校的体育场馆，积极开拓社会市场，收取的部分费用可用来对俱乐部的场馆、器材进行维修、建设。

（6）创办经济实体

体育教学俱乐部立足于学校，开展较好的学校可面向社会，创办经济实体，开发体育产业，如为本校师生员工提供体育器材、服装等。这样既能满足校内广大师生的需求，又可为俱乐部的发展增加收入。

（7）自我融资渠道

学校可合理利用体育场馆设施、体育师资力量等条件，积极兴办各类经营性健身娱乐俱乐部，承接企事业单位、社会团体的各种体育竞赛和文艺演出等活动，促进顾客市场的发展，提高自我融资能力，增加俱乐部收入。

2. 场地、器材

体育教学俱乐部模式是对场地、器材要求较高的一种课程模式，它的数量、规模和人均比例直接决定学生进行体育锻炼的情况。

因此高校应从场地器材的循环利用及可持续发展方面考虑，学校领导应多考虑一下场馆、器材建设的重要意义，尽可能地新建场馆和购买器材，以为体育教学俱乐部的顺利开展提供条件。

学校应在现有条件基础上，加强对体育教学俱乐部场地、器材的建设和管理，挖掘潜力，合理安排利用，结合自身的实际情况，因地制宜，充分发挥场地、器材的作用。修建新场地需要足够的资金和一定的时间，因此可以采用"一馆多用""一场多用""一物多用"的办法，提高现有场地的利用率，如篮球场既可作排球场也可作羽毛球场，栏架可以用来跨栏，也可以用作足球射门，还可以用作钻越的障碍等。另外，在选择项目上，可以选择一些对场地要求不高的项目，如毽球只要有一块空地就可以了，羽毛球只要不是有风季节，在平地便可上课。

3. 教师队伍建设

体育教学俱乐部模式的弹性化，在一定程度上等同于教师教学的创造性。为了适应俱乐部体育教学的需要，必须有计划、有步骤搞好俱乐部教师的继续教育工作，体育教师要不断地进修学习，丰富自己的教学内容和教学方法，积极利用各种信息渠道，吸取新的知识、理论，学习与体育俱乐部有关的知识，以保证体育教学俱乐部在高校的顺利实施。对此，为更好地搞好俱乐部的教师队伍建设工作，我们可从以下三个方面着手：加强教师对体育教学俱乐部的认识；完善师资队伍配置；强化教师的职后教育。

（1）加强教师对体育教学俱乐部的认识

高素质的教师队伍是高校体育实施体育教学俱乐部模式的重要保证，这支队伍不仅要对体育教学俱乐部有着深刻的认识与理解，还要有强烈的敬业精神和过强的专业技术。经调查发现，部分体育教师对体育教学俱乐部知之甚少，已开展的体育俱乐部本质上仍是传统的体育课程模式，只是换了一个优雅的名称罢了。这就要求通过对体育教师的职后培训，提高他们对体育教学俱乐部的了解、认识，转变其教学思想和理念，顺应时代的发展和学生的体育需求。可见，体育教学俱乐部对教师提出的要求越来越高，体育教师要一专多能，不但要对自己最擅长的运动项目颇有研究，还要对专项外两个以上的项目做到得心应手，从而满足学校体育教学和学生课外体育锻炼的需要。

（2）完善师资队伍配置

体育教学俱乐部在引进人才的过程中一定要注意数量和质量的有效结合，在年龄结构、职称结构、学位结构、专业结构方面都要做到合理，使俱乐部的教师在数量上能满足教学的需要，同时教师在知识和能力方面也要完全具备体育教学俱乐部的资格。

因此，各地区高校应根据自己学校的实际情况，不断地完善体育师资配置，特别要重视对在职人员的考核，引入竞争机制，实行动态管理。同时要满足学校各项体育工作的需要，体育教师的师资一般是呈梯次、互补、实用型的复合结构。

①体育教师数量要满足体育教学俱乐部课程教学的需要

体育教学俱乐部课程教学不仅包括课堂教学，还包括学生的课外体育锻炼、运动训练和竞赛。在课堂教学师资的配备上，一位高校体育教师上课的课时安排一般在每周12节课左右为宜。以这个标准计算，如果该校有在校生10 000人，有5 000人上体育课，按30人一个教学班算，有167个班，需要配备28名左右的体育教师。

在课外体育锻炼和运动竞赛的配备上，可充分利用体育课堂教学的教师资源，督促这些体育教师担任业余指导。

在运动训练教师的配备上，一般一个学校有3～5个训练队，配备教练时，田径和游泳项目的教练通常要4个左右，其他项目1～2人。一个训练队每周训练3～6次，每次2个课时。按此计算，一个学校训练队的教练员配备应该在6～10人。按以上结果计算，在校学生10 000人，体育教师应该至少维持在35～45人，考虑到学校实际，在编人员不会那么充足，那么可以通过外聘教师的方式来满足体育教学和课外训练的需要。这部分外聘的教师可以是退休的专业教练、优秀运动员、外校的体验教师，让这些人参与到专项俱乐部中可以弥补教师数量的不足。

②体育教师结构要满足体育教学俱乐部课程教学的需要

在年龄结构中，教师队伍由老、中、青构成，年龄成梯队层次。青年教师可以凭借年轻力壮有闯劲、多做事、多实践，中老年教师向年轻教师传授教学经验，指导他们工作。在学历结构中，硕士及以上学位的体育教师数量应增多。在项目结构中，教师队伍要掌握多个体育项目，如传统体育项目：武术、篮球、排球、乒乓球、足球、田径等；时尚体育项目：健美操、体育舞蹈、健身运动、网球、跆拳道、防身术等；新兴体育项目：定向越野、户外运动、蹦极、攀岩等。在知识结构中，教师毕业于不同的院校，知识结构呈互补型。各个体育大学或体育学院，由于培养方向不同、课程设置不同、学习背景不同、教学方法各异，在知识结构上也有差异。同一学科来自不同院校的毕业生带来不同的信息，可以优势互补，各取所长，相得益彰。在职称结构中，教师队伍中具有助教、讲师、副教授、教授等多种职称人才。在性别结构上，教师队伍中性别比例应与上课学生性别比例基本相等。

（3）强化教师的职后教育

强化教师的职后教育，是快速提高师资队伍整体素质的有效途径。在实行体育教学俱乐部的过程中，使教师不断地学习、进修，不断地提高自身的业务水平（包括课堂教学能力、组织活动能力、业余训练能力、科研能力等），逐步提高其学历水平，从而提高俱乐部教师的整体水平，以更好地促进体育教学俱乐部的发展。对教师的培训工作，从时间安排与资金扶持方面给予实质上的帮助。同时，也从制度上使教师在业务上求新求变，不断进取。

①体育教学俱乐部教师的职后教育的形式。岗前培训、研究生学历补偿教育、高级研修班、高级研讨班等可以成为体育教学俱乐部教师职后培训的主要形式。

②体育教学俱乐部教师职后教育的方法。学校要健全落实教师继续教育制度，对于俱乐部教师职后教育的方法：一是在职培训，可以通过参加各种俱乐部进修班、短训班，参加俱乐部

岗前培训、助教班，参加举办高级研讨班、中青年学科带头人研修班，邀请国内外高级访问学者来实现。二是脱产进修培训，送教师到高校攻读硕士或博士学位，提高学历层次。三是加强对中青年教师的教学业务指导，以老带新，组织青年教师参加岗前培训，提高业务水平。四是个人自修学习，教师可在工作中选定体育科学研究方向进行定向研究。这是体育教师自修学习的一种方式。

加强对年轻教师的培训力度，努力挖掘年轻教师的教学与科研潜力，新教师进来后，即着手进行培养，指定富有经验的教师帮助其尽快适应工作环境，熟悉工作特点，过好教学关，从备课能力、专项技能、授课技巧等方面予以培养。在有经验教师的带动和鼓励下，让 30 岁左右的年轻教师在不断发展的高校体育事业中积累经验，逐渐成长并成熟，使之在教学与科研上逐步起到主导作用。对于他们做出的成绩就要及时给予肯定，实行鼓励政策，破格评审。

（三）弹性体育教学俱乐部的教学机制

1. 指导思想

大学体育课程应包括体育课堂教学、课外体育活动和校园体育文化氛围三部分，要将大学体育教育延伸到高等教育的全过程，就要将体育课堂教学显性课程与课外体育隐性课程作为整体来考虑。以体育教学俱乐部为中心和主线，同时将课外体育活动纳入教学俱乐部之中，鼓励学生参加体育活动，在体育实践中增强体质，掌握 1～2 项运动技能，体验运动的乐趣，培养自我锻炼的能力，养成锻炼的习惯，为终身体育打下良好的基础。

2. 目标体系

（1）基本目标

根据教育部印发的《全国普通高等学校体育课程教学指导纲要》，结合我国各个地区普通高校的教学实际，确定体育教学俱乐部的基本目标和发展目标，目标具有"弹性区间"，这既是为了顾及地区间经济水平、教育水平、学生之间存在的差异，也是考虑到期望目标与实际结果之间可能出现的差异。基本目标是根据大多数学生的基本要求而确定的，反映了体育目标的强制性。

基本目标具体表述如下：

①运动参与目标。积极参与各种体育活动，每周 2～3 次，基本形成自觉锻炼的习惯和终身体育意识，能够编制可行的个人锻炼计划，具有一定的体育文化欣赏能力。

②运动技能目标。熟练掌握 1～2 项健身运动的基本方法和技能，形成专项运动特长；能科学地进行体育锻炼，提高自己的运动能力；能简单处置常见的运动损伤。

③身体健康目标。能简单测试和评价体质健康的各项指标，掌握有效的锻炼方法；养成健康习惯；合理选择营养食物；具有健康的体魄。

④心理健康目标。自觉通过体育活动改善心理状况，形成健全的人格，养成积极乐观的生活态度；运用适宜的方法调节自己的情绪；体验运动的乐趣。

⑤社会适应目标。表现出良好的体育道德和合作精神；培养适应各类竞争的能力；适应自我身心变化的能力。

（2）发展目标

发展目标是针对部分学有所长和学有余力的学生而确定的，也可作为大多数学生的努力目标，分为五个领域目标。

①运动参与目标。形成主动锻炼习惯；能独立制订适合自身的健身运动处方；具有较高的体育文化素养。

②运动技能目标。科学主动地提高运动技术水平，在某个运动项目上达到或相当于国家等级运动员水平；能够进行该项运动的竞赛组织工作；能参加有挑战性的野外活动。

③身体健康目标。能选择适宜运动的环境，全面发展体能，掌握评价自身健康状况的方法手段，并能针对性地进行自我监督。

④心理健康目标。在具有挑战性的运动环境中表现出勇敢顽强的意志品质，掌握评价自我心理状况的方法手段，并能进行针对性的调整和养护。

⑤社会适应目标。形成良好的行为习惯，主动关心他人，能根据不同的环境变化，适应地调整，以维护身心健康。

（3）阶段目标

体育教学的最终目标是"教，是为了不教"。大学体育中无论是体育教学还是课外体育活动，学生都要经历从不能独立到逐步独立再到完全独立的过程，年级越高，学生独立进行体育活动的能力越强，而教师的作用则在慢慢地弱化。体育教学俱乐部的阶段目标应该包括近期目标和长远目标两个方面，近期目标为掌握运动技能，培养体育态度、习惯和强化终身体育意识；长远目标为学生要完成"要我健身"—"我要健身"—"我会健身"的思想转变。具体情况如图 5-5 所示。

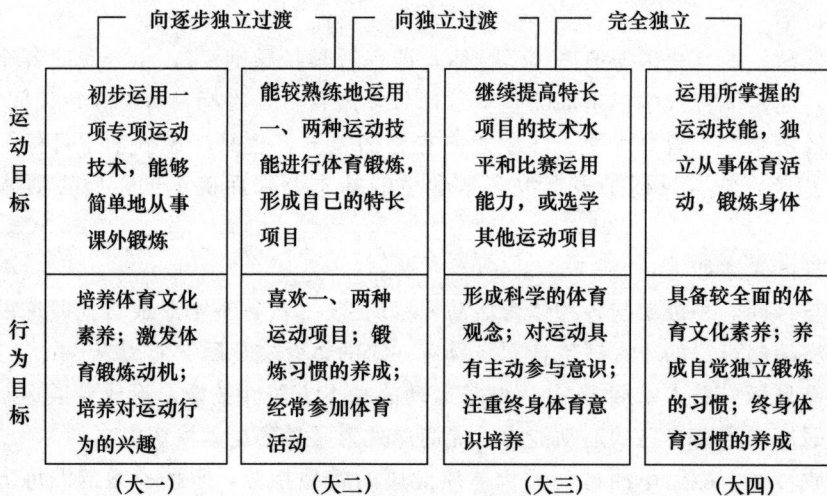

	向逐步独立过渡	向独立过渡	完全独立	
运动目标	初步运用一项专项运动技术，能够简单地从事课外锻炼	能较熟练地运用一、两种运动技能进行体育锻炼，形成自己的特长项目	继续提高特长项目的技术水平和比赛运用能力，或选学其他运动项目	运用所掌握的运动技能，独立从事体育活动，锻炼身体
行为目标	培养体育文化素养；激发体育锻炼动机；培养对运动行为的兴趣	喜欢一、两种运动项目；锻炼习惯的养成；经常参加体育活动	形成科学的体育观念；对运动具有主动参与意识；注重终身体育意识培养	具备较全面的体育文化素养；养成自觉独立锻炼的习惯；终身体育习惯的养成
	（大一）	（大二）	（大三）	（大四）

图 5-5 体育教学的阶段目标

3. 教学大纲

教学大纲的弹性化，是各实施体育教学俱乐部模式的普通高校在全国统一教学大纲的指导下，结合学校的培养方向、学生和学校的发展需求以及学校的具体条件和实际特点，如学校情况、学生情况、体育教学条件（包括场地、设备、器材等物资环境）、校园文化背景和体育氛围以及学生的生源背景，包括学生来源和不同学生的职业准备等特点，每个项目设置高级、中级、初级三个级别，编制每个级别的教学大纲。另外，还要充分认识高校体育与中学体育的衔接问题，以及为学生终身体育打基础这一实际需要等问题。要使课程目标真正体现"健康第一"思想、素质教育思想和终身体育思想，建议各高校在这些体育教学俱乐部的大纲的制订上依据指导性文件的同时又要以课程教学的基本要求为依据，结合本校和本专业的特点，自行拟订适合本校发展的教学大纲，从而使教学大纲在不失权威性的同时，又具有统一性、针对性、适用性和灵活性的特点。

4. 教学内容

教学内容弹性化，不同地区可根据本地的经济水平、文化背景、教育状况选择适合本地的体育课程内容，不同模式、办学层次的学校可根据本校的办学方针、教学设备条件、师资情况、学生特点等建立适合本校发展的体育课程内容体系。在原来"三自主"的选课模式上，实行"适度弹性选授课"制度，即教师可以根据学生的实际需求，在不违背教学指导纲要原则的前提下，只要能完成规定的教学任务，只要场地器材条件允许，教师可以穿插安排一些学生喜闻乐见、乐于参与的趣味性活动内容，给教师和学生一定的选择和教授的自主权。

要从根本上扭转以往以重复运动技术传授为中心的旧的内容体系，为此在今后的俱乐部教学中，体育教学内容应从"以运动技术为中心"向"以体育方法、体育动机、体育经验为中心"转移，建立围绕以人为本、淡化竞技、注重健身、增强体育意识、发展学生个性、培养体育能力、养成锻炼习惯的新的内容体系。其具体的教学内容将根据社会的发展、学生个体的需要及学校的教学条件进行大幅度调整，竞技运动教材化，改进非竞技运动项目，充实和丰富有关趣味性、娱乐性、健身性、健康性、集体性教材的比重和基础知识的教学内容。学校可利用的资源比较充分，这样可以充分挖掘自己的资源，利用本校的软硬件设施，并不断修订教学大纲，删减不切实际、实用性不强的内容，选择学生感兴趣的、有利于今后能自我进行锻炼的、对终生增强体质有实用价值的、易于开展的项目，如健身气功、太极拳、长拳、健美操、体育舞蹈、羽毛球、乒乓球、篮球、排球、足球等。另外，课外除开设与课内教学有关的项目，还可以选择一些休闲类、娱乐类的项目，作为课内体育的拓展，如定向越野、野外生存训练等。适当加大民族传统体育项目和学校传统体育的比重以利于提高学生的体育文化素养，继承和弘扬中华民族的传统文化。

5. 教学组织形式

教学组织形式的弹性化，在于它能够根据学生的水平、差异等特点来安排体育教学。教学组织形式运用合理，既有助于大面积提高教学质量，也有利于学生个性和情感的培养。

（1）打破年级班组问题

对于体育教学俱乐部的课堂教学组织形式，学术界也是争论不一，大部分专家比较倾向于分年级上课。因为不同年级的学生在身体、心理方面都有一定的差别，如果打破年级班组上课，教师安排教学内容和运用教学方法时有一定的困难，另外教师的能力有限，上课的时间有限，教师不可能对每个学生的指导都面面俱到，对教学质量会造成一定程度的影响。不过分年级进行教学也有很多的优越性，如，由于身体、心理和接受知识的能力不同，学习动作会相对快一些的学生，自然就会起到表率的作用，可以帮助低年级中学习动作相对较慢的学生，有利于教师培养体育骨干。当然，低年级学生为了弥补差距，也会努力提高自身素质，形成一种互帮互学的学习氛围。

（2）男女生合分班问题

关于男女生合班还是分班上课的问题，学术界仍在争论，他们各有各的说法。男女生合班与分班各有利弊，就合班而言，从社会学角度看还是利大于弊，使得体育教学更加人性化。可根据运动项目特点不同，有些项目采取男女合班上课，如体育舞蹈（本来就是男女搭配进行的项目）、野外生存等，通过男女生之间的交往，有利于调动他们的主观能动性，另外再加上教师的合理组织与安排，教学效果比较明显。有些要考虑性别差异、体质强弱的项目，应该采取男女分班上课，如球类项目、田径等。对于这些技术性、身体素质要求较高项目而言，教师不用因体质强弱而必须花费更多的时间来照顾女生，否则会影响男生学习的积极性。因此，采取合班上课，还是分班上课，要根据各高校的实际情况、运动项目特点来实行。

（3）分层教学问题

由于遗传、家庭及社会环境等因素的影响，学生在发展过程中存在着不同的生理、心理及个体差异，这种差异性是客观存在的。分层教学是引导学生选择适合本人特点的课程，进一步在体育课程中实现因材施教，提高课程的实际效果。

所谓分层教学是指根据学生的认知能力和掌握能力，教师在安排课堂教学内容，运用教学手段、教学方法时根据学生实际学习的可能性，分层讲授、分层指导、分层评价，使每个学生都能在原有的基础上得到完善和提高。这样可以使学生在不同层次中求发展，使全体学生都能在原有"基础"上，充分发挥自己的潜能而达到最大的发展。

各高校体育教学俱乐部应根据自己本校实际适时地采用分层教学。其具体操作可按以下方式进行：各教学俱乐部课程分为高级班、中级班、初级班三个层次。高级班目标高，要求高，内容多，进度快。这一层次主要针对有一定体育实践能力和身体素质好的学生。中级班目标适当，内容适中。这一层次主要针对有一定体育基础，身体素质较好的学生。初级班进度慢，重基础，多重复，常反馈。这一层次主要针对体育基础差的学生。每一级教学层次都有相应的教学大纲、教学要求和教师自己特定的课堂教学模式。在教学内容上，三个层次之间不应是相关知识的简单拼凑，而应是根据不同层次学生运动水平的要求，设计出不同层次的教学目标与要求。在具体的实施过程中可采用升降级制，如果学生在该层次上已经达到了要求，可随时到更高级别的俱乐部进行学习，但如果学生在该级别上的学习越来越困难，则将其退到下一层次上，这样教师在组织教学时，就可以从内容和要求水准方面有所区分，从而引导和激励学生在原有的水平上有更大程度的提高。

（4）身体异常和病、残、弱学生体育教学组织形式问题

身体异常和病、残、弱学生属于高校中的特殊群体，这些有身体练习障碍的学生的身体条件、心理特征及对体育的要求都不同于正常学生。因此，这些特殊群体的体育教学在高校体育教育中面临了新的问题，教师不光要讲授一些保健知识，还要针对不同情况讲授有利于身体康复的知识和他们感兴趣的体育知识，并进行一些娱乐性和健身性的运动，建议通过开设调适性体育课程的方式，根据学生的特殊身体情况，允许弹性修学。

6. 评价体系

原有的教学评价方法没有充分体现学生的努力程度和进步幅度等因素。因此，要针对不同

地区、不同学校、不同评价对象的特殊情况，确立不同的发展目标和评价标准，使课程评价标准弹性化，成绩考评标准全面化，既要客观准确体现学生的个体差异，又要反映学生通过体育课学习所取得的进步。

在俱乐部的教学评价指标方面建议实行绝对评价指标和弹性评价指标相结合的评分方法。对学习效果进行绝对评价，要求标准要制定得比较客观，能够反映学习效果与客观标准之间的差距。弹性评价指标是指以考试内容要求、标准为基点，根据学生的个体差异，就某个项目的起点等进行成绩进步幅度评价。弹性评价指标能反映出学生的个体差异、个人的努力程度及进步状况。

俱乐部教学的评价方法应该重视原有基础与学习过程，采用多维评价。建立标准评价模式和参照评价模式的评价指标体系进行多维评价，能够反映学生体育学习的过程和结果，如图5-6所示。在掌握基本运动技能的基础上，适当增加学生出勤率、学习态度、学习能力及自评、同学互评等内容，各高校可根据本校的实际情况弹性地安排各个指标所占的比例。针对在高级俱乐部学习的学生，相当于校级代表队，还可以采用"以赛代教"考核模式。如以参加俱乐部联赛的形式进行考核，其成绩评分标准是俱乐部联赛成绩的50%。由于采用比赛的模式进行评价，所以实践部分就可以不进行技术考核，采用学生自评、学生间互评各占20%和教师评价占30%的综合评价体系。这样评价操作起来就具有一定的弹性。

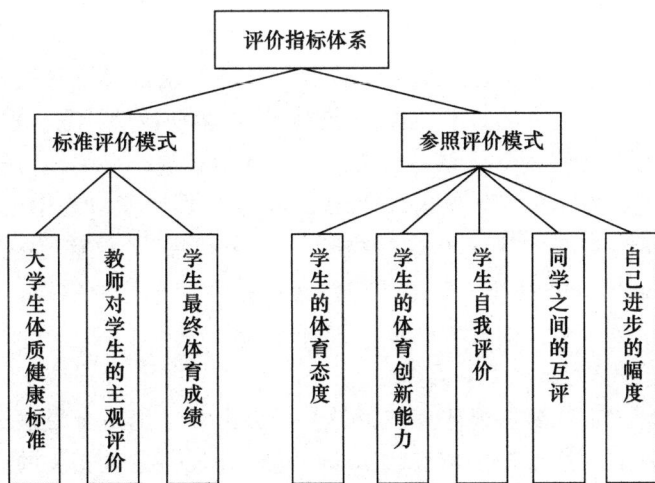

图5-6 俱乐部评价指标体系

（四）弹性体育教学俱乐部模式具体运作方式

1. 弹性体育教学俱乐部模式的教学与辅导

（1）项目设置

体育课程项目的设置应从学生身心特点出发，强调课程内容的多样化和弹性化，加大教材的选择余地，加强体育教学内容与社会和生活的紧密联系，以及灵活性。同时应注重体育课程内容的乡土化和民族化，地方性和民族性的体育项目在体育教学内容中应占有一定的比例。项目设置应根据学生对体育锻炼的需要进行编制，要力求贴近学生未来的职业生活，以适应社会发展的需要。其体系应从健身、娱乐休闲等角度加以考虑，多选择一些难度小、易开展、趣味性强、融健身娱乐休闲于一身的项目。大学体育理论课程的设置要与大学生心理特点、知识结构和智能发展相适应，应注重向学生传授人体科学、人体保健、康复知识、体育欣赏、体育心理、运动处方设计、运动锻炼效果的评价及运动医务监督等内容。在调研的基础上，对俱乐部的项目设置初步做了如下归类，见表 5-2。当然在项目设置方面各普通高校可根据本校的师资力量和场馆、器材的实际状况来进行弹性的安排。

表 5-2　体育教学俱乐部项目设置

类别	项目
体育理论知识类	体育欣赏、运动处方、运动疾病预防和治疗、运动与营养、科学锻炼原则与方法、运动技能分析及竞赛规则
体育时尚类运动	轮滑、街舞、高尔夫球、桥牌、台球、定向越野
艺术类运动	形体、健美操、体育舞蹈、艺术体操、韵律操
球类运动	篮球、排球、足球、乒乓球、羽毛球、网球、手球、棒球、保龄球
格斗类运动	散打、跆拳道
保健类运动	保健体育、气功、八段锦、太极剑（拳）、女子养生防身术

（2）实践课上课形式

体育教学俱乐部是以学生自己练习为主，以教师指导为辅的教学形式，教师由原来的传授者变成了组织者和辅导者。教学的基本形式有：教师依据学期教学计划，根据学生的实际情况，制订以"教学模块"为单元的教学计划，灵活地实施教学进程。一般地，学生除必须参加体育课的辅导学习外，每周还应至少参加俱乐部活动 1～2 次。在教学过程中教师应采取集中教学、分组教学以及个别辅导相结合的教学形式，并辅以"以赛代练""以赛促练"的方式展开，以不断提高和巩固学生对该项目的兴趣，促进他们对运动技术和技能的掌握，实现课内外一体化。教学的基本组织形式由各个学校根据本校的实际情况来定。

（3）理论课上课形式

在理论课的上课形式上，要重视体育理论教育，突出对学生终身受益的体育科学知识的传授和体育锻炼意识的培养，注重理论与实践结合。建议开设与专项相关的讲座课；在校园体育网页中开辟体育理论教学专栏，充分利用现代教学手段，实现体育网络教学。在网站中设置各运动项目的技战术视频和高水平比赛视频，以利于学生根据爱好和需要随意选择观看，培养学生的体育欣赏能力和审美能力。同时，注重学生自学能力的提高，让学生通过查阅资料（报刊、网络及体育教材和参考书）自学。通过对学生体育锻炼兴趣的培养，让他们积极主动地参加体育锻炼，提高学习效果。

2. 弹性化课外体育锻炼管理

将弹性管理这一管理方式运用在课外体育锻炼中去，使学生在统一要求下，有更多的空间进行选择和管理，更好地发挥课外体育锻炼的实效性。高校课外体育的开展就是满足学生对体育的多方面的需求，它是体育教学俱乐部的补充和延伸，是体育教学俱乐部的重要组成部分。

但我国大部分学校体育都存在着课内外脱节、教与学分离的现象。通过对学生业余时间的调查发现，大部分学生把业余时间花在了上网、睡觉、音乐上，很少学生用在体育锻炼上，体育意识十分淡薄。如何将学生们组织起来参与课外体育锻炼？经过查阅资料，结合我国各地区高校的实际情况，尝试性地就课外体育活动形式问题做如下探讨。

（1）课外体育活动开展方式

课外体育俱乐部是课堂教学的延续，要想真正提高体育教学质量和学生的身体素质，仅仅抓好课堂教学是远远不够的。根据体育课内外相结合的原则，组织课外体育活动开设与课内体育教学俱乐部相对应的各单项体育俱乐部，体育俱乐部教练必须由专职体育教师担任，除正常教学课外，还要抽出一定时间对课外俱乐部进行弹性辅导。整体框架见图5-7。

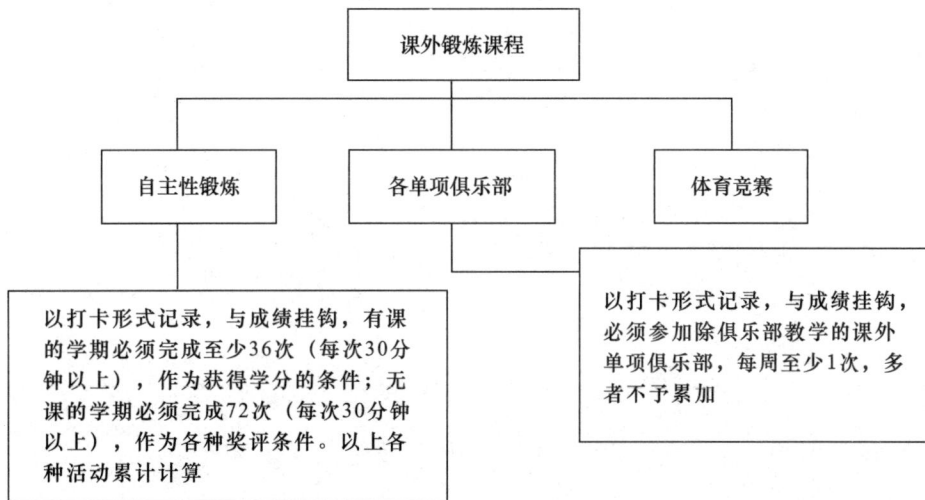

图 5-7　体育课程的整体框架

（2）课外体育锻炼课程的内容

从图5-3可知，课外锻炼内容包括自主性锻炼、单项俱乐部、体育竞赛三个部分。在自主性练习中学生的选择空间极大，完全根据自身的现状来自主选择与调整进行课外体育锻炼的时间与活动内容；各单项俱乐部是体育课堂内容的延伸，根据学生课堂上所选的项目，课下通过选择相应的俱乐部来实现；体育竞赛可通过不同时期安排各种体育竞赛活动。

3. 课外体育锻炼课程的评价

对学生参加课外活动的评价，是将学生参加课外体育活动的次数和活动的时间作为评价依据。学生可自主选择上述各种形式的活动，参加活动的形式不限，次数可以累计计算，但每天只能计算1次，每次需在30分钟以上。要求学生在有体育课的学期至少完成36次课外体育锻炼，无体育课学期至少完成72次课外体育锻炼，将锻炼次数与体育学分的获得和学生评优、获奖等密切联系。另外，学生参加课外体育活动的自由是有一定限制的，即学生可以自主进行课外体育活动锻炼，但是必须保证一周内除体育教学外，参加俱乐部教学相关的课外体育俱乐部至少1次，每次不少于60分钟。参加课外体育活动的次数的限定是体育课成绩的一部分，为了有效控制学生的锻炼情况，可以采取一卡通形式，学生在每次课外体育锻炼之前刷一次卡，锻炼结束时再刷一次卡，卡上就会自动记录学生参加课外体育活动的日期和运动时间（30 分钟以内记录成绩为零，30 分钟以上才可以记录成绩）。学期末锻炼卡上交大学体育部，用计算机进行统计并计入体育课总成绩中。学生学期体育成绩因课外体育锻炼未达标而不合格者，可以在下一学期补上课外体育锻炼的时间，但补上的锻炼时间不计为该学期的体育成绩。对于下学期补的锻炼时间可通过体育训练、竞赛来进行锻炼时间的抵消。如参加比赛，那么可以拿比赛前的训练来抵消课外锻炼的时间和次数限制。对于课外体育锻炼的方式还可以通过辅导员负责制来实现，在辅导员的带领与监督下，保证了锻炼次数，锻炼时间也会随之增加，学生锻炼的习惯也会慢慢养成。这样就充分发挥了体育教学俱乐部的功能和作用，保证学生能够真正做到四年体育锻炼不间断。

第六章　高校体育教学评价的多元化研究

第一节　高校体育教学多元评价的必要性分析

一、我国高校体育教学评价体系的现状分析

（一）传统体育教学评价理念已经陈旧

体育教学评价作为教学评价的一个分支，受传统体育教学理念的影响颇深。传统的体育教学是在"重视科学性与客观性的传统评价，为了能有效地预测和控制教育现象，往往把被评价对象置于一个共同的标准和常模之下，用评价者要求的某一种价值要求被评对象"。显然在这种评价理念的导向下，必然会出现用统一的标准要求所有学生的现象。2002 年教育部印发的《全国普通高等学校体育课程教学指导纲要》明确指出："体育课程是寓促进身心和谐发展、思想品德教育、文化科学教育、生活与体育技能教育于身体活动并有机结合的教育过程；是实施素质教育和培养全面发展的人才的重要途径。"同时还强调：把学校体育工作的重心切实放到面向全体学生，面向提高学生的身心健康水平上来。很显然，传统的教育理念和新的教育理念就存在着很大差别，虽然传统的体育教学评价是在传统的教育理念的影响下形成的，但是随着新的教育理念的不断深入，势必会促进体育教学评价体系的不断改进和完善，以适应新的教育理念的发展。

（二）传统的体育教学评价体系已不适应新的高校体育教学目标的发展

在传统体育教学体制下，我国的学校体育教学目标为：增强学生体质，促进学生身心健康发展，培养学生的体育运动能力和良好的思想品质，使其成为德、智、体全面发展的社会主义事业建设者和接班人。在 2002 年颁布的《全国普通高等学校体育课程教学指导纲要》里明确了新的大学体育教学目标主要包括五个领域，即运动参与目标、身体健康目标、运动技能目标、心理健康目标和社会适应目标。而且这五个目标在基本目标和发展目标里的要求还各不相同。传统的体育教学评价主要是以运动技能和运动技术为主，已经不能适应新的大学体育教学目标的实施。另外在众多研究者提到的传统体育教学评价，在应用中并没有形成一个固定的模式或体系，通过查阅大量资料归纳得出传统体育教学评价主要是通过标准化的运动技术和技能、体能测试、书面测试教师观察等手段，综合这些测验结果决定学生课程的等级。传统体育教学评价模式的评价标准是以统一的《国家体育锻炼标准》来衡量所有的学生，是以学生身体素质和运动能力为主，重视终结性评价，轻过程性评价，压抑学生个性和兴趣爱好的发展，严重阻碍了素质教育的实施。传统体育教学评价为了更好的适应新的大学体育教学目标的发展要求，有

必要对其进行改革和创新。

二、构建体育教学多元评价体系的可行性分析

（一）促使新的教学评价体系在传统体育教学评价体系的基础上继承的发展

美国著名的教育家泰勒曾说："教育目标的分析、教育的评价和教育的计划，是不断地循环着，当你在评估教育评价的效果时，便会屡次对那些建立在教育前提的'目标'发生改良修正的联想，同时也会提出教授法或指导计划的修正方向。目标和指导计划修正以后，又要求指导法的修正，也要求评价计划的修正，他们是互为循环的，因此教育评价也可促进教育的正常化。"可见，科学的教育评价体系在教育决策、教育管理和教育改革等方面具有强大的推动力。它的改进也是在前一轮的基础上，经过"实施—改进—再实施"的循环展开的。体育教学评价体系的改革也是如此，它不会不无继承的发展也不会全盘否定的改革。我国的体育教学评价虽然起步很晚，但是它的形成也是众多前辈在借鉴国外经验和在教学的不断摸索探究中慢慢形成的。因此我们在构建新的体育教学评价体系的同时，不能抹杀传统的体育教学评价在学校体育教学中所起到的促进作用，应该用辩证唯物主义的观点构建新的体育教学评价体系，取传统体育教学评价的精华而弃其糟粕，为高校体育教学评价提供依据，并通过体育教学评价促进普通高校体育课程的改革和发展。

（二）使新的体育教学评价体系更好地服务于高校体育教学改革

进入 21 世纪以来，在我国高校体育教学改革中，对于教学评价的重视度逐渐加深，这也是近几年有关体育教学评价的文献增多的重要原因之一。作为体育教学过程的一个基本环节，体育教学评价是学校体育中的一项日常工作，它具有对体育教学活动及其效果进行判断，通过信息反馈调控教学过程，保证体育教学活动朝向和达到体育教学目标的功能。建立适合当前体育教学的体育教学评价体系，力求突破传统的注重终结性评价而忽视过程性评价的状况，强化评价的激励性和发展功能，把学生的学习态度、体能知识与技能、情意表现与合作精神，通过学习过程的评价（包括教师评价和学生评价）表现出来，充分体现以学生为主体，以健康为中心的教育思想，为学生的终身体育服务，从而进一步推进我国的高校体育教育改革。

三、构建符合现代教育理念的高校体育教学多元评价体系

（一）评价主体多元化

评价主体确定的是否合理以及能否通过有效发挥其功能，是教学评价取得成功的根本保证。构建多元化的高校体育教学评价的体系，就应该在体育教学评价中把需要使用评价信息的各方面人员都参与到体育教学评价中来，以使评价结果能够很好地满足使用者需求，使被评和自评相结合，从评价中找出问题，确定改进目标。

（二）评价内容全面化

体育教学评价的内容应该反映时代的精神与要求。在建构教学评价内容的时候，应从当代素质教育对教学的需要出发，教学评价的内容应主要包括教师评价、学生评价、教学过程评价、教学管理评价以及课程评价五个维度，并且每个维度又根据要求划分出不同的层面，在不同的

体育教育阶段，内容与要求应各有不同。同时，体育教学评价内容还应具有延续性，以实现评价的整体性与系统性。

（三）评价方法多样化

体育教学评价的方法主要是指在具体的体育教学评价中可以进行操作的手段和程序。应采用灵活多样的评价方式对学生的体育学习行为，学习过程和学习结果进行评价，利用观察、访谈、评价表档案袋、读书笔记、表演展示等多种评价方式的功能，给予学生选择的机会，让他们在不同背景下充分展示自己已经拥有的知识和技能。通过采用多种评价方法和工具，经常对学生和教师进行评价，并将结果及时反馈给学生和教师，从而实现对教学的有效控制。

（四）定量定性结合化

对学生的知识技能等可以测量的因素采用定量的方法分析，而对情感态度、合作精神、自学能力等内在性质的分析则采用描述加等级的方式进行。

第二节　高校体育教学多元评价体系的框架建设

一、构建高校体育教学多元评价体系的理论基础

（一）人本管理理论

当代西方管理理论与管理学派的形成，已经经过了三个阶段。第一阶段，是二十世纪初所形成的以泰罗等人为代表的古典管理理论。古典管理理论把人看成经济人，过分强调物质刺激。第二阶段，是二十世纪二三十年代开始的行为科学理论。行为科学侧重研究人的需求、行为的动机、人际关系、激励理论等，主张通过多种方式激励人的积极性。第三阶段，是二十世纪三四十年代出现的以广泛运用数学方法和计算机为特征的管理科学学派。这一阶段，出现了许多新的管理技术，推进了管理手段现代化与管理方法现代化，提高了管理工作精确化、科学化的水平。实践表明，尽管现代管理技术是有效的，却不能代替管理思想现代化和人员的现代化。在新的阶段，或者也可以称之为管理思想发展的第四阶段，对人的认识有了升华。在这一阶段，不仅提出了人是最重要的资源、最宝贵的财富，还提出了个性需求和精神健康的理论，更提出了更多依靠员工的自我指导、自我控制以及顺应人性的管理等一系列新观点、新思想在实践中积极推行以人为中心的管理，并积累了丰富的经验。可以说，以人为中心的管理，是新阶段的重要特征之一。

人本管理理论的心理学源泉实际上就是二十世纪六十年代出现的人本主义心理学。人本主义心理学家马斯洛在该时期提出了著名的需要层次理论，他指出人有着一种固有的全面实现自身目标并形成新目标的内在动力，即自我实现的需要。人生的价值与意义在于不断实现心中的目标，人工作的意义也正在于不断形成和实现心中的目标，从而不断促进自我的发展。人本管理在本质上是以促进人自身的自由全面发展为根本目的的管理理念与管理模式。

人本管理理论认为个人在组织中的价值，包括个人激励、个人发展和自我实现的价值，尊重和自我实现需要是人的需要的持久动力。当人的需要与兴趣被尊重，人才会积极主动到参与活动，激发起学习与发展的动机。作为体育专业工作者，尊重和自我实现的需要是教师个体最

主要的需要。他们希望通过评价，在组织的目标范围之内发现自己的优点和不足，发挥自己的潜能，掌握自己发展的方向和未来前途，决定和实现自己的发展需要，不断地进行自我创造和提高。所以，对教师的评价应以促进其发展为目的，在课堂教学评价标准的内容上应涉及教师是否获得发展。

（二）行为目标模式评价理论

泰勒的教育评价模式，简称"泰勒模式"，又称"行为目标模式"，是西方现代教育评价史上第一个较完整、影响较大的理论模式，是泰勒教育评价思想的集成。从二十世纪三十年代到六十年代，泰勒的教育评价模式一直在评价的实践中占据着指导地位，但它也是其他各西方教育评价理论流派攻击与争论的焦点。

泰勒模式是以目标为中心的评价模式。它把教育方案、计划的目标用学生的特殊成就来表示，并把这一行为目标当作教育过程和教育评价的依据。根据这一模式，教育评价就是判断实际活动达到目标的过程。因而，泰勒模式把目标、教育过程与评价作为一个循环圈。预定的目标决定了教育过程，同时也规定了评价就是找出实际活动偏离的程度，从而通过信息反馈，促进实际工作尽可能达到目标。泰勒提出的教育目标的概念非常广泛且具体，很多内容涉及具体的课程。泰勒要求教师们制订出具体的教学目标，并在教学后加以评价，以便调整教学过程，保证达到目标。

泰勒模式的核心是评定目标达到的程度，把预定结果与实际结果进行比较，评价者以一定的教育目标为指导，根据教育者所希望的、学生应掌握的内容和方法，将教育目标行为化，并对学生进行测量或检查，以学生行为达到目标的程度为基础来对教学的效果做出判断。泰勒认为，教育评价就是确定实际教育活动达到预定教育目标的过程，开展评价的依据是把所要评价的内容分成具体可见的可操作的学生行为目标，同时，泰勒还强调对学习和教育结果进行测量、统计。

（三）目标分类模式评价理论

美国著名心理学家和课程权威、芝加哥大学教授布鲁姆在1956年提出的教育目标分类学，正是适应了评价在这方面的需要。布鲁姆完善和发展了泰勒的行为目标模式，使其更为具体和实用。布鲁姆的教育目标分类学的要旨是要使教育目标具体化、可操作化，以便于在评价过程中能够围绕这些目标进行观测和测定。

布鲁姆的教育目标分类学是要把模糊的教育目标变为具体的、可操作的，从而也可进行评价的目标。依据这种认识，布鲁姆把整个教育目标分为认知领域、情感领域和动作技能领域。每个领域在实现最终目标的过程中，各自都设定了相应的目标系列。布卢姆根据学习的心理活动过程，认为这三个领域都可有层次地再行分解。

认知领域分类把教育目标分为递进的六个层次和十五个亚类，按照由低级到高级的难易程度形成一种递进的等级关系。六个层次分别为知识、运用、领会、分析、综合、评价。情感领域分类保教育目标分成五个大类十二个亚目标，其中包括接受、反应、组织化、价值判断、价值或价值复合体的个体化。以布鲁姆为代表的一批专家虽然把教育目标分类为三个领域，但对动作技能却没有给予相应的重视。这一领域直到二十世纪七十年代由哈罗和辛普森两人分别研究才得以完成。哈罗把动作技能领域分为六大类，即反射动作、基本基础动作、知觉能力、技巧动作、体能、有意沟通。辛普森把该领域分为七类，即知觉、定势、机制、指导下的反应、复杂的外显反应、适应、创作。

上述三个领域各有各的要求。一般来说属于智能方面的教授科目的重点是放在认知领域；特殊专业的体育和艺术方面将重点是放在运动领域；品德方面的重点则是放在情意领域。三大领域的要求，反应了各自的特点，但三者的相互关系是极为密切的。因此，在教育实践中要注意它们之间的联系，决不能机械地进行目标分类。但值得指出的是，情意领域接受一个国家的社会与文化等的影响特别大，各国的要求也不一样，但作为评价理论是可以借鉴的。

布鲁姆的目标分类理论与教学评价思想对我国教育评价有重要影响，现行评价模式源于科学实证的哲学观，是客观主义的认识论，即存在着一个客观的实在的教学质量，而这种客观实在的教学质量可以通过某种科学的方法予以准确地反映。因此，借鉴和研究布鲁姆的教学评价理论对构建具有可操作性的体育教学评价体系，提高我国学校体育教学评价的科学化水平和体育教学质量具有重要的意义。

二、高校体育多元教学评价体系的评价目的与评价对象

（一）高校体育教学的评价目的

评价目的既是系统分析的主要依据，也是评价活动的出发点。评价目的是人们认识的反映和价值观念的体现，评价目的会随着社会的发展，随着人们认识的进步和价值观念的变化而发生变化。评价目的的选择和分析是体育教学评价系统分析过程中至关重要的一步。体育教学评价体系是一个多对象、多因素的复杂系统，对于不同的被评价对象在评价目的上存在明显的差异。评价目的是要说明为什么进行评价，因而必须有明确具体准确的表述。由评价目的决定了评价内容、评价指标、评价方法、评价工具以及处理和反馈评价信息的方法。体育教学评价的目的主要体现在五个方面对教学效果作定期检查，诊断并改进教学。体育教学评价的主要目的是诊断教学效果并改进教学，无论是处于哪个环节的教学评价，无论是对教师还是对学生的评价，评价的主要作用在于诊断和改进教学，提高教学质量。对教学效果作定期检查，可以了解学生的体育学习情况与表现，以及达到学习目标的程度；可以了解教师教学生设计用一教学过程中存在的问题，以便寻找适宜改进教学的方法。验证教学计划的制订是否符合学生、社会和学科教学的需求。

教学计划是教师实施教学活动的主要依据，进行体育教学评价可以验证体育教学计划的制订是否符合学生的学习需求、社会需求和学科教学的需求，找出存在问题，不仅可以为教学计划的及时调整提供依据，也可以为教师的教学水平做出判断。获得各个学生的评价资料，以便进行有针对性的有效指导。体育教学中学生的个体差异较大，通过教学评价可以了解学生的逻辑认知、情意表现、技术技能、体质健康等方面的基本状况，从中发现学生的潜能，为学生提供展示自己能力、水平、个性的机会，并鼓励和促进学生的进步与发展，同时还能判断学生在体育学习中存在的不足，分析其原因，为教师教学指导的区别对待和针对性指导提供参考。通过向学校、社会、家长及学生本人提供关于学生体育学习情况的相关信息，以进一步提升学生的运动技能和体育锻炼意识。

（二）高校体育教学的评价对象

如何构建体育教学评价的内容，既是当前体育教学评价理论探讨与研究的重点问题，也是

体育教学评价实践工作中迫切需要解决的首要问题。因为教学要反映时代的精神与时代的要求，所以教学评价内容的构建无法脱离这个时代的要求。二十一世纪所需要的是具有全面知识技能、品德优良、心理素质完美、社会适应力强的优秀人才。因此，在建构教学评价内容的时候，应以素质教育的结构作为划分的依据。

从当代素质教育对教学的需求出发，我们在此拟将体育教学评价的内容划分为教师评价和学生评价两个维度，然后，每一维度又根据素质教育的要求划分出不同的层面。在不同的教育阶段，其素质教育的内容与要求各有不同。

1. 教师评价

教师是教学过程的主导者，教师素质的高低直接影响着教育教学的效果，影响着学生的健康成长。具体而言，教师素质主要包括政治素质、教学能力素质、教学工作素质和教师可持续发展的素质等，在评价中自然要从这四个方面着手。教师政治素质的评价，政治思想素质体现在一个人的各个方面。作为教师评价的一个方面，其考查的内容主要有政治理论的考核成绩、教书育人、工作态度、遵纪守法、坚持四项基本原则、为人师表、参与民主管理、良好的文明行为习惯等方面的评价。这些内容有的容易测量，有的难以测量。难以测量的内容可用"有无"或"是否"等方式表达，并规定好每项指标的分数值。教学能力素质的评价，它包括完成教学工作量的能力独立进行教学活动的能力，如制订教学计划、选择教学目标与内容、教材安排与组织、对教学内容的理解与挖掘、言语表达、提问和板书的技巧、教学方法和现代教学技术手段的使用、课外辅导、批改作业、学生学习质量检查分析等教育管理学生的能力。如组织课堂教学、师生间的关系等命题水平的能力；如对大纲的适应性、难度与区分度等。教学工作素质的评价，它包括课堂教学质量、教学改革的成果、教学经验总结或教学研究论文、学生学习质量，如考核成绩的及格率、优秀率、平均成绩提高率和提高幅度等几方面。教师可持续发展素质的评价，它包括教师接受新方法、新理论、新技术的能力，教师自觉寻求发展的能力，教师教学发展的潜能，教师自学提高的能力等。

2. 学生评价

教学评价首先要考虑的问题是从教学的基本目标和教学过程中的各种目标出发，对学生的现状以及到达目标的程度进行考查。因此，教学评价的首要任务之一是对教学主体——学生进行评价。根据当代社会对人才素质的要求，对学生的评价应当侧重于对其综合素质的考查，具体来说，评价内容如下所述。

首先，学习评价。其是根据各科教学大纲所规定的学习目标和学习内容，对学生个体或群体的某种学习过程和学习成果进行的评价。学习评价侧重于对学生知识掌握程度的测定。为了全面评价学生的学习状况与结果，学习评价可以采用安置性评价、形成性评价、诊断性评价和终结性评价等评价方法，并采用相应的测量工具，如预备性测验、自我报告清单、教师自编的掌握性测验或标准参照性测验、诊断性测验、成就测验等。其次，学力评价。所谓学力，广义地来说是指获得技能的能力、才能或倾向，即学生的学习能力。学力评价的目的是调查了解学生的学习能力状况及个别差异，为完成既定的教育、教学目标提供有用的信息资料，为培养学生各方面的能力服务。学力评价可使用的方法有测验法、观察法、评定法，其中标准学力测验、智力测验是最常用的方法。标准学力测验是为了客观地评价学力，经过标准化手续而编制的教育测验，它能够评价学生通过学习而获得的各学科的能力，亦即按照一定团体的标准，评价这类能力的到达程度或发展变化的情况。智力测验是对学生学习各学科的一般能力进行的测验。智力测验与标准学力测验虽然都是对学生的学习能力进行评价，但它们的侧重点不同。智力测验重在能学习什么的评定，关心的是对预测未来的评价。而标准学力测验侧重正在学习什么的评定，它关心的是对过去和现在的评价。标准学力测验所抓住的"学力"是指智力测验所抓住的学习可能性向现实性转变的效果，这种效果以学习成果来表示。这里所说的学习成果是指学生在教师指导下所掌握的各学科的知识。借助这两种测验结果的相对性比较，我们可对学生进行类型的划分，判断学生是属于学习成绩超过其学习能力的成绩优秀者，还是学习成绩与其学习能力相称的学习成绩一般者，或是学习成绩低于学习能力期待水平的成绩落后者。最后，品德评价与人格评价。作为教学评价的内容，需要从多个侧面，采用多种方法对学生品德和人格进行全面的测验与评价。而在教学中的品德和人格评价则着重于教学内容的思想性、科学性等对学生思想品德和人格形成与变化的影响的测定与评价。此外还有体能评价、劳动评价等等。

三、高校体育多元教学评价体系的评价原则与评价方法

（一）高校体育教学的评价原则

建立体育教学评价指标体系，既是评价工作的基础，又是评价工作的核心，体育教学指标是指被评价的因素。对此，我们旨在通过研究和讨论体育教学评价的内容及其权重分配，为体育教师在教学评价中灵活把握教学评价的主要内容提供可操作的参考依据。体育教学评价指标体系建立的原则如下：

1. 方向性原则

通过对哲学、教育学、心理学、评价学等关于教学评价体系的基础学科的综合分析，可以知道体育教学评价是根据体育教育的教育性质、教育目标进行的一项有目的的社会活动，因此体育教学评价应具有的方向性。我们在设计体育教育评价时，首先是以马列主义为前提进行指标设计活动，其核心是要坚持有中国特色的社会主义办学方向，体现中国体育教育事业发展、改革和提高的方向。

2. 系统性原则

体育教学评价体系的系统性原则通常是指体育教学评价指标体系应具有整体性、联系性和层次性。体育教学评价中的整体性是指在体育教学评价过程中要对评价对象进行全面考核。对教学评价对象的所有评价指标均要求考核内容的全面性。例如，在对学生进行评价时，只评价学生是技术技能掌握程度而忽视学生的全面发展是不正确的，这有悖于体育教学的目的，不具有整体性。体育教学评价中的联系性，是指当体育教学的评价对象处于一个大的系统中时，要强调被评价对象的相关因素与其他系统因素的纵向及横向的联系。例如，在对学生评价时，要考虑学生的基础水平、家庭环境、生活环境等相关的因素，并在指标设计中体现出来。体育教学评价中的层次性是指对不同的评价对象制定不同的指标体系和评价标准。例如，学校的地域差异、经济条件差异等。

3. 可测性原则

体育教学评价的可测性原则是指在体育教学评价指标体系设置时，所有的指标必须具备可

测量的特性，即所设计的指标必须可以通过观测或用测量工具的测量来获得明确的测量结果。也可以说是使抽象的目标具体化，使它具有直接的可测性。例如，在体育教学评价中，对学生的百米成绩进行测量时可以通过秒表来进行；在测量篮球的投篮命中率时可以通过计数和数学计算来进行。

4. 可接受性原则

体育教学评价的可接受性原则是指在进行体育教学评价指标设计时要依据客观实际，而不应该依据主观想法，每项指标的设计都应有实际依据。具体而言，体育教学评价的可接受性原则主要包括五个方面：体育教学评价指标体系设置必须有充分可靠的信息和资料来源；体育教学评价指标体系设置必须从实际出发，依据学生的身心发展规律，提升评价对象的可接受性；体育教学评价指标体系设置必须考虑评价的人力、财力、物力、时间及空间所允许的条件，同时，因为体育教学评价的特殊性，在体育教学评价时还应该具体问题具体分析；体育教学评价指标体系设置必须有鉴别力，即设置的指标要能够反映被评价结果的好坏；体育教学评价指标体系设置必须追求"精"，追求"简"。

（二）高校体育教学的评价方法

体育教学评价指标体系的设计，需要具有很强的政策性和技术性，最重要的是要把国家的教育政策方针作为体育教学评价体系的设计依据，具体方法是要把体育教学目标逐级分解，形成多维度、多层次的评价指标。

1. 分解目标，形成目标层次系统

体育教学评价指标的设计，要依据体育教学的总目标，确定体育教学评价的分目标，并对评价对象的情况进行具体分析，在充分了解评价对象的基础上，对评价目标进行恰如其分的分解，分解出的维度和指标应充分反映评价对象的本质特征与内在联系，形成一个完整的体育教学评价指标系统。

2. 通过归类合并，进行指标筛选

通过对体育教学评价目标的分解，在初拟的维度和评价指标中，有的能够如实反映被评价对象的本质特征，通过对这些指标的评价，能实现体育教学评价的评价目标。而有的则不能反映被评价对象的实际情况，对这些指标，应当进行修改和筛选。因此，对初拟指标进行归类合并和筛选，评价的具体指标就可以精简，从而提高指标质量。不仅便于评价实施，也能保证体育教学评价体系实施的效度。指标筛选常采用以下三方法。其一，经验法。这种方法是依据指标设计者的实际工作经验和评价对象的实际情况，对初步拟定的指标体系进行综合分析，归类合并，去难存易，取主舍次。经验法主要凭借设计者自身的经验而设计的，操作起来简单易行，因此，在实际中常常被采用。其二，理论推演法。理论推演法是依据哲学、教育学、心理学、管理学、社会学、评价学等学科的理论及相关研究成果，来研究评价指标是否符合科学性、对评价指标进行筛选、认定。例如，在对学生智力发展水平进行评价时，就要从学生的注意力、想象力、观察力、记忆力、思维能力等方面去衡量，以保证评价指标体系的全面性。其三，专家评判法。这种方法是指标设计者将初拟指标设计好后，去征询该领域的专家意见，以获得专家对指标设计的看法，其方法通常采用个别访问、问卷征询、座谈讨论等方式。可根据不同情

况，选择或结合使用。

3. 明确各指标的内涵和外延

在完成上述两个步骤后，设计者应确定教学评价指标，并使其对评价的相关要素表述清楚。对评价要素的范围界定要明确，这样有利于教学评价的实际操作。另外，还必须进一步确定各体育教学模式指标的内涵和外延，用简明的文字、公式、标准进行表达，这也是设计指标体系的重要工作。评价指标的内涵是指该指标评价的是哪些具体的内容，即评价的维度，也可以理解成是被评价的本质问题。评价指标的外延是指该指标所界定的范围。在指标设计时，明确各指标项的外延，可以使体育教学评价工作的定义区域得到明确界定，避免评价范围过宽或过窄。

4. 用初拟评价体系预评试验

在体育教学评价的评价指标体系初步确定以后，就可以实行体育教学评价预评工作，在预评时可以同评价标准体系和权重体系相匹配，选择小范围的评价对象作为试点进行预评，看评价体系操作起来是否可行，指标的效度如何。通过试评后的信息反馈，找出所设计的指标体系存在的实际问题，在对指标体系进行修改，使指标体系结构更为合理、完善。

第三节　高校体育教师教学能力的多元化评价分析

一、高校体育教师概述

（一）体育教师的特征

高校体育教师面对的教学对象是高校大学生，鉴于高校大学生的年龄因素和性格特点，决定了高校体育教师要根据大学生的特点选择体育教学内容和制订体育教学计划，因此，在高校体育教学中，体育教师的特征主要体现在以下几方面。

1. 重视学生在教学中的主体地位

高校体育教学对象——大学生是年龄超过 18 岁的成年人，这种年龄特征导致了大学生对教师的指导和帮助几乎不存在依赖，因为，他们大多已经具备了较强的主体意识与独立意识，更喜欢通过自己的努力和思考来独立进行体育活动和完成体育学习任务，所以，高校体育教师在教学中表现出与学生较强的互动性，尊重学生在高校体育教学中的主体性地位，重在引导而非灌输。

2. 具有丰富的知识

高校体育教师应具有丰富的知识结构与层次，高校体育教师的教学任务是引导大学生积极参与体育活动、锻炼大学生的身体，增长大学生的体育文化素养、体育知识和运动能力，提高大学生从事体育锻炼与欣赏体育比赛的能力，贯彻落实终身体育教育。体育教师必须具备全面的知识结构（图 6-1），既要熟知体育学科的基本知识和教育学的基本规律，还要掌握其他相关学科的原理与方法并做到熟练运用，最终通过良好的教育方法和技巧将自己丰富的理论知识与技术技能传授给学生，促进学生的身心全面、和谐地发展。

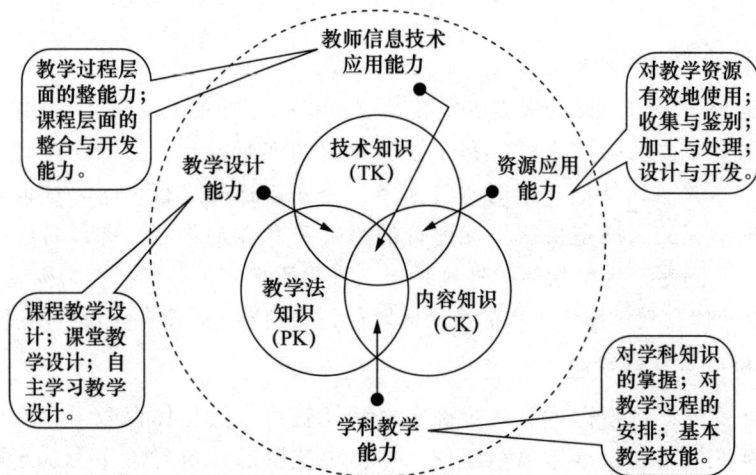

图 6-1　体育教师的知识结构

3. 有良好的身体素质

身体练习是高校体育教学的主要形式，从事体育教育的教师是经过专业训练或接受过专业教育的特殊人才。在各级学校中，体育教师不仅要完成好平日的教学工作，还要在运动场上带领学生进行体育教学活动和组织课外活动，有时候还会根据需要承担起学校高水平运动队的组织与训练工作。除此之外，一些体育教师还要进行与体育教学相关的科学研究。因此，体育教师的工作周期和持续时间都很长。体育教师必须具有良好的身体素质，才能承担体育教学这一高强度的工作。

4. 具有一定的科研能力

与中小学体育教师相比，高校体育教师还必须要承担体育学科领域的一部分科研任务，参与一些体育科学领域的相关科研工作或对研究做一些辅助工作，以不断推动高校体育教学的持续发展。

（二）体育教师的类型

1. 擅长教学的教师

不管是在小学、中学还是大学，以教学见长的教师，他们的教学效果通常都很好，并且深受学生的喜爱和认同，这与他们自身所具有的教学能力和教学智慧有着密切联系。一般来说，擅长教学的教师都具有一定的特殊性，具体表现在以下两个方面。一方面，热衷于教育事业，热爱和尊重学生。另一方面，能够在积累许多教育理论和实践经验的基础上，将知识在教学中充分发挥，能够充分调动学生的学习兴趣。在教学过程中，以教学为特长的教师具有根据学生的实际情况，结合教学规律以及对教学原则的贯彻，从而有效激发和调动学生的学习兴趣和积极性，有效把握和调控课堂教学氛围的能力。

2. 擅长科研的教师

二十一世纪的体育教学对高校教师素质的要求越来越高，在教学要具备教学、训练能力的基础上，又新增了理论科研的要求。最近几年，相继出现了以科研为特长的"科研型"教师。

以科研为特长的教师的特点主要表现如下。

（1）具备能自觉学习高层次现代教学理论，研究较高层次的教研课题。

（2）能敏锐地发现教育问题，做深入研究和探索。

（3）能将自己的课堂教学与课外活动相结合，边学习、边研究、边设计、边实践，从而获取较高层次教育科研成果，最终形成自己独有的研究风格。

需要注意的是，虽然以科研见长的教师在当前体育教学中具有不可替代的重要意义，但是以科研为特长的教师在教学方面并不一定也同样擅长，甚至会出现一部分以科研见长的教师，由于时间和精力分配不当，或是自身缺乏教学艺术与技巧等问题，导致教学效果不理想。

3. 复合型教师

复合型教师是指教师在知识结构方面由2个或2个以上的不同质的学科知识群组成，在智能结构方面由跨学科的多种能力聚合而成。不管是擅长教学的，还是擅长科研的，这些类型的教师都各有优势和局限。社会在不断发展与进步，学校改革也日渐深化，这也就决定着对教师自身的要求也越来越高、越来越全面，受此影响新兴起了一种全面性的教师类型——复合型教师。在实际的学校教学中，复合型教师所占的比重较小，但是在全国各地的特级教师中这种复合型优秀教师所占的比重还是很大的，他们往往都是各级、各类学校教师队伍中的骨干和精英。体育教学的实践中，充分了解不同教师的特点和特长后，根据不同类型教师的优势，有针对性地进行重点培养，优化利用，从而达到扬长避短，人尽其才的人才运用目的。

二、高校体育教师教学能力的评价理念

（一）对体育教学目标的理解

一个教师对体育课程目标体系的理解如何，在很大程度上决定了他的工作方向。由于体育课程强调以"健康第一"为指导思想，课程目标直指学生整体健康水平的提高，因此对体育教师的评价应看他在课程设计、教学方案和计划的制订、教学内容的选取、教学评价等方面是否充分体现"健康第一"的指导思想，是否在体育教学过程中贯彻和落实这一指导思想，是否促进了学生身心健康的发展。

（二）学生对体育活动的喜爱程度

在以往的体育教学中，教师关注的是自己教学的表演能力，扮演的角色是主角，至于如何激发学生的体育学习兴趣和积极性，促进学生坚持参与体育活动，应重点考虑。未来的体育课程对体育教师的评价十分重视学生喜欢体育课和体育活动的程度。如果许多学生不仅被动地应付体育课，也很少参与体育活动，那么，只能将这样的教师划分为差一类的教师。因为体育课程的最终目的是促进学生自觉地、主动地参与体育活动，并养成锻炼身体的习惯。只有这样，体育课程的目标才能实现，学生的健康发展才能得到保证。

（三）素质教育理念下的体育教学评价

1. 教学评价指导思想的转变

（1）以素质教育思想为根本

新课程的突出特色是以素质教育为根本出发点，强调体育在促进人全面发展上的突出作用。

新课程始终把学生发展的主体性、全面性和发展性放在核心地位，促进学生生动、活泼、主动、创造性地学习。

素质教育的核心是主体性。主体性体现在学生主动性、积极性和创造性的发挥，从强调学生自身水平和发展的需要出发，自主设计、自我调控、自我检测和自我评价。新的教学大纲以学生的自我评价、学生间的相互评价为重点，通过教师的观察、提问，了解学生的自身发展，在自评和互评基础上，做出综合性的等级评价。新课程把学生的体能、知识、技能、学习态度、参与程度、合作精神都纳入了学习成绩评定的范围，让学生参与评价过程，以体现学生的主体地位，提高学习兴趣。

新课程的教学目的定位是：以育人为宗旨，与德育、智育和美育相配合，促进学生身心的全面发展，为培养社会主义建设者做好准备。体育作为全面发展的一门必修课程同样要为促进学生的全面发展服务。体育的任务不仅是增进学生健康和体质，更重要的是培养身心健康的全面发展的人才。为此，新课程改变了按运动项目划分课程内容和安排教学时数的传统做法，并根据身体、心理、社会的三维健康观以及体育自身的特点，参照国际体育课程发展的趋势，将内容拓宽为运动参与、运动技能、身体健康、心理健康和社会适应五个领域，并建立了与之相适应的目标学习领域和评价体系。

学校体育教学的根本目的就是要使全体学生得到发展，使每个学生都能积极地参与体育教学，发挥特长，体验成功的快乐和参加体育的乐趣，养成参加体育锻炼的习惯，为终身体育打下良好的基础。为此，新课程在评价标准上，应根据学生身心发展的年龄特征划分出相应的水平目标，使处于不同层次水平上的学生都能得到发展。同时，对尖子生给予不同的要求，促进全体学生的共同发展。

（2）树立"健康第一"思想

关注人类的健康是二十一世纪国际社会的共同主题。近年来，联合国世界卫生组织在最新的"健康"定义中突出强调"健康不但是身体没有缺陷和疾病，还要有完整的生理、心理状态和社会适应能力"。所以身体健康与心理健康是相互依赖的统一体。"健康第一"成为学校教育工作的指导思想。体育这个学科的名称改变为《体育与健康》，目的是改变过去单纯追求身体发育和技术传授的做法，提高学生身体、心理和社会适应能力的整体健康水平。

（3）终身体育思想的确立

终身体育就是养成对体育的喜爱和参与习惯，依靠自己的学习、自练、自我监控和自我评价进行终身体育锻炼。终身体育的关键是打好基础，培养运动习惯和兴趣，使其在走出校门后仍能坚持锻炼。

2. 教学评价功能的转变

教学评价的功能是多元化的，但从根本上说只有两大功能：教育功能和管理功能。教育功能是指通过教学评价激发学生的学习积极性，提高教学质量，促进学生个性的全面发展。管理功能是指通过评价确定教学质量、区别优劣、选拔淘汰。传统意义上的教学评价强调管理功能，评价的主要目的在于鉴定、区分、选拔人才。现代教学评价越来越重视评价的教育功能，强化评价的诊断、反馈、改进和激励功能，其目的是创造适合学生发展的教学评价体系。评价的管理功能今天依然是不可缺少的，评价的教育功能是根本，评价的管理功能应建立在教育功能基础上才能发挥其的积极作用。

新课程在教学评价的功能方面有较大的改变，强调学生的学习态度，重视学生的进步幅度，改变过去只重视技术考评的传统办法。这种改变，有利于调动学生的学习积极性，对于那些技术水平一般的、但学习态度又很刻苦的学生而言，更是一种激励。它弱化了评价的鉴别、筛选和选拔功能，使每一个学生都能在原有基础上得到发展。新大纲明显地淡化了竞技技术体系，侧重学生学习动机、进取精神的培养，把教学内容和完成教学内容的要求合并在一起，对教学内容只提出最低要求，鼓励学生根据自身情况适当提高成绩。

3. 教学评价方法的转变

新课程对成绩考核办法做了重大的改革。它要求全面贯彻"健康第一"的指导思想，以促进学生综合素质的提高为核心，以考核学生的学习态度和进步程度为标志，具体变化体现在以下几方面：①新课程在考核与评价的方法上日趋简化，取消结构考核的方法，增加评价的激励功能。②将运动技术与运动能力由过去的考试改为测验项目，侧重观察与评定学生的进步幅度上，只列出最低标准，使绝大多数学生都能够达到。新课程后面还附有测验参考量表，供学生比较其进步幅度使用。③取消百分制，改为四级分制。④将自我评价与同学间的相互评价结合起来，再与学生的考勤、学习态度、进步幅度与掌握动作的质量相结合，进行综合评议。

4. 教学评价类型的转变

传统教学评价只注重终结性评价，不重视形成性评价，这不利于师生对教学过程的控制与调节，受教学信息得不到及时反馈所致，教学过程失去了主动调控机制。新课程不仅重视终结性评价，更重视形成性评价。形成性评价重视教学的教育性，重视学生在原有基础上的进步，相对学习态度的评价，使学生能够及时获得成功的体验，树立信心，强化学习动机。

在绝对性评价与相对性评价上，新大纲更加重视绝对性评价。要求全体学生都以大纲为标准，不排名，不分等级。即使是相对性评价，也是采取个体内差异评价法，通过将学生的现在与过去进行比较，让学生看到进步，看到成绩。教学目标既是教学评价的根据又是教学评价的标准。教学目标应具有层次性、具体性和可操作性。新课程改变了以往教学目标笼统、概括的缺点，使教学目标层次分明，具有可操作性。

新课程认为，学校体育的根本目标不仅是增进健康，增强体质，更重要的是培养德、智、体、美、劳全面发展的人。以此为出发点，新课程将教学目标分为四个层次。第一层目标为运动参与、运动技能、身体健康、心理健康和社会适应五大方面；第二层为领域目标，是对第一层目标的细化；第三层为水平目标，规定了学生应该达到的程度；第四层为具体可操作目标。这四层目标之间环环相扣，相互衔接，一层比一层具体，构成一个完善的指标体系。新课程将这四层目标又细分为六个水平，每两个年级为一个水平。这样纵横交错，学生很容易从中找到自己的坐标点进行合理定位。新课程既有最低要求，又有最高目标，因材施教，满足不同层次学生的目标达成度。

（四）创造性教学能力

由于受传统的教育教学思想的影响，我们的一些体育教师习惯于墨守成规，不思创新，加之我们以往只能严格按照体育教学大纲规定的内容去教学，所以我们采用的教学方法也基本上大同小异。如果有教师突破常规，标新立异，则可能被认为是"教学不规范""放羊式教学"

等。未来的体育课程将给予体育教师更大的选择余地和发展空间，鼓励教师开展创造性教学。因此，体育教师评价的核心就是看他的教学是否有新意，是否令人耳目一新。说得绝对一点，如果有 10 个体育教师的课基本相同，那么，这 10 堂课都不能称之为好课。

促进教师不断提高的评价体系强调教师对自己教学行为的分析与反思，建立以教师自评为主，校长、教师、学生、家长共同参与的评价制度，使教师从多种渠道获得信息，不断提高教学水平。

促进教师不断发展的评价体系应包括以下四个工作环节：明确评价内容和评价标准；设计评价工具；搜集和分析反映教师教学和素质的数据和证据；明确促进教师发展的改进要点，并制订改进计划。

三、高校体育教师教学能力的评价目的

（一）调动体育教师提高教学质量的积极性

长期以来，由于缺乏衡量体育教学质量的科学标准，评价体育教师教学质量只看学生的运动成绩、考试分数。由于运动成绩、考试分数受多种因素制约，且不能完整地反映教师教学质量的水平，所以不能对教学质量做出科学评价，不能科学地区分不同体育教育教学质量，因此，学校领导和教育行政部门还不能以此依据来强化激励机制，所以对促进体育教师提高教学质量的作用不大。体育教师评价，应特别注重教学质量评价，它可以在现代教育评价理论的指导下，以教学的水平目标、领域目标为依据，制定反映体育教学全面质量的评价标准，采用科学的评价方法，对评价对象的教学质量做出科学评价，以为强化激励机制提供可靠依据。通过评价信息的反馈，使评价对象了解自己教学质量的实际水平，再通过激励机制的作用，从而达到调动体育教师积极性、提高教学质量的目的。

（二）加强体育教师管理工作的科学化

《中华人民共和国教师法》对教师的资格和任用、培养和培训、考核、待遇及奖惩等问题都做了明确规定，为加强教师队伍管理提供了法律依据。加强体育教师队伍管理科学化，已经摆到了重要日程。体育教师的任用是体育教师队伍管理科学化的前提，而体育教师素质评价，可以对教师的政治思想、科学文化、业务能力、工作态度做出综合评价，为学校任用符合要求的体育教师提供可靠依据。不断提高体育教师的政治思想、文化科学和业务能力等素质，是体育教师管理科学化的重要内容。体育教师评价可以对每个教师的政治思想、文化科学和业务能力等素质做出比较全面正确的评价。通过评价信息反馈，不仅可以激发评价对象自觉地提高自身基本素质的积极性，而且更有利于学校领导和上级主管部门有针对性地采取有效措施，不断提高体育教师队伍的政治思想、文化科学和业务能力等基本素质，这是体育教师队伍管理科学化的重要措施。新课程提出要建立促进教师不断提高的评价体系，建立以教师自评为主，校长、教师、学生、家长共同参与的评价制度。教师作为学校教育实施的主体，其自身的素质和发展将直接影响教育的成效，影响成万上亿学生的发展。对教师进行评价不仅是为了检查教师的工作表现，更重要的是促进教师素质的提高，这是新课程中教师评价改革的关键。显然，体育教师评价本身就是体育教师队伍管理科学化的重要措施。通过对体育教师评价，不仅可以促进其发展，也可以为体育教师的受聘、任教、晋升工资、评定职称、实施奖励和惩罚提供科学依据。

（三）促进课程标准和素质教育的实施

《中国教育改革和发展纲要》指出：发展教育事业，提高全民族的素质，把沉重的人口负担转化为人力资源优势，是我国实现社会主义现代化建设的一条必由之路。中共中央《关于进一步加强和改进学校德育工作的若干意见》强调：现在和今后一二十年学校培养出来的学生，他们的思想道德和科学文化素质如何，关系到中国二十一世纪的面貌，关系到我国社会主义现代化建设战略目标能否实现，关系到能否坚持党的基本路线一百年不动摇。[①]《中国教育改革和发展纲要》明确要求要由"应试教育"转向全面提高民族素质教育的轨道，面向全体学生，全面提高学生的思想道德、文化科学、劳动技能和身体心理素质，促进学生生动活泼地发展。

由应试教育转向全面提高民族素质的轨道，首先要树立全面的教育质量观和"健康第一"教育观。要由考试分数就是质量的观念，转变为全面素质才是质量的观念。教师是素质教育的具体实施者，树立教师全面教育质量观，具有直接的现实意义。体育教师教学质量评价标准是以提高学生全面素质要求为依据制定的，通过教学质量的评价实践，加速体育教师"健康第一"全面教育质量观的树立，从而促进素质教育的实施。实施素质教育，教师必须具备较高的素质，通过教师素质评估，既可激励体育教师提高自身素质的自觉性，又能激发主管领导提高体育教师素质的迫切感，加速体育教师素质的提高，促进体育课程标准、素质教育的实施。

四、高校体育教师教学能力评价的理论知识

（一）体育教师评价的内容

体育教师评价内容是对体育教师素质、工作过程和工作效果进行价值判断所依据的内涵，是对体育教师进行整体的或局部评价的依据。

1. 评价的主要内容

体育教师素质：一般素质，如年龄、身体、气质、性格等；政治素质，如思想政治、教育思想、师德等；知识素质，如一般科学文化知识、体育学科知识、教育理论等；能力素质，如体育教学能力、自学能力、改革创新能力等。

工作过程：体育教师工作量，如备课、上课、课外辅导、批改作业。

2. 评价方式

有平时考核与定期考核，自我评价、他人评价和领导评价。平时考核一般不做定性评价，定期考核又分半年、一年、三年等做法，一般是定量与定性评价相结合。

体育教师的评价应注意：

要有充分准备，提前向体育教师公布评价内容。

及时了解体育教师心理动态，做好思想教育工作。

坚持全面考核的原则，既看工作成绩，又看工作态度和能力；既看体育教师教得如何，又看学生实际受益如何：不凭一学时就做结论，要看过去、现在和将来的发展情况。

坚持走群众路线，听取各方意见，广泛收集信息。

---

① 谷茂恒，姜武成．高校体育教学评价体系的构建［M］．北京：航空工业出版社，2019：79．

（二）体育教师评价的指标

体育教师评价的指标是反映体育教师评价内容某方面本质特征的主要因素。评价指标集合成的有机整体构成了体育教师评价的指标体系。评价指标是评价目标的体现，体育教师评价指标就是体育教师评价时的一个方面的规定性，它是整体的、可测量的。体育教师评价指标要根据《教师法》《体育法》的要求，结合各学校具体任务和管理工作需要来制定。体育教师评价项目是多方面的，包括对体育教师的基本要求，对体育教师的合理安排与使用，对体育教师的培养与提高，对体育教师职务分工与考核，因此要依据整体目标设计指标。例如：思想政治，包括理想信念、教育思想、品德修养；工作状况，包括工作负荷、计划总结、教学工作、德育工作、进修提高；工作绩效，包括德育效果、学生成绩、近视率、课外活动、教研教改等。

建立科学的教师评价指标体系，是正确开展教师评价活动的前提条件。提出一条评价指标并赋予相应的权重，实质上就是把人们对教师工作价值的认识客观化，使人们的价值认识凝集在指标和相应的权重上。有了一致的价值认识，才有可能获得一致的价值判断结果。

（三）体育教师评价的标准

对教师进行评价的尺度是依据国家对教师在政治思想、业务能力、身体健康状况等方面的要求制定的。学校根据这个标准对教师进行管理，教师本人依据标准来要求自己。国家教育行政部门对教师标准有如下规定：拥护中国共产党的领导，热爱社会主义祖国，努力学习马克思主义、毛泽东思想、邓小平理论和习近平新时代中国特色社会主义思想，忠诚社会主义教育事业，认真贯彻党的教育方针，刻苦钻研教学业务，关心爱护学生，既教书又育人，积极做好本职工作，思想言行堪为学生表率；要具有相应的学历，幼儿园教师应具备幼儿师范学校毕业及其以上学历，小学教师，应当具备中等师范学校毕业及其以上学历；初级中学教师应当具备高等师范专科学校或者其他大学本科毕业及其以上学历；高等学校教师，应当具备大学本科毕业及其以上学历；懂得教育规律并掌握教育教学基本原则和方法，基本胜任教育教学工作；能够使用普通话进行教学；身体健康，能够坚持教育教学工作。这些标准自然是教师评价的标准，除此之外，还必须反映教育教学工作的本质特征，必须考虑教师的职业特点与心理特点，必须体现教师工作质与量的基本要求是科学可行的。这就要求依据教师评价的不同内容，分别制定不同层次的评价标准。以体育教师教学工作过程评价为例，由于教学工作量以时间形式来表现教师教学工作的数量，这就只能在基本保证质量的前提下以课时数评价，加上教师工作具有个体性、创造性强的特点，各校要根据实际情况来确定相应合理、大体平衡的教学工作量。

体育教学工作质量标准具体分为备课、上课、课堂教学方法、课外辅导、课外活动和训练竞赛工作等标准。这是完成体育教学任务和取得良好教学效果的保证。上课的评价标准大体有：教学目标明确，符合课程标准的水平目标、领域目标、教材和学生实际，有明确的体能培养目标，寓思想政治教育于教学之中。教学内容面向全体学生，讲授知识准确，重点突出，难点清楚，精讲巧练，促进学生体育学习能力的发展。课堂教学结构有所创新，教学方法有所改革。教学过程安排合理，充分利用现代化教学手段。教学效果好，师生双边活动协调，教师完成了课堂教学任务，学生形成了良好的学习习惯。其他方面，如课堂教学方法、课外活动、训练竞赛工作等分别制定评价标准。教学工作效果主要指所培养的学生的质量，它包括德、智、体发展的素质评价等，平均分、标准差、标准分数等评价标准，达成度评价标准，学历评价标准及社会效益评价标准等。

五、高校体育教师的课堂教学评价

体育课堂教学是学校体育教学的主要形式，是体育教师工作的主要场所。新课程要求以学生为中心开展课堂教育，评价课堂教育的焦点也应从教师的"教"转移到学生的"学"。体育教师课堂教学效率的评价，就是对体育教师课堂教学时间的有效利用率做出正确的评价，通过信息反馈，确立"教师为引导，学生为主体，体验为红线，思维为主攻"的教学思想。使体育教师明确教是为了学，教要落实到学，教要服务于学；体育教师要积极实行启发式和兴趣式教学，激发学生体育学习的兴趣和创新意识，让学生感受、理解体育的学习、认识自己的体育学习发展过程，培养学生的探究精神和创新思维；教与学是平等的，师生之间应在独立人格的基础上建立起真诚的情感关系，使体育教师明确了解自己课堂教学有效时间利用的程度与不足，以激励体育教师采取措施，提高体育课堂教学效率，从而达到提高体育教学质量的目的。体育课程标准对体育教师教育的评价将更加重视他们创造力的表现以及学生喜欢体育活动的程度，而不再像传统的评价那样，将评价的重点放置体育教师的教学表演能力。评价应有助于教师的进步和发展。建构符合体育新课程标准要求的课堂教学模式，要求体育教师转变教育观念，更新教育思想，正确认识新时期教学的现状、目标、要求和方法，不断探索优化体育课堂改革的新方法和新思路。

六、高校体育教师教学能力的评价方法

教师教学工作评价主要有五种方式。分别是领导评价、学生评价、教师自评、同行评价与专家评价。

（一）领导评价

领导评价是一种自上而下的评价，它一般指由校长或学校上级领导实施的评价，具有较大的权威性。主要由学校领导通过听课、检查教案和学生的学习作业、召开师生座谈会等形式了解教师的教学质量并作出评定。在领导评定过程中，要遵循一个原则，即评价要实事求是、公正、公平，不能凭主观印象，否则将会打击教师教学的积极性，影响教学质量的提高。

（二）学生评价

学生评价是一种比较民主的形式，主要有问卷调查与座谈会两种形式，它主要是通过考察学生对教师教学的意见，来评定教师的教学态度、教学技巧、表达能力、教学组织能力以及沟通与协调师生关系的能力。这种评价在一定程度上能够为教师教学的改进提供一定的反馈意见，但是有时也与实际情况有一定出入。一般研究表明，学生评价是可靠的，但并非所有的评价都有助于教学改进，而且学生评价受到班组大小、课程学科类型、教师教龄等因素的影响，往往产生偏差。因此，学生评定应与其它评定相结合。

（三）同行评价

同行评价是指由教研室或学校其他教师对某教师的教学做出评定，这种评定的优势在于参与评定的教师相互之间比较了解，对本学科的教学目标、意图、内容、方法等以及师生的具体情况比较熟悉。因此，做出的评定比较符合实际，同时也有利于教师之间的相互学习、相互交

流，提高教师的整体水平。

同行评价一般采取教案诊断和课堂听课的形式进行。教案诊断就是从教法的角度出发，通过考察教师准备的教案目标是否清晰具体、内容是否得当、重点难点是否突出等，进行分析并提出建议。课堂听课是指学校组织同学科教师相互听课，在现场观察的基础上，按定的指标对教师课堂教学进行评分。

与学生评价重点在教学态度、教学技巧不同，同行评价更注重教师对本学科内容的掌握程度以及教学任务的完成情况等，一般而言，在教师教学质量评价方面，同行评价最具权威，也最能提出中肯的意见。但是如果组织不当，这种评价也容易流于形式。比如领导、专家一起评，会影响教师真实意见的表述，而如果人员太多，意见又往往过于分散、缺乏重点。此外，还有一些其他个人因素，也可能影响同行评价的真实性，这些都是我们在组织同行评价时应注意的问题。

（四）教师自评

教师对自身的教学活动进行评定，这也是教学评定的主要途径。教师自评意味着对教师的尊重和信任，有助于增强教师的主人翁意识，鼓励教师积极参与评价过程，提高教师评价的有效性和可靠度，使评价成为教师自我改进、自我教育的过程。

教师的自评一般是通过三种方式进行的：一是根据别人对自己的评价来评价自己；二是通过与他人的比较来评价自己；三是通过自我分析、自我反思来评价自己。通常来说最常用、较有效的方法是写"教历"。教师可以用教历的形式记载教学工作的进程，同时记下过程中的所思所想，进行总结、反思、改进。教师自我评价有时会有夸大自己、评级较高的现象，但从总体上来说，教师能够做到客观地评价和分析自己的工作，并做出改进和完善的决策。

（五）专家评价

专家评价往往是学校教师评价中的一种补充方式。它主要是通过聘请一些知名的教育专家到学校听课，在此基础上，对教师的教学进行诊断性评价，帮助教师发现问题，提高教学质量。专家评价一般比较客观和专业，往往能开阔教师视野，更准确地对教师的教学作出判断。实践证明，专家评价有助于校内教师形成新的教学风格。

第四节　高校体育学生学习能力的多元化评价分析

一、高校学生的身心发展特征

（一）高校学生身体发展特征

大学生身体的发展主要包括身体形态发展、身体机能发展和身体体能发展。具体来说，我国大学生身体发展特点如下。

1. 身体形态发展特征

身体形态是指身体的外部形状和特征，包括人的体格、体型和身体姿势，一般由比较精确的长度、围度、体重及其相互关系来表现的。随着年龄和时间的推移，人的身体形态是不断发展变化的，既有先天遗传因素的影响，也有后天环境的影响，每个人的身体形态不同，但人的身体形态的发展也有其自身规律。

研究表明，我国大学生身体形态的发展具有以下两个特征。首先，大学生身体形态的生长发育存在明显的波浪性和阶段性特点。大学生身体形态的发育的总体趋势是一开始生长很快，后逐渐减慢，其中有两次高速增长期。第一次高峰出现在胎儿到出生后的第一年内，后增长速度逐渐减慢，保持相对稳定的速度直到青春期；第二次高峰出现在青春期，随后增长速度逐渐减慢，直到成熟为止。因此，大学生的整体生长发育线是呈现出波浪性和阶段性特点。其次，不同大学生身体形态生长发育存在差异性。在大学生的生长发育中具有很大的差异性。性别方面，由于性别不同而使男女大学生之间的身体形态发育很不平衡，男女之间的身体形态具有很大差异，发育时间也有差别；身体形态发育阶段方面，大学生各个部位的生长速度是不同的，如青春期时身高的增长速度相对要比体重快；此外，个体和个体之间，地区和地区之间也存在一定的差异。

2. 身体机能发展特征

身体机能的发展包括神经系统的发育、骨骼肌肉系统的发育、呼吸系统的发育、心血管系统的发育等，具体如下。首先，在神经系统的发育方面，大学生神经过程的抑制阶段已经基本完善，具有较好的抽象思维能力，随着年龄的增长，兴奋与抑制逐步达到均衡，抽象思维能力继续不断提高，分析综合能力得到提高，大脑结构和技能达到成人水平。其次，在骨骼肌肉系统的发育方面，大学生的骨骼增长基本稳定，骨的弹性大，关节囊、韧带延展性好，坚固性好；骨组织内无机盐增多，水分和有机物减少，骨密质增多，骨骼变得粗硬；肌肉长度和横断面积增加，肌肉力量和耐力较好，对力量和耐力性的素质练习承受能力较强。再次，在呼吸系统的发育方面，大学生胸廓大，肺容积、肺活量大，呼吸肌发育完全，呼吸频率减慢加深，呼吸调节能力强。最后，在心血管系统的发育方面，大学生的心脏发育已经接近成人，心收缩力强，心率减慢。

3. 身体体能发展特征

身体体能是指身体的各项素质，如速度、速度耐力、力量、爆发力等。大学生体能的发展具有一定的规律性特征。首先，大学生身体体能的发展与身体形态和机能的发展趋于一致，表现出较为明显的波浪性和阶段性，形态、机能发育基本稳定，身体体能到达高峰。其次，大学生身体体能的发展表现出一定的差异性，一方面，男女大学生体能的发育速度不同；另一方面，不仅各项体能的发展速度不同，各种体能的发展顺序也不一样。

4. 性发育特征

性成熟是青春期最重要的变化之一，它包括生殖器官的形态发育、功能发育和第二性征发育等。大学时期，学生的性发育已成熟，高校体育教师及高校工作者应加强对学生的性教育，教会学生处理好与异性的关系，鼓励学生多参加集体活动，促进大学生身心的全面健康发展。

（二）大学生心理发展特征

1. 认知发展特征

人的认知水平随着年龄的增长，呈现出由低级到高级，由简单到复杂，由现象到本质的规律，特别是大学生正处于身心发展的关键阶段，这种规律和特点便更加明显。随着年龄的增长，大学生的感知能力、运动知觉有了很大的提高，抽象思维能力占有相对的主导地位，有意注意力发展显著，自觉性和灵活性也有所增强。此外，大学生的抽象思维能力有了较大的提高，辩证思维发展良好。

2. 学习能力发展特征

随着年龄的增长，大学生学习的动机、兴趣和能力也在不断变化发展，呈现出一定的特点。随着年龄的增长，大学生会越来越重视学习的效果和教师的评价，以及与社会意义和自身的发展联系起来，学习兴趣也开始分化和带有选择性、稳定性，学习的有意性和自觉性有了提高，独立学习的能力也获得逐步发展。

3. 情感和意志发展特征

情感和意志是心理发展构成的两个重要因素，情感是人们对客观事物的态度体验和相应的行为反应。意志是人们自觉地克服困难来实现预定的任务的心理过程。大学生的情感稳定，能很好地控制自己的感情；独立性、主动性和坚持性强，道德感、理智感达到较高水平，意志品质发展迅速。但由于大学生在情感和意志上有很大的个体差异，因此，不同的大学生会表现出不同的情感和意志发展特点。

二、高校学生体育学习能力的相关内容

（一）运动感知的能力

感觉和知觉的认识过程有所不同，然而它们又都是大脑在事物的直接作用下对事物的反映，都处于感性认识阶段，这是认识过程的第一阶段，也是它们的共同点。形成运动感知能力需要具备如下两个条件。第一，外界的刺激。例如，运动着的物体、固定静止的体育器材以及学生自身的运动等。第二，人体的感觉器官，如眼睛、耳朵、前庭器官以及肌肉与关节中所含有的感受器。学生对各种运动技术的学习都是以本体感觉为基础的，这是学习体育与学习其他学科的最大不同，学习体育的主要形式是身体活动，而学习其他学科的主要形式是思维活动。

（二）运动表象形成的能力

表象反映的是人脑过去感知过的事物形象。形成表象的基础是感知，人在脑中对感知得来的信息进行加工，从而形成感性形象的过程就是表象形成的过程。

一般来说，在学习体育的初级阶段与巩固练习阶段中，学生动作表象的形成都是十分重要的。在体育教学过程中，教师将运动知识传授给学生的主要形式是运动概念和运动表象，学生通过观看教师的动作示范，听取教师的语言讲解，或通过观看视频（录像）等，对动作技术进行模仿练习，在练习中正确而清晰的运动表象在大脑中不断形成，以此来对动作技术与技能进行具体掌握。

（三）身体平衡的能力

平衡能力指的是学生在进行运动技术的学习时，身体各器官、系统与运动部位之间相互配合，相互协调，顺利完成动作技术的能力。平衡能力是运动技术形成的重要基础之一。先天遗传、身体素质、运动技能的贮存数量和学生的心理素质等因素都会对学生的协调与平衡能力造

成影响。因此，在体育教学中应特别注意对学生身体平衡能力的判断与培养要符合学生实际。

三、高校体育教学学生评价指标体系的建立

（一）高校体育教学学生评价指标体系的构成

二十一世纪的教育改革的不断深入，教育评价体系的研究也越来越深入。体育教学评价从学生的体育成绩评价向多元化的综合素质评价发展是教学评价的根本已形成共识，体育教学评价不仅要关心学生的体育学习成绩，而且要发挥和发展学生各方面的潜能，了解学生身心发展的需求，帮助学生认识自我，建立自信。如何科学合理的评价学生的体育学习，使评价成为促进学生更好地进行体育学习和积极参与体育活动的有效手段，是体育课程改革亟待解决的问题。因此，我们在对以往专家确定的学生体育学习评价指标体系的基础上，让学生及从事在体育教学一线的教师对评价体系各权重进行打分，然后比较专家指标体系权重与现实教学效果之间的权重差异，对指标体系权重进行重新修改与构建。具体方法是在对体育课学习效果的回答基础上设计问卷，通过对学生学习效果问题的回答，设置成变量。从人际关系、社会规范与角色、耐挫能力到技术技能应用、技术掌握质量、技术技能达标等共有问题，将每个问题看成一个变量，根据足够有代表性的样本建立数据库，然后对数据进行因子分析，提出主要因子即公因子，根据因子得分载荷大小为因子命名，形成一级指标，并在此基础上，根据每个公因子中各变量对公因子得分贡献大小确定几个二级指标。通过结合相关资料，我们尝试从社会适应、情感态度、体质健康、知识认知、技术技能五个方面对学生体育学习能力进行评价。

（二）高校体育教学学生评价指标内容分析

体育教学与其他课程教学相比较，最重要的特征是从事身体练习，着重强调实践练习。体育的学习是一种技能的学习，其"技艺性"是体育教学的重要特征，技能学习属于身体认知，属于区别于逻辑认知的特殊领域，是实现体育功能的重要载体，它的发展具有特殊的意义。学生的体育学习过程必须遵循人体发展的自然规律，因此其"自然性"是学校体育教学的又一特征。体育学习过程是一个认知过程，它对人的情感、意志、态度、价值观方面的影响更为深刻，在提高学生非智力因素方面具有特殊的功能，因此，"情意性"也是学校体育教学的又一特征。体育和其他任何学科的学习相比较，显示了环境变化多端、学生的角色扮演多样、信息渠道畅通的重要特征，为学生的交往能力和组织能力的提高提供了条件。所以，其"人文性"又是普通学校体育实践类课程的特征之一。综上所述，学校体育课程是以"技艺性"为主，"自然性""情意性""人文性"四性兼备的特殊学科。

因此，可以将学校体育教学的学科特征进行分解，以确定学生体育教学评价指标的具体项目：其一，体育学习是以身体练习为主要手段；其二，体育学习必须遵循人体发展规律并承受一定的负荷；其三，体育学习在非智力因素的发展方面有其特殊功能；其四，体育学习在提高学生适应社会的能力方面有特殊的功能。根据对以上体育课程特性的整体分析，可以概括出构建学生体育学习评价的整体思路和主要依据。经过专家的筛选排序，我们把一级指标设为四项，即社会适应、情感态度、体质健康、认知水平。

1. 对社会适应评价指标的分析

体育运动是指以身体练习为基本手段，以增强体质，促进全面发展，丰富社会文化生活，

促进社会文明进步的一种有意识有组织的社会活动。体育运动参与与社会活动紧密相连，学生在体育运动参与或竞赛当中，既有互相协作配合，又存在相互竞争，又必需遵守一定规则进行比赛活动，这种在体育运动参与中形成合作、竞争、遵守规则、服从裁判的意识和行为将会迁移到日常生活、学习、工作中去。可以说，体育教学是社会的一个缩影，通过体育教学，在提高其健康水平的同时，可以增强同学之间、师生之间的人际关系，保证社会规范与角色定位和锻炼学生的耐挫能力，不仅对培养学生成为社会人，具有重要的促进作用，也有利于对学生社会适应能力的培养。

2. 对情感态度评价指标的分析

情感态度指兴趣、动机、自信、意志和合作精神等影响学生学习过程中学习效果的相关因素。学生体育学习中的情感态度价值观的培养，是一个由知识与技能的学习过程承载的启发、渗透和感染的过程。体育教师要把情感态度价值观的培养有意识地、自觉地贯穿于体育教学过程之中，使其成为教学的灵魂，使学生逐步形成社会所期盼的健康情感，积极的态度和正确的价值观。体育教学评价指标体系中的情感态度包括运动参与、学习兴趣、情绪调节合作与交往等具体内容。学生体育学习过程总是伴随着一定的情感体验，学习过程中的情感体验总是影响着学生的态度，从而产生不同的学习效果，而不同的学习效果反过来又会使学生产生不同的情感体验，进而影响学习过程。

3. 学生体质健康评价指标的分析

体质，是指人体的质量。它是在遗传性和获得性的基础上表现出来的人体形态结构、生理功能和心理因素的综合的、相对稳定的特征。是指人体生命的质量，健康体质是人们正常生活、学习、工作的基础。具体而言，体质是人通过先天遗传和后天获得所表现出来的在身体形态、生理机能、运动能力及适应能力等方面的相对稳定状态。健康是生命支柱，身体是工作的直接承受体，只有健康的身体才能使生命焕发光彩，而健康的身体来源于多种因素，体育锻炼则是诸多功能因素中最为重要的关键因素。人的体质在其形成和发展过程中，具有明显的个体差异性和阶段性。因此，在人的不同生长发育阶段，体质的状况是不断发展和变化的，既有共同的特征，又有不同年龄阶段的特殊特征。因此对体质健康进行评价时，要充分考虑被评对象的自身特点。在我国《学生体质健康标准》中，也选取了身体素质、身体机能和身体形态这三项指标作为评价学生体质健康的评价指标身体素质，它是指人在体育活动中表现的机体能力，它是衡量体质的重要指标。通常所称的身体素质有力量、耐力、速度、灵敏和柔韧等。身体素质是体育活动中反映出的机体能力，是掌握运动技术、提高锻炼效果的基础。作为学生体育学习评价指标之一得到了专家的肯定。它既成为了确定学生体质测定标准的依据，又在体育课的任务中得到表述。

身体机能水平，包括心率、血压和肺活量。身体机能是指机体新陈代谢的功能，以及各器官系统的工作效能。通过身体机能评价，可以了解机能的状况和体质水平，反映身体锻炼的效果。教学实践证明，体育教学能够对学生的身体机能产生影响。

身体形态指标，包括身高、体重、胸围、腰围，作为身体形态指标，还可以包括身体姿势、皮下脂肪、骨关节形态、身体各部分比例等，对于以上指标的筛选是考虑到各级各类学校体育教学条件和测量工具的简易性问题。在众多的形态指标中，学生在身高、体重和胸围方面的发育状况能够具有代表性。

4. 对于知识认知评价指标的分析

认知是指人们获得知识或应用知识的过程，或信息加工的过程，这是人最基本的心理过程。它包括感觉、知觉、记忆、想象、思维和语言等。人脑接受外界输入的信息，经过头脑的加工处理，转换成内在的心理活动，再进而支配人的行为，这个过程就是信息加工的过程，也就是认知过程。认知理论认为，认知过程决定着情绪和行为的产生，同时情绪和行为的改变，也可以影响认知的改变。美国著名的认知心理学家布鲁纳将认知发展分为动作式、图像式和符号式三个阶段，并指出在知识的获得过程中，一个人首先是依靠动作学习，然后依靠图像学习，最后依靠符号学习。据此布鲁纳提出教学应从具体行动体验开始，逐渐由经验的图像代替物如图片、电影等发展，最后学习符号，这一点对所有的学习者均适用。教学如按从直接经验、图像经验到符号经验的顺序展开，就能有效地促进学习。在现行课程编制中对目标领域与学习水平研究影响最大的是布鲁姆等人的教育目标分类学。根据布鲁姆的思想，完整的教育目标课程目标应当包括三个部分认知领域、情感领域、动作技能领域，并且在每一个领域都进行了更为详细、由低到高的区分。体育课程改革中的课程标准的制定以及对于领域目标及水平目标的设置都或多或少地折射出布鲁姆的目标分类思想。布鲁姆的目标分类方法是将教学目标具体化，操作化的一个有效途径。对于体育知识的定义为体育知识是人们对于体育的现象、事实及其规律的认识，是人们在长期的实践中积累起来的经验的概括和总结。体育知识为人们提供了有关体育的信息，并为他们的体育行动奠定基础。体育教学过程中需要学生进行逻辑认知的内容非常丰富，即使是动作技能学习，也存在着逻辑认知的成分，头脑不清楚，知其然而不知其所以然的学习都会从整体上影响学生体育学习目标的达成，因此，对于认知领域的评价要求学生能够记忆和领会相应的知识群，其中包括体育理论知识、人体科学知识、心理学知识、社会学和美学知识等。随着认知水平的提高和知识的逐渐积累，对于体育知识应该有应用和分析能力，能够用抽象的原理解决体育学习中的问题等，使体育认知水平与实际应用实现有机结合。

四、高校体育学生学习能力提升的路径

（一）优化体育课程设置

根据学生的培养目标，在课程设置上应该密切地配合学生的培养特点，对此，我们需要提高认识，更新传统教育观念，优化课程体系：第一，学科课程设置需要有超前意识，要勇于打破常规，敢于创新，教学内容要达到学科前沿，教学时要主要摄取新知识、新特点，积极地运用并加以转化扩充专业内涵。第二，学科设置要有实效意识，理论联系实际。具体来说，学科课程设置要紧扣目标，在课程体系的构建上要重视对实践能力的应用。一定注意要避免"理论型""无动手能力""技术型无理论知识"的培养倾向，要与各级学校体育教学的特点、情况、趋势紧密地结合起来。第三，学科设置要有综合意识，在重视必修课的同时，也不能忽视选修课的作用。选修课可以扩大学生的视野，也能最大限度地根据学生的需要来选择所需的学习内容，可以充分地发挥学生的主观能动性，适当增加实践类选修课的比重。因材施教，促进学习动机，加强学生多种能力的培养，也有利于培养有个性特点、有创造性特点的人才。

总之，课程优化设置，要以实践为主线坚持培养极具个性、实践性、创造性的人才。为目的开设更多实践性课程，并积极地借鉴其他学科的课程设置的优点，努力培养理论和实践都过硬的实用性人才。

（二）丰富教学模式

课堂教学是培养学生的主要渠道，也是培养学生实践能力的途径之一，实践能力的提高与培养不是一朝一夕的事情。仅现有的实践课堂很难达到比较理想的效果，这就需要各任课教师在学生的四年大学教育实践中，不断强化学生的实践意识，从而有计划地提高学生的实践能力。这就要求我们需要重视课堂教学方法，必须把实践能力的培养作为重要任务，将基本知识、理论、技术的学习和实践能力，有机地结合起来。在知识类教学中，教师应提倡和采用以解决问题的逻辑思维，根据知识的内容来设计情境问题，让学生通过解决问题的过程来获得相应的理解。在技能教学中，教师需要切实把握住各个专项领域的技能，按照严格的规范要求，对学生进行有针对性的训练，并能引导学生可以做到在实践中能够熟练运用。另外，还需要根据实践的需要，相应的增加一些实践类课程。模仿真实的环境，让学生做主导，根据自己所学，去分析、解决问题，教师适当地对学生进行组织、引导和点评。逐步地开发出学生更多的思维能力、创造能力、语言表达能力、实践操作能力。多运用启发式、探究式的教学方法，全面改进和提高课堂教学质量。

（三）健全教学评价制度

考评对学生来说具有检验、测试能力与水平的作用。对于教师来说，具有反馈教学效果的作用，它是教师评价学生学习情况和学生自评学习中不可或缺的重要手段，是师生沟通的一个必要的环节。考评的结果可以对下一步的教学起到具体的导向作用。以往的考核评价制度无论是在方式，还是在内容上，都简单围绕学生理论知识、达标成绩、技能水平来检测的。这种制度在一定程度上忽略了学生实践能力的考核评价，长期下去，会在客观上误导学生在平时的学习中轻视对实践能力的训练和掌握。因此，建立科学、合理、严格的考核评价制度是提高学生实践能力的重要保证。考核评价的内容、标准要紧密结合专业实践能力进行评定，不管是在基本的理论课上还是在术科课上都应该有所体现。在理论课考核评价上，除了要考核必要的知识范围，还应该在考核中依照基础理论和实践能力相结合的环节设计一下与体育运动相关的问题。这样不仅可以引导学生在学习的过程中重视理论联系实际的作用，还对提高学习效果有很大的帮助作用。在术科课的考核评价上，考核的内容、方法、标准不能仅依靠运动技术掌握水平的高低，来对学生进行考核评价，重要的是应该重视学生对运动技术的教学、训练情况的掌握程度，以及在教学、训练中合理运用并达到一定水平。完善制度，学以致用，提高效果，为学生终身体育意识的形成打下坚实的基础。

第七章　高校体育教学管理的多元化研究

第一节　高校体育教学管理内容的多元化分析

一、高校体育教学的管理系统分析

学校作为一个管理系统，其各项体育工作的进行均离不开各部门的相互配合，这些部门协同合作才组成了一个运转正常、高效的管理系统。学校体育管理系统主要包括学校体育运动委员会、院系体育运动委员会、体育教学部、学生工作处、校医务室、校学生会体育部、院系学生会体育部等。这里简单介绍以下几种。

（一）学校体育运动委员会

学校体育运动委员会负责主持全校体育工作。体育教学部、学生工作处、院系负责学生工作的负责人和医务室校医等人员构成学校体育运动委员会的成员。学校体育运动委员会在各院系下设体育运动分会，分会领导由院系负责学生工作的领导担任，并由专人负责。

学校体育运动委员会的主要管理职责是定期召开全校体育工作会议，研究体育工作，制订年度体育计划，并对上述工作进行督促、检查与落实。在管理权限方面，学校体育运动委员责成体育教学部执行全校各项体育工作任务，并要求各院系体育运动分会积极开展本院系学生的体育活动。学生工作处及下属学生会体育部积极配合体育教学部和各院系体育运动分会开展各项体育活动。

（二）院系体育运动分会

院系体育运动分会是学校体育运动委员会的下属管理机构，它直接受学校体育运动委员会的领导。它可以使院系学生体育部的作用得到充分发挥，并充分调动学生参与体育活动的积极性。

院系体育运动分会的主要管理职责是通过对本院系特点的分析与考虑，在本院系开展体育工作。同时，负责的工作多样，完成学校制订的年度体育工作计划，还要做到年初有计划，年中有项目，年末有总结，执行有措施，完成有成果。

院系体育运动分会可以参加全校体育活动，也可以在院系之间、年级之间、专业之间或者班级之间开展各种体育活动。

（三）体育教学部

学校体育教学部是学校专门从事体育工作的管理部门，由分管体育工作的校领导直接领导。学校体育教学部是学校体育运动委员会的参谋部，也是落实学校体育运动委员会年度工作计划的执行部。

1. 体育教学部的领导构成

各学校可以结合自身情况选择具体的领导构成，一般来说，体育教学部应设置主任 1 人、党支部书记 1 人，副主任根据需要配备，施行主任负责制，第一责任人是教学部主任。体育教学部的领导应注意合理搭配，以发挥领导团体的最佳功能，具体来说，应该突现出以下特点。

（1）年龄方面：老中青搭配，使领导班子里既有丰富的经验又保持优良的传统，还具有朝气蓬勃的青春活力和新时代的气息，后继有人。

（2）性别方面：在充分考虑体育师资队伍的现状和工作需要的基础上进行性别搭配。

（3）知识结构方面：领导班子成员最好毕业于不同的学校，这样领导具有多元化的知识结构，从而使应付复杂的工作更加容易，并杜绝小团体行为。

（4）体育项目方面：领导班子成员最好来自于不同的体育项目，这样有利于从各个不同的角度研究问题，达到集思广益的效果。

（5）个人素质方面：领导班子成员能认真学习掌握各级文件精神，政策观念强；能准确掌握上级的精神实质，坚定不移地执行上级指示；能跟踪体育课程教学管理信息，调整改革思路，完善工作方法；能保持继续学习的习惯，随时掌握新的知识和技术，提高宏观指导的能力；灵活性强，能具体情况具体分析；善于和各种不同类型的人打交道，特别是善于和曾经反对过自己而被实践证明反对错了的人打交道。

（6）团体构成方面：主要负责人应德高望重，有能服众的知识水平；有保持前进方向的政策水平；有把握改革成功的坚强实力等，其他成员各负其责、鼎力相助，党政同心协力，从而共同完成工作任务。

2. 体育教学部的内设机构

（1）体育教学部下设办公室：体育教学部设主任 1 人，副主任多人，各分管一部分工作，日常事务由办公室负责。体育教师数量少的学校适合采用这种形式。

（2）体育教学部下设教研室：体育教学部下设课堂教学教研室、群体活动教研室、训练竞赛教研室，甚至还可按项目分类、按教学的年级分组等。设教研室，教师可以按各自从事的工作划归相应的教研室，工作专一，针对性强，便于教研室内部进行教学研究。体育教师数量多的学校适合采用这种组织机构方式。

3. 体育教学部的师资结构

体育教师是体育教学部的重要成员，他们所从事的工作呈多元化，业务分割，人员不分割，对体育教师的要求是业务全面，一专多能，能满足学校各项体育工作的需要，一般是呈梯次、互补、实用型的复合结构，主要考虑的因素有年龄、性别、项目、知识、职称等。

（1）年龄方面：老中青搭配，年龄呈梯队层次。

（2）性别方面：教师性别比率与学生性别比率应保持基本相等。

（3）项目方面：教师队伍中有田径、体操、篮球、排球、乒乓球、足球、羽毛球、健美操、体育舞蹈、传统武术、跆拳道、散打、游泳等多个体育项目的专业人员。

（4）知识方面：教师从不同的院校毕业，知识结构呈互补型。

（5）职称方面：合理的师资队伍构成应是有助教、讲师、副教授、正教授等多种职称人才，并搭配合理。

4. 体育教学部的管理内容

根据工作性质，体育教学部的业务范围大致可分为课堂教学管理、群体活动管理、训练竞赛管理、体育科研管理及保障以上四项工作顺利展开的体育场地器材管理，具体如下。

（1）课堂教学管理：课堂教学管理是学校体育管理工作的中心。课堂教学一般在正课时间进行，能够充分保证安排时间、师资、场地、器材。在课堂教学中，集中教学是主要采用的形式，通过这种形式的教学，不仅教育过程可以更加科学系统，学生也能够掌握几项体育锻炼手段，总之通过课堂教学，使学生更加热爱体育运动、积极参加体育活动，使学生的身心得到健康发展。

（2）群体活动管理：群体活动管理是学校体育管理工作的主要组成部分，是课堂教学的延伸和发展，其主要表现形式为早操、课间操和课外体育活动。长期的思考问题，会使学生大脑产生疲劳，通过群体活动的合理分布以及脑力与体力活动的交叉搭配，这种疲劳就会得到有效缓解。经常参加群体活动，通过体育锻炼，学生可以获得健壮的体魄和旺盛的精力，从而为紧张而又繁重学业的完成提供基础。通过参加群体活动，学生不仅可以完成课堂教学布置的作业，还能够掌握课堂教学传授的知识，养成经常参加体育锻炼的良好习惯。

（3）训练竞赛管理：良好的训练竞赛管理可以提高学生的运动技术水平。训练竞赛是指学校对少数有体育特长的学生进行科学的训练。同时，学生在训练竞赛中取得优异成绩，既可以为学校获得良好的知名度，还能够激励普通学生参加体育锻炼，最终达到全体学生健身的目的。

（4）体育科研管理：体育科研管理是学校体育工作可持续发展的良性循环链中不可或缺的重要一环。体育科研是体育教师的一项基础工作，对提升体育教师知识层次和完善体育教师知识结构有着重要作用。书写体育科学论文、完成体育科研课题、编纂体育教材和撰写专著等是体育科研的主要表现形式。通过利用多学科知识对体育活动和运动规律进行深入地研究探讨，学校体育课程教学可以更加合理和完善，从而实现学生、教师、学校和社会的共同发展。

（5）体育场地器材管理：体育场地器材管理是学校体育工作完成的保证。在学校各部门中，体育运动场馆、器材是学校"形象工程"的重要部分。体育场地和器材涉及学生能否在进行体育锻炼时保证卫生和安全；体育场地器材后勤保障时效性强，这些都是体育场地器材的管理呈现出的特点。总的来说，体育场地器材的管理应力争做到体育场地器材美观、及时、安全、卫生、实用、耐久。

（四）学生体育部

学生体育部是学校体育活动的生力军，学生体育部的工作应该接受学生工作处、学生会的领导，由体育教学部进行指导。学校体育部的主要管理职责是协助体育教学部完成学校各项体育工作，在体育教学部的指导下，开展学生感兴趣的、健康的、丰富多彩的课外活动，丰富学生的业余生活。

1. 学生体育部的成员结构

学生体育部每年都需要换届，但任何一届学生体育部的成员构成都应该保证体育工作的延续性，满足学生工作处工作的需要和体育教学部工作的需求。在成员构成方面应满足以下特点。

（1）年龄方面：呈阶梯状，这是从可持续发展方面进行的考虑。

（2）性别方面：充分考虑男女性别的搭配，尤其是女生多的学校，性别搭配更应具有合理性，这样在体育活动中才能充分考虑女生的需要。

（3）项目方面：学生体育干部的构成要充分考虑各项体育活动的开展，不能局限于某一两个运动项目。

（4）主体构成：以上一届学生体育部为主，以便于对新一届学生体育干部起到传、帮、带的作用。同时广泛吸收体育活动积极分子，学生体育部新成员应该热爱体育运动，积极参加体育运动，并有一定的体育运动和组织能力。

2. 学生体育干部的工作内容

学生体育干部包括校学生会体育部干部、院系学生会体育部干部、年级体育干事、班体育委员四个层次。各分部门的工作具体可以分为以下四部分。

（1）对各院系学生体育部工作进行指导、督促、协调

全校学生体育部负责对各院系学生体育部进行指导、督促和协调是学生体育部的责任。指导的范围包括年初有计划、有项目；年中有措施、有检查；年末有总结。校学生会体育部在时间、场地、器材的占用上要配合体育教学部协调好各院系学生会体育部的工作。

各院系学生体育部在校学生体育部的指导下，搞好本院系的各项体育活动，包括本院系自己组织的体育活动、参加学校组织的各项体育活动、与其他院系广泛开展的各种形式的体育交流活动。

（2）协助体育教学部做好各项体育工作

①协助体育教学部完成训练竞赛工作。学生会体育部应对学校体育代表队的成长进行关心，熟悉校代表队年度竞赛计划；组织训练学校体育竞赛啦啦队，在校代表队比赛时前往摇旗呐喊助威；利用单项体育协会坚持经常性活动的优势，作为校体育代表队的后备力量，在有竞赛任务时可随时通过选拔组队参赛。

②与体育教学部积极配合组织学生群体体育活动。学生会体育部应对学校年度或学期的竞赛计划了解熟悉；与体育教学部保持经常的联系，参与竞赛活动的筹备、组织、裁判工作；在每项竞赛活动开始之前召集各院系学生体育干部布置与竞赛有关的运动员选拔、报名、训练、后勤及有组织地参加比赛等事宜。

③帮助教师完成课堂教学工作。对于学校体育课堂教学的开设项目，学生会体育部可以广泛征求学生的意见，及时反映给体育教学部；在课堂教学过程中，学生体育干部应主动协助体育教师工作。

（3）开展学生感兴趣的体育活动

广泛开展学生感兴趣的体育活动可以使学生体育部的作用得到充分发挥，开展工作时围绕学生感兴趣的体育项目，能改善学校体育竞赛活动有限的情况，有助于提高学生的体育文化素养，丰富学生的业余生活。此外，学生体育干部在各项体育活动中也可以增长才干。

（4）组织、管理好学生体育协会

学生体育协会是体育教学部提供业务指导，提供场地和部分器材，学生自己管理自己的组织机构。学生会体育部可以成立单项体育协会或俱乐部，充分利用学生的兴趣爱好开展丰富多彩的体育活动。

（五）学生体育协会

学生体育协会，又称体育俱乐部、课外活动小组、兴趣小组，它是由学生体育爱好者构成的团体。学生体育协会的主要管理职责是给学生中的体育爱好者提供展示自己的舞台，并通过该组织使体育技术与技能得到传授，从而传播体育文化；通过体育爱好者的活动使他们周围的学生受到影响，从而培养广大学生的体育兴趣与爱好，提高广大学生参与体育活动的积极性与热情。

1. 学生体育协会的组织形式

学生体育协会由学生自行组织，自愿参加，自己管理，由若干个单项体育协会组成，可以设学生体育协会总会，由学生会体育部行使总会的职能管理各个单项协会。学生体育总会设会长 1 名，副会长多名，下设活动部、宣传部、外联部、培训部，协调各单项协会的工作。

体育协会必须有自己的协会章程，以保证学校体育协会的严肃性和可持续发展。学生参加协会应该以完全自愿为原则，遵守协会章程，履行入会手续，交纳入会会费，并积极参加协会的各项体育活动。

2. 学生体育协会的活动形式

学生体育协会一般以自己组织活动为主，自己组织培训、练习与比赛。此外，组织对外友谊比赛，参与组织校内体育竞赛活动也是学生体育协会主要的活动形式之一。

3. 学生体育协会与体育教学部的关系

体育教学部与学生体育协会关系密切。一方面，体育教学部要为学生各项体育协会配备指导教师，体育教学部可以通过选修课课堂教学、学生单项体育协会活动、学生体育协会内的体育特长生训练等形式对学生进行业务指导和训练，提高学生的体育技术技能和身体素质。另一方面，学生体育协会也要经常将学生的需求向体育教学部汇报，及时寻求体育教师的指导，并协助体育教学部完成各项具体的工作。

二、高校体育教学管理的构成要素分析

高校体育管理系统是一个复杂的系统，它主要有三个构成要素，即学校体育管理的主体、对象、手段等。具体如下。

（一）管理主体

学校体育管理的主体主要是指在学校体育管理系统中承担管理职能的人（体育教学管理者）或组织（体育教学管理机构）。

1. 学校体育管理者

学校内部的基层管理者和校外的中上层领导者，他们在管理活动中处于主导地位，负责制定计划、组织实施、指导检查等工作。在学校体育管理系统中，学校体育管理者个体素质以及他们组合起来的管理机构的集体素质对学校体育的发展影响重大。

2. 学校体育管理机构

由学校管理者构成的管理机构，包括校外的各级教育、体育部门所设的宏观管理学校体育

工作的机构。这些管理机构可行使管理权。

（二）管理对象

体育教学管理的对象是体育教学管理活动的承受者，是管理的主要方面，主要包括以下五个方面。

1. 人：作为被管理者的人主要是基层学校体育工作的操作者。

2. 财：学校体育经费。对财进行管理，合理使用体育经费，提高经济效益是其根本目的所在。

3. 物：包括体育经费、场馆、器材设备等在内的学校体育物资设备，加强对物的管理，有利于提高物的使用率。

4. 时间：时间管理的主要目的是在尽可能短的时间内，办更多的事。

5. 信息：信息是管理工作的命脉，指学校体育工作需要的信息。

（三）管理手段

体育教学管理的手段是管理者为实现体育教学管理目标所采取的方法和措施。它是体育教学管理活动赖以进行的条件和方式，其主要包括法规方式、行政方式、经济方式、宣传教育方式等。

第二节　高校体育教学资源的多元化管理分析

体育教学资源的科学化管理是体育教学各项工作顺利开展的重要基础。体育教学资源管理具体涉及对体育人力资源、物力资源、财力资源的管理。本章就重点对上述内容进行详细分析，以为体育教学管理者科学管理各种教学资源提供理论和实践指导。

一、体育教学人力资源的管理

（一）体育教学人力资源管理的原则与要求

1. 体育教学人力资源管理的原则

（1）目标原则

体育教学人力资源管理的目标原则是指对于人力资源管理，必须有明确的管理目标。明确的目标是进行人才管理的必要条件，因此在体育教学人力资源管理中，在重视实现组织目标的同时，也要对员工个人的发展给予高度重视。总的来说，就是要注重组织目标与个人目标的全面发展与实现。

（2）系统原则

体育教学人力资源管理的系统原则是从整体的观点出发，统揽全局，对人力资源系统结构进行把握，深入分析其能级，并且对其变化进行跟踪，与此同时，还要不断地对其进行调节、反馈，控制好方向，从而保证管理目标的顺利实现。

（3）激励原则

体育教学人力资源管理的激励原则是指在体育教学人力资源管理中，通过运用相应的政策手段，对体育人才的工作积极性和创造热情进行有效的激励，并且通过适当的手段对他们做出的成绩与贡献给予适当的奖励。一般的，有很多种对人才积极性进行激励的方法，当前较为常用的方法主要有奖励激励、榜样激励、关怀激励、支持激励、目标激励、领导行为激励、竞赛激励等。需要注意的是，这些激励的手段和方法要根据实际情况和需要有针对性地进行选择和运用。

（4）互补原则

体育教学人力资源管理的互补原则是指通过体育教学人力资源管理上的互补，能够充分发挥出体育教学人力资源的整体效益。人员互补包括很多方面，如能力互补、知识互补、气质互补、年龄互补等。

（5）能级原则

体育教学人力资源管理的能级原则是根据体育教学人力资源的才能来对其所从事的具体工作进行安排，授予其相应的工作职权，并对其所要承担的责任进行明确，从而使人的才能适应其所从事的工作岗位的要求。以人的职称、学位等为主要依据将其安排到合适的岗位上，能够使各个岗位人员的能级水平尽可能地规范化和标准化，从而达到人尽其才、物尽其用的目的，最终取得效率最优化的效果。

2. 体育教学人力资源管理的要求

在体育教学人力资源管理活动中，除了要遵循一定的原则外，还要做到相应的一些要求，只有这样，才能够取得理想的管理效果。具体来说，体育教学人力资源管理的要求有以下几点。

（1）为职择人

为职择人，要求人员聘用符合岗位需求，就是要求在体育管理活动中，要以体育事业的需要为主要依据来设置相应的体育管理机构，并以此为依据将各岗位职责规范制定出来，然后按岗位选配合适的人才。

为职择人可以有效避免"关系户"的存在，从而改变传统体育管理部门机构臃肿、人浮于事、职责不明、效率低下的弊端。

（2）用当其人

不同的人才各有所长，也各有所短，因此，必须要用当其人。体育教学人力资源会在个性、特长、智力、知识、技术、能力等方面存在差异，鉴于此，这就要求在使用各种人时，必须做到用人之长，避人之短。同时，由于每一个人的一生中其能力都会出现一定的最佳时期，一个人能否及时发挥并经常得以运用在很大程度上决定着其才能储存时间的长短。因此，这就要求在体育管理中必须抓住人的最佳时期，并且使人的最大作用得到积极的发挥和利用。

（3）任人唯贤

所谓的任人唯贤，就是对体育人才进行选择和使用时，要根据人的水平、能力大小、技能水平等来进行择优选拔和使用，要杜绝任人唯亲的现象出现。

（4）用人不疑

用人不疑要求在使用体育人才时，要对所选择和使用的人才给予充分的信任，并且积极听取其意见，尊重其行动，尊重其成果，从而创造出良好的尊重人才、信任人才的环境，进而达到充分发挥其工作积极性和主动性的目的。

（二）体育教学人力资源的配置

1. 地区配置

地区配置是对体育教学人力资源的一种宏观配置，体育教学人力资源的地区配置是在一个地区体育教学人口和体育教学人力资源现状的基础上，根据该地区的资源状况和高校体育发展规划，通过地区间体育教学人力资源的迁移以及不同地区间的体育教学人力资源政策的调节来实现的。体育教学人力资源的地区配置要有利于各地区的高校体育发展，要使各地区所具有的资源优势得到充分的发挥，以在保留各地区特色的基础上实现各地区的均衡化发展。

2. 领域配置

体育教学发展的领域包括多个方面，主要有学校体育领域、竞技体育领域、大众体育领域和体育产业领域。体育教学人力资源的配置必须要将重点领域作为主要发展目标。根据领域的联系，即投入与产出中各领域之间的关系进行综合平衡后予以确定。体育教学人力资源的领域配置应该根据我国的国情和我国体育教学的发展，对体育教学人力资源的投向进行准确把握，以保证重点发展领域的体育教学人力资源供给，同时还要对一般领域进行兼顾。对各领域间的体育教学人力资源规程、比例、机构等进行合理的规划，从而使体育教学人力资源的领域配置达到最佳的效益。

3. 职业配置

职业配置在体育教学人力资源中有着非常重要的作用，它是对体育教学人力资源规定性特点的直观反映。从体育教学人力资源的规定性特点来看，其差别主要表现在水平等级和职业种类两个方面。在进行体育教学人力资源的职业配置时，首先要从水平等级和职业种类两个方面进行区分，然后根据各个职业岗位的具体需求来分别将相应水平等级和职业种类的人力资源投入其中，从而使其达到最优结合。另外还要对可能条件下的职业替代进行考虑，以此来弥补一些职业供不应求的现象。对职业需求进行科学的预测是实现体育教学人力资源合理配置的根本方法。根据预测的结果来合理安排各级各类的教育教学规划，对各类体育人力资源进行适时和适量的培养，从而使各种职业岗位的需求得到很好的满足。

4. 运动项目配置

运动项目配置是当前各级学校实现体育人力资源（主要指教师）的主要形式，体育教学是由众多的体育运动项目所构成，所以体育教学人力资源的配置应包括运动项目的人力资源配置。在进行运动项目人力资源配置时，要注意和重视梯队的合理性，如职称结构、年龄结构、人员结构等。要尽量避免运动项目由于人才过分集中所导致的人力资源匮乏现象的出现。

（三）体育教学人力资源的规划

1. 体育教学人力资源规划的原则

（1）符合体育教学环境变化

体育教学环境有内部环境与外部环境之分，只有在对体育教学内部和外部环境变化进行充分考虑的前提下，制定出的体育教学人力资源计划才能适应需要，才能真正地为促进体育教学的发展服务。体育教学人力资源计划要对这些可能出现的情况做出相应的预测和风险提示，特别是要制定出应对风险的策略。

（2）保障体育教学人力资源供给

体育教学人力资源保障问题包括对人员流入和流出的预测，对内部人员流动的预测、对人员流动的损益分析、对社会人力资源供给状况的分析等。只有使体育教学人力资源的供给得到有效的保证，才有可能对体育教学人力资源进行更深层次的开发与管理。

（3）体育教学与成员得到长期共赢

就我国高校而言，体育人力资源计划既是面向体育教学的计划，也是面向其成员的计划。体育教学的发展与其成员的发展相辅相成。如果仅仅考虑体育教学的发展需要，而忽视了其成员的发展，就会对体育教学发展造成损害。优秀的体育教学人力资源计划，一定是能够使体育教学和其成员都能够获得长期利益的计划。

2. 体育教学人力资源规划的流程

（1）全面清查现有的体育教学人力资源。

（2）分析环境和现状（包括外部环境的变化及发展趋势的分析、体育教学内部体育人力资源现状评估）。

（3）预测体育教学人力资源供需，包括高校体育人力资源的需求和体育市场的人力资源供给两个方面。

（4）评估高校体育人力资源供求状态（确定供求是处于平衡状态还是不平衡状态，其中不平衡状态又分为体育人力资源短缺状态和剩余状态）。

（5）制定出科学合理地体育教学人力资源计划和具体的行动方案。

（6）实施体育教学人力资源计划和具体的行动方案。

（7）评估体育教学人力资源计划和行动方案实施效果。

高校体育人力资源计划和行动方案的执行情况以及对其效果的评估为体育教学发展战略和目标调整与制定提供了重要的决策依据。

二、体育教学物力资源管理

（一）体育场馆的管理

体育场馆是学校进行体育教学、活动、训练的专用场所，为了充分利用体育场馆为学生服务，并使体育场馆能安全、健康、高效的使用得到保证，在此特别制定了关于体育场馆的一些管理制度，具体表现为以下几点。

1. 体育场馆的开放时间

（1）制定体育场馆上课时间时要以学校的上课制度为依据，通常是上午 8：00～12：00，下午 2：30～4：00。

（2）通常情况下，体育场馆课外活动时间为学校放学或者下课时间段，一般在下午 4：30～晚上 9：30。

2. 体育场馆的使用规定

在使用体育场馆时，为保证体育场馆的良好环境和体育课的顺利进行，要遵守以下几个方面的规定。

（1）必须遵守体育馆开放时间的安排；上课时间，非上体育课的学生不得擅自进馆活动，闭馆时要自觉离开体育场馆。

（2）在课外活动时间，体育场馆优先为校代表队提供训练比赛场所，其他场地可以对外开放。

（3）未经允许，不得随意变更体育场馆中各个教室的工作用途。

（4）未经许可，不得随意拆卸和挪用体育场馆内的器材。

（5）满足体育课的教学和课外体育活动的需要是体育场馆的首要任务，因此，这就要求未经许可不得将体育场馆挪为他用。

（6）必须按规定着装进体育场馆，不按规定着装参与体育课或者体育训练者要给予一定的警告。

（7）在馆内上体育课时严禁大声喧哗，以免对其他学生上课产生影响。随身携带的物品应放在适当的地方，不得悬挂在体育器械上，如衣物和饰品等。

（8）体育场馆内严禁踢球，避免对馆内人员和器械造成伤害。

（9）在体育场馆内严禁随地吐痰、乱扔果皮纸屑，要养成随手带走垃圾，或者扔入垃圾桶的良好习惯，以保持体育场馆内良好的卫生情况。

（10）贵重物品一般不建议带入馆内，要随身携带也要妥善保管，丢失概不负责。

（11）校外单位使用学校体育运动场地，要事先向学校提出申请，经批准履行手续后才能使用，否则不允许进入体育场馆。

（12）如有违反上述中的任一条例，工作人员要给予相应的处罚。

3. 体育教室的使用管理

（1）乒乓球室管理

乒乓球室是从事乒乓球运动的专用场地。针对乒乓球室制定的管理制度能够使乒乓球课和业余乒乓活动的正常使用得到有力的保证。具体的规定包含以下几个方面。

①进乒乓球室必须按规定着装，不许穿不适合乒乓球运动的鞋参加活动。

②不许用手和球拍敲打球台。

③乒乓球台和网架上不许堆放或悬挂衣物、帽子等物品。

④不许利用乒乓球进行赌博等非法活动。

⑤不许坐或站在球台上，或在室内任意攀爬、打闹。

⑥不许随地吐痰，乱扔果皮纸屑，保证室内清洁。

⑦遵守体育馆开放时间，到时自觉离馆。

⑧违反以上制度者需进行惩罚。

（2）武术教室管理

武术教室的使用可供武术、散打、跆拳道、拳击等运动项目教学和训练使用，此类运动教室是从事武术运动的专用场所，针对武术教室制定的规定主要包括以下几个方面。

①未经许可，武术教室不得挪为他用。

②武术教室内的器材设备，未经许可不可擅自动用。

③不许随地吐痰，不许乱扔果皮纸屑，保证室内清洁。

④随身携带物品，不许挂在器械上。

⑤进武术教室活动必须按规定穿鞋，不许穿不适合武术运动的鞋。

⑥随身携带的贵重物品，请本人妥善保管好，丢失概不负责。

⑦请遵守体育馆开放时间，到时自觉离馆。

⑧违反以上有关条款，对相关人员作罚款处理。

（3）健身教室管理

健身教室是从事身体健美的教学场所，一般设备和器械都比较昂贵，器械繁多，也有一定危险性，因此，这就需要制定相应的制度，来保护健身教室及其中的设备、器材。针对健身教室制定的管理制度主要包含以下几个方面的内容。

①不得擅自做主、盲目蛮干，必须服从体育教师的指导。

②必须按要求正确使用健身器材，以使损坏器材、造成伤害事故得到有效避免。

③器械使用后不许乱放乱扔，要放回原处。

④随身携带物品请放在适当的地方，不许放在器械上。

⑤随身携带的贵重物品请自己妥善保管，丢失概不负责。

⑥不许随地吐痰，不许乱扔果皮纸屑，保证室内清洁。

⑦请遵守体育馆开放时间，闭馆自觉离开。

⑧违反以上任何一条，对有关人员视情况处理。

（4）健美操教室管理

健美操教室是进行健美操活动的专用场所，针对健美操教室制定的管理制度主要有以下几个方面的规定。

①未经允许，健美操教室不得挪为他用。

②不许破坏室内公共设施，损坏照价赔偿。

③进健美操教室运动不许大声喧哗，以免对其他人的活动产生影响。

④随身携带的物品请放在适当的地方，不许挂在器械上。

⑤不许随地吐痰，不许乱扔果皮纸屑。

⑥进健美操教室活动必须按规定穿鞋，穿不适合进行健美操活动的鞋是不允许进入的。

⑦请遵守体育馆开放时间，到时自觉离馆。

⑧违反以上任何一条，对有关人员酌情处理。

（5）多媒体教室管理

多媒体教室是从事体育理论和体育欣赏课的室内教学场所，针对多媒体教室制定的管理制度主要有以下几个方面。

①进入多媒体教室上课要保证室内清洁，环境卫生。不得随地吐痰，乱扔果皮纸屑。

②进入多媒体教室上课的人员，未经允许，不得随意动用电教设备。

③使用多媒体教室需事先申请，明确使用时间，经批准后才能使用相关器材。

④在多媒体教室上课不得大声喧哗，以免对其他班上课产生影响。

⑤请爱护多媒体教室内公共设施，损坏要照价赔偿。

⑥多媒体教室应有专人管理，不允许其他人员随意进入。

⑦违反以上任何一条，对有关人员视情况处理。

（二）体育场地的管理

1. 田径场管理

田径场是进行各种体育教学活动和举行大型运动会、体育休闲运动的场所。针对田径场制定的管理制度主要包含以下几个方面。

（1）田径场实行封闭式管理，进入田径场的人员，必须要服从场地管理人员的管理。

（2）需要使用田径场、足球场，应事先向学校提出申请，经批准并履行租用手续，交纳场租费方可进入。

（3）严禁在田径场内吸烟、乱扔果皮纸屑，保证场内良好的环境卫生情况。

（4）上体育课时间，非上课人员不得入内。

（5）严禁穿不适合田径场跑道和足球场草皮的鞋进场活动。

（6）在每年都会有封坪育草阶段，任何人不得在封坪育草期间进入草地。

（7）课外活动时间，未经许可，不是本校师生不得入内。

（8）严禁一切车辆进入田径场，不听劝告违反规定者，作罚款处理。

2. 煤渣场地的管理

（1）鉴于煤渣场地的特殊性，因此应尽量使其表面保持在一个适宜的湿度上。经过实践认定，该湿度一般应保持在30％左右较为适宜。

（2）场地表面应保持适宜的硬度。场地硬度较大，使用次数也最多，因此，为防止场地快速硬化，可常翻修场地，可在第一条场地上放置栏架，暂停使用。

（3）及时铲除场地上的杂草，雨季更应加强除草工作。有条件的场地周围应种上树木，净化空气，防风尘，保护地面。

（4）及时清除场地内沿边的积土，以免影响场地的正常使用。

（5）及时修整场地、平整场地、喷水、压实。

（6）严禁在场地上行驶包括自行车在内的各种车辆。

3. 水泥场地的管理

（1）水泥场地上的砂、石、泥土和污物要及时清扫，保持整洁。

（2）雨季应及时清除积水，冬季应及时清除冰雪。

（3）做好水泥场地的填充或铲除填缝料工作，保持接缝完好，表面平顺。当地气温最低时对较大接缝空隙进行灌缝填料。当气温上升填缝料挤出缝口时，应适当铲除并设法防止砂、石挤进缝内。

4. 木质场地的管理

（1）未经允许，任何单位和个人均不得进入场地内训练或活动。

（2）未经允许，场内固定器材不得移动。

（3）禁止在木质场地内进食、饮水。

（4）禁止在场内吸烟、吐痰和泼水。

（5）禁止在场内开展其他激烈的球类运动和竞赛运动，如踢足球、投掷、拖拉重器械。在做相关布置和收拾器材时要轻拿轻放，将物体搬起移动。

5. 塑胶场地的管理

（1）合理使用塑胶场地，只允许场地所承担的专项训练和比赛使用。

（2）当场地遇水且需要急用时，应尽快对有水地区进行擦拭及干燥处理。

（3）禁止机动车辆在上面行驶，以防滴油腐蚀胶面。

（4）禁止携带易爆、易燃和腐蚀性物品进入塑胶场地。

（5）禁止在场地吸烟和吐痰。

（6）禁止在塑胶场地上使用杠铃、哑铃、铅球、铁饼、标枪等器材，以免剧烈的机械性冲击和摩擦使场地的弹性减弱和变形。

（7）发令枪要妥善保管，以免走火损坏场地。

（8）进入场地者必须穿运动鞋。跑鞋鞋钉不得超过 9 毫米，跳鞋鞋钉不得超过 12 毫米。

（9）塑胶跑道上的标志线要保持清晰醒目，模糊后及时喷塑胶液，重新描画。

（10）做好塑胶跑道的清洗工作。一般来说，应每季度大洗刷一次，比赛前后也要冲洗。

（11）做好塑胶跑道的修补工作。

6. 草坪场地的管理

（1）严格遵守草坪场地使用规定，爱护草坪和场内设施，保持场内卫生。

（2）禁止机动车辆进入草坪。

（3）田径运动的掷标枪、铁饼和推铅球等项目，只能比赛时使用草坪地，训练时尽量不使用或少使用。

（4）根据季节和草的生长情况合理使用草坪场地，以华北地区为例，每年 12 月至次年 4 月为草坪保养期，一般不安排使用；5、9、10、11 月可两天使用一次；6、7、8 月可每天使用。南方草坪场地可全年使用。

（5）做好草坪场地的越冬管理。越冬前，进行一年之中的最后一次修剪；早春草坪嫩叶返青前，进行 1 次滚压；返青后应及时浇水。

（三）体育器材的管理

1. 体育器材的购置管理

在各级学校中，特别是在高等院校中由于平时开展的体育教学活动较多，种类也更加丰富，随之而来的便是要配备更全面的体育器材。也就是说，这些器材中的绝大多数都要通过购买的形式获得（也有一些器材会通过接受馈赠的途径获得）。体育器材设备的质量不仅直接影响体育教学的效果，还关乎教学过程中教学主体的安全。因此，在购置器材设备时，要经过细致考评和研究，选择国家正规的体育器材生产厂商的产品，购买器材事物要指派专人全程跟踪完成，以求对购买的体育产品做到严格把关。

体育器材的购置应结合一些国际单项协会对比赛器材设备上制造厂商的名称、标记或商标的字号、高度等的严格规定，按比赛规则的要求购置体育器材、购置过程中，对体育器材应认真挑选，看其是否符合比赛规则中的有关规定，以免影响比赛、造成资源浪费。

2. 体育器材的入库管理

一般来说，在体育器材购入后，应将其分门别类的入库存放。由于体育器材的质地和用途不同，因此特别要对某些器材予以特殊照顾，如木质器材和电子器材需要放置在干燥地区；金属器材不要放置在高处；常用到的器材尽量放置在离门不远的位置上；还有诸如球拍和球类最好放置在专门的保管柜中。

三、体育教学财力资源管理

（一）体育经费管理的过程

1. 体育经费的预算

按年度对体育教育的各项经费进行收支预算，就是所谓的高校体育经费的预算。高校体育经费的预算是有一定依据的，具体包括以下几个方面。

（1）国家和学校的有关财政法规制度。

（2）当年度学校经费预算的指导思想。

（3）上年度收支指标完成情况分析和决算财务分析。

（4）学校对经费预算的内容要求。

（5）本年度开展学校体育工作所需要的经费预测或者与上年度相比主要的增减项目。

（6）本年度学校体育自我创收经费估计。

（7）熟悉预算科目和预算表格。

体育教学部（室）在对体育经费的使用管理方面，应当在遵循勤俭节约原则的基础上，以财务管理的规定和权限为主要依据，履行相应的报批手续，严格执行国家和学校制定的财务制度与经费使用办法。

2. 体育经费的收入

要想支出必须先拥有收入。在过往的很长一段时间内，由于社会发展所限，学校中的体育经费基本上由校方甚至是上级教育部门决定，体育教育过着"有饭吃饭，无饭喝风"的状态，当然这里所谓的"喝风"并不是终止体育教育，而是指只能凭借已有的场地或器材进行教学活动，如果器材因破旧损坏，也不能及时修整和更换，教学只能对所需器材进行统筹调配。这样一来，教学还可以勉强开展，但实际质量不可避免地会出现下降。社会发展后，特别是我国提倡全民健身的运动理念，再加上市场经济制度下人们"自我造血"意识的萌生，使得学校也可以采取一些市场方式获得收入，用以弥补体育经费的不足。

高校体育经费的收入渠道有很多，其中，最主要的有事业拨款、学校筹措、社会集资和自行创收等几个方面，具体如下。

（1）事业拨款

从教育行政部门按学生人数下拨的教育事业经费中用于体育的比例部分，就是所谓的事业拨款。这一来源是高校体育经费中最主要的部分。事业拨款的用途主要有三个方面：第一，维持正常高校体育工作开展的体育维持费；第二，用于购置大型体育设备所用的体育设备费；第三，高校体育场馆建设的专项经费。

（2）学校筹措

学校筹措是指高校内部在创收、校办产业等方面的收入。这部分资金的用途主要是体育教师的奖励经费、课时酬金补贴等。

（3）社会集资

学校或体育教学部（室）通过举办重大比赛、参加重大比赛以及体育场馆建设等向社会各界募集得到的赞助费，就是所谓的社会集资。

（4）自行创收

由体育教学部（室）通过合法的手段向师生和社会人员提供有偿服务而获得的收入，就是所谓的自行创收。

3. 体育经费的支出

在体育教学中，需要进行经费投入的方面有很多，其中较为重要的有以下几个方面。在体育教学中，需要进行经费投入的方面有很多，其中较为重要的有以下几个方面。

（1）日常费用：主要用于课外群体活动，运动队训练与比赛、图书资料的添置、正常体育教学的维持、场地器材维护等。

（2）器材设备费用：主要用于购买一些大型的器材设备。

（3）专项建设费用：主要用于体育场馆的建设。

（4）办公费用：主要用于体育教学管理机构的日常办公。

（5）其他费用：用于高校体育教师和行政后勤人员的酬金补贴和后勤经费。

（二）体育经费管理的内容

1. 体育活动经费管理

体育活动经费的主要目的是通过维持丰富多彩的体育活动的开展，使学生的身体锻炼得到保证。体育管理者要遵循群体活动经费的使用规律，把每一分钱都用在学生的身上。高校体育活动经费主要涉及以下几个方面，因此，经费管理也应从这几个方面入手。

（1）校内各项竞赛

学校每开展一项体育比赛，就会涉及许多具体的方面，比如，最主要的几个方面有组织编排费、裁判劳务费、添置器材、奖品费等。缺少任何一项都有可能会对竞赛的顺利进行造成影响。

①组织编排费

负责编排的教师组织制定竞赛规程、召集有关人员开会布置工作、培训裁判（理论学习与实习）、编排竞赛日程、准备裁判器材、安排裁判和比赛队、准备奖品等各种竞赛事项所得的报酬，就是所谓的组织编排费。

②裁判劳务费

裁判劳务费要以各校情况自己制定的标准为依据来确定，而且要注意教师和学生是有所区别的。教师可以折算成课时，或用其他方式，应以培养学生的组织裁判能力为主，适当的经济补贴为辅。

③添置器材费

通常情况下，添置器材的费用会在年度体育器材预算中得到体现，如出现事先无法预料的事情，需要临时添置，可动用机动费用。

④奖品费

高校体育竞赛奖品费与职业体育竞赛是有一定差别的，具体来说，高校体育竞赛奖品费主要以鼓励学生为主，经济奖励为辅；集体荣誉为先，个人荣誉在后。因此，在分配奖励时，要重集体轻个人，注重集体名次的奖励，个人名次以荣誉证书为主，也可以发放少量奖金。

（2）学生体育协会活动

高校体育协会活动是通过学校的扶持、体育教师的指导、学生的积极参与进行的。高校体育协会活动是以学生缴纳入会费进行运作，该组织的很多费用都是从入会费中进行开支。但是，学生缴纳的费用是很少的，不足以支撑活动的开展，因此，就需要从学校经费预算方面得到支持。在活动中，需要开支的费用主要有以下几个方面。

①教师指导费

体育教师对学生单项体育协会进行科学的指导，是该项活动能否长期稳定开展下去的关键。因此，这就要求必须对教师指导设置专门的酬费或者计入第二课堂课酬。

②添置器材费

通常情况下，学生单项体育协会活动所使用的器材都是与体育课堂教学器材共用的，但是，对于一些较为特殊的单项体育协会来说，这是远远不够的，如成立拳击、划艇、棋牌等体育课难以开设的协会，就需要专门添置器材，因此，需要将这笔费用列入学校经费预算中。

③外出比赛费用

单项学生体育协会成立的主要目的是使在校学生的兴趣得到满足，能够广泛开展校际之间的体育交流等。但是，如果外出进行比赛，就会有一些费用开支，比较重要的有交通费、餐务费等。这些费用靠学生缴纳的费用是远远不够的，因此，需要列入年度预算中。

④内部比赛费用

学生单项体育协会除了平时自己组织练习外，还可以开展协会内部的竞赛活动，开展活动就需要增加一些奖励费用。因此，要保证比赛的顺利进行，就需要将这部分费用列入学校预算中。

（3）组织学生体育郊游

随着体育课程改革的不断进步，体育课程的开展已经不仅仅局限于校内了，校外（社会、野外）活动逐渐成为体育课程结构的一部分，这不仅使体育教学的领域得到了进一步的扩展，同时，也增加了经费开支。要使这项活动有计划地进行，就需要有充足的资金支持，比较重要的费用包括交通费、门票费、餐务费、体育器材费等。

2. 体育器材经费管理

体育器材可以分为不同的种类，比较常见的有大型的固定资产和小型的消耗品。其中，大型器材通常不会经常购置，只有小型消耗品需要每年添置。加强对各项体育经费的管理，处理好体育器材的使用频率，使体育器材成本得到有效降低，从而使体育器材经费发挥高效率的作用。通常情况下，对体育器材经费的管理主要从以下几个方面入手。

（1）科学制定采购器材预算

学校对体育器材的采购预算主要应包括以下几个方面。

①每年体育器材消耗费用的预算：一般来说，学校每年体育器材的消耗费用一般是固定的，如篮球、排球、足球、羽毛球等，每年在球和球拍的使用上消耗比较大。这笔费用是每年采购预算的必列项目。

②第二年增减项目器材费用的预算：学校第二年增减项目器材费用一般是应对改革需要和特殊情况处理对器材购置作调整而准备的。

③体育教师工作服采购费用的预算：这项费用由于数额不多，因此常被忽视。首先应说明的一点是，这是对体育教师工作的尊重和支持。当然在实际采购中需要根据学校的具体情况实施。这部分采购费用可以由校方负责，也可以通过以体育教师的特殊补贴的方式进行。但不管选择哪种形式，这部分资金必须要纳入年度采购的预算项目内。

④机动费用的预算：由于学校每年的器材采购经费都会有一定的增减，因此，留有一部分机动费以备不时之需是十分必要的。

（2）提高采购行为的规范化

每年高校体育器材的采购花费是一笔不小的开支，采购的质量和渠道对高校有限的体育经费是否能够充分发挥作用会产生非常重要的影响。鉴于此，就要求要将这些经济交往中的不正常行为杜绝掉，并且买到物美价廉的产品，增加采购透明度，提高采购行为的规范性。

（3）最大限度减耗增效

为了降低采购体育器材的经费，要充分发挥体育器材的作用，把其损耗降到最低。但是，不可否认的是，只要器材使用就肯定会有损耗，因此，这就要求一定要在管理方面加大力度，建立健全的体育器材管理制度，规范器材管理，尽可能地减少不必要的损失，同时，还要使学校体育器材采购的开支有进一步的减少。

3. 体育场馆经费管理

（1）体育场馆经费的开支分类

①按性质分类：可将体育场馆的经费支出分为营业成本和期间经费两大类。学校体育场馆的期间经费主要包括管理经费、财务经费和营业经费（日常支出及损耗）。

②按项目分类：可以将体育场馆开展各项专业业务活动及其辅助活动发生的实际支出分为以下几种，即工资（雇佣管理人员产生的经费）、公务费、设备购置费和维修费等。

③按时间分类：可将体育场馆的经费支出分为三种，即体育场馆为取得营业收入直接发生的直接经费；有助于当期营业收入的实现或为数细微、不值得在各期间分摊的期间经费；效用在一个会计期间以上的跨期经费。

（2）体育场馆经费的监控管理

为了能将运行体育场馆的经费落到实处，必须有专人对资金的使用和流动方向进行严密地监管。尽管监管可能会让执行人有不被信任的感觉，单从制度上来说监管仍旧必要，其根本目的在于有利于体育场馆的各方面正常运行，因此就要求这种监管要系统全面、精打细算，勤俭节约。具体来说，体育场馆经费的监控管理主要包括两个方面。

①出纳员的监控管理：出纳员是体育场馆的经费开支控制管理的一个重要岗位。在实际的工作中，出纳员除了要严格遵守《会计法》《会计基础工作规范》等财会法规外，还要遵守各场馆所制定的经费支出细则，严格审核支出凭证是否与会计部门制定的内容相符、是否与会计部门制定的金额相符、是否与领款人的印鉴相符，如有疑问应先查询确认后方可支付。

②经费开支的监控管理：根据本校体育场馆的运营情况制定月计划、季度计划或年度计划；制定体育场馆经费开支标准。

（3）体育场馆的收入核算

①单体项目营业收入核算：单体项目是指独立经营的单个项目，如健身房、台球厅、篮球馆等。每日每班营业结束时，收款员填写营业报表，最终完成当天当班的营业收入核算。

②营业收入结构核算：营业收入结构核算指在一定时期（月、季、年）的单项收入或分类收入占分类或部门营业收入的比率。在单体项目和分类项目营业收入及部门收入核算的基础上进行分类汇总，最终完成部门营业收入结构核算。

③营业收入季节比率核算：营业收入季节比率核算是指体育经营项目的月季营业收入占全年总收入的比率。该核算方法有利于分析各个体育健身项目业务经营的季节变化，为体育场馆的计划编制、工作安排、客源市场开发和客源组织提供参考依据。

（4）体育场馆的利润核算

体育场馆在一定期间的各体育经营项目的收入与各项费用支出相抵后形成的经营成果即为利润。

4. 体育竞赛经费管理

高校体育代表队进行校外大型比赛的经费开支，就是所谓的高校体育竞赛经费。高校体育竞赛经费可以执行专款专用的模式，也可把经费细划，这些竞赛往往会对整个学校的荣誉产生较大的影响，因此，这就要求一定要加强这方面的管理力度。具体来说，高校体育竞赛经费的管理主要包括以下几个方面的内容。

（1）教练员训练课酬

教练员训练课酬与其他公共课有一定的差异性，究其原因，主要是由于竞赛需要教练员全身心投入，而且还要以每个成员的情况为主要依据，随时对训练计划进行适当的调整。比如，不光要抓运动员的训练，抓文化学习，还要抓思想作风，抓生活，抓招生（体育特长生），外出比赛还需要联系交通车，比赛回来要解决运动员的洗澡、吃饭、住宿问题，还要随时掌握竞争对手的情况等，这些需要耗费很大的精力。因此，为了能够让教练员集中精力将训练和竞赛搞好，高校应该在这方面有一定的倾斜政策。

（2）运动员训练补助

体育竞赛经费的一项重要开支就是运动员训练补助。运动员的训练与学生体育协会的活动是有一定差别的，他们是为学校争得荣誉，训练需要消耗体力，要有营养补充，而对于学生体育协会的学生来说，是不需要这笔费用的。要以运动员的等级、贡献的大小、技术水平的高度等要素来决定这些补助。

（3）训练竞赛器材费用

训练竞赛的进行就需要配备专门的体育器材，要与实战要求相近，在规格方面，可以高于实战的规格，但不能比实战规格低，究其原因，主要是由于体育器材的质量和档次会对比赛产生直接的影响。

（4）运动员比赛服装费用

通常情况下，要求运动员的比赛服装在每年的大赛前添置一套，配置两短一长一双鞋，也可以本校情况和需要增加相应的配置。这方面的经费要根据市场价格来确定，并且要求服装不仅要与竞赛规则相符，还要具有实用、美观、耐久等特性。

（5）校外竞赛费用

校代表队进行校外竞赛时，距离的远近往往在很大程度上决定着花费的多少。一般来说，在近距离时需要交通车，远距离需要交通费，甚至需要住宿费、餐务费等。这些都需要在年度预算中列出。

（6）比赛奖励

校代表队在正式比赛中取得好成绩，理应进行奖励。奖励不仅能够使运动员的士气得到有效的鼓舞，同时，还能够利用重奖作为招生的有利条件，将高水平运动员吸引到本校就读，这对于体育人才的引进也是非常有利的。

一般情况下，是要按照级别、名次进行奖励的。不同级别的比赛及获取不同的名次，获得的奖励也是不同的。通常来说，省一级比赛取得前六名就应有奖励。这些也都需要一定的经费支持。除此之外，奖励也是学校代表队可持续发展的一项重要措施。

（7）外出招体育特长生经费

为了高校体育教育发展，往往会外出招体育特长生，这项工作也需要一定的经费支出。它需要长期的礼尚往来、情报沟通。除了一般的工作关系外，要想招到较为满意的优秀体育人才，还要进行一定的感情交流，这些都需要经费。通常情况下，外出招体育特长生需要的经费支出主要包括差旅费、交际费、电话费等几个方面。

5. 体育教研经费管理

现代体育教学的科学化管理离不开科学理论的指导，因此，在现代体育教学资源的管理实践中，也需要一定的科学理论做指导，因此，科研经费是现代体育教学财力资源管理的一个重要内容。现阶段，高校体育教研经费的管理主要包括以下几个方面内容。

（1）科研成果鉴定费用

在体育科研项目中，为了鉴定科研成果，必须邀请有关专家来做评估和调研。因此，也应该将这一项费用列入年度经费预算。

（2）科学研讨交流费用

体育教师进行体育科学研究要发表论文，论文的发表就可能被邀请参加各级体育科研论文报告会，因此，这就成为每年的年度经费预算中不可缺少的一个重要部分。

（3）考察观摩学习费用

要想促进本校体育资源管理的科学化，必须解放思想、善于学习，重视对其他学校和国家先进管理经验的学习与引进。因此，每年的体育经费预算中就需要列入外出考察的费用。通过外出考察、观摩和学习，能够充分理解上级的指示，能够通观全局，找到适合本校的改革方案，可促进本校的体育教学及其管理活动的不断完善和科学化发展。

第三节　高校体育教学主体的多元化管理分析

体育教师与学生是现代体育教学管理的主体，也是现代体育教学管理系统中的重要参与者和影响因素，因此对现代体育教师与学生的管理进行研究具有十分重要的意义。鉴于高校体育教学管理主体的特殊性与代表性，本章主要就高校体育教师与高校大学生的管理进行深入细致地分析，并详细阐述高校师生之间的关系，旨在为新时期实现现代体育教学主体的规范化管理提供理论指导。

一、高校体育教师管理的内容

（一）体育教师管理机制的建立

1. 约束管理机制的建立

无规矩不成方圆。建立约束管理机制是为了在统一的规章制度下，规范体育教师的教学行为，使其圆满地完成教学任务。约束是规范教师的思想行为，服从学校的约束是体现体育教师基本素质和教学水平的一部分。高校体育教师约束机制主要包括以下内容。

（1）时间约束：遵守时间约束，按时上课下课是一位体育教师必备的基本素质。在高校体育教学实践中，体育教师在对学生进行纪律教育的同时，自身必须要优先做到遵守课堂教学时间，珍惜课堂上的每一分钟，充分利用课堂教学有限的时间使学生学到更多的知识，得到更多的锻炼。对此，我们应把监测教师的上课秩序，统计监测结果作为评价教师教学质量的要素之一。

（2）言行约束：为人师表，善待学生是每一个体育教师必须遵守的职业道德。课堂上，体育教师的言谈举止直接表现了其自身的文化修养、专业水准。体育实践是通过学生执行动作来完成的教学过程，教师需要使用各种有效的组织方式和教学方法来调动学生练习的积极性，因此，每一位体育教师都应该是体育运动的指挥家和鼓动家，有指挥调动学生完成各种练习的能力。课堂上体育教师要用自己高超的技艺和丰富的语言对学生进行教育，时刻关心学生、爱护学生，不说粗话，不体罚、不动粗。可以通过听课和收集所教学生的反映意见，评价教师教学质量，并通过这些意见对教师的教学方法进行及时指导、纠正。

（3）着装约束：和文化课相比，考虑到学生的安全因素和教学任务的完成情况，在体育教学过程中，体育教师应起到模范带头作用，穿运动服上课。穿运动服上体育课不仅有利于体育教师精神干练、挺拔形象的树立，还有利于体育教师在讲解示范时展现技术动作的姿态美，更是体育教师顺利组织完成教学任务、减少运动损伤的重要基础。对此，可定期，不定期地检查教师的上课着装，并把检查结果作为评价教师教学质量的要素之一。

（4）教案约束：由于环境特殊，体育教师不可能像其他学科的教师一样手捧教案和教材上课，体育教师必须对教学内容要非常熟悉，这是体育教师上课的独到之处，但是这并不意味着体育教师不需要教案，应定期、不定期地现场检查上课教师的教案，并以此为依据评价教师的教学质量。

2. 激励管理机制的建立

激励是为了培养体育教师的锐意创新，充分调动体育教师的积极性和主观能动性，鼓励他们创造性地工作，提高体育教学质量。

（1）激励教师编写教学教案

教案是教师上课的必备资料，写好教案是每个教师最基本的能力。为了激励高校体育教师写好教案，可以为其提供教案格式和教案范例，采用评选优秀教案的方法，将教案评选作为检测体育教师教学质量的重要参考依据。

（2）激励教师提高教学质量

不断提高教学质量是体育教师所有教学准备活动的最终目的。高校可以使用集体评课、集体听课、举行公开课、竞赛课等形式激励教师钻研组织教法，促使他们不断提高课堂教学质量。

（3）激励教师提升自身素质

体育教师的综合素质对体育教学过程、质量、效果等都具有重要的影响，体育教师的素质不是自然增长的，而是通过长期的辛勤劳动和汗水换来的。现阶段，可以根据学生身体素质测评、运动员比赛名次、教师公开发表论文数量、教师获省级以上奖项等对教师的素质进行综合测评，并积极创设条件鼓励体育教师提高自身素质，如可以通过健全竞聘上岗、教师挂牌、上课、学生选教师上课等激励机制，对教师进行优胜劣汰，使体育教师产生危机感，促使体育教师不断学习、不断创新。

（二）体育教师的编制与组织管理

1. 体育教师编制的制订

体育教师编制的制订是否科学是高校体育教学能否顺利开展的重要影响因素，这是高校体育教师管理的一项基础性工作。如果编制富余，就会出现机构臃肿，人浮于事，将造成工作量不能满负荷；如果编制紧缺，高校体育工作质量又将难以得到保证。在高校体育教师管理中，可依据以下几个方面科学制订高校教师编制。

（1）根据国家教委颁布的《学校体育工作条例》制订高校体育教师编制。

（2）根据高校体育教师所承担的体育课教学、课外群体活动、课余训练竞赛等教学工作量总和制订体育教师编制。

（3）通过"师生比"以及本校的教学工作量制订体育教师编制。

2. 体育教师组织管理规定的制订

设置完备的高校体育教师管理机构，制订完善的体育教师管理规定，加强和落实各职能部门的职责分工，是高校体育教师管理工作的重点之一。具体来说，可以从以下几个方面来规范高校教师组织管理过程。

（1）鼓励"能者上，平者让，庸者下"和多劳多得。

（2）对体育教师应承担的教学工作量和科研工作量建立量化评审指标体系。

（3）管理规定应体现民主原则，同时做到量化、评聘的公开、公正。

3. 体育教师工作量计划的制订

现阶段，要想结合学校体育工作计划合理分配体育教学人力资源，就必须制订体育教师工作量计划。在高校体育教师管理中，一些学校由于没有把开展学校体育工作的工作量完全纳入学校体育课时工作量计算范畴内，导致了学校体育教学工作量与实际有出入，造成了体育教师队伍的结构安排不合理。因此，为了发挥高校体育教师队伍的最大价值，就应该使每位体育教师得到合理的工作任务，使不同的体育工作量任务合理分配。具体来说，高校应参考以下几个方面的因素制订体育教师的体育课时工作量计划。

（1）全日制在校学生、继续教育学生的必修、选修体育课。

（2）课外群体活动指导、课余训练工作。

（3）校内外体育竞赛活动。

（4）各种关于学生的《达标》测试等。

（三）体育教师的培养、培训与考评

1. 高校体育教师的培养

（1）体育教师的培养目标

高等师范院校和体育专业院校对体育教师的培养目标具体如下。

①体育教师要熟练掌握本专业基础理论、基本知识和基本技能。

②体育教师要熟练掌握马克思教育理论。

③体育教师要具有一定的科学研究能力。

④体育教师要具有分析、解决问题的能力。

⑤体育教师要具有从事教育和体育教学工作的能力。

⑥体育教师要有能阅读外文书刊的能力。

⑦体育教师要了解尽可能多的与本专业有关的科学新成就。

（2）体育教师的培养原则

①群体优化原则：群体优化原则要求对教师培训时，应从全局出发，有计划地进行培养。对于教师的培养应注重整体的优化，使教师素质得到全面的提高，使群体结构得到优化和提高。对于教师的培养，要符合一般人才的成长规律，综合提高教师队伍水平。

②定向培训原则：在确定好教师的工作岗位之后，应实行定向培训，以满足实际工作的需求。采用该培训原则能够使人才培养少走弯路，使教师能够更好地从事教育工作。各科学教学对于教师的要求不同，这就需要针对不同的学科展开相应的培训工作；不同的教师其工作的发展方向也会有所不同，因此，应针对不同的人才采用不同的培训方式。定向培训原则要求在进行教师培训时，应做到"缺什么，补什么"，根据具体的工作需要进行职业性的教育培训，使教师的相关技能水平得到补充、培训、更新和提高。

③目的性原则：由于教师日常的教学任务较多，因此，应注重培训的合理和高效。这就需要培训具有鲜明的目的性，以解决某方面的教学问题，增强教师某方面的技能掌握等，在培训之初就需要达成明确的培训目标，这样在培训过程中，教师才会具有一定的学习目的性。

④系统发展原则：根据高校教育事业的发展趋势，着眼于整个学校教师队伍的系统建设，站在一定的高度审视和处理问题。在教师培养的过程中，应掌握各种现代化的技术手段，了解最新的学术和科研动态，使教师的专业能达到一定的广度和深度。此外，受教学进度、社会和家庭等多方面因素的影响，在对教师的培训工作进行安排时，应以灵活性为主，从而保证教师获得系统和全面的提高。

（3）体育教师的培养模式

当前，我国对高校体育教师的培养模式可参考表7-1。

（4）高校体育教师培养课程设置

高校体育教师培养课程的设置可分为国家类课程、专业基础课程、专业理论课程、专业技术课程及专项训练、实践类课程。在高校体育教师培养系统中，对高校体育教师的培养应突显出以下特点：师范院校较注重教育类课程，以突出师范性为重点；体育院校体育类课程开设门类较多，以教学性为主。

表 7-1　体育教师的培养模式

体育教师的培养模式	特点
"运动型"培养模式	体育教师运动经历丰富，运动技术水准较高，但基本知识、理论水平和社会适应能力较差
"理论型"培养模式	体育教师的专项运动技术水平较低，但理论水平、基本技能和社会适应能力较强
"一专多能型"培养模式	体育教师有技术专长，掌握多种技能，具有良好的社会适应能力

2. 高校体育教师的培训

（1）体育教师的培训目标

①强化职业信念，提高思想政治素质和师德修养水平。

②建立一定的现代教育意识、观念。

③掌握本学科专业理论和教育理论，熟知体育教学规律和学生学习规律。

④掌握基本教学技能和现代教育技术，并能灵活运用。

⑤掌握教育科研方法，能开展教改实验和理论研究。

（2）高校体育教师的培训方法

①定期轮培：定期轮培是教师培训最为常用的方式，能够使教师不断地了解新的知识和掌握新的技能。举办各种形式的培训班和讲座，使教师定期得到培训，不断补充新的知识和内容，提高自身的专业素质。

②学术研讨会：通过开展学术研讨会，交流和探讨相应的学术成果。通过这种方式能够开拓教师的视野，对于教师教学水平的提高具有重要的作用。

③委托代培：通过向高等的教育单位或是专业的培训机构申请代培，这也是人才培训的重要方式。高等的教育单位具有丰富的经验和广阔的视角，对于教师知识水平补充和更新具有积极作用。专业的培训机构能够针对教师的相关弱点展开科学合理的分析和考察，做出相应的评估，最终确定完善的培训方案，这对教师专业技能的提高具有重要的作用。

④考察学习：考察和学习对教师教学思路的转变具有重要的作用。一般的考察学习是国内的考察学习，即实地考察借鉴优秀学校的教学经验和方法，探讨本学校的教学方法。有条件的学校可开展相应的出国考察机会，使教师接受国外先进的教学思路，开阔教学视野，为教师在本学科中的不断创新提供丰富的知识积淀，也为教师自身科研能力的提高奠定基础。

（3）高校体育教师的培训模式

高校体育教师的培训模式主要有岗前培训、校本培训和院校培训三种。

①岗前培训：适用于新教师的培训，主要通过两种途径实现，即，一种是由教师进修学校或师范院校对新教师进行脱产培训；另一种是组织培训班，指定老教师传授、帮助、带动新教师。

②校本培训：以学校和教师的实际需求为出发点，能将教育科研与教育教学实践紧密结合起来，有利于保持正常的体育教学秩序，因此被广泛使用。

③院校培训：主要包括学位课程培训和短期进修培训。前者的培训时间一般为 1～3 年；后者的培训时间较短，一般为几天或一两个月。

（4）体育教师培训课程设置

做好课程的设置是满足体育教师专业发展的需要，是搞好学校体育工作的重要保障。高校体育教师培训课程体系的设置应以当前的新课程对体育教师的新期待为重要依据，同时，要以高校体育课程内容选择的最优化与提升体育教师的素质教育能力为指导。

3. 高校体育教师的考评

对教师进行客观的考评是高校体育教师管理的重要工作之一，要想实现体育教师考评的客观、公平、公正，就必须建立健全体育教师的岗位责任制、教师工作量制度、业务档案管理制度以及考核奖惩制度，以为高校体育教师考核工作的制度化、规范化奠定良好的基础。

（四）体育教师的引进及学术交流

针对我国体育教师学历结构较其他学科偏低的现象，应加强高校体育教师的引进和促进高校体育教师的学术交流。具体应做好以下两个方面的工作。

1. 根据学校体育教师的定编、教师的自然离退休、某一项目或某一课程的需要情况等，有计划地引进高层次的体育专业教师。

2. 根据本校制定的学术交流有关规定，合理安排经费情况，鼓励体育教师参加学术交流活动，以促进高校体育教师的科研水平和综合素质的提高。

二、高校学生管理的内容

（一）体质健康管理

增强学生体质是学校体育教学的根本任务和主要目的。目前，我国大学生的体质状况并不乐观，近年来多项健康指标呈不断下降趋势，这一现象应该引起相关部门及领导的高度重视。在体育教学的过程中，必须采取必要的措施和手段加强学生的体质与健康管理，为此，要做好以下几个方面的工作。

1. 健全组织机构

在高校校园中，体质健康检测的组织机构应定期对学生进行体质健康检查，并将健全组织机构纳入体育教学工作计划之中。大学生每年都应该进行全面的身体检查，检查的内容应包括身体形态发育水平、生理机能水平、身体素质与运动能力水平等。

2. 建立管理制度

学校相关部门应建立与健全学生健康管理制度，定期检查学生的体质水平，并将检查结果纳入学生档案。此外，针对体弱、伤残的学生还应建立专门的体育活动制度，开设体弱、伤残体育与保健康复体育课，加强对这类学生的体质健康管理。

3. 加强健康教育

学校有关部门与工作者要积极向学生宣传健康教育等方面的知识，如宣传清洁卫生和良好的生活习惯、宣传疾病意外伤害的预防、宣传营养保健、宣传心理卫生等方面的知识，以此来提高学生的健康意识。

4. 建立健康档案

分班、分人进行整理学生的体质与健康档案，编写登记后汇入总登记册。要按照年级、班级、姓名进行定位陈列，以便于工作者随时检查阅览。

5．科学检查评估

体育教师和学生体育管理工作者应定期、不定期地开展体质检查评估工作，深入分析和研究学生的体质与健康状况，采取有效的措施和手段，加强学生的体质健康管理。

（二）教学组织形式

目前，高校体育课堂的教学组织形式大致分为两大类，即班级教学和分组教学，这两种教学组织形式的划分对体育课堂上对学生的管理和教学有着积极的作用。它们都是以集体教学为基本形式，重视学生的多样化、综合化和个别化发展。

1．班级教学

班级教学，又称班级授课制，它是当今体育课堂教学的最为基本的一种形式。这里的"班"有广义和狭义之分，广义上的班是在对班级进行改造后形成的集体或团队；狭义上的班只是传统意义上的"行政班"或"自然班"。

班级教学的教学组织形式的优点是学生能用较快的速度来掌握体育知识和技能，体现出教学的实效性不利于学生探索精神、创造能力和实际操作能力的培养，能较好地发挥教师的主导作用，学生之间缺乏明显的联系，便于体育教师对课堂教学进行管理。不足之处在于 30～40 人由一名体育教师教学，能够体现出教学的高效性，若学生人数较多，教师难以照顾学生的个别差异。

2．分组教学

分组教学是把一个班级根据某种形式分成若干个小组，然后由教师以小组为单位进行指导的教学形式。在教学实践中，分组形式的优势主要表现在两个方面：一方面，分组教学模式保留了班级教学的长处；另一方面，分组教学能解决对于部分学生区别对待的问题，有助于体育教师根据不同小组的不同特点进行有针对性的教学指导。

在高校体育教学的组织和实施过程中，体育教师既可以以学号为依据对学生进行分组，也可以以性别比例为依据对学生进行分组，还可以对全体学生进行随机抽号分组。但不管是哪一种分组，体育教师都应在教学开始前为每个小组指定一名组长，小组长一般为这个组中对课堂内容掌握较好的学生，在教学中应充分发挥小组长的模范带头作用。

现阶段，在高校体育教学中既要进一步完善班级教学，也要重视施行分组教学，以弥补班级教学制的不足。

（三）课堂纪律管理

课堂纪律是体育课堂教学效果的重要保证，因此，抓好学生的体育课堂纪律是提高教学水平的关键。

1．严格要求学生

（1）要求学生做到上课要穿运动服和运动鞋。

（2）上课不要带小刀、镜子等危险品。

（3）上课时不可随便讲话，不迟到、不早退。

（4）认真练习体育运动项目的基本动作。

（5）学生之间要团结友爱，互相帮助、互相提高。

2. 搞好课堂纪律

搞好体育课堂纪律是上好体育课的基础，应做好以下三个方面的工作。

（1）在教学过程中，体育教师应注意培养学生的自觉性。

（2）学校应制定相关规定，保证体育教师向学生提出要求能够得到各方面的配合和支持。

（3）体育教师应在每节体育课的结束部分，对学生的表现进行总结，促使学生养成遵守课堂纪律的好习惯。

3. 培养体育骨干

在体育教学中，培养体育骨干，充分发挥体育骨干对学生的号召作用，能协助体育教师搞好课堂纪律管理工作，从而提高体育教学的质量和水平。

4. 注意教学层次

良好的教学层次有助于教学活动的顺利展开和学生对体育学习过程的了解，体育教师在教学过程中要注意根据不同学生各自的身体情况来制定切实可行的教学目标，并采用切实有效的教学方法和手段，激发学生学习的兴趣，这样能保证良好的课堂纪律，提高教学质量。

（四）课堂教学控制

在高校体育教学过程中，为了使体育课堂教学活动按计划有条不紊地进行，体育教师必须认真掌控学生对于课程内容的接收情况，重视对课堂体育教学活动效果的监控，并随时将课程上已经达成的目标与预先设定的教学目标进行对比。一旦出现完成目标与预设目标滞后或偏差的情况，就应该积极采取措施使课堂教学活动回到正确的轨道上来。

1. 课堂有效控制的基本措施

体育教师应采取积极有效的措施对课堂教学活动进行管理控制，具体来说，教师可采取以下措施加快教学进程或是纠正教学偏差。

（1）引导控制学生的思维集中到课程上。

（2）在教学开始前明确本次课堂教学的具体目标。

（3）客观、科学地衡量教学实际达成的目标情况。

（4）认知分析教学偏差产生的原因，有针对性地采取纠偏措施。

2. 对学生课堂违纪行为的处理

体育教师应在学生课堂出现违纪行为之前积极预防。在体育教学活动开始之前，教师应凭借自己的教学经验采取积极有效的措施，先于学生课堂违纪行为发生前就做出预防性的管理，避免或减少学生违纪行为的产生。具体来说，教师可以通过以下措施来预防学生课堂违纪行为的发生：明确体育课堂教学常规和行为标准；在体育教学中重视促成学生的成功经验；尊重学生、爱护学生，建立和谐的师生关系。

3. 对学生课堂偶发事件的处理

体育教学的特殊性要求体育教师根据经验在教学开始之前对课堂教学组织与管理做出周密、严谨的准备，对各种可能出现的各种问题进行预案，但是，偶发事件具有不确定性。在体育教学过程中，一旦有偶发事件发生，体育教师首先要保持冷静，并迅速反应、及时控制、果断处理，争取将伤害降到最低。

（五）课外体育活动管理

在对学生进行课外体育活动管理时，要掌握以下几个基本原则。

1. 需要性原则

课外体育活动一般是学生自发主动参加的，学生根据自己的需要自主参加。需要能使人产生愿望，进而通过某种力量而引起人的各种活动。对于大学生来说，大学生有提高技能的需要、强身健体的需要、实现自我的需要、交往的需要和休闲娱乐的需要等，所以参加课外体育活动能很好地满足这些方面的需要。

2. 多样性原则

学生参加课外体育活动都是主动和自觉的，都倾向于选择自己喜爱的运动项目。因此，在安排课外体育活动项目时，要以不同学生的实际需求为依据，选择那些既能促进学生健康，学生又能乐于接受的体育运动项目。

3. 指导性原则

在体育教学中，体育教师有责任对学生进行指导，帮助学生选择适合自己的体育运动项目，指导学生科学地参加体育课外活动锻炼，从而提高体质水平。

4. 可行性原则

体育教师在安排课外体育活动项目时，一方面要考虑学生的实际需求，另一方面要结合学校的具体实际展开。目前来看，各高校体育锻炼的基础设施得到了较大程度的完善，能基本上满足学生的体育需求。

5. 激励性原则

学校应注重运用激励的方式引导学生积极参与体育活动。正确的激励方式可以激发学生参与体育活动的兴趣与积极性，使其养成经常锻炼的良好习惯。

第四节　高校体育教学活动的多元化管理分析

一、体育课堂教学管理

课堂是进行体育教学的主要场所，是学生获得知识的重要途径，高校学生所学到的大部分体育理论知识和实践活动都是通过体育课堂教学实现的，对此，加强体育课堂教学的管理，对整个学校体育教学及学生自身的发展均具有着重要意义。

（一）体育课堂教学管理的原则

1. 主体性原则

体育课堂教学管理的主体性原则主要是指在体育课堂教学中，要始终坚持"以学生为主体"，学生是体育教学活动的主体，是课堂教学的主体；教师在体育教学活动中处于主导地位，起指导作用。教师应根据学生的主体需要和特点来合理安排教学活动。具体来说，在以学生为主体的现代体育教学中，课堂教学应包括三方面的内涵：首先，从师生地位角色来理解，学生是体育课堂教学的主体，教师是主导者，"教"应为学生的"学"服务；其次，教学活动要围绕学生展开，也就是说课堂中学生活动要占大部分时间；最后，在课堂教学中，教师应该采用启发式和发现式教学方式以激发学生的主动性与创造性。

在体育教学中，体育教师应引导学生积极主动地学习，充分发挥学生的积极主动性、自主性和创造性，从而提高教学的质量和效果。教师贯彻和遵循发挥学生主体性原则，需要注意以下几点要求。

（1）树立学生主体观和以学生为宗旨的教育观，以引导为主，确立为学生的"学"而教的理念，从而更好地为学生服务。

（2）制定完整的体育教学方案，提高学生参与教学活动的积极性，在教学过程中应做到学、练、问三者的结合，学习与创新相结合。

（3）引导学生学会学习，学会自我解决问题的方法。为学生提高发现问题和解决问题的能力提供一定的帮助。

（4）因材施教，在体育教学中教师应充分考虑学生的个体差异，对不同的学生采取不同的教学方法，在统一发展的基础上促进学生特长的发展。

2. 全面发展原则

全面发展原则是指通过课堂教学使学生的身心得到全面发展。我国最新的《体育与健康课程标准》提出了运动参与、运动技能、体能与身体健康、心理健康与社会适应四个方面目标，这四个目标的基本思想都是协调发展学生身心健康。因此，在现代体育教学实践中，体育教师也应以《体育与健康课程标准》对学生的发展要求为基础，不仅要帮助学生掌握运动技能，发展学生身体素质和体质健康，还要促进学生的健康心理发展与完善其人格品质，更要重视学生德、美、智素质的培养，通过对学生全面素质的培养提高学生的社会适应能力。

在体育课堂教学实践中，教师要想贯彻全面发展性原则，其在课堂教学活动中需做到以下几个方面。

（1）教学内容选择上，体育教师要充分发挥积极能动性和创新精神，通过挖掘运动项目以为学生带来的心理、社会价值。

（2）教学设计过程中，不仅要考虑让学生掌握好运动技术，还要培养学生的心理品质和社会适应能力。比如可以通过设计不同起跑点来培养学生的自信心，通过团队合作来培养学生与他人很好地相处的能力等。

（3）教学评价方面，教师和学生要在教学过程中共同的成长，体育教师不能单一地从体育运动技能去考评学生成绩，而应从教师和学生身心发展的多维度去评价"教师的教"与"学生的学"的质量。体育教师和学生要在教学过程中共同获得的成长，为此，体育教师和学生应从身心发展的多维度对教与学的质量进行全面客观的评价，不能单一地从体育运动技能去对学生成绩进行考评，这种方式是不科学的。

（4）重视教学创新。体育教师要将其自身的能动性和创新精神充分发挥出来，对运动项目给学生带来的心理、社会价值进行积极的挖掘。如长跑既可作为提高学生心肺功能的项目，又可以作为锻炼学生意志的手段。

3. 兴趣先导原则

让学生得到快乐的同时又能学到体育文化知识和运动技能，并养成良好的自我体育锻炼的习惯，这些对于学生主动学习体育兴趣的提高都是有帮助的。需要强调的是，由于体育教学不只是为满足学生兴趣而开展的，因此，这就要求在培养学生体育兴趣的过程中，要使学生对体育形成更高层次的兴趣。兴趣是学生学习的最根本的动力。教师在体育课堂教学过程中要善于培养学生学习体育的兴趣，让学生在愉快中学习，使学生的运动技能在兴趣活动中得到强化，学到体育文化知识和运动技能，并养成良好的自我体育锻炼的习惯。这便是兴趣先导原则的主要思想。

在培养学生体育兴趣的过程中，兴趣先导需要体育教师根据学生不同阶段、水平的兴趣特点进行教学设计，目的在于培养学生的体育兴趣与运动技能，要能使学生形成更高层次的兴趣，因为体育教学不只是为满足学生兴趣而开展的。如果学生学习体育的兴趣只停留在低级阶段，那么过了一定时间之后，这种兴趣将逐渐消失，体育教学质量自然也就无法获得相应保障。因此，在培养学生的体育学习兴趣时，体育教师应注意以下几点。

（1）广泛了解学生的体育兴趣，并针对学生个体的不同兴趣来选择和安排多样化的教学。

（2）设计能促进学生学习兴趣提升的教学方案，引导学生的学习兴趣向正确的方向发展，同时在教学中要善于捕捉时机，因势利导，积极强化学生的兴趣。

（3）从学生的未来发展层面，重视学生更高层次兴趣的培养，并结合学生兴趣开展体育教学活动。

4. 循序渐进原则

所谓的循序渐进原则是指在体育教学中，教师要根据学生的年龄和性别特征，合理地选择教学的内容、手段与方法，并遵循系统性和连贯性要求，使学生按照客观规律，在牢固掌握知识、技术、技能的基础上逐步提高自己的技能水平。

体育教学的客观规律决定了在体育教学中，教师的教学设计和教学活动开展必须遵循循序渐进原则，循序渐进是巩固提高的基础。具体来说，体育教师在教学中，要根据学生的年龄和性别特征，合理地选择教学的内容、手段与方法，并遵循系统性和连贯性要求，使学生按照客观规律，在牢固掌握知识、技术、技能的基础上逐步提高学生的运动技能。

循序渐进、巩固提高原则要求教师在体育课堂教学中应做到以下几点。

（1）在安排教学内容时，体育教师既要考虑该运动项目技能的形成顺序，由易到难、由简到繁地进行设计；又要考虑项目之间的关系，使前一个项目的学习要有利于后一个项目的学习，要帮助学生循序渐进地学习。

（2）在体育教学中，体育教师在交替安排负荷不同的体育课时，要注意保持一定的节奏型。后一次课的生理负荷应安排在上一次课后的超量恢复水平上，而且生理负荷总的来说是呈逐步提高的趋势。在体育课堂教学过程中，学生的生理负荷一般要采取波浪式的、有节奏的逐步提高，待学生的身体完全适应某一运动负荷后再逐步提高。就体育教学的某一个阶段或时期来说，教师进行体育教学，应有节奏地交替安排负荷不同的体育课。后一次课的运动负荷应安排在上一次课后的超量恢复水平上，就学生课堂生理负荷总趋势来说，应呈现出逐步提高的负荷特点。

（3）在体育课堂教学过程中针对学生难以掌握的技能，教师教学安排的时间应该相对多一些，待初步形成动作的动力定型后再进行下一步的教学。

（4）为了完善体育课堂教学，促进学生运动水平和技能的有序和持续发展，体育教师要提高自身素质，特别是运动心理和运动生理等素质，这是非常重要的。良好的教学素质是教师施教的基本前提和重要基础。因为，教师只有具备了良好的素质，才能了解学生身心发展规律和特点，了解各项教材的系统性及各项教材之间的相互关系，才能优化体育课堂教学过程和效果。

5. 因材施教原则

新的课程标准要求教育要以人为本。因此，体育教学课堂管理理所当然也应该是以人为本，体育教学对象是人，而不是标准件，人是有思想和情感的生物，思想和情感是非常复杂的，高校学生之间必然存在着个体差异。高校学生之间的差异性要求教师在组织教学时既要面向全体学生，统一要求，又要根据学生的身体素质、基础条件等差异区别对待，做到因材施教。在体育教学中，教师要真正做到根据实际情况，因人、因地实施教学，必须做好以下教学工作。

（1）要深入了解学生对体育的认识，并且以学生的兴趣爱好、体育基础、健康状况、身体发展等方面为主要依据，将其共同点和差异所在找出来，从而更好地贯彻区别对待、因材施教的基本原则。

（2）教师要重视每一名学生的运动、技能水平发展和提高。在制订体育教学计划和确定体育教学目标和要求时，应确保其切合学生的实际情况。例如，对于身体条件好而有体育特长的学生，要努力创造条件，对其提出相对较高的要求；对于体质弱、基础差的学生，应适当降低要求，使他们在原有基础上有所提高。

（二）体育教学文件的管理

体育教学文件是指国家的教育方针，上级部门颁发的各种有关教学法令、条例、规定、指示、规划、制度和体育教学大纲，同时，学校体育教学的工作计划、教学进度安排、单元教学工作计划和教案等也属于这一范畴。体育教学文件在体育教学中具有非常重要的作用，它对体育教学活动具有重要的指导性作用，因此，加强体育教学文件的管理能够使教学活动顺利进行得到有力的保证。

当前体育教学文件的管理需要遵循一定的步骤进行，具体如下。

1. 分析教学客观实际

教学文件对体育教学有一个方向的指导作用，体育教学管理应符合教学实际，因此对于教学文件的内容要进行合理选取与参考，在体育教学管理中，第一个步骤就是学习研讨，其具体的操作程序是：提出教学文件管理的指导性意见，并组织学习研讨。对体育教学文件进行管理的主体是体育机构和体育教研室（组）。

体育教学文件管理过程中，在制订具体的教学文件前，要求体育机构和体育教研室（组）必须按照上级主管部门对本校体育教学活动的有关要求，对体育教学文件的制订方向给予指导性意见，换句话说，就是要在体育教学文件当中将教学的指导思想、任务、质量和时间等充分体现出来。另外，体育机构和体育教研室（组）还应组织学校的体育教师对教学计划进行仔细的分析和研究，特别应对教学大纲进行仔细的研讨，这样能够通过与学生的实际情况和《国家体育锻炼标准》《体育合格标准》等相关制度的要求相结合，从而保证制订出的体育教学文件与本校校情相符。

2. 制订体育教学文件

制订体育教学文件是体育教学文件管理的第二个步骤。具体来说，这一步骤是在高校相关部门和人员在进行仔细的研讨之后进行的。

在制订教学文件的过程中，教育机构或教学主管部门需要印制一份统一的教学计划表格，这样不仅能够使制订过程更加规范，同时，这对于制订后检查工作的开展也是较为有利的。

一般来说，在初步完成教学文件的制订后，学校应组织具体部门集体讨论与审议，协调与调整教学计划中场地器材的安排和各年级教材出现时间的顺序等。在计划文件制订完成后，学校相关部门还要进行审核和批准程序，从而使教学文件具有可行性和科学性，及其顺利实施得到保证。

3. 教学文件的实施与调整

待体育教学文件审核批准通过后，就需要实施教学文件并对其进行适当的调整，这是体育教学文件管理的第三个步骤。

在实施体育教学文件的过程中，体育教学工作者必须严格规范执行过程，不能随意变动。相关部门要对文件落实情况进行必要的检查。假如发生特殊情况阻碍教学计划的正常实施，可向教研室（组）申述，有关领导应考虑具体情况，对教学文件进行及时的调整，从而使教学的实际需要得到满足。

4. 教学文件的分类与整理

体育教学文件的分类整理是对高校体育课堂教学文件的后续管理，其具体的操作内容是将教学文件进行分类整理，并存档保管，以备日后的查询、参考与研究。

（三）体育教学的教务管理

体育教学的教务管理主要是由学校的教务部门统一实施的，这一管理过程需要体育教研室的主动配合。一般来说，体育教学教务管理的步骤主要有以下几个方面。

1. 编班

编班在体育教学中具有重要地位，它是教学管理的重要内容之一。在具体编班的过程中，应与每名同学的具体实际相结合，同时，要注意以下两点。

首先，我国学校主要采用混合编班的形式。在混合编班的过程中，学校应尽最大可能地将各班体育基础好与差的学生和男女学生比例安排好，从而使学生的共同发展得到保证。

其次，编班过程中要注重学生的合理搭配，从而保证体育教学活动的顺利开展。

2. 安排课表

在安排体育课表时，为了保证课表的可行性和合理性，需要对以下几个方面提高注意。

（1）体育教学主要是以肢体活动为主要内容的教学活动，需要学生在活动中保持高度的注意力，因此，在安排体育课的课表时，要求学校最好将体育课安排在上午的第三节和下午。

（2）同一个班级，每周体育课的间隔时间应保持在合理的范围之内。

（3）如果教学的进度相同或者内容一致，可将不同的班级统一起来上课，但是，要对一次课教学的人数进行有效的控制。

（4）要有效地布置和使用器材，使用过程中还要对器材的保养引起重视。

3. 课堂教学控制

体育课堂教学活动的顺利开展是体育教学目标实现的重要前提，也是完成整个体育教学计划的重要基础。因此，这就要求体育教学工作者，尤其是体育教师，在对课堂教学的控制方面要引起高度重视。

对于课堂教学的控制应以学生的健康发展为中心指导思想，并充分考虑体育客观教学环境与条件，例如，体育课堂教学文件的制订对体育教学实践起着积极的导向作用，而在体育教学的实践过程中，已经制订完成的教学计划常常会和教学的实际情况产生矛盾。这就要求体育教师在教学过程中要及时发现上述问题并及时控制体育课堂教学中产生的各种矛盾，以便于体育课堂教学活动的顺利开展。

管理学认为，在管理系统中，控制职能的发挥是以一定的机构为基础的，但在高校体育课堂教学的控制过程中，控制机构往往不是单独成立的，而是和体育教学部、教研组、器材室等组织机构是同一个，因此，这样往往就会导致一个组织机构担负多种职能，这会在一定程度上阻碍体育课堂教学控制职能的发挥。因此，对课堂教学的控制一定要职责明确，责任到人，重点将体育教师的管理和控制职能发挥出来，以实现对体育课堂教学的有效控制。

（四）体育课堂教学过程管理

1. 课前备课管理

备课管理是体育课堂管理的重要内容，体育教师进行教学前，必须要备课。因而，管理者要对教师备课提出具体要求，如教案规范、详略程度等。另外，学校相关方面的管理者不仅要定期或不定期对体育教师的教案进行评比，还可以组织一定的集体备课来提高教师的备课规范性。

（1）体育教师的备课管理

体育教师在备课时，要做好以下工作。

①仔细钻研教材。教材是体育教师上课的主要依据。因此，体育教师要善于钻研教材。仔细研究体育教学大纲（课程标准），根据体育教学目标及各单元、本节课的具体教学目标来领会教学的基本要求，把握教材的体系范围与深度。在此基础上，研究多项教材的重点与难点，以及其前后的联系，做好总结工作。

②深入了解学生。体育课堂教学的目的是促进学生身体素质的进一步发展，要想实现这一目的，体育课堂教学活动就必须切合学生的实际。因而，体育教师要全面了解学生的知识基础、身体健康状况、认知能力、运动能力水平，以及学习态度、兴趣需要及个性特征。

③合理组织教法。教学方法是体育教师完成课堂教学任务的重要途径，在体育课堂教学过程中，体育教师要根据教材性质、教学任务的要求，以及学生的情况、场地器材条件，确定体育教学活动的类型和结构，并据此选择和设计合理的课堂教学方法。

④认真编写教案。教案，也就是课时计划，它是教师进行课堂教学的直接依据。教师在编写教案时，为了保证教案的质量和可行性，需要对以下几个方面引起重视。首先，应根据教学大纲的要求和学校的有关规定编写。体育教师应根据学生的实际情况，如体育基础、体育骨干、伤病情况等备课，同时要考虑到场地、器材的实际情况等，并如实详细记录；其次，编写教案

要规范，备课的详略程度应当合理；再次，备课文字精练、准确，教法运用正确。

⑤充分准备场地、器材。场地和器材是辅助完成体育教学的必要物质条件，是上好体育课的物质保证，在体育课教学前，教师要自己或组织学生帮忙准备好场地、器材，并合理规划场地和布置器材。

（2）学校教学管理者的备课管理监督

①对教师备课提出具体要求，如教案规范、详略程度等。

②定期或不定期对体育教师的教案进行评比，或者可以组织一定的集体备课来提高教师的备课规范性。

2. 课堂教学管理

体育课堂教学的上课管理同样需要从体育教师和体育教学管理者两个方面入手，保证体育课堂教学的顺利进行。

（1）体育教师的上课管理

在体育课堂教学中，教师既是体育课的教学者，又是管理者，因而教师的上课管理直接决定体育课的质量，体育课堂教学以集中学生教学为主要方式，每一堂教学课的开展，都是学生在体育教师的组织安排下进行学习的过程，因而对教学课的组织管理有一定的要求。通常教师对体育课的管理主要包括课堂常规的建立、课的合理分组、场地器材的运用、安全措施的运用、做好思想政治工作、调度和运动密度强度的掌握、教学方法手段的运用、调动学生积极性，以及教师本人和学生的服装要求等。

具体来说，为保障课堂质量，教学课的组织与实施，在体育课堂教学中，体育教师应做好以下工作。

①明确教学目的。体育教学目的既是课堂教学的出发点，也是教学活动的最终归宿，因而体育教师必须明确教学目的，同时使学生对教学目的有一定的了解，以便使教学活动能有序展开。

②科学选择教学内容。教学内容是课堂教学的载体，是圆满完成教学任务的重要保障，正确的教学内容，应该体现出科学性与思想性的统一。

③正确选择教学方法。体育教学应遵循学生认知和身心发展的基本规律。一般来说，教师的课堂教学要以启发式教学为主，教学方式应具有灵活性，既要做到充分调动学生学习的积极性，又要将传授知识与发展智力、教书与育人、统一要求与因材施教结合起来。

④严密组织课堂教学。课堂教学就是要实现"教"与"学"的密切配合，因此，教学活动要结构紧凑，科学地分配时间，以提高教学效率和优化教学效果。

（2）学校教学管理者的上课管理支持

上课是教师教学和学生接受知识的重要形式，高校管理者应给予体育教师一定的支持，从而为体育教师顺利地完成上课管理起到积极的促进作用。

①高校相关部门要对体育课的教学给予与其他文化课程一样的关心与支持，并提出相关的要求。

②高校相关部门及领导应积极主动地深入课堂，对体育教师的教学情况进行充分的了解，使对体育课的检查与督导力度进一步加强，同时，应积极组织一定的示范课、公开课、研究课

等多种课型，并对其进行积极的探讨。

③高校要尽最大可能为体育课提供必要的条件，为体育教师及时解决教学过程中产生的各种问题提供相应的帮助，从而为体育教师创造良好的教学环境，促进教学水平的提高。

3. 课后教学管理

首先，按时下课，在教学课结束后，体育教师应做好本次课的总结工作（体育实践课中帮助学生做好整理活动），让学生展开讨论，根据学生的意见和建议，有针对性地安排好下一次课。

其次，组织学生收回器材、整理场地。在整理体育器材的过程中，应分门别类放置器材，例如，金属的和非金属的分开放；常用的和不常用的分开放；大型器材和小型器材分开放；篮球、排球、足球、铅球等要上架；服装、小件器材要入柜；羽毛球拍、网球拍等要悬挂整齐；所有在教学过程中使用过的体育器材都要当面检验，做到如数、完整、完好。

4. 教学考核管理

教学质量的提高与加强体育教学考核有着不可分割的重要联系，高校体育课成绩的考核管理主要包括以下两个方面。

（1）体育教师对体育课成绩考核的管理

高校体育教师对学生体育课成绩考核的管理工作主要包括以下三个方面的内容。第一，体育教师应以学校和体育教研室及有关机构的要求为主要依据，认真组织体育课成绩考核的实施。第二，体育教师应对成绩考核的办法与标准熟练掌握，公平、公正、合理地开展学生的实际测评。第三，体育教师在体育课成绩考核结束后，应尽快做好学生成绩的登记工作，并按规定程序将成绩上报给学校的教研室及相关部门。

（2）体育教研室（组）对体育课成绩考核的管理

高校体育教研室（组）对学生体育课成绩考核的管理主要是以体育教学大纲和教学计划的相关规定为主要依据，通过与学生的实际情况相结合而进行的，具体来说，其包括的内容主要有以下几个方面。

①对体育课成绩考核的项目、内容、评分标准、计分方法和评定总成绩时各种内容所占的比例等组织讨论并负责制订工作。

②对体育教师进行检查和监督，要求体育教师必须正确对待考核工作，将合理的、科学的评分标准与方法制订出来，将评定尺度统一起来，将体育课成绩的考核认认真真地完成。

③对各班体育课成绩登记表进行积极的审核，尽快报送教务部门，及时建立学生的成绩档案。

④根据学校有关规定，审核并组织体育成绩不及格的学生进行补考。

5. 意外伤害事故管理

身体实践在体育教学中占有很大比例，在体育教学中难免会遇到意外事故的发生，因此，做好学生的意外伤害事故管理很有必要。

（1）体育教师的课堂事故管理

①合理组织教学过程，尽量避免学生发生意外伤害事故。

②针对轻伤者，应及时送往医务室治疗，在课堂教学中受重伤的或危及生命的应立即转送

医院抢救。

③发生重大的意外伤害事故时，应立即通知家长、学校领导和当地派出所或有关部门。

④对于意外伤害事故，教师应详细汇报伤害事故发生的时间、地点、原因、后果与处理措施等具体情况；必要时保留人证和物证。

（2）学校的体育教学事故预防及处理

①学校要根据国家和教育部门规定，确保教育教学训练的设施、设备符合安全标准。

②学校要监督教师履行职责，根据实际情况采取必要措施。

③学校要根据学生的具体情况，建立健全各项管理和保护学生安全的规章制度，活动场所和设施应当符合安全标准。

④学校应做好教学活动安全的检查工作，将危险因素尽早消除。

二、课外体育活动管理

（一）课外体育活动的管理准备

1. 制订活动计划

（1）全校性体育活动计划

全校性体育活动计划的制订前，应由体育教研室或体育教研组总结过去经验，广泛听取意见，然后报学校主管领导批准。全校性体育活动计划制订要以学年或学期为单位，主要内容包括体育课外活动的指导思想与目标、早操、课间操、大课间活动、年级活动、班级活动和体育俱乐部的具体活动形式、内容及管理等。

（2）年级体育活动计划

年级体育活动计划的制订要依据学校体育课外活动计划以及本年级学生身心发展的特点、体育基础、运动水平等，合理安排适合学生特点的体育课外活动。

（3）班级体育活动计划

班级体育活动计划应在班主任、体育教师的指导下，由班级体育委员在征求全班同学的意见和建议后制订，计划内容应包括活动的目标、内容和形式，活动的时间、场地、器材等。

（4）俱乐部体育活动计划

俱乐部活动计划应有专人负责，如负责活动指导的教师，由于俱乐部承担着多种任务，俱乐部活动计划相对复杂些，需要管理者做到统筹兼顾。

（5）小团体及个人体育活动计划

小团体活动计划自由度高，因此在制订活动计划时比较有困难，尤其是针对一些不稳定的团体组织，更不可能制定详细可靠的计划。因此，活动计划仅供方向上的参考，具体体育活动过程应灵活处理。

2. 建立管理规范

根据学校体育课外活动的计划，由主管校长带头，召集相关部门将体育活动管理制度纳入学校作息时间内规范管理，同时建立与之配套的工作规范。

3. 明确管理职责

（1）校领导的管理职责

鼓舞学生积极投身锻炼，同时可以主动参与加入活动，亲力亲为，到活动场地参与活动，亲身体验了解体育课外活动的开展情况，以发现问题和解决问题。

（2）体育教师的管理职责

体育教师应组织安排全校晨操、课间操、大课间活动等的内容，并协助班主任组织好所带年级的活动等。

（3）学生干部的管理职责

在体育课外活动管理中，学生干部起着重要的组织管理和带头作用。因此，学生干部应以身作则，组织并带动全体学生积极、主动地参加课外体育活动。

（二）课外体育活动内容的管理

课外体育活动的内容主要包括早操、课间操，班级体育锻炼，体育节、节假日体育等，因此，学校课余体育训练管理主要是对上述体育活动内容的管理。具体如下。

1. 早操、课间操

对学生的课间操、早操的管理与组织应依照学校的实际情况而定。具体来说，主要包括以下几方面的管理工作。

（1）项目管理。在课间操、早操的项目内容的确定上，学校可运用统一安排和自选相结合的方法进行管理。

（2）器材管理。在课间操、早操的场地器材的安排上，学校可运用集体与分散相结合的方法进行管理。

（3）人员管理。现阶段，学校主要是运用学生干部、班主任、体育教师相配合的方法进行管理，在管理上，班主任、任课教师应互相密切配合；要注重发挥学生干部的作用；要做好课间操、体操的宣传教育工作，帮助学生充分认识"两操"的重要作用，并使其能成为一种自觉行为。

（4）活动效果管理。为了提高课间操、早操的活动效果，可运用平时考勤与抽查评比相结合的方法进行管理。另外，还可借由会操表演、运动会等方式提高课间操、早操的管理质量。

2. 个人体育活动

个人体育活动是指学生个体，根据自己的兴趣、爱好、需要，按体育锻炼的方法要求，自觉自愿地选择相应的体育活动项目，在课外单独进行的体育锻炼活动。

针对学生的个人体育活动，体育教师应尽可能地配合，通过指导、咨询、协调等形式介入其间，鼓励、启发学生有计划地进行体育锻炼，并能持之以恒。此外，体育教师应耐心引导、启发学生根据班级课外体育活动计划，结合学生个人的实际，有针对性地做出具体的体育活动计划安排。

3. 班级体育活动

班级体育活动是以班级为单位分成若干小组的方式来进行的，这些小组在班干部和小组长的带领下开展具体的体育训练活动。由于班级体育锻炼在时间、内容、组织和生理负荷等方面都提出了许多要求，所以，学校在进行班级体育训练的管理时，在训练内容的选择上，可将训练与体育课教学内容结合起来，以"标准"为中心选择具体的项目开展锻炼。

教师对于班级体育活动的管理应非常重视，管理过程中应注意总体性和宏观性的把握，并注意发挥学生干部的作用。

学生干部应在班主任、体育教师的指导下，班级体育委员征求全班同学的意见和建议后制订活动计划，组织落实班级体育活动。总之，要形成一个良性的体育活动关系与氛围（图7-1）。

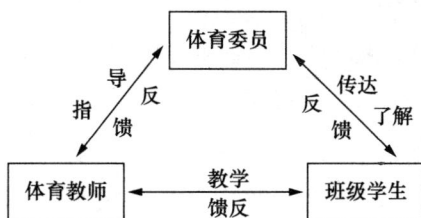

图 7-1　班级体育活动的管理

4. 年级体育活动

年级课外体育活动计划通常是由体育教研室或体育教研组负责整个年级体育教学的教师和年级主任或组长协同完成。适合规模较大、学生较多的学校。

针对学校年级课外体育活动的管理，要充分考虑学校课外体育活动的计划以及本年级学生身心发展、体育基础、运动水平等特点，以保证年级课外体育活动的组织和实施适合本年级学生的特点和需求，科学开展。年级体育课外活动的实施方案应由年级体育教师会同年级主任和各班班主任协商编制后实施。

5. 体育俱乐部活动

校园内的体育俱乐部活动是最近几年非常流行的体育课外活动组织形式，学生可根据自己的体育特长、兴趣爱好自愿加入组织。一般的，学校体育俱乐部通常是学校根据自己的场地设备、师资力量、体育传统优势等因素筹建的。目前，我国学校体育俱乐部的形式主要分单项俱乐部和综合俱乐部两种类型。

体育俱乐部通常是高校根据自己的场地设备、师资力量、体育传统优势等因素筹建的。体育俱乐部活动的管理应由专门负责人负责，根据学校体育工作的总体规划和课外体育活动计划确立活动目标、运营方式、人员安排等。同时，体育俱乐部应做好经费筹措、场地器材设备的合理配置等工作。运营经费主要是以学生会费和社会赞助为主。

6. 校园体育活动

校园体育活动主要包括学校结合本校的实际情况所举办的"体育节"的相关体育活动。常见的体育节有体育专题报告、体育讲座、体育知识竞赛、体育游戏等。它主要包括校园"体育周"和校园"体育日"（健康日）两种形式。具体如下。

（1）校园"体育周"。学校集中利用一周时间，对学生进行课余体育训练，或组织各种宣传教育、锻炼、运动会等活动。活动期间，学校可成立临时性指挥机构进行组织与管理，在管理过程中，要注意取得各有关方面的支持与配合，并作好充分预备与准备工作。体育周结束后，学校相关部门应注意做好后续管理工作。

（2）校园"体育日"。一般会占用一天或半天的时间，通常会与有意义的节日或体育形势（重大的国际、国内的体育活动）相结合。体育日期间学校可组织进行专题性的体育主题活动，开展体育教育和锻炼。在管理过程中，既可以组织全校性的活动，也可根据年级、班组灵活组织各种体育活动。通常全校性课外活动的实施首先要征求各方面意见后报主管校长，经批准后方可实施。

三、课余体育训练管理

课余体育训练是为竞技体育培养后备人才的一种体育教育过程，目的是发展具有体育特长的学生的体能和身心素质，提高他们某项运动的技术水平，主要在课余时间安排训练。

（一）课余体育训练目标

1. 提高学生对体育的认识，使其掌握一些专项与非专项技战术和知识。

2. 促进身体的正常发育，提高各系统器官的功能，发展体能。

3. 培养学生良好的体育道德作风和顽强的意志品质，为进一步的专项运动训练打下身体、心理、技术、战术和思想品质的良好基础。

4. 课余体育训练要使学生运动员在各类比赛中发挥最佳运动水平，创造优异成绩。

5. 为提高运动技术水平输送优秀体育后备人才和群众性体育骨干服务。

（二）课余体育训练特点

1. 广泛性。只要愿意参加的学生，都能加入训练队伍，因此，课余体育训练具有广泛的学生基础。

2. 基础性。学生是课余体育训练的对象，他们处于生长发育的重要时期，在年龄特征、课余训练以及运动训练方面有着一定的规律。根据这些规律，课余体育训练中应该将抓好学生体育素质和基本技术的训练。

3. 强负荷。在学校体育课余训练中，为了达到预定的训练效果，往往会增加训练负荷量。但这种大负荷量是要从学生的实际情况出发，符合学生运动员机体和心理适应能力的。

4. 多样性。课余体育训练项目较多，训练内容具有多样性的特点。这是因为，参加训练的学生具体情况不同，为了使每个训练者获得理想的训练效果，必须根据实际情况采用多样化的训练手段。

5. 业余性。学生的主要任务是学习，运动训练只是辅助。学生体育训练的主要时间是在课余，多在课后、节假日开展。

（三）课余体育训练形式

1. 学校运动队

学校运动队是课余体育训练最富有活力的训练组织之一。主要有班级代表队、年级代表队以及学校代表队等。

学校运动队代表本校参加各种级别的比赛，提高运动水平。而在训练队的学生与本校其他学生又是紧密联系的，这使得学校运动队在普及体育运动知识和技术，促进学校课外体育活动开展等方面也能够起到积极作用。学校运动队特别注重选材，主要挑选学习努力、身体健康，并且有一定运动专长或具有培养条件的学生。

（1）运动队训练管理的主要内容

运动训练的业务管理、运动员的文化学习管理等，都是训练管理的主要内容。

①运动训练的业务管理：对运动训练过程进行专项技术能力形式的过程管理，就是所谓的运动训练的业务管理，具体来说，其管理的步骤主要包括以下几个方面。第一，规划目标及建立模型。第二，选拔运动员。第三，制定排球队的各类训练计划。第四，有效地组织和控制训练的过程。

②运动员的文化学习管理：文化教育与提高现代型优秀运动队伍素质、促进科学训练、提高运动技术水平和培养运动人才有着非常密切的关系。特别是现代社会，科技技术的进步对运动员的文化有着更高的要求。另外运动队文化学习的组织安排也使运动队的管理质量得到了有效的提高。具体来说，对运动队的文化管理的要求主要有以下几个方面：第一，建立一个健全的文化学习管理机构。第二，建立一套包括考勤、学籍管理、奖惩等内容的完整的管理制度，并严格要求学生执行，坚决落实。第三，采取灵活多样的方式，对学习时间进行科学的安排，并将其落实好。

（2）运动队训练管理的注意事项

①教练要尽可能地将运动员的主观能动性调动起来。

②要让运动员对教练员设计的训练计划中的每一环节的作用和意义有充分的了解和认识。

③在管理的过程中，要善于听取运动员的不同意见，根据不同意见来使管理程序进一步完善，从而使他们自觉地、积极地执行训练计划，加快他们成才的进程。

④教练员要善于创造训练气氛和环境，严格要求、严格训练。

2. 体育特长班

体育特长班多在中小学校出现，主要是针对有运动天赋的学生进行特殊培训而形成的课余体育训练形式。体育特长班由学校组织教师或教练员，招收本校或周边学校中有一定体育特长的学生来进行课余体育训练。一般的，体育特长班采用的是自愿、业余的方式，有的学校会采用有偿训练的方式。

3. 体育俱乐部

体育俱乐部是在新时代背景下产生的一种新的课余体育训练的组织形式。随着高校体育改革不断深入，课外体育活动越来越丰富多彩，为了满足学生的需要，高校组成了各种形式的体育俱乐部，其中一些体育俱乐部带有运动训练性质，于是成为新型的学校课余体育训练形式。

体育俱乐部组织形式是体育社会化和教体的结合，有一定的经济实体作为依托，训练条件有充分保障。体育俱乐部的主要任务是培养大学生体育兴趣和爱好，增强学生体质，使之养成终身体育锻炼的良好习惯，并发现和培养体育人才。

（四）课余体育训练的管理体制

目前，我国的管理机制主要由以下几个部门组成：国家体育总局竞技体育司；省、市、自治区体育局运动训练处；单项运动协会；职业运动俱乐部。每一个部门都有其各自的职能，具体如下。

1. 国家体育总局竞技体育司是我国运动会管理的重要机构。它的职责主要有以下几个方面：

第一，研究拟定学校体育发展的总体规划；第二，研究和平衡全国性学校体育赛事制度；第三，统筹协调重大国际、国内综合性学校运动会的组织与举办；第四，主办全国大学生运动会。

2. 各省、市、自治区体育局运动训练处是各省、市、自治区体育局的下属职能部门之一，这个部门的职责主要表现为：第一，落实国家体育方针政策；第二，做好地方学校课余体育训练的监督和评估；第三，举办省内的运动会等。

3. 成立单项运动协会的职责主要包括：第一，培养该项目的运动员；第二，做好该项目的训练与运动会；第三，促进该项目在社会上的普及。

4. 职业运动俱乐部的主要职责在于推动某个运动项目的发展。

（五）课余体育训练的管理过程

课余体育训练的管理过程涉及运动队组建、训练计划的制订、训练内容的确定、训练方法的运用以及训练效果的评价等，具体如下。

1. 组建校运动队

（1）确定训练项目

学校课余体育训练运动队组建，首先要确定训练项目，不然后续工作无法开展。从实际情况出发是确定训练项目要考虑的首要问题。一般的，先集中精力从一两个项目开始训练，这是刚开始建立运动队的学校需做的工作。而对运动队进行扩充和提高，则要以提高水平为基础，以实际情况作为根据。

（2）选拔运动员

在体育训练开始前，对运动员的选拔可参照竞技体育运动员选材的步骤，并按照运动项目的特点和要求来进行；要对部分学生进行各种能力与相关因素的测试，还要进行较长时间的考察。学校课余体育训练选拔运动员常用的测试指标包括身体形态指标、生理机能指标、身体素质指标。此外，还要考虑遗传、年龄、运动素质发展的敏感期、心理素质、家庭社会在过去和未来对学生的影响等因素。

（3）选择指导教师

体育训练的指导教师可以由本校的体育教师担任指导教师或教练员，其他有体育专长的教师也在选择之列。条件较好的学校可以聘请业余体校的教练或体育俱乐部的教练。由于学校课余体育训练的对象是学生，而学生不仅有自己的生物属性，也存在一定的社会属性，因此指导教师应具备一定的哲学、体育教育学、体育社会学等社会学科知识。

（4）建立规章制度

建立学校课余体育训练规章制度，要从学校教育规律和课余体育训练的特点出发。一般来说，需要建立的规章制度主要有以下几种。

①训练制度：把每周、每次的训练时间和要求都进行规定，建立严格的训练作息制度。

②奖惩制度：根据学生的学习情况采取一些应对措施，如对运动成绩和学习成绩均好的参训学生给予物质奖励或精神奖励；对两门课程不及格的学生运动员，停止其训练，补课考试及格后才能继续组织参加训练。

③比赛制度：主要包括对遵守纪律、服从裁判、尊重观众、团结一致、顽强拼搏、赛出风格、赛出水平等方面的具体要求。

④教练员责任制度：该制度的建立能使教练员具有高度的责任感，要求教师对学生的训练、学习生活、思想等方面全面负责，保证训练工作正常进行。

⑤学习检查制度：给每个参训学生建立训练档案（包括运动员档案卡和运动员登记表），并做好运动队的工作日记，关注学生的情绪变化和学习情况，保证参训学生始终保持良好的训练状态。

2. 制订训练计划

课余训练计划是课余体育训练顺利进行和训练效果得到提高的重要保证，学校课余体育训练计划及其内容如表 7-2 所示。

表 7-2　课余训练计划类型及内容

训练计划类型	训练计划内容
年度训练计划	①上一年度训练情况和本年度的训练目标 ②学生身体素质、技战术、心理训练及训练指标和要求 ③全年训练阶段划分，各时期训练比重与内容及负荷安排 ④全年比赛的时间安排 ⑤检查评定训练效果的时间与方法等
阶段训练计划	①阶段训练内容 ②各阶段主要训练手段的选择和负荷量 ③各阶段训练过程，应切合学生实际
周训练计划	①周训练目标与要求 ②周训练次数与时间 ③每次训练课的内容和负荷、测验和比赛等
课时训练计划	①训练课的目标与要求 ②训练课的组织形式 ③训练课的内容与手段 ④训练课的时间与负荷安排等

3. 安排训练内容

（1）身体训练

通常情况下，可以将身体训练分为两种类型，一种是一般身体训练，另一种是专项身体训练。这些对身体各方面素质的提高都有很重要的作用。由于学生训练的水平有所差异，因此，这就要求分别对待，初学者或者运动水平不高的要以一般训练为主，水平较高或参加了多年系统训练的学生，则以专项身体训练为主。

（2）技术训练

技术训练具体是指学习、掌握和提高运动技术的训练过程。技术是充分发挥运动员身体能力的条件，是发挥战术作用的基础，只有掌握娴熟的技术，才能够创造优异的成绩。学校课余体育训练中，技术训练包括基本技术训练和高难技术训练两方面。基本技术是掌握高难技术的基础，因而在训练中不能忽视。高难技术是专项运动技术中难度较大、比较复杂和要求较高的一些动作。

（3）战术训练

战术训练的基础是一定的身体训练和技术训练。一般来说，可以将战术训练分为两个方面，即一般战术训练和专项战术训练。在高校体育训练中，战术训练以一般战术训练为主。战术训练以意识的培养为重点，因此，要指导学生对运动项目的基本规则和战术的基本内容熟悉并熟练掌握，为学生了解技术和战术变化的基本规律提供一定的基础，使学生熟悉战术的变化，从而进一步提高其战术的运用能力。

（4）心理训练

心理训练是课余体育训练的重要内容之一，进行心理训练要考虑学生的不同年龄、性别、训练水平等实际情况，使学生的心理调控能力得到培养，提高其对复杂比赛环境的适应性，以获得优异的成绩。

（5）品德与作风训练

品德与作风是一个人综合素质的体现，是课余体育训练的重要目标之一，要想将学生培养塑造成一个全面的、完整的人，则离不开品德与作风的训练。在课余体育训练过程，进行品德与作风训练可以在训练过程中进行爱国主义和集体主义教育，培养高校学生良好的意志品质和团结协作精神，使其尊重同伴和对手，养成胜不骄败不馁的体育道德风尚。

4. 选用训练方法

正确的训练方法是体育课余训练获得理想训练效果的重要保证。合理运用训练法必须结合项目特点合理安排负荷，在内容和形式的选择上做到与学生特点适合，同时要明确训练目的与任务，及时纠正学生的错误动作。各种训练方法有自己的特点和作用，因而在应用时一定要从实际出发，做到灵活性和创新性。

5. 评价训练效果

对课余体育训练进行评价是课余体育训练管理的重要方面，有利于了解训练成绩和效果，总结经验和监控训练过程，保证课余体育训练的科学性。训练效果的评价主要从身体素质水平、技战术训练水平、运动成绩和运动员输送率的评价方面得到体现。

（1）身体训练水平评价：对身体生长发育情况的衡量，其主要包括对身体形态、生理功能和身体素质等方面的评价。

（2）技战术训练水平评价：对学生的训练效果的衡量；运动成绩的评价要求尽量做到客观、公正。

（3）运动员输送率的评价：对管理者充分了解课余体育训练的效果起到一定程度的帮助。

第八章　隔网对抗型项目的运动方法设计

第一节　乒乓球项目的运动方法设计

一、乒乓球运动的基本技术

乒乓球运动的基本技术主要包括握拍方法、基本站位与基本姿势、步法、发球技术、接发球技术、推挡球、攻球、直板横打、弧圈球、削球、双打等。

（一）握拍方法

1. 直拍握拍方法

（1）直拍快攻型握拍法

拍柄右侧贴在食指的第三关节处，食指第二关节压住拍柄的右肩，拇指的第一关节压住拍柄的左肩，拇指和食指之间保持适中的距离。其他三指自然弯曲重叠，以中指第一关节托于球拍的背面，使球拍保持稳定。

这种握拍方法手腕较灵活，有利于发球、处理台内小球和击球时的变线。此外，由于灵活性好，变换拍型快，有利于正、反手击球动作的迅速变换，在处理追身球时也比较方便。

（2）弧圈型握拍法

与快攻型握拍基本相同，但拇指贴在球拍左侧，食指轻轻扣住拍柄，形成一个小环状，中指、无名指和小指自然伸直，托住球拍后部。

这种握拍法很自然地把手臂、手腕和球拍连成一体，球拍呈半横状，扩大了正手位控制的范围。在拉弧圈球和扣杀时，手臂的力量比较容易发挥出来。其缺点是手腕不够灵活，正反手的快速转换拍型比较困难。

（3）直板横打的握拍法

与弧圈型握法基本相同，拇指往里握得深一点，食指移至球拍的边缘处，球拍不能握得太紧，其余三指略伸开一些，这样有利于发力及控制拍型。

这种握拍法，手腕动作灵活，发球好，变化多，尤其提高了反手主动进攻和相持的能力。其缺点是处理中路或追身球较困难。

2. 横拍握拍方法

横拍握拍方法大致可分为浅握法和深握法两种。

（1）浅握法

以中指、无名指、小指自然握住拍柄，拇指在球拍的正面轻贴在中指旁边，食指自然斜放于球拍背面，虎口轻贴拍柄。浅握法多用于进攻型打法。

（2）深握法

与浅握法基本相同，主要区别在于虎口紧贴拍柄。深握法多用于削攻型打法。正手攻球时，两种握法都要注意食指用力，必要时可稍微向上移动，帮助压拍；反手攻球时，要拇指加力，必要时稍微向上移动，帮助压拍；正、反手削球时，手指基本不动。浅握法的主要优点是手腕比较灵活，缺点是拍型不易固定，因而发力会受到一定影响。深握则相反，发力较集中，但手腕不够灵活。

（二）站位与姿势

正确的基本站位与基本姿势有利于迅速起动，移动步法，抢占合理的击球位置，发挥自己的技术特长。

1. 站位

（1）快攻型：左推右攻打法，基本站位在近台中间偏左；两面攻打法，基本站位在近台中间。

（2）弧圈型：以弧圈球为主的打法，基本站位在中台中间偏左的位置。

（3）削攻型：攻削结合打法，基本站位在中台附近；以削为主打法，基本站位在中远台附近。

2. 姿势

以右手持拍为例，两脚开立略比肩宽，左脚稍在前一点，两脚的前脚掌内侧着地，略提踵；两膝微屈，上体略前倾，适度收腹含胸；下颌稍向后收，两眼注视来球；两肩基本同高，持拍手臂自然弯曲置于身体右侧，上臂与前臂的夹角接近 $90°$，手腕放松持拍于腹前，离身体约 30 厘米；不持拍手自然放于腹前，与持拍手基本同高。

（三）步法

步法就是为了选择合适的击球位置所采用的脚步移动方法。移动是击球的基本环节之一，正确的移动是取得合适的击球位置、争取主动和摆脱被动的重要方法。快速而灵活的步法移动，不仅能保证运动员做出正确的击球动作，而且能提高击球的准确性。

1. 单步

单步一般是在来球离身体不远的小范围内运用，是以一只脚为轴，另一只脚向前、后或左、右方向移动一步，身体重心也随之落到移动脚上。

2. 跨步

跨步是以一只脚向移动方向跨出一大步，身体重心随即移到跨步脚上，另一只脚迅速地滑动半步跟过去。它的特点和作用是跨步移动的幅度比单步大，近台快攻打法常用这种步法来对付离身体稍远的来球。

3. 跳步

跳步是以来球异侧方向的脚用力蹬地为主，使两脚同时或几乎同时离地向来球的方向跳动，蹬地脚先落地，另一只脚跟着落地站稳。它的特点和作用是跳步移动的幅度比单步、跨步都要大些。一般来讲，跳步是弧球圈打法中台向左、右移动或侧身移动时常用的步法。

4. 并步

并步的移动方法基本上和跳步相似，只是不做腾空的跳动。移动时，先以来球异方向的脚向同方向的脚迈一步，然后同方向的脚再向来球方向迈一步。它的特点和作用是并步移动的幅度比单步要大，但比跳步要小。快攻或弧圈球打法在攻削球做小范围的移动时，常会使用这种步法。

5. 交叉步

交叉步先以靠近来球方向的脚作为支撑脚，使远离来球的脚迅速向前，或向左、右的方向跨出一大步，而原作为支撑的脚接着向前脚的移动方向再迈一步。交叉步移动的幅度比较大，主要用来对付离身体较远的来球。

（四）发球

发球是乒乓球比赛时力争主动、先发制人的第一环节。发球可以直接得分，也可以为进攻创造机会。发球的种类很多，有高抛、低抛与下蹲；正手、反手与侧身；速度、落点、混合旋转和单一旋转等。

1. 基本技术

（1）正手平击发球

特点：平击发球一般不带旋转，是学习其他发球的基础。

方法：右脚稍后（以右手提拍为例，下同），身体稍向右转，左手掌心托球，置于体前右前方，抛球的同时右臂内旋，使拍面稍前倾，向身体右后方引拍，在球降到近乎网高时向前挥拍击球的中上部。

（2）正手发下旋球与不转球

特点：球速较慢，旋转变化大，发转与不转的球时手法相似，易造成对方接球失误或为自己抢攻创造条件。

方法：右脚在后，前臂向后上方引拍，拍面略向后仰。抛球后，待球下落时前臂迅速向前下方挥动并略外旋，手腕用力转动，使拍面仰角稍大些，约与网同高时击球，由球的中下部向底部摩擦。发不转球时，手臂向前下方挥摆，前臂外旋与手腕的转动要慢，拍面后仰角度要小些，用球拍下部偏右处向前撞击球，减小向下摩擦力。

（3）正手发左侧上（下）旋球

特点：发左侧上（下）旋球时，手法相似，能发挥手臂和手腕的作用，旋转力较强，对方挡球，球易向右侧上（下）方反弹。

方法：右脚在后，抛球时持拍手向右上方引拍，手腕略向外展。当球下落时，手臂迅速向左下方挥动，在与网同高时触球，触球瞬间手腕快速向左上方转动，使球拍从球的中部偏下向左上方摩擦。发左侧下旋球时，手腕可快速向左下方转动，使球拍从球的中下部向左下方摩擦。

（4）反手发右侧上（下）旋球

特点：能充分运用转体动作，旋转力较强，对方挡球后，球易向其左侧上（下）方反弹。

方法：右脚在前，持拍手向左上方引拍，拍柄略向下。抛球后，当球下落时，前臂和手腕同时发力，向右下方挥拍，在与网同高时击球，触球瞬间手腕向右上方转动，使球拍从球的中部偏下向右上方摩擦。发右侧上旋球时，手腕向右下转动，使拍从球的中下部向右下方摩擦。

（5）反手发轻短球

特点：力量轻，落点靠近球网，使对方难以发挥技术优势。发轻短球一般和发急上、下旋长球，侧上、下旋长球结合运用。

方法：持球手向上抛球，同时持拍手向后上方引拍（注意不是后方）。当球下降至比球网稍高时，前臂向前下方轻微用力送出，拍面后仰，触球中下部并向底部摩擦。球离开球拍后，第一跳应该在中台附近。反手发轻短球和反手发急上旋长球或反手发侧上、下旋长球结合使用，常产生非常好的效果。

2. 练习方法

（1）持拍模仿发球动作。

（2）抛球与挥拍分解练习。

（3）单人完整的发球练习，结合多球练习，连续发球。

（4）两人合练，发球与接发球联合练习。

（5）多种发球技术结合的练习。

（6）变换落点的练习，将球发到规定的范围内。

（五）接发球

乒乓球比赛首先是从发球和接发球开始的，但是接发球技术的运用要根据对方的发球方法与来球性能，以此来决定接发球的方法。如果比赛中接发球技术差就会使比赛局面被动，导致心理上的紧张和畏惧，造成一连串失误；相反，如果接发球技术好，不仅可以直接得分，还可以破坏和限制对方的抢攻，从而为自己的进攻创造有利的条件。

1. 基本技术

接发球的手段很多，通常采用推挡、搓球和攻球、削球等技术来回击。

（1）接急球的方法

当对方用反手发左角急球时，来球速度快，一般用推挡回接。如果回斜线应尽可能把角度回得大些，注意手腕外旋，拍触球的左侧面，使对方难以侧身抢攻和快变直线；有时也可回中路靠右位置或以直线反袭空当。如果用抽球或削球回接，则必须稳步后退，等来球前进力量减弱再进行回击，这样易于发挥自己的力量与提高准确性。如果对方发过来的是急下旋球，也可用推挡去回接（必须使拍面先略后仰，用拍触球的左侧下部，同时手腕外旋将球推过去），还可以用推下旋方法去回接（等球跳到高点期时，拍型稍仰，手腕固定地往前下方推出去）。如果用侧身回接急下旋球，既要适当加大提拉的力量，也要注意加快小臂内旋的速度，这样才易提高回接的命中率。用反手攻球回接时，同样既要适当加大提拉的力量，又要注意加快小臂外旋的速度。横拍两面攻选手，可用反手拉弧圈的方法回接。首先要稍后退，拍型稍前倾，在球的高点期或下降期击球的中部或中下部，将球拉过去。用搓球回接时，由于来球的前进力强，所以搓时首先应后退，等来球前进力减弱时，再向前下方用力将球搓过去。但由于回接速度慢，容易造成被动，不宜过多采用。

（2）接短球的方法

当对方发来近网的短球时，可用以短回短的方法，把球也回到对方近网处，使其不易发力进攻。要使球的落点回得短，则应注意在上步接球时身体保持稳定，特别在击球时，必须控制住身体的前冲力量，在球拍触球的瞬间控制住板型（接上旋球，拍型稍下压一些；接下旋球，拍型稍仰些），迅速减力，做回收的动作，将球接过去。还可以用快攻的方法回接，当球跳到高点期时，拍型稍前倾击球的中上部，靠手腕和小臂的力量迅速发力回击。回接下旋球要注意适当加大提拉的力量。

2. 练习方法

（1）选好合适的站位。比赛中根据发球方站位，预测来球落点和准备采用何种方法接球而站位，一般不宜过远或过近，离台 30～40 厘米距离，以能击好大角度来球为宜。

（2）准确识别发球的旋转和落点。接发球的关键是要自始至终注视来球，尤其是发球方拍与球接触瞬间的动作，包括触球部位、球拍移动方向、用力程度等。

（六）推挡球

推挡球的技术特点是站位近、动作小、速度快、变化多，也是我国直拍打法中一项重要的基本技术。它既能成为争取主动的助攻手段，又能起到积极防御或从相持变为主动的作用。推挡球包括挡球、快推、加力推、减力挡、推下旋、推挤等技术，一般要求能掌握挡球和快推技术。

1. 基本技术

（1）挡球

特点：球速慢、力量轻、动作简单、易于掌握，是初学者的入门技术。

方法：击球前，两脚平行开立，离台 40～50 厘米，手臂自然弯曲外旋，拍面与台面接近垂直，引拍至体前，前臂前伸迎球；击球时，要待来球处于上升期，击球中部，主要借助来球反弹力将球挡回；击球后，手臂、手腕向前随摆并迅速还原。发力主要以前臂为主，身体重心在两脚之间。

（2）快推

特点：借力还击，球速快、落点变化多，能迷惑对方，起到助攻作用。

方法：击球前，前臂稍向后引；击球时，前臂向前推出，食指压拍，拇指放松，拍面前倾，在来球上升期击球中上部；击球后，手臂顺势前送。发力主要部位以前臂和手腕为主，动作过程中身体重心在两脚之间。

（3）加力推

特点：加力推的回球力量重、速度快、落点有变化，主要适用于对付旋转较弱，速度较慢的上旋来球或较轻的攻球及推挡。

方法：击球前，上臂、前臂后撤引拍幅度比快推大一些，前臂适当提起，肘部贴近身体。上臂、前臂、手腕向前迎推来球，配合腰、髋的转动增大发力。触球时，食指用力，使球拍保持前倾，并用中指顶住球拍背面辅助用力。放松还原，准备下一板来球。

（4）减力挡

特点：减力挡的回球弧线低、落点短、力量轻，一般在加力推或正手发力冲拉迫使对手退台防守后使用。

方法：击球前，引拍动作不用撤手臂，前臂略微弯曲使球拍稍稍提高，拍面保持前倾。来球在拍面弹起时，身体重心略微升高，手臂迅速上前迎球。在上升期触球的中上部，整个挥拍动作用力很小。在球拍触球的一瞬间，手臂和手腕稍向后收，以减小来球的前冲力。迅速放松还原，准备下一板击球。

2. 练习方法

（1）持拍模仿练习。

（2）对墙连续推挡球练习。

（3）用推挡技术接发球，要求发球难度要低。

（4）两人对推练习，包括对推直线和对推斜线练习。

（5）两人练习，一人攻球，一人推挡。

（七）攻球

攻球是快速进攻最重要的一项基本技术，杀伤力强，是解决战斗的关键技术。攻球从大的动作结构来讲，可分为正手和反手攻球两大类；按站位又可以分为近台、中台和远台攻球；按击球点和击球时间又可以分为拉、抽、拨、带、扣、杀等方法。其中，正手攻球速度快、力量大、球路广、照顾范围大，是克敌制胜的主要技术，各种技术类型的乒乓球运动员都需练好这项技术；而反手攻球速度快、力量大、线路活，是克敌制胜的主要技术，使用反手攻球可以不用或少用侧身攻球，从而避免或减少出现较大的右方空当。反手攻球与正手攻球相配合，可发动威力强大的全台进攻，它是两面攻打法的主要技术，其他各种类型打法的运动员也要学会这种技术。

1. 基本技术

（1）正手快带

正手快带属于攻球技术的一种，速度快、弧线低、路线活、借力还击，是对付弧圈球的一种比较积极的技术。

特点：击球时我们要注意击球点，在来球跳至上升期，拍面前倾，球拍高于来球（这是个要注意的细节，很多人击球时重心过低），击球的中上部，借助腰髋转动，手臂迎前带击，手腕保持相对稳定，不宜发力。发力主要部位是手臂，借来球反弹力量带击，过程中身体重心要从右脚转至左脚。

方法：击球前，左脚稍前，站位靠近台，离台约 40 厘米，正确的站位是保证动作规范和发力的基础。引拍时，手臂保持自然弯曲，大胆内旋使拍面前倾，动作幅度小，向后引拍很少，迎球时手臂、手腕向右前方迎球，腰髋开始向左转动。

（2）正手快攻球

①正手近台快攻

特点：正手近台快攻是对攻中常用的一项主要技术，具有站位近、动作小、速度快、有一定力量的特点，可以为扣杀创造机会，也可以直接得分。

方法：左脚在前，右脚稍后，离台约 40 厘米。击球前，稍向右转体，引拍至身体右侧。上臂与躯干的夹角为 30°～40°。前臂与地面略平行，以前臂发力为主，拍面略前倾，触球中上部，以向前上方发力为主。触球时，拇指压拍，食指放松，前臂旋内，击球后，球拍顺势挥至额前左侧，身体重心随挥拍击球动作由右脚移至左脚。球击出后，迅速还原，手臂放松，准备下一板击球。

②正手中远台攻球

特点：中远台攻球是攻球运动员在中远台对攻时常用的一种技术，力量较大，进攻性较强。

方法：站位中远台，准备姿势和引拍动作与正手近台快攻相似。但整个手臂随着腰的转动转向右后方，拉开上臂与身体的距离。转体向前挥拍，上臂带动前臂发力，手腕控制拍面角度前倾，球拍触球中上部，在下降期将球击出。为了增大击球力量，在此过程中要注意腰腿力量的协调配合。正手中远台攻球时采用的步法大多是交叉步或跨步向右侧后方移动。击球后，迅速放松还原，调整身体重心，准备下一次击球。

（3）正手扣杀（杀高球）

特点：正手扣杀球力量重、速度快、攻击性强，常用来还击各种机会球，或迫使对方出高球，自己取得主动。

方法：站位的远近要视来球的长短而定。击球前，整个手臂随腰部的转动向后引拍，引拍幅度比较大，以便发挥较大的击球力量。手臂先由下向上挥拍，身体重心也逐渐上升，当球拍接触球时，手臂再由前上方向前下方用力，手腕控制拍面前倾，球拍触球中上部将球击出。挥拍过程中，应该协调配合右脚蹬地的力量、腰部转动的力量和整个手臂向前向下挥动的力量，并在触球时集中于球上。击球后，由于动作幅度较大，身体已向左方偏斜，重心一般会落在左脚上，此时要注意迅速还原，准备下一次击球。

（4）侧身正手攻

特点：左半台的来球，不用反手动作回击，而是根据来球落点移动步法，侧身正手攻回击。

方法：迅速移动脚步到侧身位置，身体侧向球台，左脚在前，右脚稍后，上体略前倾并收腹。击球时，根据来球情况，可以在侧身位置用正手近台攻球、中台攻球、台内攻球、拉球和扣球等技术击球。

（5）正手拉攻

特点：站位稍远，动作较小、线路活，依靠主动发力摩擦回击来球，是还击下旋球的有效方法。在对付下旋发球、搓球和削球时，也能作为过渡技术为扣杀创造条件。

方法：站位靠近球台，右脚稍后，重心支撑点在右脚上。击球前，引拍至身体右侧下方成半横状，拍面近乎垂直，上臂与身体约成 35°角，与前臂约成 130°角。当球从最高点开始下降时，上臂和前臂由后向前上方挥动，前臂迅速内收，结合手腕转动的力量摩擦球的中下部。击球后，重心支撑点移至左脚，球拍随势挥至头部。

（6）反手快带

特点：击球时要注意击球点，在来球跳至上升期，拍面前倾，球拍高于来球，击球的中上部，借助腰髋转动，手臂迎前带击，手腕保持相对稳定，不宜发力。发力主要部位是手臂借来球反弹力量带击，在此过程中身体重心从右脚转至左脚。

方法：站位稍偏左，身体离台约 40 厘米，右脚稍前（或平站），身体重心放在左脚或双脚上，两膝微屈，收腹含胸，身体稍向左转，右臂自然弯曲，前臂上提并外旋，将拍引至身体左前方略高，并使拍型前倾，来球从台面弹起后，以前臂和手腕为主，向右前方挥拍迎球，同时，腰、髋带动上体向右转动，在来球的上升期，以前倾拍型迎击球的中上部；球拍击球瞬间，借助腰、髋的转动，使手臂迎前"带"球，勿发力，并使拍面前倾度保持稳定；击球后，手和臂顺势向右前方挥动，并迅速还原成准备姿势。在此动作过程中，身体重心从右脚移到双脚上。

（7）反手快攻

特点：站位近、动作小、球速快、落点活、带上旋，能借用来球的反弹力提高球速，创造扣杀机会。比赛中能以攻代守应对对方的进攻，是两面攻打法的常用技术之一。

方法：站位偏左，身体离台 40～50 厘米，两脚平站或右脚略前，两膝微屈，收腹含胸，身体向前或稍向左转（直拍运动员右上臂靠近身体右侧，肘部略前出；横拍运动员右上臂不要紧靠身体），手臂自然弯曲，引拍至腹前或偏左，前臂外旋，使拍面稍前倾。来球从台面弹起后，以前臂和手腕为主，根据来球的上旋强度向右前方或右前上方挥拍迎球。在来球的上升期，以前倾拍型击球的中上部；球拍击球瞬间，以前臂和手腕为主向右前方或右前上方发力击球，并使前臂外旋；击球后，前臂和手腕顺势挥拍至右肩前，并迅速还原成准备姿势。在此动作过程中，身体重心放在双脚上，或从左脚移至右脚上。

（8）反手扣杀

特点：动作幅度大、力量重、球速快、攻击性强，是得分的重要手段，常用来应对着台后弹起比网高的机会球或前冲力不大的半高球。

方法：站位在球台中间或偏左，多半在近台位置，右脚稍前，身体重心放在左脚上，两膝微屈，收腹含胸，腰、髋及上体稍向左转。右臂自然弯曲（直拍运动员右上臂靠近身体右侧，肘部略前出；横拍运动员右上臂不要紧靠身体），前臂后引并外旋，将拍引至身体左侧偏后，并使拍面稍前倾。来球从台面弹起后，腰、髋右转带动身体及上臂向右转动，与此同时，上臂积极发力，带动前臂和手腕向右前方挥拍迎球，在来球的高点期，以前倾拍型猛击球的中上部；球拍击球瞬间，以上臂和前臂为主，向右前方或右前下方发力击球，腰、髋部亦积极协助用力；击球后，手和臂顺势向右前方挥动，并迅速还原成准备姿势。动作过程中，身体重心从左脚移到右脚。若来球下旋，则拍型不要过分前倾，可击球的中部，并适当增加向上的力量。

2. 练习方法

（1）持拍模仿练习，由单一攻球过渡到连续攻球，由原地攻球过渡到连续攻球。

（2）对墙攻球练习，自己抛球，然后攻球。

（3）两人练习，一人发球，一人攻球，要求发球到攻球者的顺手位。

（4）多球练习，连续攻球。

（5）控制落点的攻球练习。

（6）两人练习，一人攻球，一人推挡。

（八）搓球

搓球是用类似削球的动作，在近台回击对手下旋来球的一种击球方式。搓球既是一项重要的过渡技术（接发球），又是某些战术的重要组成部分，如搓中突击、搓中拉弧圈、拉搓结合等。

1. 基本技术

搓球根据击球方位的不同，可分为反手搓球和正手搓球；根据击球时间的不同，可分为慢搓和快搓；根据旋转强度的不同，可分为加转搓球和不转搓球以及摆短、搓侧旋等多种技术。

（1）正手慢搓

特点：回球速度慢，击球时间晚，同快搓结合运用可改变击球节奏，利用旋转的变化为进攻创造机会。

方法：身体距球台端线约 40 厘米。两脚开立略平行，两膝微屈并收腹，身体重心置于两脚之间略偏左脚。引拍时，右脚往右前方跨一小步，重心落在右前脚掌。右上臂微离身，前臂向右上方提拍，肘部自然弯曲，前臂与上臂约成 110°角。手腕随前臂自然上提，拍型稍后仰。来球从台面弹起时，前臂向左前下方挥动略外旋，手腕辅助前臂发力，在下降期击球（击球中下部），手腕前送，并向前发力。右手臂发力时，上体微向左转，身体重心回至两脚间，击球结束后，迅速还原。

（2）反手慢搓

特点：与"正手慢搓"相同。

方法：准备姿势同"正手慢搓"。引拍时，左脚稍向左方（略偏后）轻轻移动一小步，上体左侧略上提并收腹，身体重心转向左脚。右上臂微离身向左摆动，前臂向上方提臂，使球拍至左胸高度，肘部自然弯曲，前臂与上臂约成 100°角。手腕前臂自然上提，拍型后仰。来球从台面弹至高点开始回落时，前臂内旋向右前下方挥拍，手腕辅助前臂发力，保持拍型后仰，在球下降期中段摩擦球的中下部。

（3）正、反手快搓

特点：回球速度快，击球时间较早，可变化击球节奏，用于应对对方发过来或削球过来的近网下旋球，利用旋转变化为进攻创造机会。

方法：准备姿势同"慢搓"。击球前拍面稍后仰，手臂迅速向前迎球，在上升期击球。根据来球旋转程度调节拍面角度和用力方向。

（4）加转搓球与不转搓球

特点：快、慢搓球均可搓出转与不转球，可以迷惑对方，造成回球的难度，为进攻创造有效机会。

方法：加转搓球，是用球拍的下部触球，前臂和手腕向前向下用力搓击球。不转搓球，用球拍上部和中部触球，触球时前臂和手腕向前用力碰球。

2. 练习方法

（1）持拍模仿练习。

（2）对墙搓球练习，自抛自击。

（3）两人练习，一人发球，一人搓球，要求发球到攻球者的顺手位。

（4）两人练习斜线对搓。

（九）弧圈球

1. 基本技术

（1）加转弧圈球

击球前，左脚在前，右脚稍后，身体向右倾斜与球台约成 45°角，两膝微屈，球拍贴近臀部，右肩略低于左肩，手臂自然下垂，手指紧握球拍，手腕比较紧地固定球拍，身体重心在两脚之间。当来球从桌面弹起时，前臂先向前迎球，然后上臂和前臂同时由下向上垂直挥动击球的中部，腰部由右后方急剧向上扭转。球拍与桌面约成 80°角，拍面与球的擦击间隙，越薄越好。在触球的一刹那，加速用力，使球以较高弧线飞出。球拍顺势挥动至额前，然后放松还原。

（2）前冲弧圈球

躯体与桌面约成 75°角。球拍拉至身后，约与桌面齐高。当来球着台后，手臂向前上方迅速挥出，手腕使球拍前倾，与桌面约成 50°角，擦击球的上部。腰部向前上方扭转，协助球拍加速摆动，使球沿一低弧线落于对方台面，球拍顺势前摆到面部为止，然后放松还原。

（3）回击弧圈球

弧圈球的来势多数是飞快入台，并带有强烈的上旋性，球拍碰到这种球，稍有不慎就会飞出界外。因此，对付弧圈球，攻球者多用近台快抽或快速推挡球的中上部，压低球的弧线，控制落点，将球回击过去。在来球上旋力特别强时，可将球拍盖住球的上部，以避免球碰板飞出。回击弧圈球的关键在于思想上的准备——不紧张。其中，回球时，拍前倾，盖球及时，动作迅速。削球时，多采用调整拍型快挡或近台快削的方法回击，自上而下快速将球削出。球拍后仰角度一般是 110°~135°，从后上方向前下方削出，动作要短。

2. 练习方法

（1）练习弧圈球时，肩部、腰部的活动较大，因此事先应加强肩关节和腰部的肌肉活动，避免不慎拉伤肌肉。

（2）练习弧圈球，最好在一定的正、反手攻球技术基础上进行。有了一定的基础，才容易体会动作，避免走弯路和使动作过大。

（3）击球时，手指要握紧球拍，固定球拍角度，不要随便转动。

（4）球拍触球的刹那，拍面擦击球的切面越薄越好，并注意迅速加力挥击，充分发挥腰部的助力。

（5）拉弧圈球和杀回击过来的高球，要密切配合，拉、杀要协调。拉球后，手臂要迅速放松，及时还原，以提高拉球后扣杀的命中率。加转弧圈球和前冲弧圈球是基本的弧圈球打法，如果在击球部位、握拍方法、擦击部位和发力动作等方面稍加变化，就不难打出各种类型的弧圈球来。

（十）削球

削球和攻球一样，按其部位划分类别，也有正、反削球两种。近、远削球从基本打法上区分，又有削追身球、扑救网前短球、接突击球、削逼球、削转球与不转球等。现介绍一般使用最普遍的正、反手削球，练习者可将这两种作为基础，结合球的旋转原理，不断在实践中琢磨，提高和丰富削球的技术内容。

1. 基本技术

（1）正手削球

①正手远削。削球时，左脚与左肩靠近球台右角，右脚后退一步。身体与球台约成75°角并稍向前倾，两腿稍屈，重心先放在右脚上。手臂自然弯曲伸出，球拍略高于来球弹起高度，拍柄向前35厘米，触及球的中下部（或下部）。然后，手臂加速发力，前臂与地面接近平行，身体重心逐渐由右脚移至左脚。球削出后，手臂肌肉立刻放松，球拍因惯性仍往前向左下方摆动，上体转向球台，准备继续削球。

②正手近削。近削动作的要求是离台约50厘米，身体与球台约成45°倾斜角，在来球将要回落时擦击球的中下部，手腕用力要比远削大，使球的旋转较快。

（2）反手削球

①反手远削。在进行反手削球时（横拍），右脚应伸出球台的左边。左脚在后，重心落在右脚上，背斜对球台。前臂弯曲，把球拍举起与头齐高，拍柄向下，拍面要正对对方左角。手臂从上向前、下、右方摆动。当球拍触球的一刹那，前臂与手腕加速发力挥拍，将球挥回到对方台内，球削出后，手臂肌肉立刻放松，上体顺势向右移动，球拍也摆向身体右侧，重心由右脚移到左脚上。右脚后退一步，恢复准备姿势。

②反手近削。近削时，由于上臂受身体阻碍，所以削球动作主要靠前臂和手腕来完成，其动作速度也比正手削球快些。

2. 练习方法

（1）接正、反手平击球的削球练习。

（2）正手削斜线、直线球练习。

（3）反手削斜线、直线球练习。

（4）正、反手不同点削球练习。

（5）相反球路削球练习。"二斜"对"二直"，逢斜削直，逢直削斜。

（6）削球结合攻正、反手球练习。

二、乒乓球运动的基本战术

乒乓球运动的战术，是指乒乓球运动员在比赛中为战胜对手而采取的计谋和行动。这些计谋和行动是以技术为基础的，一个运动员的基本技术越全面扎实，他的战术运用就越灵活多样。乒乓球运动的基本战术主要有以下几种：

（一）发球抢攻战术

发球抢攻是快攻型打法利用发球力争主动，先发制人的一项主要战术，是重要的得分手段。发球运用得好，能打乱对方的整个战略部署，造成对方的慌乱；特别是关键时刻，发球抢攻战术更为重要。

1. 反手发侧上、下旋短球抢攻

反手发侧上、下旋短球至对方中间偏右处，配合发两大角长球，然后伺机抢攻。此战术比较适用反手进攻能力较强的选手使用。发近网短球后，如对手用搓球或轻挑回接，就可以用反手攻、横打拉冲或正手攻球等技术攻击对手的反手。为了避免千篇一律，使对手有所准备，还要配合发两大角的长球。一般发到对方正手时，对方常会用轻拉回接，此时反手位可用加力推、横打快撕，正手位可用攻球技术抢攻；发到对方反手时，若对方轻拉，则可伺机侧身抢攻，赢得主动。

2. 反手发急球后抢推、抢攻

反手发急下旋球到对手反手后，侧身抢攻，这时对发球的要求较高，必须发得快、力量足、落点靠近底线，如有一个直线长球做配合则效果更佳。反手推挡基本功好的选手，可以发急下旋球至对手反手。由于此发球既急又带有下旋，对手不易发力回击，如果向上托起，本方便可乘机加力推压或侧身抢攻。需要注意的是，如果对手站位较远，且反手拉球技术较好，运用该战术就要小心，通常可以发短球将对手先引至近台，然后再发急下旋长球，方能奏效。

3. 侧身发转球与不转球后抢攻

目前，这套发球抢攻战术为各种进攻型选手所喜爱，一般宜以控制对方不能上手抢攻或抢位，然后再发不转球进行抢攻。当然，如果对手对接发球判断较好，常会以短制短，这时要切忌盲目抢攻，造成不必要的失误，可以先快搓对手两大角长球，再伺机抢攻。

4. 侧身发高、低抛左侧上、下旋球后抢攻

站在侧身位用正手发高、低抛左侧上、下旋球至对手近网中路或左大角，配合直线奔球，然后伺机抢攻。运用这套发抢战术时要注意，发短球要尽可能发得短而且不出台；发长球要敢于发力，把旋转发足，角度打开，不要担心被对手拉冲，只有发足了旋转和力量，才能有效限制对方的发力拉冲或使其拉球失误。如果对手用轻拉回接，就要鼓起勇气，大胆抢攻。左手执拍的选手采用此套发抢战术，威胁会更大一些。他们一般侧身，高抛发球至对手右方近网，由于角度较大且球带有侧拐，对手较多用轻拉回接至反手，此时就可以用加力推挡狠压对手直线，或侧身抢攻，效果较好。以上是快攻型打法最常用的几套发抢战术，练习者在学习时，至少要掌握其中的两套，一主一副，穿插使用。

（二）搓攻战术

搓攻是直拍近台快攻类打法对付攻球和削球选手的辅助战术之一，主要是利用搓球旋转和落点的变化，为进攻创造机会。

1. 快搓短球与长球

快搓短球为主，配合搓长球至对方两大角伺机进攻，是对付进攻型打法的主要搓攻战术。先用搓短球特别是加转短球，控制对手抢攻，如果对手回搓短球，则可伺机运用"快点"抢攻；如果对手站位靠近球台，就快搓长球至对方两个底角，以反手大角为主，然后伺机侧身抢攻。

2. 先搓反手大角，变直线攻，伺机进攻

此战术主要用来对付反手进攻能力较弱的攻球选手。先逼住对方反手大角寻找机会，如果对手准备侧身抢攻，就变直线到其正手，然后伺机抢攻。

3. 搓转球与不转球

搓转球与不转球至不同落点，伺机突击中路或两角，是对付削球选手的搓攻战术。对进攻能力较强的选手以搓短球为主，对稳削选手则可长短结合，搓转后再搓不转，出现机会后突击或扣杀，以打中路为主，配合两角。

（三）对攻战术

弧圈球打法的对攻战术以加转和前冲弧圈球为主要进攻手段，配合速度和落点的变化与对方展开相持。横拍弧圈选手的对攻战术主要是由正、反手的弧圈、快带，反手的快攻、快拨和弹击等技术，及其旋转、落点和速度的变化组成；直拍弧圈选手的对攻战术主要是由正手弧圈球和反手推挡，正、反手的攻球与反手横打，以及落点、速度、旋转的变化组成。弧圈球选手常用的对攻战术有如下几套：

1. 用加转弧圈球连拉对方反手，伺机抢冲

这是弧圈球打法的基本战术之一。横拍选手主要用正、反手的加转弧圈球逼住对方反手位，迫使对手只能用反手回接，然后伺机侧身或反手抢冲两角或中路。直拍弧圈球选手主要以正手单面拉球为主，因此在侧身拉对手近网短球到对方中路或反手位，之后抢先上手。运用这套发抢战术时，击球要有一定质量，否则被对方主动变线后反而容易造成自己被动奔走的局面。这套战术在弧圈球选手前三板主动上手后比较容易使用，且效果也比较好。

2. 从右路突破，伺机抢冲

在对付直拍近台快攻打法时，弧圈球选手也常常使用从对手右路突破的战术。一般来说，直拍选手反手推挡弧圈球的能力都比较强，而右方接弧圈球能力相对较差，所以从右方突破相对容易。

3. 拉中路、冲两角

当对手正反手两面接弧圈的能力都比较强时，可拉速度较快的加转弧圈球从对手的中路进行突破。由于在接中路追身球时必须闪身或移动步法让位，所以一般回球质量不会太高，此时可乘机抓住机会冲杀对方两个大角得分。

4. 近台控制落点，伺机反拉、反冲

当对手抢先主动上手，横拍选手可用正反手的快拨和快带技术，以落点变化控制对手，使对手不能发力冲、扣；当其回球质量下降时，则可伺机反拉或反冲，由被动转为主动。直拍选手可用反手推挡和正手快带等技术严密控制落点，然后伺机反拉或反冲。在对付弧圈球打法的选手时，也可以采用推挤或减力挡技术，击球至对方中路附近，使对手来不及上前发力冲弧圈，只好用轻拉等技术过渡，然后乘机反冲回头。但是此战术对反手控制弧圈球的能力具有较高的要求，推挤或减力挡时出手要快，弧线要低，否则很容易回出高球而被对手上前冲、扣；同时，掌握熟练的反拉技术也必不可少，否则仍然会错失良机。

5. 中、远台对拉弧圈球

对于两名弧圈球打法的选手来讲，这意味着两个人有更多的机会站在中、远台对拉弧圈球。因此，对拉弧圈也成为弧圈球打法选手的最重要战术之一。在对拉时，如果对方不能发力拉回，

自己可主动向前迎球大力拉冲，此时较为主动；如果对手可以发力拉回，就不可盲目大力冲杀，以免造成不必要的失误，可耐心与对手周旋，形成双方对拉的局面。一般在两名弧圈球选手对拉时，斜线较多。如果能够在双方对拉的过程中主动变直线，常常会取得较好的效果。但是直线球线路短，加之又要突然改变发力方向，难度较大，容易失误。如果确认自己对拉基本功不如对手时，就必须想办法主动变线。

第二节　羽毛球项目的运动方法设计

一、羽毛球运动的基本技术

（一）握拍法

要想打好羽毛球，就必须重视握拍方法，这是一个看似简单却又极其难以准确回答的问题。说它简单，是因为我们通常所说的基本握拍方法只有两种，即正手握拍法和反手握拍法；说它复杂，是因为羽毛球项目历来特别强调握拍方法，也就是说要根据不同的击球方法来变换自己的握拍方法。初学者一般都是从掌握基本的正、反手握拍方法开始入门的，但随着技术的不断进步，就必须在这两种方法的基础上不断地演变，以求得自己在运用各种击球方法时，都能充分发挥、控制和变化自己击球力量的大小和击球拍面的角度与方向。这在运用一些动作幅度较大的技术方法击球时，问题还不是特别明显；但在运用一些比较细腻的技术方法，尤其是在网前击球时，如果不擅于在基本的握拍方法基础上，根据实际的要求进行变换的话，那就难以达到理想的击球效果。

1. 基本技术

（1）正手握拍法

虎口对着拍柄窄面的小棱边，拇指和食指贴在拍柄的两个宽面上，食指和中指稍分开，中指、无名指和小指并拢握住拍柄，掌心不要紧贴，拍柄端与近腕部的小鱼际肌平，拍面基本与地面垂直。正手发球、右场区各种击球及左场区头顶击球等，一般都采用这种握法。

（2）反手握拍法

在正手握拍的基础上，拇指和食指将拍柄稍向外转，拇指顶点在拍柄内侧的宽面上或内侧棱上，中指、无名指和小指并拢握住拍柄，柄端靠近小指根部，使掌心空隙。球拍斜侧向身体左侧，拍面稍后仰。一般说来，击打身体左侧的来球，大都先转体（背对网），然后用反手握拍法击球。

（3）特殊握拍法

上述正常的正、反手握拍法对击打高远球、吊球、杀球、反手球、挑球、推球、抽球、挡球等比较用力击球的动作较为适宜。在特殊情况下，如网前的封网技术、搓球、勾球、扑球、拨球及被动球时可采取特殊握拍法。如封网前球时，则拍面与地面平行，虎口对准排柄的宽面，其他手指与正常握拍法相同，这种握拍法也称为西方握拍法。

2. 练习方法

（1）让握拍手自由转动拍柄后，按照正确的技术动作要领，用肉眼观察，由握拍手独立调整完成正手握拍动作或反手握拍动作。

（2）通过反复练习，逐渐过渡到不用肉眼观察，全凭手上的感觉便可完成正确握拍。

（3）在实战中，视来球的各种不同角度和方向，握拍手可自如地选择正手或反手握拍法击球，握拍力度应适宜。

不论正手握拍法或反手握拍法，除了上述握法的区别以外，它们共同的技术关键在于放松与灵活。

（二）步法

羽毛球比赛时，运动员在场上为了跑到适当的位置击球，而采取的快速、合理、准确的移动方法，称为步法。羽毛球步法大致分为三大类，即上网步法、后退步法以及中场两侧移动步法。实践中较常运用跨步、垫步、蹬步、并步、交叉步、腾跳步等综合步法。

1. 上网步法

上网步法是指从场地中央位置向网前移动的步法。上网前的站位及准备姿势为站位取中心位置，两脚左右开立（稍前后），约同肩宽，重心在两脚前掌，后脚跟稍提起并左右微动；上体稍前倾，右手持拍于体前，两眼注视对方的来球。以下介绍两种常用的上网步法。

（1）跨步上网

以右侧上网为例，准确判断对方来球后，迅速将重心移到右脚，左脚掌内侧用力蹬地，向来球方向迈出一步，当左脚着地时，右脚加速蹬地向前跨出，左腿用力蹬地使右脚向前跨一大步，以从脚跟到脚掌外侧的顺序着地，再过渡到前脚掌，上体稍前倾，右膝关节弯曲并成弓箭步。前腿用力缓冲，控制住身体，左脚自然地向前脚着地的方向靠小半步，保持正确的击球姿势。击球后，右脚前掌内侧蹬地，用交叉步或并步回到中心位置。左侧跨步上网，动作方法同右侧跨步上网，但方向相反。

（2）垫步或交叉步上网

以右侧上网为例，准确判断对方来球后，右脚先迈出一小步，左脚立即向右脚垫一小步（或从右脚后交叉迈出一小步），左脚着地后，脚内侧用力蹬地，右脚再向网前跨一大步成弓箭步，紧接着左脚自然地向前脚着地方向靠小半步，身体重心在前脚。击球后，前脚朝后蹬地，用小步、交叉步或并步退回中心位置。左侧垫步或交叉步上网，动作方法同右侧垫步、交叉步上网，但方向相反。

2. 后退步法

从中心位置移动到后场各个击球点的位置上击球的步法，称为后退步法。后退步法分为正手后退步法和反手后退步法两种。

（1）正手后退步法

正手后退步法有并步、交叉步和跨步等，实战中可根据场上情况和个人特点灵活使用。以下介绍交叉步后退步法，这种步法的特点是移动范围大，回击端线附近的球多用这种步法。

判断准来球后，先调整重心至右脚，然后右脚蹬地迅速向右后撤一小步，同时上体右转，左肩对网，左脚从右脚后交叉后撤一步（或用并步靠近右脚），右脚再向后移至来球位置。当右脚着地时，迅速向上蹬，使击球点增高，同时左脚向身后伸出。当击球完成时，左脚以前脚掌先着地，然后右脚着地，左脚着地时要缓冲、制动、回蹬连接紧凑，使身体迅速返回球场中心位置。

（2）反手后退步法

反手后退时，应根据离球距离的远近调整移动步伐。如果离球较近，应采用两步后退步法；离球远时，则要采取三步后退步法。

两步后退步法：一种是左脚先向后方撤一步，接着上体左转，右脚向左后方跨一步背对网，移至击球反手位置；另一种是右脚先向左脚并一步，然后左脚向左后方跨一步，同时上体左转，右肩对网移至反手击球位置。

三步后退步法：采用三步后退法时，右脚先向左脚并一步，再向左后方撤一步，同时上体左转，右脚再向左后方跨一步至来球位置，背对球网，做反手击球。

3. 中场两侧移动步法

从中心位置向左右两侧移动到击球点上击球的步法，称为两侧移动步法。两侧移动步法多用于接对方的扣杀和打来的半场低平球。其移动前的准备姿势及站位基本同上网步法。

（1）向右侧移动步法

向右侧蹬跨步法：起动后，左脚掌内侧用力起蹬，右脚向右侧跨出一大步（重心落在右脚上，脚尖偏向右侧，以脚趾制动），上体略向右侧倒（根据击球点的高低来确定侧倒的程度），做正手击球。击球后，以右脚前掌回蹬，回中心位置。这种步法适合来球距身体较近时使用。

向右侧垫步步法：起动后，左脚向右脚并一步，左脚一着地就用力向右蹬，使右脚迅速向右跨出一大步，右脚着地，后腿成弓箭步，身体略向右侧倒，出手击球。击球后，右脚前掌回蹬，回中心位置。这种击球步法适用于球距身体较远时。

（2）向左侧移动步法

面对球网移动步法：这种面对球网的移动方法，既可用来正手击球，也可用来反手击球，一般以跨步或垫步来向左横动。

背对球网移动步法：这种步法只适用于反手击球。起动后以左脚前掌为轴，向左转体，同时，右脚内侧用力蹬地，经左脚前向左侧跨一大步（重心在右脚上，以脚前掌制动）成背对网姿势，上身略向前倾做反手击球。击球后，右脚回蹬随即转成面对球网，回中心位置。

（三）发球

发球是羽毛球重要的基本技术之一，发球作为组织进攻的开始动作，其质量的好坏直接影响到比赛的主动或被动，要么赢球得分，要么丧失发球权。

羽毛球发球虽不能像乒乓球发球那样使球产生各种旋转，但它可以通过不同的发球手法，发出不同弧度、不同落点的球来控制对方的接球，为我方创造进攻得分的机会。因此，羽毛球的发球应引起充分的重视。

就发球的姿势而言，有正手发球、反手发球之分，人们可视自己的习惯或战术的需要来选用正手或反手发球。一般情况下，单打中多采用正手发球，而在双打、混合双打中常用反手发球。

就球飞行的角度和距离而言，可将其分为发高远球、发平高球、发平快球和发网前球四种。

发球站位方法：单打的发球站位，是距前发球线约1米。选择场地中部这个位置发球，这在单打中有利于迎击对方前、后、左、右任意距离和落点的来球；双打的发球站位则可选择稍前一点的位置，这样有利于下一拍抢网前球。

1. 基本技术

（1）正手发球技术

正手发球是在身体的右侧采用正拍面击球的一种发球方式，在实战中被广泛采用。正手发球可根据不同的战术需要发出不同的球，如高远球、平高球、平快球和网前球等不同弧度的球。

①正手发高远球

正手发高远球是用正手握拍法，以正拍面将球击得又高又远，球飞行到对方的端线上空后突然改变方向，垂直落至端线（底线）附近的一种发球。由于球处于对方端线，可有效地调动对方并削弱其进攻的威力。

动作要领：准备时，两脚自然分开，左脚在前，脚尖对网，右脚在后，脚尖稍向右侧，重心放在右脚上；用左手拇指、食指和中指夹持住羽毛球中部，自然抬举于胸前方；右手正手握拍，自然屈肘举至身体的右后侧，成发球前的准备姿势；击球时，持球手松开，使球自然下落；右手持拍臂自下而上沿半弧形做回环引拍动作，同时开始转体。当拍挥至身体右侧前下方击球点的瞬间，前臂迅速内旋带动手腕闪动，展腕发力，用正拍面将球击出，身体重心随转体动作逐渐由右脚移至左脚上；持拍手随击球动作完成后的自然惯性向左上方挥动。在发球的过程中，双脚均不能离开地面或移动。

②正手发平高球

正手发平高球是用正手握拍法，以正拍面击出，飞行弧度较发后场高远球低的一种发球。球飞行的高度以对方跳起无法拦截为佳。由于球飞行弧度不高，速度相对就快，是单打战术中具有一定进攻性的发球。双打中若与发网前小球配合使用，则可以增加对方接发球的难度。

动作要领：准备姿势、引拍动作和击球后的动作均与正手发后场高远球相同，但引拍动作比发后场高远球略小一些；击球时，以小臂带动手腕发力为主，拍面与地面的夹角小于45°，向前推进击球。

③正手发平快球

发平快球就是把球发得又平又快，击出的球离网不高而迅速越过对方场区并落到底线附近。球在空中飞行时，抛物线轨迹小于平高球的轨迹，与地面形成的仰角小于30°。

动作要领：站位稍靠后些（防备对方很快回球到本方后场），利用前臂带动手腕的爆发力向前方发力，发出的球直接从对方的肩稍上高度越过，直攻对方后场。发平快球的关键是出手动作要小而快，但前期动作应和发高远球一致。

④正手发网前球

正手发网前球是用正手握拍以正拍面击球，使球轻轻擦网而过，落在对方前发球线附近的一种发球。由于它的飞行弧度低，距离短，可以有效地限制对方直接进行强有力的进攻，这是单、双打中较常见的一种发球。在双打比赛中，由于场上的移动范围比单打要小，对发网前小球的质量要求更高，如球过网稍高，对方可通过扑、推而直接进行接发球抢攻。所以，双打扣发网前小球时的站位可适当接近前发球线，引拍动作摆幅小，击球时要控制好拍面击球的摩擦力及击球的角度，在规则允许的范围内提高击球点，尽量使球贴网而过，以削弱对方接发球的威力。

动作要领：准备姿势、引拍动作和发球后的动作与正手发后场高远球相似；击球点位于运动员右侧体前几乎与髋同高的位置；击球时握拍保持放松，靠手指控制力量；手腕收腕发力，用斜拍面往前推送击球，使球轻轻擦网而过，落入对方前发球区。

（2）反手发球技术

反手发球技术是在身体的左前方用反拍面击球的一种发球方式。同正手发球技术一样，用反手同样能发出各种不同弧度的球；与正手发球所不同的是，反手发球时动作的力臂距离相对要小，发球时对球的控制力更强，加之反手发球动作更具一致性、隐蔽性和突然性，因此在比赛中，尤其是在双打比赛中被广泛采用。在实战中，发球方根据双打战术的特点和需要，常以反手发后场平高球、后场平射球和网前小球为主。

①反手发后场平高球

用反手握拍，以反拍面击出同正手发后场平高球飞行弧度一样的球，称为反手发后场平高球。

动作要领：准备时，站位靠近前发球线，右脚在前，左脚尖侧后点地，重心放在右脚上；左手拇、中、食指握住球的羽毛处，置于腹前；右手肘稍向上提起，用反手握拍，以反拍面将球拍自然置于腹前持球手的后面，两眼正视前方，成发球前的准备姿势；击球时，左手放球的同时，持拍手前臂内旋，带动手腕展腕由后向前做回环半弧形挥动，击球时屈指收腕发力，用反拍面向前上方将球击出；击球后注意将握拍姿势迅速调整为正手握拍。

②反手发后场平射球

用反手握拍，以反拍面发出与正手发后场平射球同样飞行弧度的球，称为反手发后场平射球。

动作要领：与反手发后场平高球动作相同，击球时尽可能地提高击球点，拍面与地面近似于90°角，利用拇指的顶力，迅速向前推进击球。

③反手发网前球

用反手握拍，以反拍面击出与正手发网前小球飞行弧度一样的球，称为反手发网前小球。

动作要领：准备姿势、引拍动作和击球后的动作均与反手发后场平高球相同；击球时靠手腕和手指控制发球的力量，以斜拍面向前轻轻推送切击球托，使球尽可能低地沿网上方飞过并落入对方前发球线内。

2. 练习方法

（1）首先学习正手发后场高远球。依次按照先分解后连贯、从简单到复杂的顺序，按照技术动作的要领做挥拍练习，直至熟练。

（2）用绳拴住球，选择适当的高度将球固定吊好，反复做发球动作练习，体会球与拍之间的距离感及前臂内旋带动手腕由伸腕到展腕的发力过程。

（3）持拍面对墙壁做发球练习。在做该项练习时，既要照顾到击球的准确性，同时要兼顾到击球动作的正确性。

（4）在场地上练习发球，重点注意发球的落点。

（5）按照以上的练习步骤，进一步做其他各种发球的练习，注意各种发球动作的一致性和落点的多样性。

（四）接发球

还击对方发过来的球叫接发球。接发球技术在每场比赛中都起着重要的作用。如果说发球发得好是争得每分球胜利的开端，那么接发球接得好同样是争得每分球胜利的第一步。因此，接发球对初学者来说也是一项不可忽视的技术。

1. 基本技术

以右手握拍为例。单打站位通常站位选择在离前发球线约 1.5 米靠近中线的位置，左脚在前，右脚在后，双膝微屈，身体重心放在前脚上。后脚跟稍抬起，身体半侧向球网，球拍举在身前，两眼注视对方。双打站位由于双打发球区较单打发球区短，发高远球易出界和被对方扣杀，所以双打发球多以发网前球为主，接发球时应站在靠近前发球线的地方。双打接发球的准备姿势与单打基本相同，略有区别是身体前倾较大，球拍高举，在球来自网上的最高点击球。

2. 练习方法

（1）开始练习接发球时，最好是采用固定的一种基本技术去接对方的单一发球（可用多球）。

（2）练习接球时，应在对方球拍触球的瞬间观察球的飞行方向，提高判断能力。

（3）在上述基础上，还要进一步研究控制回球落点，以避免在接球后给对方有较多的攻击机会。

（4）在掌握了较好的适应能力和能够较自如地控制回球落点之后，应逐步提高防御对手抢攻的能力。

（五）击球

1. 基本技术

正确的击球手法是打好羽毛球的主要条件之一。有了正确的击球动作就能更好地掌握和发挥羽毛球的各项技术。羽毛球基本手法一般分为：后场高空击球技术、网前上手击球技术、下手击球技术和中场平击球技术等。

（1）后场高空击球技术

后场高空击球技术是打好羽毛球的主要手法之一。根据其技术的性质特点，通常可分为高球、吊球、杀球（扣杀）。

①高球

高球分为高远球和平高球。高远球是指将球击得高而远，球飞至对方底线上空垂直落到有效场区内。平高球是从高远球发展而来的，它飞行的速度比高远球快，弧线比高远球低，是后场进攻的有效技术之一。

A. 正手击直线高球和对角高球。在右后场区击球的位置上，左脚在前，右脚在后，稍屈膝。侧身对网，重心在右脚前掌上，左手自然上举，头抬起注视来球，右手持拍于身体右侧。

击球前，重心下降准备起跳，起跳的同时右臂后引，胸舒展。当球将落至额前上方击球点时，上臂往右上方抬起，肘部领先，前臂自然后摆，手腕尽量后伸，前臂急速内旋往前上方抬起，肘部领先，前臂自然后摆，手腕尽量后伸，前臂急速内旋往前上方挥动，手腕向前闪动发力（手指由松突然握紧球拍），击球托，球即朝直线方向飞去。若手腕控制拍面击球托的右侧下部，球则向对角方向飞行。击球后，手臂随势自然收至胸前。

B. 头顶击直线高球和对角高球。由于来球是飞往左后场区，击球点应选择头顶部位。准备姿势和动作要领基本与正手击高球相似，但击球前要求上体稍弓身后仰，以便更好地发力。右上臂右后上抬，球拍由右后绕过头顶，臂向前上方经内旋带动手腕，突然屈收闪动发力，击球托，球即飞往直线方向。头顶击对角高球，握拍稍有改动，即用拇指和食指向内捻动拍柄，使虎口对准拍柄靠外的小棱边，球拍仍由右后绕过头顶，前臂向右前方内旋带动手腕屈收闪动发力，击球托的左部。击球后，由于前臂内旋明显，惯性作用大，手臂自然往前摆动。回收球拍时，前臂稍外旋，将拍置于胸前。

C. 正手、头顶击平高球。准备姿势与动作要领基本与正手击高远球相似，主要区别在于击球点稍高，较击高远球前，拍形角度稍前倾。

②吊球

接对方击来的高球，从后场轻击或轻切或拦吊到对方的网前区，叫吊球。吊球根据飞行的弧线和击球动作的不同，主要分为劈吊、轻吊和拦截（都有正手、头顶和反手）等。

A. 正手臂吊直线和对角线球。直线劈吊，击球前动作和击直线高球、杀球相似。击球时，用力较轻，带有劈切动作，落点一般离网较远。不同点是击球瞬间前臂突然加速，用手腕的闪动向前下方切击球托的右侧下部，使球越网下坠。击球后，手臂随势自然回收至胸前。对角线劈吊，击球前的动作同正手击对角高球。不同点是击球瞬间，用加速的力量把球向对角方向切击；击球后，球拍随势自然回收胸前。

B. 头顶吊直线球和头顶吊对角线球。击球动作几乎和头顶直线高远球相似，只是击球的瞬间，前臂突然内旋并往前下方挥拍，手腕外伸、后展，带动球拍轻点球托的左侧后下部，球沿直线飞行。

C. 反手吊直线球和反手吊对角线球。反手吊直线球和反手吊对角线球击球前的动作同反手击高球动作类似。不同的是前臂要上摆，用拇指内侧顶住拍柄，手腕向后"甩腕"轻击球托的后下部位，使球的飞行方向朝着直线和对角线的方向落到对方网前。

③杀球（扣杀）

杀球是把高球用力向前下方重压、重切或重"点"击球，球飞行的弧线较直，落地快，对对方的威胁较大。杀球从手法上可分为正手扣杀、头顶扣杀和反手扣杀；从力量上又可分重杀（杀球力量较大）、轻杀（杀球力量较小）和点杀（力量不大，但速度较快，落点近前场）；还有长杀（近底线）和劈杀（切劈）等。

A. 正手扣杀直线球（侧身起跳）和对角线球（侧身起跳）。准备姿势和动作要领与正手击高远球技术大体相同。不同点是右脚起跳后，身体后仰呈反弓后收腹用力。前臂带动手腕用力下压，球拍正面击球托，击球点较击高球稍前，无切击，使球沿直线向前下方飞行。击球后立即回收，右脚向前跨步要大。正手扣杀对角线球的准备姿势和动作要领与正手扣杀直线球相同。不同点是起跳后身体向左前方转动用力，协助手臂向对角方向击球。

B. 头顶扣杀直线球和对角线球。准备姿势和动作要领与头顶击高球相同。不同点是挥拍击球时，要集中全力往直线方向或对角方向下压，球拍面和击球方向水平面夹角小于90°。

C. 正手腾空突击杀球。该杀球动作的要领在于采用正手握拍法，侧身右脚后退一步准备起跳。起跳后，身体向右后腾起，上身右仰或成反弓形，右臂右上抬，肩尽量后拉。击球时，以肩带臂，主要以前臂和手腕快速挥拍压腕产生爆发力，高速向前下击球。球扣杀后，右脚先着地屈膝缓冲，重心在右脚，即刻回位。如果球向左侧边飞来，则用左脚向左侧上方起跳，使身体向左侧上空腾起，肘关节高举靠近头部，举拍于头后，到最高点时，主要以前臂内旋和手腕快速挥拍扣杀球。扣杀后，以左脚先着地屈膝缓冲，即刻回位。

（2）网前上手击球技术

①放网

放网是指运动员在运用网前放网技术使球回击到对方网前区域的击球，通常可分正、反手两种放网。

A. 正手放网前球侧身对右边网前，右脚跨前或弓箭步，重心在右脚上。右手持拍于右侧体前，约与肩高，拍面右边稍高斜对网。左臂自然后伸，起平衡作用。击球前，前臂稍外旋，手腕外展引拍至右侧前。击球时手腕稍内收，食指和拇指控制拍面和用力大小，轻切球托把球轻送过网。击球后，在身体重心复原的同时，收拍至胸前。

B. 反手放网前球侧身对左边网前，右脚跨前成弓箭步，重心在右脚上。右手反手握拍，持拍于身侧约同肩高，拍面左边稍高斜对网，左臂自然后伸。击球前前臂稍内旋，手腕外展引拍。击球时手腕内收，拇指和食指分别贴在拍柄内、外侧的小棱边上，用拇指的推力轻托球把球送过网。击球后，随重心复原收拍至胸前。

②网前搓球

搓球是运动员用网前搓球技术使球带旋转或翻滚而过网至对方前场近网区域内的击球，通常可分正、反手搓球。

A. 正手网前搓球准备姿势同正手放网。击球前前臂外旋，手腕外展引拍至右侧。击球时在正手放网动作的基础上，加快挥拍速度，切搓球托底或侧部。由于球托受较大的摩擦力和作用力点不直接通过球心，就使球产生旋转翻滚越网而过。

B. 反手网前搓球准备姿势同反手放网。击球前，前臂稍往上举，手腕前屈；手背约与网高，拍面低于网顶。击球时，手腕和手指控制拍面角度，用肘关节和腕关节前伸稍下降及前臂稍外旋的合力，搓切球托的侧底部。另外，也可在反手放网前球动作的基础上，前臂稍伸直，手腕由外展到内收，带动球拍向前切送，击球托的后底部。

③网前挑球

挑球是将对方击来的网前球、吊球、杀球（轻杀）等挑高过网还击至对方后场底线附近区域的击球，它是网前挑球技术的泛称，通常可分正、反手挑球。

A. 正手网前挑球准备姿势同正手放网。击球前，前臂充分外旋，手腕尽量后伸。击球时，从右下向前方至左上方挥拍击球。在此基础上，若拍向右前上方挥动，挑出的是直线高球；若球拍向左前方挥拍，挑出的则是对角高球。

B. 反手网前挑球准备姿势同反手放网。击球前，右臂往左后拉抬时引拍。击球时，前臂充分内旋，手腕由屈至后伸闪动挥拍击球。若球拍由左下向左前上方挥动，则球向直线方向飞行；

若球拍由左下向右前上方挥动，则球向对角线方向飞行。

（3）下手击球技术

下手击球技术属于防守性技术。它虽然没有上手击球那样具有主动性和威胁性，但它仍是羽毛球技术中不可缺少和不可忽视的部分。初学者不仅要学习和掌握好上手、网前击球技术，还要学习和掌握好下手击球技术，通常可分为接杀球、接吊球两种。

①接杀球技术

所谓接杀球技术是指对方扣杀过来的球，运动员利用接杀球技术将球还击至对方某场区内的接球技术，通常可分为正手、反手接杀球技术。如这种技术在不同的位置上，通过利用有关技术配合相应的步法和手法，可打出不同的球，即挡、勾、挑、抽球等。

②接吊球技术

所谓接吊球技术是指对方吊过来的球，队员利用接吊球技术将球还击至对方某场区内的接球技术，通常可分为正手、反手接吊球技术。如这种技术在不同的位置上，通过利用有关技术配合相应的步法和手法，可打出不同的球，即放、挑、勾球等。

2. 练习方法

（1）高球的练习方法

①徒手练习击高球的模仿动作，体会动作要领。

②"一点打一点"，即固定直线或斜线对打。

③"一点打两点"。

（2）吊球的练习方法

①按动作要领进行模仿练习，体会动作要领。

②通过击定点球练习，体会"切击"动作，即"挑一点吊一点"。

③做变方向的吊球练习，即"挑一点吊两点"。

（3）杀球的练习方法

①按动作要领进行模仿挥拍练习，体会动作要领。

②通过向前下方用力投掷羽毛球（或垒球），体会鞭打动作。

③做定位扣杀练习，即"杀一点或两点"的固定练习（或用多球进行固定杀球练习），并注意准确性。

（4）放网的练习方法

①徒手挥拍模仿放网动作，体会动作要领。

②利用多球进行正、反手两个部位的放网练习。

③在本场区的中心位置进行上网放网练习。

（5）网前搓球的练习方法

①徒手挥拍模仿搓球动作，体会动作要领。

②利用多球进行正、反手两个部位的搓球练习。

③一对一站在网前，做送球、搓球或对搓练习。

④在本场区中心位置进行不定点的上网搓球练习。

（6）网前挑球的练习方法

①练习网前挑球前，先在原地模仿练习挑球动作，后结合上网步法进行挑球的练习。

②徒手挥拍模仿挑球动作，体会动作要领。

③利用多球进行正、反手挑球练习。

④做固定线路的吊、挑练习。

（7）接杀球、接吊球的练习方法

①学习接杀球、接吊球时，应在掌握网前技术和中场平击技术基础上，配合相应的步法进行接杀、接吊技术练习。

②按动作要领进行正、反手接杀、接吊的放网、挡、挑等技术的模仿练习。

③利用多球进行练习。

④定位"一攻一守"的练习。（先左或右半场，后再到全场）

⑤不定位的全场攻守练习。

二、羽毛球运动的基本战术

（一）单打战术

1. 发球抢攻战术

从发球的第一拍起，争取控制对方，以攻杀得分。这种战术，一般为发网前低球结合平快球、平高球，争取第三拍的主动进攻。用这种战术对付应变能力较差的对手，或实施于比赛的关键时刻，往往取得很好的效果。实施这一战术时，应有高质量的发球技术予以保证，否则很难成功。

2. 攻后场战术

此战术是通过击高球、重复压对方的底线两角，造成对方的被动，然后寻找机会进攻。用它来对付初学者，或后场还击能力较差，或后退步子较慢以及急于上网的对手是很有效的。

3. 攻前场战术

对网前技术较差的对手，可运用此战术先将其吸引到网前，然后再攻击其后场。采用此战术的前提是自己有较好的网前击球技术。

4. 打四方球战术

若对手步子较慢、体力较差、技术不全面，可以凭借快速准确的落点攻击对方场区的四个角落，寻找机会向空当进攻。此战术的主要目的是通过打击球的落点，逼迫对方前后奔跑、被动应付，并在其回球质量下降或露出破绽时乘虚而入。

5. 杀、吊上网战术

对手打来后场高球时，本方先以杀球配合吊球把球下压，落点选在场区的两条边线附近，致使对手被动回球。若对手回网前球时，本方迅速上网搓球、勾对角球或平推球，可以创造在中场大力扣杀的机会。这种战术只要能很好控制杀、吊球的落点，在使对方被动回球时，就能主动迅速上网。

6. 打对角线战术

对付身体灵活性差、转体较慢的对手，不论是进攻还是防守，均应以打对角线球为主。这样，对方会因移动困难而处于被动，为本方创造进攻机会。

7. 防守反击战术

在对方主动进攻、本方被动防守时，本方可高质量地接杀拦网；或抓住对方攻杀力量减弱，或落点不好之机会，以平抽底线球还击对方后场，扭转被动局面，并进行反击。

（二）双打战术

1. 攻人战术

集中攻击对方中有明显弱点的人，并伺机攻击另一人因疏忽而露出的空当，或对此人偷袭。双打比赛中配对选手的技术，一般总有一人好，另一人稍差些；即便两人水平相差不多，但若能集中力量攻击其中一人，也可给其造成很大的心理压力，从而使其出现失误。

2. 攻中路战术

当对方分边站位防守时，将球攻击对方两人的中间；当对方前后站位时，可将球下压或平推两边半场，这样可使对方防守时因互相争抢或互让而出现失误。

3. 攻后场战术

对方扣杀能力差，本方可采用平高球、推平球、接杀挑底线，把对方一人紧逼在底线两角移动。当对方被动还击时，则抓住机会大力扣杀；如另一对手后退支援时，即可攻网前空当。

4. 后攻前封战术

当本方处于主动进攻前后站位时，站在后场的队员见高球就杀或吊网前球，迫使对方接球到网前，这为本方前场队员创造了封网扑杀机会。前场队员要积极封锁网前，迫使对方被动挑高球，一旦对手挑高球达不到后场，就为本方创造了再进攻的机会。

5. 防守反攻战术

在防守中寻找反攻的机会，以便摆脱困境，转被动为主动。例如，挑底线高球，即不论对方从哪里进攻，本方都应设法把球挑到进攻者的另一边底线。若对方正手后场攻直线，就挑对角线；若对方攻对角，就挑直线。这是一种较容易争得主动的防守战术，在女子双打中运用更为有效。若时机有利，即可运用反抽或挡网前回击对方的杀球，从守中反攻，争得主动权。运用此战术时，要注意挑高球一定要挑到底线，否则将会出现对方连续攻杀而本方无力反击的局面。

第三节　网球项目的运动方法设计

一、网球运动的基本技术

（一）握拍法

在学习正确的握法之前，先来认识一下拍柄上各部位名称。网球拍柄是多边形的，有八个边。球拍在垂直地面时，拍柄的八个边可分别命名为上平面、下平面、左平面、右平面、左上斜面、右上斜面、左下斜面和右下斜面，如图 8-1 所示。

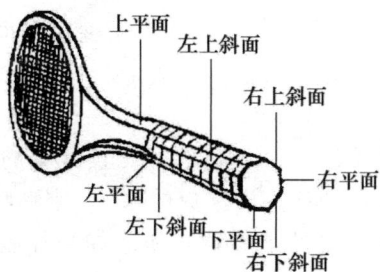

图 8-1 拍柄

握拍法与击球动作有着密切的关系，球拍是击球者手臂的延伸，每个击球动作都是由手臂、手腕、手指互相配合用力完成的。所以，握拍的好坏对技术的提高和全面性有着较大的影响。网球最基本的握拍法有东方式、西方式、大陆式、半西方式和双手握拍等。

1. 基本技术

（1）东方式握拍法

东方式握拍法因最初广泛使用于美国东部的沙土场地而得名，分正手和反手两种。这种握拍法的优点是来球高一点或低一点，都能用正、反手击球。

东方式正手握拍法：亦称"握手式"握拍法，拍面与地面垂直，手握拍柄好像与人握手一样。准确地说，用握拍手的虎口对正拍柄右上侧楞，手掌根与拍柄右上斜面紧贴，拇指压住拍柄的左垂直面，食指稍离中指，食指下关节压住拍柄右垂直面，五指紧握拍柄。这种握拍法能增大正手击球的力量。

东方式反手握拍法：从正手握拍法把手向左转动 1/4（或拍柄向右转动 1/4），即转动 90°，使虎口对正拍柄左侧楞面上，即用手掌根压住拍柄的左上斜面，拇指直伸在拍柄的左垂直面上，食指下关节压住拍柄右上斜面。

（2）西方式握拍法

此握拍法是在美国西部加利福尼亚的水泥硬地球场上发展起来的，这种握法的正、反手击球都是使用球拍的同一个面。在打反弹球时采用这种握法，正手能打出强劲的上旋球，反手多打斜线球，特别适合打跳球和齐腰高球。

西方式正手握拍法：拍面与地面平行，从拍上面抓住拍柄，手掌根贴着拍柄右下斜面，拇指和食指都不前伸，拇指压在拍柄上部小平面，食指下关节握住拍柄的右下斜面。

西方式反手握拍法：右手是东方式反手握拍，握在拍柄的后方；左手是东方式的正手握拍法，握在拍柄的前方。

（3）大陆式握拍法

这种握拍法起源欧洲大陆，故得此名。此握拍法对处理低球很适宜，对上网截击和处理网前球也很有利，对处理齐腰的球也方便，适合于臂力、腕力都较强的人。但这种握拍姿势对于过高的来球时，不易控制拍面，因手心握在拍柄的上方，故打高球不方便。它与东方式握拍法不同之处是，大陆式握拍法采用正、反手击球都无须变换握拍。

正手握拍法：虎口"V"字形，正对拍柄的左上斜面，大拇指扣压住左平面，食指关节握住拍柄的上平面边缘和右上斜面的位置。

反手握拍法：虎口"V"字形，位置与大陆式正手握法相同，不同之处在于拇指略放松一些，而非紧扣压拍柄。

（4）半西方式握拍法

除了以上几种传统规范的握拍法以外，目前，比较常见的正手握拍法是介于东方式与西方式之间的握法，称为半西方式握拍法，即虎口的"V"字形在拍柄上端右侧小平面上楞角附近。它的特点是便于正手打出有力量的上旋球，便于加力控制。对于初学者来说，要认真选择适合自己的握拍方法，这样才能逐步学习网球的各项基本技术，不断提高自己的网球运动水平。

（5）双手握拍法

此握拍法一般是两只手均采用东方式握拍法，这种握拍法对于力量不足的人来说，可以增加击球力量，便于打出上旋球；但缺点是对步法要求高，步法移动慢的人到位率低，不易掌握，同时对两只手臂的协调配合及均匀用力程度要求较高，协调能力差的人不易掌握。

双手正手握拍法：右手是东方式正手握拍法，握在拍柄的后（上）方，左手是东方式反手握拍法，握在拍柄的前（下）方。

双手反手握拍法：右手是东方式反手握拍法，握在拍柄端部，左手为东方式正手握拍法，握在右手的上方。

2. 练习方法

（1）挥拍练习。站于镜前挥拍，注意动作的准确性；2人一组练习挥拍，互相注意对方动作。

（2）熟悉性练习。持拍向上颠球；对准地面上的球，从上敲打使球反弹，用左手接球。

（二）步法

在网球的各种击球中，必须使人与球保持一个适当的距离，需要选择一种合适的站位，才能得心应手地打出各种好球。

1. 基本技术

（1）开放式步法

若从准备姿势起动，则以右脚为轴，向右转体转肩，左脚向右前方跨出，与端线约成45°角，使左肩对网，跨出的左脚较右脚仍在偏左侧的场地，身体呈开放姿势。

（2）闭锁式步法

从准备姿势起动，以左脚为轴，向左转体转肩，右脚向左前方跨出，步子较大，超过左脚落左侧的场地，使右肩对网，甚至使右肩胛骨对网，身体呈闭锁姿势。

（3）滑步

滑步是指面对球网，两脚左右滑步移动。向左移动时，蹬右脚，先移动左脚，再跟右脚；向右移动，则蹬左脚，先移动右脚，再跟左脚。

（4）左右交叉步

向右移动时，脚掌向右转动，左脚先向右前方跨一步，交叉于右脚前，同时向右转体进右脚，再进左脚。向左移动时，方法与向右移动时相同，方向相反。

（5）向侧后移动交叉步

这是在打高压球时常采用的步法。向右侧后移动时，先向右侧后方移动右脚，同时向右后转体，接着左脚向右后跨步，再用交叉步向右后方跑动。向左侧后移动时，方法相同，方向相反。

2. 练习方法

（1）小碎步练习法

选择一块空地，可根据节拍进行练习，双脚保持不停地倒换小碎步，想象自己的脚下有一火堆，脚一碰到地就要马上提起，节拍可由慢到快再由快到慢，练习持续两分钟左右，以改善脚步的敏捷性及积极移动找位的能力。

（2）跑步摸球练习法

同伴在发球线与中线交叉的"T"位置，手拿2～3个球，练习者站在底线中点位置，送球者按照"正手——反手——正手"的顺序将球从地面上滚送到单打边线与底线交叉部，练习者每次用手摸到球后将球滚送给同伴，并回到中心位准备，12～16个球一组。滚送球也可不按顺序进行。

（3）凌空抛接球练习法

两人面对面站立，相距两米左右，抛球者随意将球抛向练习者前方，练习者运用网前截击步法凌空将下落的球接住，然后再将球送还给对方，每组20次。练习中也可将球抛高，运用高压球动作将球接住。

（4）软梯步法练习法

将软梯平放在地面上，首先站在软梯的左侧，然后右脚踏进软梯的第一格，左脚跟着踏进去，最后右脚踏出软梯，左脚也跟着踏出。接下来从软梯的右侧开始左脚往里踏进，右脚跟进，不断重复完成三步练习，一直把全部软梯格做完。

（三）发球

1. 基本技术

（1）平击发球

平击发球是指以拍面中心平直击球的后中上部，使球平直飞行的发球技术动作。平击发球以大陆式握拍法为主，这种发球几乎没有旋转，球差不多笔直地下去，力量大，往往贴着网才能进入场内，在绝大多数场地上球反弹较低，一般用于第一发球，发球成功时能直接得分，但平击发球失误率较高。其技术要点是：

①发球时站立的位置应相对靠近中点，以缩短球的飞行路线。

②击球点的位置在右肩上方，高度接近身体向上伸展的最高点。

③拍面的触球点在球的正后方中部。

④挥拍击球时，拍面垂直地面有向前上方挥动的动作，并顺势向下平稳挥出。

⑤击球后，球拍随挥至体前、左侧膝部位置。

（2）切削发球

切削发球是指以切削的方法击球的发球技术动作。切削发球是使用率较高的一项发球技术，它可以用于第一发球和第二发球，是每个初学者必须要经常练习和掌握的技术。切削发球带有侧旋，因为它以曲线进入发球区，发球成功率较高，但它速度往往较慢。

切削发球技术要求：发球时站立的位置相对离中点稍远；击球点的位置稍靠右肩外侧，其高度比平击发球的位置稍低；拍面的触球点在球的中部偏右方，甚至在中下部偏右方；球拍接触球一刹那，球拍从后侧擦击球（像切菜一样），使球产生侧旋；击球后，球拍随挥至体前左侧下方结束。

（3）上旋发球

上旋发球是指发出的球带有强烈的上旋。上旋发球综合了侧旋的特点，球的过网点较高，落地急速，球落地后反弹很高，但这种发球难度较大。这是一种以上旋球为主、侧旋为辅的发球方法。

上旋发球技术要求：发球时站立的位置与切削发球相同；抛出球的位置在头后偏左的头上方；拍面的触球点在球的中部偏下方；击球时，身体成弓形，利用杠杆力量对球施加旋转，球拍快速从左向右方挥动，并从下向上擦击球的背面，使球产生右侧上旋；击球后，球拍随挥至体前靠右侧结束。

2. 练习方法

（1）徒手练习方法

①碰背挥拍练习。持拍手肘关节向上并弯曲，使拍头在背后下垂，拍边碰背，然后向前上方挥拍，以体会挥拍动作。

②辅助挥拍练习。在同伴的帮助下进行挥拍练习。

③对墙挥拍练习。沿墙挥拍练习以体会击球时的运动路线，对墙挥拍练习以体会击球时拍面的位置和方向。

（2）固定球练习方法

①握拍颈挥拍击球练习。练习者站在网前，侧身对网，挥拍击球，以体会击球时拍面触球部分。

②跪姿挥拍击球练习。练习者半跪在中场，先抬肘并弯曲使拍碰背，然后抛球挥拍将球击过网。

③站立挥拍击球练习。练习者站在后场，先抬肘并弯曲使拍头碰背，然后抛球挥拍将球击过网。

（3）完整动作练习方法

①对墙发球练习。练习者站在离墙约 12 米处，以完整的发球动作对墙发球，体会完整的发球动作。

②发球区发球练习。练习者站在底线一侧，以完整的发球动作将球发至对场另一侧发球区，体会发球的动作和目标。

③连续发球练习。练习者站在底线一侧，用一种发球方法连续做发球练习，巩固发球动作。

（四）击球

击球是指球员站在后场或端线附近击打从地面反弹后的球，它包括正手击球和反手击球。

1. 基本技术

（1）正手击球

①动作要领

A. 准备姿势。面对球网，双脚向前自然开立与肩同宽，双膝微屈身体略向前倾，重心落在双脚的前脚掌上，右手握拍，左手轻托拍颈，双肘微屈，拍面垂直于地面，拍头指向对方，两眼注视对方来球，初学者宜采用东方式握拍法。

B. 后摆引拍。当判断对方来球在正手位时，迅速向后直线拉开球拍，拍头水平或稍向上，不可下垂，同时转髋转肩。来球稍短，击球点较低时，左脚向右前方 45°角迈出，重心移至前脚；来球较长时，右脚向左后方 45°角后撤，重心移至后脚上。

C. 挥拍击球。从后摆进而向前挥动时，紧握球拍，手腕后伸、固定，用力蹬腿，转动身体挥拍，正拍的击球点在身体的右侧前方，尽量不超过腰的高度。

D. 随挥动作。球触拍后，使拍面平行于网的时间尽量长一些，挥拍沿着球飞行的方向前送，重心前移落在左脚，身体也随着转向球网，挥拍动作在左肩上方结束，肘关节向前指向球的飞行方向。随挥结束，立即恢复至准备姿势，准备下一次击球。

②不同方法

从球的旋转性能分类，有上旋球、下旋球、平击球、侧旋球（内侧旋）等不同旋转的打法。下面简单介绍几种不同的正拍击法。

A. 上旋球。球拍自球后下方向前上方挥动摩擦，使球整个球体由后下方朝前上方转动，故叫上旋球。这种打法是在击球时，加大向上提拉挥动幅度，使球产生较为急剧的上旋。上旋球的特点是飞行弧度高，下降快，前冲力较大。打上旋球最大的优点是便于加力控制，是正拍击球中既能发力大，又能控制进入场区，减少失误的击球方法，尤其在快速跑动中调整精确的击球点很难，而上旋球则有较大的把握性。另外，正拍上旋球的飞行路线呈彩虹状，过网后有急剧下降的特点。上旋球还是破坏对方上网的有力武器，如较低的上旋球落在上网的对方脚下，则使其难以还击。

B. 下旋球。和上旋球相反方向旋转的球是下旋球，俗称"削球"。击球时，球拍稍向后倾斜，挥拍是由后上方至前下方，挥拍击球的后下部产生下旋，球是由前上方向后下方旋转并向前飘行，过网时很低，落地反弹也很低，并伴有回弹现象。下旋球的落点容易控制，也可以打对方的深区。常用于随球上网，可以协调连贯地把随击与上网结合在一起，利用球的飞行时间和深而准的落点冲至网前截击；也可以作为变换旋转和节奏的打法，扰乱对方的节奏，使之失误。

C. 平击球。挥拍击球的路线向上较平缓，击球时拍面几乎垂直地面，击球的正后部。用同样的力量击球，平击球的速度最快，球落地后前冲力量大，球的飞行路线较平直。

D. 侧旋球。击球时球拍由球的后部向内侧平行挥动，使球产生由外向内的侧旋，故称侧旋球。这种球飞行路线呈水平向外侧的弧线飞行，落地后向外跳，常用于正拍直线进攻。在实践中，球的旋转常是混合性的，球的旋转与来球的方向、力量、旋转速度和击球时的挥拍路线、触球时的拍面角度等因素有关。因此，要掌握正手击球中的不同旋转球的方法，需要在平时训练中反复练习。

（2）反手击球

反手击球又称反拍击球，是指击打与握拍手相反方向落地球的打法。

①动作要领

A. 准备姿势。同正手击球准备姿势，只是当对方来球飞向反手位时，要迅速变换为反手握拍。

B. 后摆引拍。向左转肩转髋带动右手向左后方摆动，左脚向左转90°与底线平行，同时右脚向左前方上步，右肩对着球网，手腕绷紧、后伸，双肩夹紧。后摆时，肘关节自然弯曲、下垂，重心移向后方的脚上。反拍的后摆动作应比正拍后摆更早完成。单手反拍挥臂时，左手可以轻托拍颈，伴随着向左转。若是双手反拍挥臂，需要更充分的转体动作。

C. 挥拍击球。从后摆进入，向前挥动时应紧握球拍，手腕固定，转动双肩、躯干和臀部，挥拍击球。反拍的击球点应在身体的左侧前方。击球瞬间，对准来球把球打正，伸直肘部，拍头与拍柄相平，双眼盯住球。

D. 随挥动作。击球后，拍面与网平行的时间尽量长一些。挥拍沿着球的飞行方向前送，重心前移，落在右脚，身体也随之转向球网，挥拍在右肩上方结束。完成好随挥动作有助于控制球的落点和方向。随挥跟进动作结束，身体转向球网，迅速恢复至准备姿势，准备下一次击球。

②不同方法

从球的旋转性能分类，有上旋球、下旋球、平击球和侧旋球几种不同旋转的击球方法。

以上是反拍击球的动作要领，在实践中球的旋转常是混合性的，这与来球的方向、力量、旋转等因素有关，因此要掌握好反拍击球技术，需要反复练习。

2. 练习方法

（1）徒手或挥拍模仿练习。体会动作过程。

（2）自抛自击练习。练习者距墙5米左右站立，左手持球，并将球抛在身体右前方1米左右的距离，然后轻轻挥拍击打从地面上弹起的球，可先做单手正手击球练习，熟悉后再做反手击球练习。

（3）对墙连续做正手、反手挥拍击球练习。

（4）多球练习。由教练或同伴隔网送多球，做正手、反手的击球练习。

（5）场地上对抗练习。在场地上击打同伴回过来球的练习，然后交换。

（五）接发球

接发球是网球运动中的一项重要技术，只有接发球成功，才有打出第二拍、第三拍的可能。由于网球的发球和接发球分别是比赛双方的第一拍，在很大程度上对比赛的胜负起决定性的作用。

1. 基本技术

（1）握拍

接发球时，握拍要松弛，引拍和前挥也要保持松弛，但从球拍接触球的一刹那，要紧紧握住球拍，特别是拇指、无名指和食指要用力抓拍。加之手腕固定保证拍面稳定，即使不能有力还击对手凶猛来球，也可用牢固的拍面顶住来球，或以合适的角度控制还击方向。

（2）站位与准备

一般情况下，站位选择在单打边线附近、底线后 0.5～1 米的地方，如果偏离单打边线太远，那么就会给自己造成防守上的空虚，同时不能站得离底线太远或站到场地里面去。针对一发和二发应该有所不同，对方第一次发球时多采用大力发球，站位应偏后一些；如果是第二次发球时可略向前移，有利于采取攻击性的还击。

球员必须有一个稳健的准备姿势，将全部注意力集中在发球手的抛球动作，以便快速地回击任何类型的发球。发球手击球时，球员应向前跨步，触球时应力求将整个身体重心前移，以便在击球时使用线动量。此时，为接球瞬间做好准备姿势，其动作特点是两脚自然开立，两膝微屈，上体稍向前倾，两臂屈肘，两手持拍置于腹前，将拍头向上翘起，拍面垂直于地面或稍开些，拍头上缘于眼的高度平起，身体重心放在两脚前脚掌上，不停轻轻跳动或摇晃身体，使自己保持待发的机动状态。

（3）引拍

击球时动作与正常抽击球等击球技术基本相同，只是没有明显的后引，特别是对于快速来球，回球多数采用阻挡式动作，与截击球技术差不多，引拍动作不要做得过大，主要是控制好拍面角度并握紧球拍，以免拍面被震转动。判断来球，迅速移动，向预测击球点起动时，双肩与身体重心同时移动，并向击球方向踏出异侧步，转肩时要使肘部离开身体，持拍臂腋下大约能有一个球的空隙。

（4）击球

向前挥击时，尽量使拍子运行轨迹由高处向下再向上，但上下幅度要小，击球点在体前稍侧略高于胸部位置。

（5）随挥

击球后很少有随挥动作，拍头挑起，打势结束在较高处。身体重心停在前脚掌上，后脚可以略抬起，一般不要离开地面。

（6）还原

接球后迅速复位，准备姿势再次迎接对方击过来的球。

2. 练习方法

（1）持拍徒手模仿练习。体会截击球动作，掌握动作要领。

（2）对墙练习。练习者距墙 3 米站立，反复练习正手或反手截击球技术。

（3）网前正手、反手截击球练习。由教练员或同伴隔网送球，练习者站于网前连续做正手或反手的截击球练习。

（4）结合发球上网做截击球练习。练习者发球后，立即跑动上网，接发球者将球打回到指定地点，由练习者进行截击球练习。

（六）截击球

截击球是指在来球落地前被凌空拦截的球。上网截击的优点是可以调节球的速度，缩短击球距离，扩大击球角度，从而通过赢得时间而取胜。

1. 基本技术

（1）握拍法、准备姿势和站位

一般采用大陆式或东方式握拍法。准备姿势基本与正手击球准备姿势相同，两眼注视来球，准备迎击，同时要及时判断对方的击球方向，站位一般距网 1.5～2 米。

（2）挥拍击球

挥拍击球有两种情况：一是高于球网的球，不论是正手还是反手截击都应跨步向前侧对球网，重心跟进落在前脚上，拍头高于来球，手腕固定，击球点在体前或侧前方，手臂和球拍采用"顶""推""压"回球，而"击"的成分很少。二是低于球网的来球，要屈膝降低重心，尽可能采用向前弓步击球，且后腿弯曲，膝盖尽可能接近地面。球拍面可开放些，用抖手腕送击球。

2. 练习方法

（1）后摆引拍练习。背对挡墙或挡网 0.5 米处站立，做后摆引拍动作练习，体会短距离引拍。

（2）网前短拍截击练习。两人一组，隔网站立，一人送球，一人先用手掌接对方来球，然后以短拍截击对方来球，体会击球动作。

（七）高压球

高压球是指在头上用扣压的动作完成击球的一种方法。

1. 基本技术

（1）握拍方法

高压球的握拍方法与发球一样，多采用大陆式握拍法。

（2）准备姿势

球拍应向前举起，看着对方挑来的高球，向右侧身转体，左脚在前，右脚在后，两脚分开约同肩宽，左肩对网，在用短促的垫步迅速调整位置的同时，左手高举指向来球，持拍的右手直接举起，右肘抬起约同肩高，拍头指向上方，眼睛注视着高空飞来的球。

（3）后摆动作

高压球和发球动作相似，但主要的区别在于它后摆动作比发球要短。因为球从高空落下速度很快，如发球从下方后摆拉拍，不易掌握击球时间，只能直接从前下方经前方举起球拍，缩短挥臂时间。

（4）击球动作

高压球的击球点与发球的高度相同。伸展手臂向球击去，两眼盯球，重心前移，双肩、躯干和臀部开始左转。当球落在头部前上方时，双肩、臀部、躯干继续左转，同时手腕以鞭击动作击球，重心在左脚。动作要果断，挥拍猛击球的后上方。距网近，击球点稍前，击球的部位稍高；距网远，需要迅速滑步，调整击球点，此时的击球点较后，需要用手腕做"内旋"的动作。挥拍击球的正后方，把球回在对方的深区，使球不至于打在网内而失误。

（5）随挥

跟进高压球的随挥跟进动作与发球相似，双肩、躯干、臀部都已经完成转体，右脚前跨，支撑重心。挥拍手臂挥至身体左侧下方，结束高压球动作。

2. 练习方法

（1）持拍徒手模仿练习。体会高压球动作，掌握动作要领。

（2）结合步法做徒手挥拍练习。

（3）多球练习。用多球进行各种高压球练习，逐渐增加难度。

（4）网前1人进行高压球练习，1人在端线练习挑高球，2人进行对抗。

（八）挑高球

1. 基本技术

（1）握拍法

挑高球技术是属于打落地球的一种击球方法，所以它的握拍法与正、反拍击球一样，即正拍挑高球可以使用正拍握拍法，反拍挑高球可使用反拍握拍法，不用变换。

（2）准备姿势

一般与正、反拍击球的准备姿势相同，但是要求队员注意力高度集中，准确判断来球落点和对方的站位及移动路线。

（3）后摆动作

挑高球的效果与它的动作隐蔽性、突然性相关。把挑高球技术"伪装"得与正、反拍击球一样，直至击球前的瞬间，因此它的后摆动作，引拍与正、反拍击球动作应相同。

（4）击球动作

准备击球时，从侧身开始对网，拍头稍低于手腕，位于球后，在左脚前方击球，击球瞬间，眼睛要盯着球。防守性挑高球的击球部位在球的后下方，拍面越向上方倾斜，击球部位越低，挑出的高球越高；攻击性上旋挑高球的击球部位在球的后部偏下方，在球拍触球前，拍头低于手腕。在击球的瞬间，利用手腕的回拨和前臂的回旋，使球拍从球的后下方向前上方做弧形擦击，拍头挥动极快，球拍拖球的时间要长。要打出最强烈的上旋，击球点最好在身体前面的稍后处，身体重心的移动不像正、反拍击球时那样明显，整个击球动作应尽量协调、流畅、舒展。

（5）随挥

跟进挑高球的随挥动作应尽量充分，蹬腿，转动手腕，向上挥拍，使球产生上旋力。拍头要高过头顶，平稳、流畅地完成跟进动作。

2. 练习方法

（1）熟练掌握端线正手、反手上旋球、下旋球的抽击技术后，再练习上旋或下旋挑高球。

（2）多球练习。利用多球进行专门的挑高球练习，先定点练习，然后在跑动中不定点练习，逐步加大难度。

（3）网前1人进行高压球练习，1人在端线练习挑高球，2人进行对抗。

二、网球运动的基本战术

(一) 单打战术

1. 上网型打法

上网型打法战术是指利用网前进攻为主要得分的手段。上网型打法的常用基本战术可分为以下几种：

（1）发球上网战术

发球上网战术是利用发球的力量进行主动进攻，并且是上网抢攻的一项主要战术，也是上网型打法者在比赛中的主要得分手段。

①用第一发球的力量，发侧旋球，目标是对方发球区右区外角，然后上网，根据对手回球路线，截击球至对方反拍区。

②用第二平击发球或发上旋球，目标为对方发球区右区内角，然后上网冲至发球线中线，判断来球，截击至对方场地的空当。

③用平击发球或侧旋发球，发球到左区内角上网，冲至中场处，判断来球，截击至对方正、反拍底线，然后人随球跟进，准备近网二次截击。

（2）随球上网战术

随球上网是利用双方在底线对攻或对方接发球时，对手出现质量不高的中场球时，果断地进行抽击，然后随球上网的一项战术。

①拉出强烈的上旋球至对方的底线，趁对方将注意力集中在来球时，突然快速上网，将对方的回球截击或扣杀至对方的空当。

②对拉中，突然大角度拉开，改放小球上网。

③在底线相持对攻或对拉中，利用抽击球的速度、力量、旋转和落点的变化来控制对方，使对方回球时出现质量不高的浅球或中场球，然后迎上做随击球上网，以达到攻击对方的目的。

2. 底线型打法

底线型打法是以底线正、反拍击球技术为基础组织的战术，它的指导思想是用速度、旋转、落点的变化来创造进攻机会。

（1）对攻战术

①以正、反抽击球的速度、力量，攻击对手的弱点，用速度压住对方。

②用正、反拍强有力的抽击球，连压对方一点，突击其另一点。

③用正、反拍有力击球，调动对方大角度跑动，寻找进攻得分机会。

④在调动对方两边跑动时，突然连续打重复球，再加变线。

（2）拉攻战术

①正、反拍拉强力上旋于对方底线两边大角深处，不给对方上网及底线起板机会，寻找机会进行突击。

②正、反拉上旋球时，加拉正、反拍小斜角，增加对方跑动距离并出现质量低的回球，然后伺机进攻。

③拉对方反拍深处，伺机突击正拍。

（3）侧身攻战术

①连续用正拍攻击对方，创造得分机会。

②用正拍进攻，调动对方移动，反拍控制落点突击进攻。

③用全场正拍攻对方反拍，再突击变线正拍。

④用正拍进行攻击时，连续打出重复球。

（4）紧逼战术

①接发球时，紧逼向前进攻，使对方发完球后出现来不及准备的感觉，产生心理压力。

②连逼对方反拍，突击正拍，伺机上网。

③紧逼对方两边，使其被动或回球出现失误，伺机上网。

3. 综合型打法

综合型打法是根据不同的对手和不同的技术与战术掌握情况、场地特点与战术需要，灵活地变换战术的打法。

（1）针对发球上网型打法者，采用接发球破网或先确保接球成功，再准备第二拍破网。

（2）针对随意型打法者，采用底线打深球战术，用正拍进行对拉，反拍切削控制落点的战术，寻求进攻机会。

（3）针对底线稳健型打法者，采用发上或随上及底线紧逼战术，打乱对方节奏。

（4）针对接发球上网型打法者，提高一发命中率，变化发球和落点，控制场上的主动权。

（二）双打战术

双打比赛中，两个选手既要密切配合，又要制定"以己之长、攻彼之短，出其不意、攻其不备，先发制人、力争主动"的战术，才能克敌制胜。双打战术主要有发球局战术和接发球局战术。

1. 发球局战术

发球局战术是指在发球局利用发球进攻并形成上网抢网的战术。主要战术包括发球上网、发球上网抢网战术和澳大利亚网前战术。

（1）发球上网战术。在第一发球中，利用八成力量发出不同旋转的球或平击球，做到发球稳健，提高成功率，在发球的落点上不断变化，以压制对手，然后迅速上网；第二发球也要利用发球的不同旋转和变换落点来控制对手，为上网创造机会，上网后打出大角度或平而深的截击球，切勿起高球，以防对手同伴抢网。

（2）发球上网抢网战术。抢网是指网前人横向移动，拦截对方接球队员打过来的球。发球队员发球前先应知道网前的同伴在背后所做的手势，即应发什么落点以及是否抢网；同时，应时刻注意发球质量、命中率和落点的变化。

（3）澳大利亚网前战术。网前人和发球队员站在同一半场，这种站位布阵战术称为澳大利亚双打战术。一般是在接发球打过来的斜线球很低，使冲上网的发球队员很难掌握好击球时机，就可采用这种战术。在这个位置上，网前队员既能截住对方的斜线球，又能朝着对方网前人方向击打而得分。运用澳大利亚网前战术，网前同伴应给发球队员做出手势，告诉发球队员落点和网前是否抢网，同时要有高质量的第一发球来配合。

2. 接发球局战术

为了改变接发球时在底线被动挨打的局面，努力提高接发球的质量，要积极进攻，主动上网，采取灵活多变的策略，同时还要防止蛮干。接发球局战术主要有：接发球双上网战术、接发球网前抢网战术和接发球双底线战术。

（1）接发球双上网战术。当对方发球时，接发球队员要判断准确，积极向前至底线里，向前向下顶压击球，向着发球上网的对手脚下打斜线或打边线附近击球，然后随接发球上网。

（2）接发球网前抢网战术。当接发球队员接到了质量高的低平球，或对手发球上网中场拦出一个质量较低的球时，要快速跑动抢网，给对手以迅雷不及掩耳的一击；接发球队员见到同伴抢网，要迅速到位，以防对手截击直线球。这种战术运用得当，可对对方发球上网者造成心理压力，进而出现回球质量低下或回球成功率低的情况。要特别注意的是，接发球队员的同伴不要过早移动，防止被对手发觉而回击直线球。

（3）接发球双底线战术。为了应付对手的发球威胁，瓦解对手的快速进攻，压制对手网前攻杀，两名队员都退到底线，提高接发球的成功率。运用这种战术要做到稳中带狠，重点破中路和两边小斜线，并结合挑上旋高球技术。

第九章　同场对抗型项目的运动方法设计

第一节　足球项目的运动方法设计

一、足球运动的基本技术

足球技术是指运动员在足球竞赛规则条件下，运用身体的有效部位合理完成各种动作方法的总称。随着当今足球运动的发展，足球技术不仅内容更加丰富，而且动作难度也在不断增加。足球技术可分为有球技术和无球技术。

（一）踢球技术

踢球技术的动作过程包括助跑、支撑、摆腿、击球和随前动作五个技术环节。

1. 基本技术

（1）脚内侧踢球

脚内侧踢球的动作特点是触球面积大，可控性强，出球平稳准确，是短距离传球和射门常用的脚法。

①踢定位球：直线助跑，支撑脚踏在球侧约 15 厘米处，膝微屈，脚趾指向出球方向；踢球腿以髋关节为轴，由后向前摆动，膝踝外展，脚尖稍翘，以脚内侧部位对准来球，当膝关节接近球体上方时，小腿加速前摆；击球一刹那，脚跟前顶，脚型固定，用脚内侧部位击球的后中部。

②踢地滚球：要根据来球的速度、方向以及摆腿的时间，确定支撑脚的选位，保证踢球腿能充分摆踢发力。

③踢空中球：大腿抬起，小腿拖后，利用小腿的加速前摆击球，抬腿的高度与来球高度相适应，摆腿的时间与来球速度相对应，并根据出球的目标调整击球的部位。

（2）脚背正面踢球

脚背正面踢球的动作特点是踢摆幅度大，动作顺畅，便于发力。但出球路线及性能缺乏变化，更适用于远距离的传球和大力射门。

①踢定位球：直线助跑，支撑脚踏在球侧约 15 厘米处，脚趾指向出球方向，膝微屈，眼睛注视球；在支撑脚前跨的同时，踢球腿大腿顺势后摆，小腿后屈；前摆时，大腿以髋关节为轴带动小腿前摆，当膝关节摆近球体上方时，小腿加速前摆，脚背绷直，脚趾扣紧，以脚背正面击球的后中部；击球后，踢球脚顺势前摆落地。

②踢反弹球：要准确判断球的落点、反弹时间和角度，选好支撑脚的位置，在球落地的一

刹那，踢球腿小腿加速前摆击球，在球反弹离地时击球后中部。

③踢地滚球：支撑脚应正确选位。踢两侧地滚来球时，脚趾应对准出球方向，击球部位应准确，以保证击球时能发上力。对速度较快的来球，要通过加大摆踢力量和调整出球方向，消除其初速度对出球方向的影响。

④踢空中球：支撑脚的选位要稍远，以踢球脚能顺利踢摆发力为原则，并可根据来球角度或出球目的选用抽击、弹击或摆击等方法。

（3）脚背内侧踢球

脚背内侧踢球的动作特点是踢摆顺畅，幅度大，脚触球面积大，出球平稳和线路富于变化，是中远距离射门和传球的重要方法。

①踢定位球：斜线助跑，助跑方向与出球方向约成45°角，支撑脚踏在球侧后方约25厘米处，膝微屈，脚趾指向出球方向，重心稍倾向支撑脚一侧；在支撑脚踏地的同时，踢球腿以髋关节为轴，大腿带动小腿由后外向前内呈弧线摆动，膝、踝关节稍外旋，当膝关节摆至接近球的内侧上方时，小腿加速前摆；击球时，膝向前顶送，脚背绷直，脚趾扣紧，以脚背内侧击球的后中下部，击球后踢球脚顺势前摆着地。

②踢地滚球：要注意调整身体与出球方向的角度关系，以便踢球腿摆踢。

③踢过顶球：踢球脚背略平，插入球的底部做切踢动作，击球后脚不随球前摆。

④踢内弧线球：击球点应在球的后外侧，击球一刹那，踝关节内旋发力，脚趾勾翘，使球内旋并呈弧线运行。

（4）脚背外侧踢球

脚背外侧踢球的动作特点是预摆动作小，出脚快，能利用膝、踝关节的灵活变化改变出球的方向和性质，是实用性较强的技术手段。

①脚背外侧踢球：动作方法类似于脚背正面踢球，只是摆踢时，脚面绷直，脚趾向内扣紧，用脚背外侧击球的后中部；击球后踢球脚顺势前摆着地。

②踢地滚球：踢球脚同侧的来球多采用直线助跑，支撑脚在球侧后约25厘米处落位；异侧来球则多采用斜线助跑，支撑脚一般距球10~15厘米。其他动作则与踢定位球类似。

③踢外弧线球：支撑脚踏在球侧后15~20厘米处，踢球腿略呈弧形摆踢，作用力方向与出球方向约成45°角，脚型同踢定位球，击球点在球的内侧后部。击球后，踢球脚向支撑侧斜摆，以加大球的外旋力量。

2. 练习方法

（1）各种踢球模仿练习。

（2）两人一组，相距15米用脚的各个部位相互踢定位球。

（3）两人相距一定距离在移动中踢球。

（4）设有标志物，离开一定距离进行踢准练习。

（二）接球技术

接球是指运动员有目的地用身体的合理部位把运行中的球接下来，控制在所需要的范围内，以便更好地衔接下一个技术动作。

1. 基本技术

（1）脚内侧接球

脚内侧接球技术的特点是接球平稳，可靠性强，动作灵活多变，用途广泛。

动作方法：接地滚球时，身体正对来球，判断来球的速度和方向，选好支撑脚位置。关节微屈。接球脚根据来球的状态相应提起，膝、踝关节旋外，脚趾稍翘，用脚内侧对准来球，触球刹那，接球部位做相应的引撤或变向接球动作，将球控制在所需要的位置上。接反弹球时，接球腿小腿应与地面形成一定的夹角，向下做压推动作时，膝要领先，小腿滞留在后面。接空中球时，接球腿要屈膝提起，可根据需要采用引撤或切挡动作，并在球落地时随即将球控制住。

（2）脚背正面接球

脚背正面接球技术的特点是迎撤动作自如，关节自由度大，接球稳定，但变化较少，适用于接下落球。

动作方法：身体正对来球，判断来球路线和速度，支撑脚稳固支撑，接球腿屈膝提起，以脚背正面迎球，触球刹那，接球脚引撤下放，膝、踝关节相应放松，以增强缓冲效果。用脚背正面向体前或体侧前接球时，接球脚脚跟稍提，触球刹那踝关节适度紧张，通过触球面角度的调整，控制出球方向。欲将球接至身后时，接球脚脚尖要勾翘，踝关节适度紧张，接球刹那引撤速度要快，身体随之转动，用脚背顺势将球引至身后。

（3）脚掌接球

脚掌接球技术的特点是动作简单，控球稳定可靠，适用于接迎向地滚球或反弹球。

动作方法：判断来球路线或落点，选好接球位置并稳固支撑，接球腿屈膝抬起，脚尖微翘，使脚掌与地面形成一定的仰角，球临近或落地刹那，接球腿有控制地下放，用脚前掌部位触压球的后中部，将球控在脚下。采用脚掌接球时，为便于完成下一动作，通常在脚掌触压球后连带一个拉引或推送动作，使球处在需要的位置上。若要将球接向身后，多用拉引动作；欲将球控在体前或体侧则可用推送的方法。做这些动作时重心要随之移动。

（4）脚背外侧接球

脚背外侧接球技术的特点是动作幅度小，速度快，灵活机动，隐蔽性强，但动作难度较大，接球时常伴随假动作和转体动作，适用于接地滚球和反弹球。

动作方法：接地滚球时，判断来球状况，选好支撑脚位置，接球腿屈膝提起，膝、踝关节内翻，以脚背外侧部对准来球；当球临近时，接球脚以脚背外侧拨球的相应部位，将球控在所需位置上。接反弹球时，要判断好球的落点，接球腿小腿应与地面形成一定的夹角，以膝关节领先做扣压动作，防止球的反弹。脚背外侧接球后的动作衔接速度相对较慢，因此支撑脚与接球腿的蹬摆动作要协调连贯，保证接球后身体重心随球快速跟进，缩短动作衔接时间，加快后续动作速度。

（5）胸部接球

胸部接球技术的特点是触球点高、面积宽、接球稳定，适用于接胸部以上的高空球。

挺胸式接球：要判断来球的落点，选择适当的接应位置。接球时，身体正对来球，两腿自然开立，膝微屈，两臂自然放置在体侧，上体稍后仰，与来球形成一定的角度。触球刹那，胸部主动挺送，使球触胸后向前上方弹起落于体前。

缩胸式接球：适用于接齐胸的平直球。缩胸接球与挺胸接球的动作差异在于触球刹那，靠迅速收腹、缩胸，缓冲来球力量，使球直接落于体前。胸部接球的触球点高，接球后球下落反弹。因此，做完胸部动作后，需及时跟进将球控在脚下。如要将球接向两侧，身体在触球的刹那要向出球方向转动，带动球的变向。

（6）大腿接球

大腿接球技术的特点是接触球部位面积大，且肌肉丰厚有弹性，动作简便易做，适用于接有一定弧度的落降高球。

动作方法：身体正对来球，选好支撑脚位置并稳固支撑，接球腿屈膝上抬，大腿中前部对准来球。触球刹那，接球腿积极引撤下放，接球部位的肌肉保持功能性紧张，以对抗来球冲力，使球触腿后落于体前。接力量较小的来球，还可采用大腿垫接的方法，即接球腿屈膝上抬迎球接球，触球刹那大腿保持相对稳定，接球部位肌肉适度紧张，将球向上垫起。采用这种方法接球，可在球落地前处理球，也可待球落地后将球控在脚下。

2. 练习方法

（1）基本部位接球练习

脚内侧、脚背外侧、脚背正面、脚掌、大腿、腹部、头部等接球练习。

要求：使学生全面了解和掌握八个基本部位的接球方法；注意体会不同部位接球动作的技术特征，以便精细分化，准确掌握各部位接球技术。

（2）接地滚球练习

可规定接球部位，也可视来球情况选用相应部位接球；可将球接控在脚下，或体前、体侧。

要求：发展学生接控地面球的基本能力；接球前，身体要放松，脚步保持不停地移动；接球时要掌握好动作的时机和方向。

（3）接空中球练习

可根据教学进度安排脚部、腿部、胸腹部及头部接球的练习；练习可由原地接球向移动中接球发展。

要求：培养学生接空中球的基本能力；接空中球时，支撑脚要稳定，时机要准确，对接球后弹起落下的球，应用连贯动作将其控在脚下。

（4）接反弹球练习

可自抛自接练习，也可采用各种抛接或传接的对练；给球的弧度可由低到高，或高低交替；给球的落点可由近至远。

要求：培养学生接控反弹球的基本能力；练习时，要求能准确判断来球点，把握好动作的时机，控制好接球部位与地面的适宜角度。

（三）运球与运球过人

运球技术是运动员在跑动中，用脚的推拨动作有目的地使球保持在自己的控制范围内而做的连续触球动作。比赛中的运球，是运动员个人控球能力和个人进攻能力的集中体现，是完成战术配合和个人突破的基本条件。

1. 运球基本技术

常用的运球方法主要有脚背正面运球、脚背外侧运球、脚背内侧运球和脚内侧运球等。

（1）脚背正面运球

脚背正面运球适用于直线快速运球，多在运球人前方无人阻截而又需要长距离快速运球前进的情况下使用。

动作要领：跑动时，身体自然放松，上体稍前倾，两臂自然摆动，步幅不要过大。运球脚提起时，膝关节弯曲，脚跟提起，脚尖下指，在迈步前伸脚着地前，用脚背正面推拨球前进。

（2）脚背外侧运球

脚背外侧运球，多在快速奔跑和向外改变方向运球时使用。

动作要领：跑动时，身体自然放松，上体稍前倾，两臂自然摆动，步幅要小些。运球脚提起时，膝关节弯曲，脚跟提起，脚尖稍内转。在前伸脚着地前，用脚外侧推拨球。

（3）脚背内侧运球

脚背内侧运球动作幅度大，是运球技术中速度较慢的一种运球方法，主要在改变方向运球并需要用身体掩护球的情况下使用。

掩护运球动作要领：掩护运球在对手企图从运球人侧面抢球时运用。以右脚运球为例，左脚向前跨出一步，在球的侧前方落地，膝关节微屈，身体重心向前移动，上体前倾并稍向右转，右脚顺势收腿、屈膝和拨腕，以脚背内侧推拨球的后中部，使球向前滚动。

改变方向运球动作要领：支撑脚的位置一般落在球的侧后方，球与脚的距离依球的变向角度大小决定，变向大则距离远，脚尖偏向出球方向，膝关节微屈维持身体平衡。运球时，利用髋关节扭转带动上体转动并斜前倾的同时，支撑脚蹬地。在身体即将失去平衡的同时，以脚背内侧推拨球使之向欲改变方向滚动。变向后，运球脚积极落地，紧接着进行下一个动作。

（4）脚内侧运球

脚内侧运球是运球技术中速度最慢的一种运球方法，主要是在运球接近对手需要用身体掩护的时候运用。

动作要领：运球时，支撑脚稍向前跨，踏在球的前侧方，膝关节稍弯曲，上体前倾向里转。随着身体向前移动，运球脚提起，用脚内侧推球的后中部。

2. 运球过人基本技术

运球过人的动作方法很多，常用的主要动作有拨球、推球、拉球、扣球、挑球和捅球等方法，利用这些方法可以将球成功越过对手。

（1）拨球过人

运用脚腕的抖拨动作，以脚背内侧或外侧触球，使球向侧方或侧前方移动。在比赛中，一般遇到对手从正面来抢球时，可先运球逼近对手，诱使对手伸腿抢截或重心随之移动，然后运球者用拨球动作从对手的一侧越过。

（2）推球过人

运球逼近对手，诱使对手伸腿抢球，或当对手积极后退阻截，站位失去平衡的刹那，运球人加快起动速度，快速推球，使球从对手胯下或体侧越过。

（3）拉球过人

运球逼近对手，待球向前滚动速度逐渐减慢或已处于停止状态时，诱使对手伸腿抢球。在对手伸腿重心前移的刹那，迅速用脚掌向后拉球，闪开对手抢截，紧接着用脚内侧向侧前方推球越过对手。

（4）扣球过人

运用转身和脚腕急转压扣的动作，以脚背内侧或脚背外侧触球，使球迅速停住或改变方向。正面遇到对手抢截时，可先用拨球的方法，诱使对手身体随之移动，当对手重心移至一侧时，迅速扣球变向从另一侧超过。

3. 练习方法

（1）运用脚的不同部位进行熟悉球性、提高球感的各种练习，如脚背颠球、拨球、拉球、挑球、扣球等练习。

（2）体会运球部位和运球动作。推球、拨球可以与拉球、扣球等动作紧密结合，提高控球能力。

（四）头顶球技术

1. 头顶球基本技术

（1）前额正面顶球

身体正对来球，两腿前后开立，屈膝，上体稍后倾，两臂自然张开，目视来球。当球运行到身体垂直部位前的刹那，后脚用力蹬地，同时迅速向前摆体，颈部紧张，快速甩头，用前额正面顶球的后中部，接着上体随球继续前摆。跳起顶球时，挺胸、展腹成背弓姿势，顶球瞬间快速收腹、折体前摆并甩头顶球，随后两腿屈膝落地。

（2）前额侧面顶球

两脚前后开立，两膝微屈，身体重心放在后脚上，出球方向的同侧脚在前。上体和头部稍向出球的反方向回旋侧屈，后膝微屈，眼睛注视来球，两臂自然张开。顶球时，后脚蹬地，上体和头向出球方向迅速扭转、屈体甩头，在与出球方向同侧肩的前上方，用额骨侧面顶球的后中部。跳起顶球时，一般采用单脚起跳，顶出球后，两膝微屈缓冲落地。

2. 练习方法

（1）模仿练习。2人一组，1人用手抛球，1人用头顶球练习，体会动作。

（2）3人一组，1人抛球，1人做头顶球练习，另1人接球，体会转角度的顶球练习。

（3）传球和射门结合练习。接队友传球，然后含胸、收腹，用头部顶球射门，注意要合理处理各种不同性能的来球，熟练后可有目的地将球顶到预定位置。

（五）抢截球技术

抢截球是指运动员运用身体不同部位和所做的合理动作，将对方队员控制的球截获为自己控制的动作方法，其目的是把对手控制的球夺过来转守为攻。抢截球技术包括截球和抢球两部分：截球是在进攻队员进行传球配合时，突然从中途将球截获所做出的各种动作；抢球是防守队员将进攻队员控制的球直接争夺过来或破坏掉所做的各种动作。

1. 基本技术

抢截球技术由选位、判断抢截动作、合理冲撞和衔接动作等环节组成。

（1）选位：选择位置要恰当；抢球前与对手保持一定的距离，以便随时出击。

（2）判断抢截动作：准确判断，掌握好抢截的时机；根据对方队员的传球意图和传出球的方向、速度、弧线和落点，抓住时机，及时抢先截获来球。

（3）抢截动作：抢截球动作要果断；要根据来球的不同性质进行抢截，截地滚球或低平球时多用脚内侧部位，截平空球或高空球时可用胸部或头部，截反弹球时可用脚的不同部位或腹部；抢球时，应以脚内侧部位对准来球，积极跨步向前迎抢；脚内侧触球时，应保持小腿与地面垂直，重心落在前脚上，避免球从脚面上滚过。

（4）身体的合理冲撞：要利用合理冲撞来提高抢截球的效果；冲撞时，身体的重心要靠近运用冲撞部位一侧的支撑脚上。

（5）紧密衔接下一个动作：在抢截过程中，身体重心移动要快，以便连续争抢和抢到球后尽快控制、处理球。

2. 练习方法

（1）模仿动作练习。正面抢球可做跨步抢球模仿动作；侧面抢球可做无球慢跑的合理冲撞练习；侧后抢球可做倒地模仿铲球动作。

（2）利用静止球做铲球练习。2人一组，1人用脚踩球，1人做倒地铲球练习，体会动作。

（3）在慢速的运球中进行抢截球练习，注意掌握抢截球时机。

（4）在近似比赛的场景下进行抢截球练习。

二、足球运动的基本战术

足球比赛攻守过程中采取的个人行动和集体配合被称为基本战术。足球战术可分为进攻战术和防守战术两大类，在进攻战术和防守战术中都包含着个人和集体的战术。

（一）比赛阵型

比赛阵型是指比赛场上队员按基本位置排列，是本队攻守力量搭配和分工的形式。选择阵型要以本队队员的特长、体能、技术水平与全队的特点为依据。根据队员的职责和排列的层次分为后卫线、前卫线和前锋线。阵型的人数排列原则是从后卫数向前锋的，守门员不做计算。

目前，世界上普遍采用的阵型有"4—3—3""4—4—2""4—1—2—3""3—5—2"等。在以上阵型中，除"4—4—2"阵型以防守为主，反击为辅外，其他阵型均以进攻为主，尤以"3—5—2"阵型更为突出。另外，阵型绝不是僵化的规定，它只是队员在场上活动的大体安排，可根据临场情况不断变化，场上每名队员都应在明确基本位置和主要职责的前提下，进行创造性的活动。

（二）各位置的主要职责

尽管现代足球比赛阵型在不断地变革，但基本遵循按场区划分出不同布局的原则，即后场、中场、前场。一般习惯地将布局在后场的人员称为后卫，中场的人员称为前卫，前场的人员称为前锋，而同一场区也有左、中、右之分。全攻全守、全面型打法的兴起，要求各个位置上的队员要全面、多变，不受到本身位置的局限。但在比赛中，每名队员都有各自的主要职责分工，各位置也有不同的战术要求。

1. 守门员

守门员的主要职责是守住本方球门，阻止对方一切可能进入本方球门的球。守门员应充分发挥在罚球区内可以用手处理球的优势，特别是争夺球门区附近的高球。守门员应努力扩大自己的活动范围，以起到或协助后卫防守的作用。由守转攻时，守门员往往又是进攻的组织者和发动者，并由于处于全队的最后一线，能较清楚地观察全局，因而也应是场上的指挥者。

2. 后卫

后卫的职责是运用封堵、抢断、破坏等技术阻止和瓦解对方的进攻。边后卫主要防守对方的边路进攻，同时要善于保护本方最危险的中路地区，特别是对方从边路发动进攻的异侧边后卫，应适当内收，以保护中后卫身后区域。

全面型打法的要求，后卫应在由守转攻时积极进攻，因为由守转攻时，活动余地最大、最机动的当属边后卫。所以，在进攻时边后卫可进入中场协助前卫，也可插上助攻，乃至沿边路下底传中或射门。进攻后应快速回防，不让对方有机可乘。中后卫是防守的核心人物，主要保护门前最危险的地区，阻止和封堵对方在中间地区起脚射门。盯人中卫要紧逼对方最有威胁的前锋，不让其有转身、突破或射门的机会，是全队防守的组织者和指挥者。由守转攻时，也可伺机插上助攻，中后卫助攻时须谨慎，上去则要起到作用，回防要及时。

3. 前卫

前卫的职责是控制中场，组织进攻，积极防守。前卫是后卫与前锋的衔接，防守上应成为本方后卫线前沿的一道屏障，争取在中场就瓦解对方的进攻，阻止对方继续渗透，并在有威胁的地区或距离封堵对方起脚射门。前卫还要随时向本方后防补位，特别应注意补距离邻近的本方已助攻到中、前场的后卫的位置。中场往往是双方争夺的重要地区，前卫应做到对位盯人，围抢时，一抢全抢，互相支援；进攻时，前卫应是主要的组织者和参与者，应传球准确，转移及时，随时插上进攻，充当前锋。因此，前卫应具备前锋的一切技术能力，如突破过人、射门和远距离射门的技术能力。

4. 前锋

前锋的主要职责是突破、射门、接应中场。前锋位于进攻的最前线，应成为全队的尖刀。在没有射门机会时，应积极跑动，交叉换位，扰乱对方防守，为本队同伴创造射门机会。前锋应有较强的控制球能力，孤军作战时应将球控制好，不轻易丢球，待本方的同伴跟上时再组织新的进攻。由攻转守时，应积极在前场进行反抢或堵截，形成全队防守的第一道防线。除此之外，前锋还应随对方进攻的推进，回防至中场，特别是本方有前卫插上进攻较深暂未回位时，前锋应及时回防补位。

（三）进攻基础战术

1. 个人进攻战术

个人进攻战术包括摆脱、跑位、运球过人等，是在对方紧逼防守情况下采取的有效措施。如摆脱自己的对手，跑到有利的位置，与接应控制球的同伴巧妙地传球配合，达到进攻的目的。

2. 局部进攻战术

局部进攻战术是指两人以上的战术配合行动。它可以丰富和完善全队的进攻战术，是实施全队战术的基础。一般常用的有斜传直插二过一、直传斜插二过一、踢墙式二过一和三过二进攻配合等战术。

（四）集体进攻战术

1. 边路进攻

边路进攻主要是通过边锋或交叉边上的中锋，直接插上的前卫、边后卫，运用个人带球突破或传球配合突破对方防线，达到传中（外围传中、下底传中、切底迂回传中）的目的，由中锋从另一侧包抄射门。

2. 中路进攻

中路进攻能够直接威胁对方球门，但对方中间防守队员密集，不易突破。因此，应通过中锋、内切的边锋或插上的前卫之间的配合或个人运球过人等方法突破对方的防线。

3. 转移进攻

一侧进攻受阻、另一侧进攻有利时要及时快速转移进攻方向。此方法多是采用有效而准确的中长距离传球来实现的，以拉开对方的一边防守，达到声东击西的进攻目的。

4. 快速反击

在防御中积极拼抢，一旦得球，趁对方立足未稳之时，快速传球，以多打少，达到射门得分取胜的目的。

（五）定位球战术

定位球进攻战术分为角球、球门球、任意球、点球、中圈开球、掷界外球等战术配合。

1. 角球进攻战术

角球进攻战术有两种，一种是直接将球踢至门前，由头球能力强的同伴争抢头球射门；另一种是短传配合。后一种一般在本方头球能力差或碰到较大逆风情况时运用。

2. 球门球进攻战术

发球门球的原则是及时、快速、准确、有效地发起进攻。发球门球时，守门员与后卫做一次配合，以改变传球路线，也可将球传给远端进攻的一线队员。

3. 任意球

任意球分为直接任意球和间接任意球两种：罚直接任意球时，可采用穿墙和弧线球直接踢入，或者采用过顶吊入传切配合；罚间接任意球时，传球次数要少，运用假动作声东击西，传球要及时，以免越位。

4. 点球

主罚点球时，主罚队员要沉着、机智，拥有高度信心以及熟练的假动作技术和过硬的脚法。

（六）防守战术

1. 个人防守战术

个人防守战术是局部和集体防守的基础，包括堵（迎面堵、贴身堵）、抢（迎面抢、侧面抢、侧后铲）、断等技术在防守中的运用。其中，选位与盯人是重要的个人防守战术。

2. 集体防守战术

有全攻全守的全面防守、半场防守、紧逼防守、区域防守，也有盯人结合区域防守、密集防守等多种防守战术。不论采用哪种战术，都要考虑本队的特长，更要针对对方的进攻技术，采用有效的防守战术，阻止对方的进攻。

第二节　篮球项目的运动方法设计

一、篮球运动的基本技术

篮球技术是在篮球比赛中运用的各种专门动作方法的总称，分进攻和防守两大部分，它们是篮球比赛的基础。

（一）移动技术

1. 移动基本技术

移动是运动员在比赛中控制自己身体和改变位置、方向、速度，以及争取高度所采取的各种动作方法的总称，包括起动、跑、跳、急停、转身、滑步等各种脚步动作，它们是掌握和运用攻防技术的基础。

（1）起动

起动是队员在球场上由静止状态变为运动状态的一种脚步动作，在进攻中是摆脱防守的有效手段，在防守时可以占据有利位置。基本站立姿势是起动的准备姿势。起动时，后脚或异侧脚的前脚掌短促有力地蹬地，同时上体迅速前倾或侧转，向跑动方向移动重心，手臂协调摆动，两脚连续交替蹬地，利用蹬地的作用力，在最小的距离内把速度充分发挥出来。

（2）跑

跑是队员在球场上改变位置、提高速度的重要方法，也是移动中运用最多的一项基本技术。跑动时，两膝自然弯曲，重心下降，用前脚掌或全脚掌着地，上体前倾，两臂自然摆动，眼观场上，随时准备接球。在比赛中经常运用的跑有变向跑、侧身跑、变速跑、后退跑等。

①变向跑

变向跑是篮球比赛中运用最多的脚步动作方法之一。在改变跑动方向时（以从右向左变方向为例），最后一步右脚前脚掌内侧用力蹬地的同时，脚尖稍向内转，迅速屈膝，腰部随之内转，使重心向左移动，上体向左前倾，左脚向左前方跨出一步，并用力蹬地；右脚迅速向左侧前方跨出，继续加速跑动。

②侧身跑

侧身跑是比赛中队员在移动时为了更好地观察场上情况而经常采用的一种方法。向前跑动的同时，头部和上体自然地向有球方向扭转，做到既保持跑速，又注意观察场上情况。

③变速跑

变速跑是队员在跑动中利用速度的变换来完成攻守任务的方法。用前脚掌短促而有力地后蹬，从而突然加速，同时上体前倾，摆动手臂，减速时步幅稍大，上体逐渐直立，用前脚掌有力抵住地面来缓冲向前的冲力，从而降低跑速。

④后退跑

两脚的前脚掌交替蹬地，小腿积极后收并向后跑动，同时提踵，两臂屈肘并相应摆动，保持身体平衡，抬头注意场上情况。上体放松，慢跑时稍向后倾，速度加大的同时加大前倾角度。

（3）跳

跳是篮球队员在球场上争取高度及速度的方法之一。跳的方法有两种，一种是双脚起跳，另一种是单脚起跳。

①双脚起跳

双脚起跳多用于跳起投篮、抢篮板球等情况。双脚起跳由基本站立姿势开始，下肢各关节弯曲下蹲，两臂后摆，上体前倾，双脚快速用力蹬地，同时双臂上摆，向上腾起，在空中要保持身体平衡。落地时用前脚掌着地，并屈膝缓冲下落的力量。

②单脚起跳

单脚起跳多用于行进间投篮及抢断球等情况。单脚起跳多由助跑开始，起跳时踏跳腿微屈前送，脚跟落地并迅速过渡到前脚掌用力蹬地，同时提腰摆臂，另一腿快速屈膝上提。当身体达到最高点时，摆动腿自然伸直与起跳腿并拢，落地时双膝屈膝以缓冲身体重力，恢复基本站立姿势。

（4）急停

急停是队员在跑动中突然制动速度的一种方法，也是随时转换和衔接各种脚步动作的过渡动作。急停的方法有跳步急停（一步急停）和跨步急停（两步急停）两种。

①跳步急停（一步急停）

起跳后，上体稍向后仰，两臂自然摆动，两脚同时平行落地。落地时用全脚掌着地，两膝弯曲，两臂屈肘微张，保持身体平衡。

②跨步急停（两步急停）

向前跨出一大步，全脚掌抵住地面，迅速屈膝，同时身体后倾，然后跨出第二步，脚着地时，脚尖内转，前脚掌内侧蹬地，两膝弯曲，身体侧转，重心保持在两脚之间，两臂自然张开。

（5）转身

转身是以一脚为轴，另一脚蹬地向不同方向跨移，借以改变身体方向的一种方法。转身前，两膝微屈，上体前倾，重心落在两腿之间；转身时，移动脚全脚掌蹬地跨出的同时，重心移向中枢脚，以前脚掌为轴用力辗地，转腰带动上体转动；转身后，重心回到两脚之间。转身分为前转身和后转身。

（6）步法

①跨步

跨步是一种起始的步法，主要用于持球突破，可以作为一种假动作或过渡性动作。跨步是以一只脚为轴，另一只脚向侧或前方跨出，但不改变上体方向的技术方法。跨步包括同侧步（又称顺步）和异侧步（又称交叉步）两种。

同侧步：以左脚为中枢脚，跨步时，两腿弯曲，左脚用力辗地，右脚用力蹬地，向右侧前方跨出，上体随着侧转前倾。

异侧步：以左脚为中枢脚，跨步时，两腿弯曲，左脚用力辗地，右脚用力蹬地，向左侧前方跨出，上体向左转动并前倾。

②滑步

滑步是防守时的移动步法，常用来阻截对方的移动路线，调整自己的防守位置。滑步分为侧滑步、前滑步等。侧滑步（向左侧滑步）时，左脚向左迈出的同时，右脚蹬地滑动，降低重心，上体前倾，两臂张开，目视对手。向右滑步时方向相反。注意身体重心稳定，落在两脚之间。前（后）滑步的动作方法与侧滑步相同，只是两脚前后站立，向前（后）方移动。

③后撤步

后撤步是变前脚为后脚的一种移动方法。后撤步主要用在当进攻队员从自己前脚外侧持球突破或摆脱时，防守队员为了保持有利的防守位置，与后滑步相结合使用。做后撤步时，用前脚掌内侧蹬地，腰部用力右转，同时后脚辗蹬地面，后撤前脚，紧接滑步，保持防守姿势和位置。

2. 移动技术的练习方法

（1）体会移动动作要点，进行各种移动练习。

（2）利用篮球场上的线、圈和固定目标进行各种移动练习，要求注意观察场上情况。

（3）抛接球练习：持球向前方 4～6 米上空抛起后，快速起动，接球急停，如此反复练习。

（4）结合实战练习：两人一组，一攻一防，结合实战练习各种移动的动作，巩固提高动作质量。

（5）打活动目标：分成人数和实力相等的两个队，一队练习者散开站在 5 米半径的圆圈外，另一队练习者散开在圈内移动，圈外同学用 1～2 个球击打圈内练习者的下肢，被击中的练习者自动站在圈外，当圈内只剩下一个练习者时两队交换。

（6）拉网捕鱼练习：全班练习者在球场内散开作"鱼"，指定两名练习者手拉手作"渔网"在场内追捕，作网的练习者只要用手碰到其他练习者，该练习者即改作"网"，参加捕"鱼"。这样"网"愈来愈大，"鱼"愈来愈少，直至全部捕尽。要求作"鱼"的练习者灵活移动避开追捕者。

（二）传接球技术

传接球是篮球比赛中队员之间有目的地支配球、转移球的一种方法，是篮球运动中的重要技术之一。全面、熟练地掌握传、接球技术，才能把每个队员连成一个整体，充分发挥集体的力量。巧妙地利用球的转移调动防守，可打乱对方的防守布置，创造良好的进攻机会，是实现战术、组织配合的纽带和桥梁。传、接球的方法多种多样，但都是由持球手法、传球用力、球的飞行路线和球的落点四个要素组成。

1. 传球基本技术

（1）双手胸前传球

双手胸前接球是传球技术中最基本、运用最广泛的一种技术动作。

动作要领：传球前成基本站立姿势，十指自然分开，双手握球两侧的后上部，拇指相对，呈"八"字形，用指根以上部位触球，掌心空出，屈肘置球于胸腹之间。传球时后脚蹬地发力，重心前移，同时向前伸臂，手腕翻转前屈，通过手腕手指拨球，将球传出，如图 9-1 所示。

图 9-1 双手胸前传球

（2）单手肩上传球

单手肩上传球是一种中远距离传球的方法，它速度快，准确性高，在发动长传快攻时运用较多。

动作要领：以右手传球为例，双手持球于胸前，成基本姿势站立。传球时，左脚向传球方向迈出半步，转体使左肩对着传球方向，同时右臂引球置右肩上方，手腕微后屈托住球，上臂与地面近似平行，前臂与地面垂直，重心落在右脚上。出球时右脚蹬地，同时迅速转体向前挥臂，手腕前屈，手指拨球，将球传出，如图 9-2 所示。

图 9-2 单手肩上传球

（3）单手体侧传球

单手体侧传球是一种近距离隐蔽传球的方法，外围队员传球给内线同伴时常用这种方法，如图 9-3 所示。

图 9-3 单手体侧传球

动作方法：两脚开立，双手持球于胸前。右手传球时，左脚向左侧前方跨步的同时将球引至身体后侧，右手单手持球，出球前的一瞬间，持球手的拇指在上，手心向前，手腕后屈。传球时，前臂向前，做弧线摆动，手腕前屈，食指、中指、无名指拨球将球传出。

动作要求：跨步与向体侧引球同时进行，前臂摆动要快，传球手腕用力。

2. 接球基本技术

接球是篮球运动中的主要技术之一，是获得球的动作，是抢篮板和断球的基础。

（1）双手接中部位的球

动作方法：两眼注视来球，两臂迎球伸出，双手手指自然张开，两拇指呈"八"字形，其他手指向前上方伸出，两手成一个半圆形。当手指触球时，双手将球握住，两臂顺势屈肘后引，缓冲来球的力量，两手持球于胸腹之间，成基本站立姿势。

动作要求：伸臂迎球，在手接触球时后引缓冲，握球于胸腹之间，动作连贯一致。

（2）双手接高部位的球

这种接球方法与双手接中部位高度的球相同，但要求两臂必须向前上方迎球伸出。

（3）双手接低部位的反弹球

动作方法：接球时要及时迎球跨步，上体前倾，眼睛注视来球方向，两臂迎球向前下方伸出，掌心斜对来球的反弹方向，五指放松自然张开，手指触球后，两手握球顺势将球引至胸腹之间，保持身体平衡，成基本站立姿势。

动作要求：跨步迎球要及时，手臂下伸要快。

（4）单手接球

动作方法：原地单手接球时，接球手向来球方向伸出，五指自然分开，掌心正对来球，手腕手指放松。当手指触球时，顺球的来势迅速后引手臂，置球于身体前方或体侧，另一手迅速扶球，保持身体平衡，做好下一个进攻动作的准备姿势。在移动中接球时，要判断来球的时间和落点，及时向来球方向跨步移动，接球后要迅速降低重心，衔接下一个进攻动作。

动作要求：手指自然分开伸臂迎球，触球后引要快，另一手及时扶球。

3. 传接球技术的练习方法

（1）原地传接球练习

①自抛自接球练习：双手持球平举，将球向上抛起 1.5 米左右，然后传球，观察持球手法是否正确。

②徒手模仿练习：徒手模仿原地传接球，体会动作要点。

③原地相对传接球：两人一组面对面站立，相距 3～5 米，用一球做原地传接球练习。

④原地三角、四角传球：三人或四人一组，站成等边三角形或正方形，相距 4～5 米，用一或两球按顺时针或逆时针方向依次传球。

⑤扇形传球：六人一组一球，站成扇形。站在扇形中心的持球人依次向其他人传球和接回传球。往返两次后，持球人与排头交换位置继续练习。

（2）移动传接球练习

①迎面跑动传接球：六人一组，分两队站立，相距 6～8 米，相互传球后跑到对面队尾或本队队尾。

②三角移动传接球：练习者分成 3 组，每组 3～5 人，呈三角形站立，进行传接球练习，传球者传球后回到本队队尾。

③四角或五角移动传接球：练习者分成四组或五组，每组 3～5 人，参照三角移动传接球。

④两人一组全场短传球推进练习：传球要有提前量，跑动时脚尖朝前，上体面向同伴。

⑤三人短传推进练习：三人中间者传球后，从接球者的身后绕过，三人在传接球的同时，从后场向前场推进。

⑥传球追人：指定两名练习者在全场（或半场）内传球移动，作为追捕者，其余练习者在场内躲闪。当传球者持球触及了谁，此人即变为追捕者，直至将所有人捕尽。要求追捕者只可以传球移动，不准运球、走步、犯规。

⑦全场传接球上篮和半场传接球上篮练习。

⑧传接球比赛：练习者分成人数相等的两队，在全场进行不投篮的传接球比赛。防守一方抢断球，传球次数多者为胜。为练习传接球技术，可规定比赛中不能运球，只能传球。

（三）运球技术

运球技术是持球运动员在原地或移动中用单手连续拍球推进的一种动作。运球技术掌握的熟练程度，在一定程度上反映了运动员控制球和支配球的能力，而且这种能力的提高，有助于其他基本技术的掌握和提高。按动作位置变化，运球可以分为原地运球和行进间运球两大类。

1. 运球基本技术

（1）高运球

动作方法：运球时两腿微曲，上体稍前倾，目平视，以肘关节为轴，前臂自然伸屈，用手腕、手指柔和而有力地按拍球的后上方。球的落点控制在运球手臂的同侧脚的外侧前方，球的反弹高度在腰胸之间。

动作要求：掌握好运球的技巧，手脚配合协调。

（2）低运球

进攻队员在受到对手紧逼或抢阻时，常采用低运球以保护球或摆脱防守。

动作方法：两腿迅速弯曲，重心下降，上体前倾，球的落点在体侧，用上体和腿保护球。同时，用手腕和手指短促地按拍球的后上方，使球控制在膝关节的高度，两腿用力后蹬，继续快速前进。行进间低运球拍球的部位在球的后上方或后侧方。

动作要求：重心降低，上体前倾，按拍球短促有力。

（3）运球急停急起

急停急起是在运球推进时，进攻队员利用速度变化摆脱防守的一种运球方法。

动作方法：在快速运球中突然急停时，采用两步急停，使重心降低，手按拍球的前上方，使球停止前运行。运球急起时，两脚用力后蹬，上体急剧前倾，迅速启动，同时按拍球的后上方，人、球同步快速前进。

动作要求：重心转移快，脚蹬、抵地有力，按拍球的部位要准确，手、脚、躯干协调一致。

（4）体前变向不换手运球

以右手运球为例，当体前变向时，将球从身体右侧拍向体前中间的位置，再将球迅速地拨回右侧，然后按拍球的后上方，左脚向右侧前方跨出，上体右转，侧肩挡住对手，从防守的左侧突破，继续运球前进，如图9-4所示。

（5）体前变向换手运球

以右手运球为例，运球队员从对手右侧突破时，先向防守左侧做变向运球假动作。当对手向左侧移动堵截运球时，运球队员突然按拍球的右后上方，使球经自己体前右侧反弹至左侧前方，同时右脚向左前方跨出，上体向左转，侧肩挡住对手，同时换左手按拍球的后上方，左脚跨出并用力蹬地加速，从对手的右侧突破，如图9-5所示。

图 9-4　体前变向不换手运球

图 9-5　体前变向换手运球

（6）运球转身

以右手运球为例，变向时，用左脚在前为轴，左后转身的同时，右手将球拉至身体的后侧方，并拍球落在身体的外侧方，然后换左手运球，加速前进，如图 9-6 所示。

图 9-6　运球转身

（7）背后运球

以右手运球为例，从背后换手时，右脚前跨，右手将球拉到右侧身后，迅速转腕按拍球的右后方，使球从背后反弹至左侧前方，左脚同时向左前方跨出，换左手运球加速前进，如

图 9-7 所示。

图 9-7　背后运球

2. 运球技术的练习方法

（1）熟悉球性练习

①原地拍起静止不动的球。

②固定手臂运球。

③直臂对墙运球。

④坐着运球。

（2）原地运球

①原地高低运球，左右手交替进行原地体前左右手变向运球。

②原地体侧前后推拉运球。

③原地胯下左右运球。

④原地胯下绕"8"字运球。

⑤原地背后换手变向运球。

（3）行进间运球

①全场直线运球。

②弧线运球。沿罚球线中圈做弧形运球到对面的底线，再沿边线直线运球返回。

③运球急停急起。每人一球，根据老师信号练习急停急起或变速运球。

④曲线运球。全场做曲线变向运球。

⑤后转身运球或背后换手变向运球。

（四）投篮技术

投篮是进攻战术的最终目的。要想练好投篮，必须有正确的投篮方法、恰当的瞄准点、合适的飞行路线和球的旋转，并且全身要协调用力。随着篮球技术的发展，投篮技术的类型越来越多，现在给大家介绍一些常用的投篮方法。

1. 投篮基本技术

（1）原地单手肩上投篮

这是比赛中应用最广泛的投篮方法，是行进间单手肩上投篮、跳起单手肩上投篮的基础。右手投篮时，右手五指自然分开，手心空出，屈肘持球于右肩上，左手扶住球的左侧，两脚开立，右脚稍前，重心落在两脚之间。投篮出手时，下肢蹬地发力，右臂抬肘伸臂，手腕前屈，食指、中指用力拨球，使球向后旋转，身体随投篮动作向前上方伸展，脚跟微提，如图 9-8 所示。

图 9-8　原地单手肩上投篮

（2）原地双手胸前投篮

双手持球于胸前，肘关节自然下垂，两脚左右或前后开立，两膝微屈，重心落在两脚之间，目视瞄准点；投篮时，两脚蹬地，上肢随着脚蹬地向前上方伸展，两手腕同时外翻，拇指下压，手腕前屈，食、中指用力拨球，使球通过拇指、中指指端投出。球出手后，两手自然向下外翻，脚跟提起，身体随投篮出手方向自然伸展，如图 9-9 所示。

图 9-9　原地双手胸前投篮

（3）行进间单手肩上高手投篮

以右手投篮为例。右脚跨出一大步的同时接球，接着左脚跨出一小步并用力蹬地起跳，右腿屈膝上抬，同时举球至头上方，当身体接近最高点时右臂向前上方伸展，手腕前屈，食、中指用力拨球，通过指端将球投出，如图 9-10 所示。

1　　　　2　　　　3　　　　4　　　　5　　　　6　　　　7

图 9-10　行进间单手肩上高手投篮

（4）行进间单手肩上低手投篮

这是切入篮下时运用较为广泛的投篮方法，它具有速度快、伸展距离长的优势。右手投篮时，步法同上，起跳后右手托球下部，手心向上，指尖向前，手臂充分向篮筐方向伸直，接着屈腕，食指、中指、无名指向上拨球，碰板或空心投篮，如图 9-11 所示。

图 9-11　行进间单手肩上低手投篮

（5）跳起投篮

跳起投篮，简称跳投，它具有突然性强、出球点高和不易防守的优点，可与传球、运球突破等动作结合，可在原地、行进间急停或背对篮筐接球后转身等情况下运用。下面介绍的原地跳起单手肩上投篮是在原地单手肩上投篮基础上发展出的一种投篮方式，动作方法与原地单手肩上投篮相同，只是先跳起再完成投篮动作。以右手投篮为例。两手持球于胸前，两脚左右或前后开立。两膝微屈，重心落在两脚之间。起跳时，迅速屈膝，脚掌用力蹬地向上起跳，同时双手举球到右肩上方，右手持球，左手扶球的左侧方，当身体接近最高点时，左手离球，右臂向前上方伸展，手腕前屈，食、中指拨球，通过指端将球投出，落地时屈膝缓冲，如图 9-12 所示。

图 9-12　跳起投篮

2. 投篮技术的练习方法

（1）队员排成一列纵队站于罚球线后，原地单手肩上投篮练习，自投自抢，排头的队员做完后站到队尾，依次进行。

（2）两人一组在一侧的底线位置，行进间传球到对侧篮下，行进间低手上篮，然后抢篮板球，传球返回，另一队员行进间低手上篮，排到队尾，依次进行，如图 9-13 所示。

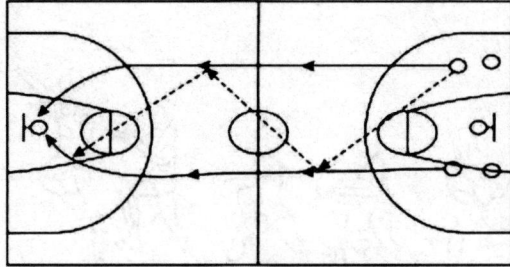

图 9-13　投篮技术的练习方法

（五）突破技术

突破是一种攻击性很强的技术，是完成个人进攻的主要手段。它是以运球和脚步动作为基础，由蹬、跨、侧身、探肩、推放球和加速等动作组成。运用时应结合投篮、传球、跨步等假动作，使之更具备攻击性和灵活性。突破方式主要有同侧步突破和交叉步突破。

1. 突破基本技术

（1）同侧步持球突破

以左脚为中枢脚为例。左脚内侧蹬地，右腿迅速向右前方跨出，同时上体右转探肩用右手推放球，左脚迅速前迈，超越对手。

（2）交叉步持球突破

以左脚为中枢脚为例。先用假动作使防守队员重心左移，然后右脚内侧蹬地并向左侧前方迈出，上体左转探肩，左手推放球于右腿前侧，快速超越对手；也可以做投篮假动作后持球突破。

2. 突破技术的练习方法

（1）每人一球，从一侧底线到另一侧底线，做交叉步和顺步的突破。

（2）两人一组，每组一球，一名队员防守，另一名队员做突破练习，到底线后交换。注意防守者消极防守，目的是练习突破。

（3）队员分成两组，分别站成两列，如图 9-14 所示。A 组持球，A 组第一名队员 A1 将球

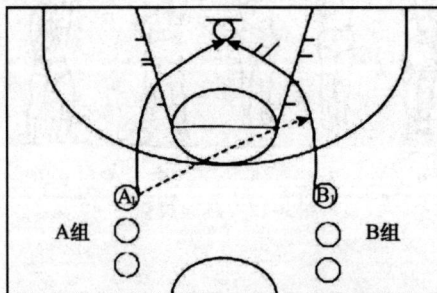

图 9-14　突破技术的练习方法

传给 B1 上篮，A1 抢篮板球，然后到 B 队的队尾，B1 做完后排到 A 队队尾。

二、篮球运动的基本战术

篮球战术是篮球比赛中队员有针对性地合理综合运用技术，相互协同配合，借以最大限度发挥个人和全队整体攻、防实力的多种特殊组织形式（阵势）与方法的总称。战术的目的是为了更好地发挥本方队员的技术与特长，制约对方，力争掌握比赛的主动权，争取比赛的胜利。

（一）进攻战术配合

1. 传切配合

传切配合是指进攻队员之间利用传球和切入技术所组成的简单配合，包括一传一切和空切配合。

（1）一传一切配合：队员传球后，利用起动速度或假动作摆脱防守，向篮下切入接回传球投篮的配合。如图 9-15 所示，⑤传球给④后做向左切入的假动作，然后突然从右侧切入，侧身面向球接④的传球投篮。

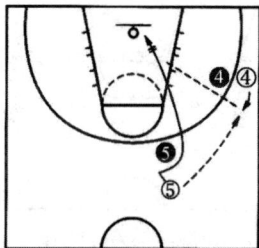

图 9-15　传切配合

（2）空切配合：无球的队员掌握时机，摆脱对手，切向防守空隙区域接球投篮或做其他进攻动作。如图 9-16 所示，⑤传球给④时，⑥利用❻未及时调整位置的机会，突然横切或沿底线切向篮下接④的传球投篮。

图 9-16　空切配合

2. 掩护配合

掩护队员采用合理的行动，用自己的身体挡住同伴防守者的移动路线，使同伴借以摆脱防守，或利用同伴的身体和位置使自己摆脱防守的一种配合方法。

动作方法（以侧掩护为例）：侧掩护是指掩护队员站在同伴防守者的侧面进行配合掩护的方法。如图 9-17 所示，持球队员与无球队员之间的侧掩护配合：⑤传球给④后，移动到❹身体左侧做侧掩护，④接球后瞄篮或做向左侧突破的动作。当⑤掩护到位时，④立即从右侧贴着⑤的身体运球突破上篮；⑤立即转身切向篮下抢篮板或接球投篮。这种掩护也称挡拆配合。

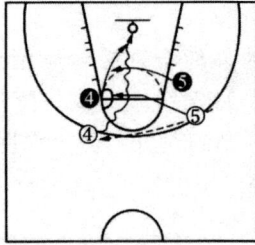

图 9-17　掩护配合

3. 突分配合

突分配合是指持球队员突破对手后，遇到对方补防或者协防时，及时将球传给进攻位置最佳的同伴进行攻击的一种配合方法。

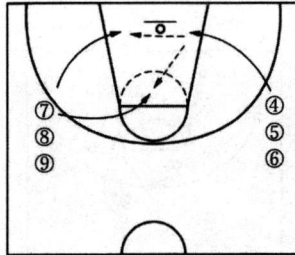

图 9-18　突分配合

动作方法（结合练习方法）：如图 9-18 所示，学生分为两组，开始时④持球突破，在突破中跳起分球给向两侧移动的⑦，⑦在接球后示意投篮动作，然后传球给⑤，⑤接球后从底线或内侧突破，跳起传球给接应的⑧。

位置交换：④到⑦排尾，⑦到④排尾。练习一定次数后，改换从左边突破分球练习。

4. 策应配合

策应配合是指进攻队员背对或侧对球篮接球后，通过多种传球方式与外线队员的空切、绕切相结合，借以摆脱防守，创造各种里应外合进攻机会的配合方法。

动作方法：如图 9-19 所示，⑤插向罚球线附近抢位接④的传球，④传球后摆脱对手接⑤的回传球进攻。

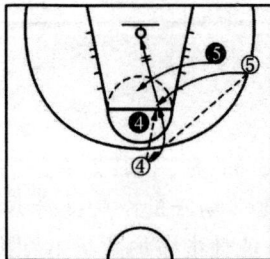

图 9-19　策应配合

（二）防守战术配合

在篮球竞赛中，防守队员两三个人之间所采用的协同防守配合的方法被称为防守战术基础配合，它包括挤过、穿过、绕过、夹击、关门、补防、交换防守及围守中锋等。以下介绍三种防守基础配合。

1. 挤过配合

挤过配合是指对方进行掩护时，防守队员在掩护队员接近自己的一刹那，迅速抢前横跨一步贴近自己的对手，并从两个进攻队员之间侧身挤过去，继续防守自己对手的配合方法。

动作方法：如图9-20所示，当发现对方进行掩护配合时，❻在掩护者贴近的一刹那，迅速前跨一步靠近⑥，并从⑥和④之间侧身挤过去，继续防守⑥。此时❹应后撤，做好补防准备。

图 9-20　挤过配合

2. 穿过配合

穿过配合是指当对方进行掩护时，防守掩护者的队员及时提醒同伴，并主动后撤一步，让同伴及时从自己和掩护队员之间穿过去，继续防守自己对手的配合方法。

动作方法：如图9-21所示，⑤传球给⑥，⑤反方向移动给④做掩护的一刹那，❺主动后撤，让❹从⑤和❺中间穿过去，继续防守④。

图 9-21　穿过配合

3. 交换配合

交换配合是指进攻队员在做掩护配合时，防守掩护者的队员与防守被掩护者的队员及时主动地交换自己所防对手的配合方法。

动作方法：如图9-22所示，当⑤为④掩护，❹没能及时发现而被堵住时，❺应主动发出换防的信号，并立即堵截④攻击，❹则及时调整，占据有利位置，控制⑤的行动。交换防守后，应在适当时机尽快再换防，以免个人攻守力量对比上失利。

图 9-22　交换配合

第三节　排球项目的运动方法设计

一、排球运动的基本技术

排球运动的基本技术是指在排球规则允许的条件下，符合人体运动科学原理，能充分发挥身体潜在能力，合理有效的各种特定的击球动作，其是排球运动的基础和主要组成部分。排球技术主要由手法和步法两部分组成。排球的基本技术动作包括准备姿势与移动、发球、传球、垫球、扣球和拦网。除准备姿势和移动外，每项排球技术都由击球前动作、击球动作和击球后动作组成。

（一）准备姿势和移动

准备姿势和移动是排球的无球技术，是完成发球、垫球、传球、扣球和拦网等各项有球技术的前提和基础。

1. 基本技术

（1）准备姿势

准备姿势是在进行移动和各种击球动作前所做的合理的身体姿势，为移动和击球做好充分的准备，为更快捷、准确地完成击球动作创造条件。按照身体重心的高低，准备姿势可分为稍蹲准备姿势、半蹲准备姿势和低蹲准备姿势三种。稍蹲准备姿势用于来球速度较慢、弧度较高的传球、垫球和准备接应的助跑；半蹲准备姿势用于接大力发球和扣球使用；低蹲准备姿势用于防守靠近球网的球和拦网。

①半蹲准备姿势。

动作方法：两脚前后或平行开立，比肩稍宽，脚尖适当内收，脚跟稍提起，两膝关节弯曲，膝部的投影线落在脚尖上前，上体前倾，重心靠前。两臂放松自然弯曲，双手置于腹前注视来球，两脚微动，全身处于待发状态。

动作要求：屈膝提踵，含胸收腹，微动。

②稍蹲准备姿势。稍蹲准备姿势比半蹲准备姿势重心稍高，动作方法相同。

③低蹲准备姿势。两脚前后、左右距离要更宽一些，两脚跟提起，后脚跟稍高，身体的重心应落在两脚的内侧，两膝弯曲度要比前两种准备姿势大，近似全蹲，手臂前伸或置于胸腹前。

（2）移动

移动是指从起动到制动之间的人体位移。移动的作用是及时接近球，保持好人与球的位置关系，以便合理完成击球。是否能及时地移动到位，是完成技术的关键。移动是由起动、移动步法和制动三个环节完成的。

①起动

动作方法：在准备姿势的基础上，迅速收腹，使身体重心倾向移动方向，同时异侧腿迅速蹬地，使整个身体急速向来球方向起动。

动作要求：抬腿蹬地，破坏平衡。

②移动步法

并步与滑步：以向前为例，后腿蹬地，前脚向来球方向跨出一步，后腿迅速跟上做好击球准备。连续并步就是滑步，当来球距身体一步左右可采用。

交叉步：以右交叉为例，上体稍向右转，左脚从右脚前面向右交叉迈出一大步，同时身体转向来球方向，保持击球前的姿势。

制动是移动的结束，也是击球动作的开始。在快速移动后，为了保持稳定的击球姿势，必须经过制动，克服身体移动的惯性，以便于完成下一个击球动作。常用的制动方法主要有两种：

首先，一步制动法。一步制动时，在移动最后跨出一大步，同时降低重心，膝部和脚尖适当内转，全脚掌横向蹬地，以抵住身体重心继续移动的惯性力，并以腰腹力量控制上体，使身体重心的垂直线停落在脚的支撑面以内。

其次，两步制动法，即以最后第二步开始做第一次制动，紧接着跨出最后一步做第二次制动。

2. 练习方法

（1）原地跑步，听到或看到信号后立即做半蹲准备姿势。

（2）围着圆圈跑步，听到口令后，向前跨出一步做半蹲准备姿势。

（3）两脚开立，听口令向前、后、左、右做一步、两步的移动。

（4）在排球网下做 3 米或 6 米的横向往返移动。

（5）面对球网，做交叉步和滑步练习。

（6）结合球移动练习：两人一组，间隔 2～3 米，一人抛球（前、后、左、右），另一人移动对准球，双手在脸前上方接住球，连续进行若干次后交换；两人间隔 6 米，各拿一球，同时把球滚动向对方体侧 3 米左右处，接住球后再滚回给对方，连续进行若干次。

（二）发球

发球是比赛的开始，也是进攻的开始。发球可以直接得分或破坏对方进攻战术的组成，可以起到先发制人的作用，而发球失误将直接失分。发球技术可分为正面上手发球、正面上手发飘球、勾手发飘球、正面下手发球、侧面下手发球、跳发球和高吊球等。下面介绍几种发球技术动作，以右手发球为例。

1. 基本技术

（1）正面上手发球

采用正面上手发球时，发球队员由于面对球网，便于观察对方，发球的准确性较高，落点容易控制，并能充分利用转体、收腹动作带动手臂加速挥动，运用手腕的推压作用，可以加大力量和速度，具有一定的攻击力。

①准备姿势：队员面对球网，两脚自然开立，左脚在前，右脚在后，左手持球于体前。

②抛球：用抬臂和手掌的平托上送，将球平稳地垂直抛向右肩前上方（也可用双手抛球），高于击球点 2～3 球的位置。

③挥臂击球：球抛起的同时右臂抬起，屈肘后引，肘部与肩平，手掌自然张开，上体稍向右侧转动；抬头、挺胸、展腹，重心移向右脚，蹬地使上体向左转动，同时收腹，带动手臂挥动。手臂挥直在右肩的前上方最高点，以全手掌击球的后中下部。击球时，手指自然张开与球吻合，手腕迅速、主动地做推压动作，使球呈前旋飞行。击球后，重心随之前移，迅速进场比赛。

正面上手发球动作要领：送抛右肩前上方，垂直上抛 1 米远；转体收腹带挥臂，弧形鞭打加速快；全掌击球中下部，手腕推压上旋强。

（2）正面上手发飘球

这是一种发球时不使球产生旋转，而使球不规则地向前飘晃飞行的发球方法。这种发球方法使接发球队员难以判断球的飞行路线和落点。发球队员由于面对球网站立，便于观察瞄准，具有较高的准确性，容易寻找到对方的弱点。

①准备姿势：队员面对球网，两脚自然开立，左脚在前，右脚在后，左手持球于体前。

②抛球：用臂和手掌平托上送，将球平稳地垂直抛向右肩前上方（也可用双手抛球），高度适中。抛球比正面上手发球稍低、稍靠前些，便于手臂向前用力击球。

③挥臂击球：与正面上手发球一样做鞭甩动作，但击球前手臂的挥动轨迹不呈弧形，而是自后向前做直线运动。击球时五指并拢，手腕稍后仰，用掌根平面击准球体中下部，作用力通过球体重心，不使球旋转。击球瞬间，手腕、手指紧张，手型固定，不加推压动作。击球结束，手臂要有突停动作并迅速入场比赛。

正面上手发飘球动作要领：击球点靠前，挥臂呈直线，掌根击重心，突停球不旋。

（3）勾手发飘球

这种发球和上手发飘球一样，发出的球不旋转而是在空中飘晃不定，给接发球队员造成较大的困难，同样具有较强的攻击性。发球队员由于采用侧面站位，可充分利用腰部扭转带动手臂加速挥动，使肩关节负担较小，因而较适用于远距离发飘球。

①准备姿势：体侧对网，两脚自然开立，左手持球于胸前。

②抛球：左手采用托送动作，将球平稳地抛在左肩前上方约一臂的高度。

③挥臂击球：击球时，右脚蹬地，上体向左转动发力，带动手臂挥动，挥动时手臂伸直，在右肩的左上方，用掌根击球的后中下部，抛球和击球动作要协调，紧密衔接。在击球前，突然加速发力。挥臂时，手臂的挥动轨迹不能始终是弧形摆动，而是在击球前的一段过程中，保持直线运动。击球点稍靠左，手触球瞬间，五指并拢，手腕后仰，并保持紧张。击到球后手臂挥动要有突停动作并迅速进入场内比赛。

勾手发飘球动作要领：抛球不宜高，抛击要协调；击球不屈腕，突停容易飘。

（4）正面下手发球

这种发球动作简单易学，准确性高，但速度慢，攻击性不强，适用于初学者。

①准备姿势：面对球网，两脚前后开立，左脚在前，两膝微屈，上体稍前倾，重心偏右脚，左手持球于腹前。

②抛球：左手将球垂直上抛在右肩的前下方，离手约20厘米。在抛球之前，以肩为轴向后摆动。右臂伸直以肩为轴后摆，身体重心适当后移。

③击球：借右脚蹬地的力量，身体重心随着右手向前摆动击球而移到前脚上。在腹前高度用全掌、掌根或虎口击球的后下方。手触球时，手指、手腕紧张，手成勺形握球。击球后，随着击球动作，重心前移，迅速进场比赛。

正面下手发球动作要领：抛球刚离手，摆动肩为轴；击球不屈肘，掌根部击球。

（5）侧面下手发球

侧面下手发球动作简单易学，发球失误少，但攻击性不强，适合女生初学者用。

①准备姿势：左肩对网站立。两脚左右开立与肩同宽，两膝微屈，上体稍前倾，左手持球于腹前。

②抛球：左手持球，由小腹前高度将球垂直上抛在身体的下前方，离手高度约30厘米，离身约一臂距离，同时右臂摆至右侧后下方。

③击球：抛球引臂后，利用右脚蹬地和向左转体的动作，带动右臂迅速向前挥动，在体前腹部高度用虎口或全掌击球后下方。击球后，身体转向球网，并顺势入场。

2. 练习方法

（1）徒手模仿练习

按照动作要领，做徒手模仿练习，或做击打悬吊在适当高度的固定球练习，体会身体的协调用力和挥臂路线以及击球时手的感觉。

（2）抛球练习

左手持球上抛，根据发不同性能的球，抛球的高度和落点要合适。要求掌心向下，平稳向上抛起，使球不旋转。

（3）发球练习

①不隔网或对墙的发球练习。间隔10米左右，不隔网发球或对墙发球，要做完整的发球动作，注意抛球和挥臂击球的配合，并击中球。体会发球时抛球与击球的手臂挥动配合。

②隔网发球练习。两人一组，互相对发球。距离要由近到远，动作要正确，用力不要过大，要保持正确的击球点和击球部位，体会击球用力和动作的连贯性。

③发球区发球过网练习。站在端线后练习发球，用力要适当，对准击球。

④发球比赛。每人轮流发相同数量的球，评比发球的成功率与准确性（发中某一区域），提高学生的学习兴趣。

（三）垫球

垫球主要用于接发球、接扣球、接拦网球。垫球按动作方法可分为正面双手垫球、跨步垫球、挡球等。

1. 基本技术

（1）正面双手垫球

①准备姿势：根据球的落点，迅速移动成半蹲姿势站立。

②手形：也用来组织体侧垫球。当球接近腹前时，两手掌根紧靠，两手手指重叠后合掌互握，两拇指平行，手腕下压，两臂外翻形成一个平面。

③击球：当球距腹前一臂距离时，两臂夹紧前伸插到球下，向前上方蹬地抬臂，垫击球的后下部，身体重心随击球的动作前移。

④用力：主要靠手臂上抬力量增加球的反弹力，同时配合蹬地、跟腰动作，使重心向前上方移动。两个手臂要适当放松，便于灵活控制垫球的方向和力量。

⑤垫球部位：应保持体前击球，抛球时用前臂肘关节以上10厘米左右桡骨内侧平面为宜。

⑥手臂角度：根据来球的角度和要垫出的方向，运用入射角与反射角原理，调整手臂与地面的角度和转动左右手臂平面来控制垫球方向。

（2）体侧垫球

当球正向体侧飞来、队员来不及接球时，可用双臂体侧垫球。如球向左侧飞来，右脚掌内侧蹬地，左脚向左跨出一步，重心移至左脚上，右臂弯曲夹紧向左侧伸出，肩微向下倾斜，用向后转腰收腹的动作，配合两臂自左后方向前截住飞行的路线，用两前臂垫击来球的后下部，切忌随球向左侧摆臂击球，这样会造成球飞向侧方。

（3）滚翻垫球

做滚翻垫球时，应快速向来球方向移动，跨出一大步，重心下降并落在跨出脚上，上体前倾，使脑部贴近大腿，双臂伸向来球方向。同时，两脚继续用力蹬地，使身体向来球的落地点方向腾出，用小臂、虎口或手腕部分击球的下部。击球后脚尖内转，以大腿外侧、臀部侧面、背部、跨出腿的异侧肩部依次着地，然后按顺序低头、收腹、团身做单肩后翻成低蹲姿势。

（4）单手垫球

当来球速度快或距离远，来不及用双手垫球时，可采用单手垫击。单手垫球的优点是动作快，控制范围大；缺点是击球面小，控制能力差，多在无法用双手垫球的情况下采用。

单手垫球的手法可多种多样，在体侧宜用虎口或小臂击球，在体前可用手背平面击球。击球时，手臂要伸直，有抬击动作，把球垫起。体前的低球用手掌也可以，手腕应保持紧张，不宜屈腕。体侧的单手垫球方法是一脚迅速向侧前方跨出一大步，重心移至跨出的腿上，以跨出腿的同侧臂迅速伸出，击球的后下部。

（5）背向垫球

背向垫球大多用于接应同伴垫飞的球或将球处理过网。由于背对垫球方向，不便于观察目标和控制击球方向及落点。

背垫时，首先应判断来球的落点、方向和离网的距离，迅速移动到球的落点处，背对出球方向，两臂夹紧伸直插到球下。击球时，蹬地、抬头挺胸、展腹，直臂向后上方摆动击球。在垫低球时，也可利用屈肘、翘腕动作，以虎口处将球向后上方垫起。

（6）低姿垫球

当来球很低，落点在身体前面一步距离时，队员深蹲降低身体重心，双手贴近地面向上垫击球。前脚尖指向垫出方向，后脚跟离地，后腿大小腿贴紧，上体前倾，两腿要低于膝关节，两肩自然下垂向前压低，手臂贴近地面插到球下，肘部尽量下降并置于膝部内侧，双手合拢，用前臂或虎口上部击球后部，垫击时重心随球上升，用力适当。如果来球力量大时，要稍有后撤缓冲动作；来球力量小时，可以用屈肘、翘腕动作将球垫起。

（7）挡球

当来球较高，不便于用手臂垫击时，用双手或单手在胸部以上挡击来球的击球动作，称为挡球。它可分为双手挡球和单手挡球。双手挡球多用于挡击胸部以上力量大、速度快的来球；单手挡球多用于来球较高、力量较轻、在头部上方或侧上方的来球。

①双手挡球：手型有两种，一种是抱拳式，两肘弯曲，一手半握拳，另一手外包；另一种是并掌式，两肘弯曲，两虎口交叉，两臂外侧朝内，合并成勺形。挡球时手臂屈肘上举，肘部向前，手腕后仰，用双手手掌外侧和掌根组成的平面挡击球的后下部。击球瞬间手腕要紧张，用力适度。

②单手挡球：挡球时，手臂屈肘上举，肘部向前，手腕后仰，用掌根或拳心平面击球的后下部，击球瞬间手腕要紧张。如球较高，还可跳起挡球。

2. 练习方法

（1）徒手模仿和垫固定球练习：原地模仿完整的垫球动作，1 人持球于腹前，另 1 人（前、后、左、右）移动做完整的垫球动作。

（2）自垫球练习：单人持球，自抛自垫，尽量把球控制在一定高度，或对墙垫球。

（3）垫击抛来的球练习：2 人一组，一抛一垫。尽量固定抛球的高度、速度及落点。掌握垫球动作后，可要求练习者前、后、左、右移动后仍做正面垫球。

（4）对垫球：2 人一组，相隔 3～4 米，做原地对垫球练习。

（5）隔网的移动垫球练习：站在球网的两侧，移动做垫击来球的练习，要求将球垫到对方场地。

（四）传球

传球是排球运动中最基本、最重要的一项技术。传球是由准备姿势、迎球、击球、手型、用力等五个动作部分组成，其中较难掌握的是触球时的手型。因为触球时手型正确与否直接影响手控制球的能力和传球的准确性，对初学者来说掌握了正确的手型才能保证正确击球点和较好地运用手指、手腕的弹力。传球可分为正面传球、背传球、侧传球、跳传球等，正面传球是最基本的传球方法，因此学习传球技术必须从正面传球开始。

1. 基本技术

（1）正面传球

①准备姿势：看清来球，迅速移动到球的落点，对正来球，两脚左右开立，约同肩宽，左脚稍前，后脚脚跟稍提起，两膝微屈，上体稍前倾。两臂弯曲置于胸前，两肘自然下垂，两手成传球手型，眼睛注视来球方向。

②击球点：击球点在额前上方约一球距离处。

③传球手型：当手触球时，手腕稍后仰，两手自然张开，手指微屈成半球状。两拇指相对呈"一"字形或"八"字形，两拇指间的距离不能过大，以防漏球。

④击球用力：当来球接近额前时，开始蹬地、伸膝、伸臂，两手微张迎球，以拇指内侧、食指全部，中指的二、三指节触球的后下部，无名指和小指触球两侧。手触球时，指腕保持适当紧张，以承担球的压力。用手指的弹力、手臂和身体协调的力量将球传出。

（2）背传

背传的准备姿势比正传时稍直立，身体重心在两脚之间，不前倾，双手自然抬起，放松置于脸前。当判断一传来球之后，迅速移动到球下，双手抬起，手触球时，手腕适当后仰，掌心向上，在额上方击球的下部。传球时，用蹬地、展腹、抬臂向后翻腕及手指的弹力把球向后上方传出。

（3）跳传

跳传即跳起在空中传球。跳传的起跳最好是向上垂直起跳，要掌握好起跳的时间，起跳过早或过晚都会影响传球的质量。根据一传球的高低，及时起跳，两手放在脸前，当身体上升到最高点时，靠伸臂动作和手指、手腕的弹击力量将球传出。由于在空中无支撑点，用不上蹬地力量，只有靠伸臂动作将球传出，因此必须在身体下降前传球出手，才能控制传球力量。

2. 练习方法

（1）徒手模仿传球练习：徒手模仿传球动作，做蹬地、伸展手臂的推击动作。

（2）体会手型和击球点练习：每人一球，自抛自接；2人一组，互抛互接；1人持球对墙10～20厘米连续传。

（3）体会传球的协调用力练习：2人一组，1人按照手型与击球点推球，另1人单手压球，持球者用传球方法向上推送，体会全身协调用力。

（4）传固定球：1人双手持球在额前，另1人用传球动作去推击。

（5）传球的完整练习：对墙传球；1抛1传；连续自传；2人对传。

（五）扣球

扣球是攻击性最强的基本技术，是由被动转为主动的主要方式，也是得分的主要手段，在比赛中占有重要地位。扣球技术可分为正面扣球和自我掩护扣球两大类。正面扣球包括扣近网球、扣远网球、扣调整球和各种平、快扣球，如平拉开、短平快、近体快、背快、背平快等。自我掩护扣球包括"时间差""位置差""空间差"三种。"时间差"有短平快时间差、近体快时间差、背快时间差；"位置差"有短平快错位、快球错位；"空间差"有前飞、背飞、拉四、拉三。扣球可采用双脚起跳，也可采用单脚起跳，单脚起跳比双脚快，适合扣各种快球。另外，扣球在运用时有各种变化，在实战中可以灵活运用以求最佳效果，如扣直线球、扣斜线球、转体扣球、转腕扣球等。

1. 基本技术

（1）正面扣球

正面扣球是扣球技术中最基本的一种。由于正面扣球面对网，便于观察来球和对方的防守布局，因此在比赛中准确性较高；并能根据对方情况随时改变扣球路线和力量，控制球落点，因而进攻效果较好，是初学者必须掌握的进攻技术。

①准备与判断：采用稍蹲姿势。一是要观察一传是否到位；二是要看二传的方向、弧度、速度、落点；三是选择好助跑的方向、路线、节奏，根据球的高度及运行情况考虑助跑起跳的时间、地点。助跑可以采用一步、二步、多步助跑。

②助跑：助跑的作用是接近球，选择合适的起跳点，同时增加弹跳高度。助跑的时机、方向、步伐、速度、节奏要根据不同来球的情况而定。以两步助跑为例：助跑时，左脚先向

前迈出一步，接着右脚再迅速跨出一大步，左脚及时并上，踏在右脚之前，两脚尖稍向内转。助跑第一步小，便于对正方向；第二步大，便于接近球和提高助跑速度；最后一步要以脚跟先着地过渡到全脚掌着地，有利于制动身体的前冲力，增加腿部肌肉的紧张感，提高弹跳高度。

③起跳：目的在于掌握扣球时间和获得扣球高度。腿部力量大的人，下蹲可深一些；反之，可浅一些。髋、膝、踝这三个关节蹬伸要充分，要有爆发力。双臂侧（或后）摆动要放松，突然加速，有利于提高弹跳高度。起跳的目的不仅在于获得高度，而是为了掌握扣球时机和选好击球点。在助跑跨出最后一步的同时，两臂经体侧后引，自后积极向前摆动，随之以腿蹬地向上起跳，两臂沉肩垂肘加速上摆配合起跳。手摆的速度越快越及时，对起跳的高度越有帮助。两臂的摆动可根据扣球技术需要及本人习惯，采用不同摆臂方式。在助跑制动后向上摆臂的同时，两腿从弯曲制动的最低点，猛力蹬地向上起跳。双腿的弯曲程度，可依每个人腿部力量或习惯不同而有所差异，但整个动作要协调、连贯，具有强烈的爆发速度。

④空中击球：起跳腾空后，身体呈反弓状，扣球手同侧肩后摆带动上体绕中轴转动，预先拉长收腹、收胸肌群。击球时从上体相向运动开始，猛烈收腹、收胸带动上臂屈肘，向前上方鞭甩伸直肘关节，最后通过屈腕、屈指、收肘把球猛力击出。击球是扣球的关键，其动作的好坏直接影响着扣球的质量。起跳后，挺胸展腹，上体向右转，右臂向后上方抬起，身体呈反弓形；挥臂时，以迅速转体、收腹动作发力，依次带动肩、肘、腕各部关节成鞭甩动作向前上方挥动，使全身的用力依次叠加传递，最后集中在手上，以加大击球力量；触球时，五指微张成勺形，并保持紧张，以全手掌包满球，同时主动用力屈腕、屈指向前积极推压下甩，使扣出的球加速呈上旋。击球部位应根据人与球的关系、人与网的距离及高度来确定，一般选择在起跳的最高点和手臂伸直最高点的前上方，击球结束后应注意避免触网。

⑤落地：为了避免腿部负担过重，应力争双脚同时落地。着地时，以前脚掌先着地再过渡到全脚掌落地。同时顺势屈膝，以缓冲下落力量，并立即准备好做下一个动作。

（2）扣快球

扣快球是我国传统的打法，特点是时间短、速度快、隐蔽性强、突然性大，能起到攻其不备的作用。扣快球对一传要求很高，必须在一传到位的情况下，扣球队员随一传得球同时助跑到网前，在二传队员传球前或传球的同时起跳，并迅速挥臂击球，以造成对方来不及拦网的扣球。扣快球时，助跑距离短，节奏快，助跑角度一般与网成45°，上体和挥臂动作的振幅小，主要利用前臂和手腕加速甩动击球。扣上升期的球时，应在球传出之前就开始挥臂，球出网口时正好挥击。初学扣快球者一定要牢记，即在一传到位的情况下，随球助跑，球起人跳，高点击球或出网击球以及高抬肘快下手。

（3）调整扣球

在一传不到位的情况下，为了不失去进攻机会，可进行调整扣球。其技术动作和正面扣球基本相同，但难度较大。要求扣球队员能适应来自不同方向、角度、弧度、速度的来球，以灵活的步伐、良好的弹跳、准确的空中动作，调整好人与球的位置，根据与网的距离，运用不同的手法，控制球的力量、旋转、弧度、路线和落点。掌握好调整扣球也是为运用后攻技术打下良好的基础。

2. 练习方法

（1）助跑起跳练习。原地双足起跳练习，原地一步、二步起跳练习，体会步法与摆臂的配合方法。

（2）挥臂击球手法练习。原地徒手模仿扣球挥臂练习；原地扣固定球练习；自抛自扣练习；2人一组，1人传球，1人站在原地做扣球练习。

（3）完整扣球练习。助跑扣固定球练习；助跑后接住抛在空中飞行的球；上网扣抛球练习；结合传球做扣球练习。

（六）拦网

拦网是排球比赛中防守的第一道防线，是减轻本方后排防守压力的防守技术。同时，它也是一项进攻技术，可以直接拦死、拦回、拦起对方的扣球，是反攻的重要环节，也是得分的重要手段。因此，拦网是具有攻防双重性的技术。拦网技术是由准备姿势、移动、起跳、空中动作和落地五个衔接技术组成，其基本的技术是单人拦网。

1. 基本技术

单人拦网的动作简单易学，但在比赛时运用此技术来取得理想效果难度则较大。

（1）准备姿势：面对球网，两脚平行开立，约与肩同宽，两膝稍屈，两手自然弯曲置于胸前，密切注视对方动向，随时准备移动和起跳。

（2）移动：根据不同情况可灵活运用并步、跨步、滑步、交叉步、跑步等各种步法移动至拦网位置，准备起跳。

（3）起跳：移动后使身体正对球网起跳，或在起跳后身体空中转向球网。如采用原地起跳，则两脚用力蹬地，两臂在体侧划小弧用力上摆，带动身体垂直起跳。起跳后挺胸收腹，控制平衡，延长滞空时间。如采用移动起跳，要注意移动后的制动，使移动的起跳动作紧密衔接。

（4）空中击球：起跳后稍收腹，两手经由脸前向网上沿前方伸直，向上提肩使手臂尽量伸向对方上空。在拦击球时，两手自然张开，两手掌凹成勺形。当手触球时，两手要突然紧张抖腕，用力捂盖球前上方。拦击时，根据对方扣球线路变化，两手在空中向球变线方向伸出。外侧手掌心在拦击球时内转包球。

（5）落地：拦球后，要做含胸制动动作，以保持身体的稳定性，落地时屈膝缓冲，及时准备下一个动作。

2. 练习方法

（1）徒手模仿练习：面对球网徒手做拦网的模仿练习，或两人隔网起跳互相触手，体会完整动作。要求手型正确，手指自然张开。

（2）原地拦网练习：2人1组，1人抛球，1人跳起拦网；拦防对方原地扣球。

（3）移动起跳拦网练习：移动起跳拦击隔网固定球，移动起跳拦击定点扣球，体会用手包住球的动作。

（4）双人拦网练习：在掌握单人拦网技术后，可组织双人原地起跳配合拦网；双人移动后起跳配合拦网；对方组织进攻，本方前排双人或三人互相配合组成集体拦网。

二、排球运动的基本战术

（一）阵容配备

1. 四二配备

四二配备是指场上有四个进攻队员和两个二传队员。其优点是便于组织"中一二"进攻战术，若二传手攻击力量强，每一轮都可以采用"插上"进攻战术；缺点是每个进攻队员都必须熟悉两个二传队员的传球特点，配合较困难。

2. 五一配备

五一配备是指场上有一个二传队员和五个进攻队员。其优点是攻击力得到加强，全队进攻队员只需要熟悉一个二传，配合上容易建立默契，由二传做出战术决定，便于统一指挥；缺点是有三轮次只有两点进攻，二传体力消耗较大。

3. 三三配备

三三配备是指场上有三个进攻队员和三个二传队员，进攻队员与二传队员间隔站位。每一轮次的前排都能保持一至两个进攻队员和二传队员，适合初学的队伍采用，但进攻能力明显不足。

（二）进攻战术

进攻是力争主动，夺取比赛胜利的重要手段。排球战术中最基本的进攻战术有"中二传""边二传"等战术配合。

1. "中二传"进攻战术

"中二传"进攻战术的基本配合方法是由前排或后排队员在前排中间3号位担任二传，组织其他队员进行进攻的阵型。它包括前排3号位队员担任二传的"中二传"阵型和后排插上的"中二传"阵型。这里面主要介绍前一种阵型，即前排队员在3号位担任二传的进攻阵型也称"中一二"进攻阵型，如图9-23所示。这种阵型二传队员在中间，一传目标明确，比较容易到位，有利于组织进攻；但战术配合方法较少，进攻点少，战术的突然性和攻击性不强，多适用于队员技术水平不高且没有掌握其他较复杂的进攻战术的球队。

图 9-23　"中二传"进攻战术

2. "边二传"进攻战术

"边二传"进攻战术的基本配合方法是由一名前排或后排队员在前排 2 号位担任二传，组织其他队员参与进攻的阵型。它包括前排队员在 2 号位担任二传的"边二传"阵型和后排插上的"边二传"阵型。这里主要介绍前一种阵型，即前排队员在 2 号位担任二传的进攻阵型也称"边一二"进攻阵型，如图 9-24 所示。这种阵型由于二传站在边位，对一传的要求较高，它可以组织多变的战术配合，它的突击性和攻击性程度要比"中一二"进攻战术强。

图 9-24　"边二传"进攻战术

（三）防守战术

防守战术可分为接发球防守战术、接扣球防守战术、接拦回球防守战术和接传垫球防守战术。下面介绍接发球防守战术和接扣球防守战术。

1. 接发球防守战术

在接发球防守战术中，基本的站位阵型是 5 人接发球和 4 人接发球。

（1）5 人接发球阵型及变化

①"W"站位阵型：5 名队员分布均衡，前面 3 名队员接前场区的球，后排 2 名队员接后场区的球，如图 9-25 所示，也称"一三二"阵型。

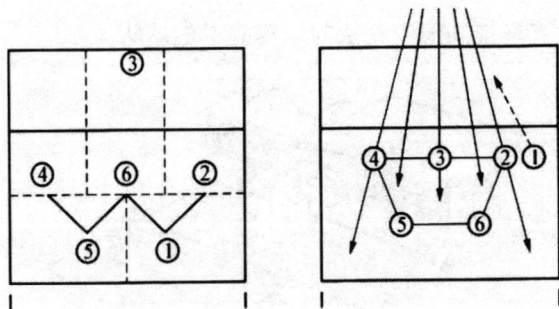

图 9-25　"W"站位阵型

②"M"站位阵型：也称"一二一二"站位，前面 2 名队员接前场区的球，中间队员接中场区的球，后面 2 名队员接后场区的球。

③"一"字站位阵型：5 名队员"一"字形排开，左右距离较近，每人守一条线。

（2）4 人接发球阵型

4 人接发球主要适用于后排插上进攻战术。这类阵型中，最具代表性的为"U"形站位阵型。这种站位方法是 4、2 号位队员站在边线附近，后排两名队员站在前排两名队员之间，四人的站位形成一个"U"的弧形，如图 9-26 所示。

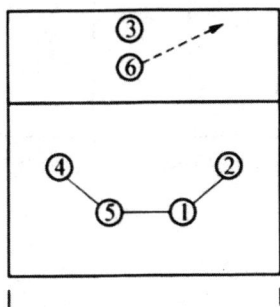

图 9-26　4 人接发球阵型

2. 接扣球防守战术

接扣球的防守是由前排拦网、后排防守两道防线组成。根据参加拦网人数不同，可分为无人拦网防守阵型、单人拦网防守阵型、双人拦网防守阵型。

（1）无人拦网防守阵型

这是一种初级、简单的防守战术形式，适用于初学排球的队伍或在对方无力进攻时。它根据二传队员所站的位置不同，有两种站位阵型变化。

①采用"中一二"进攻战术，3 号位队员为二传时，由 6 号位跟进，与 3 号位、2 号位队员共同防守前场，其他队员防守后场，如图 9-27（1）所示；或者由靠近进攻点的 4 号位、2 号位与 3 号位队员配合，共同防守前场，其他队员防守后场，如图 9-27（2）、9-27（3）所示。

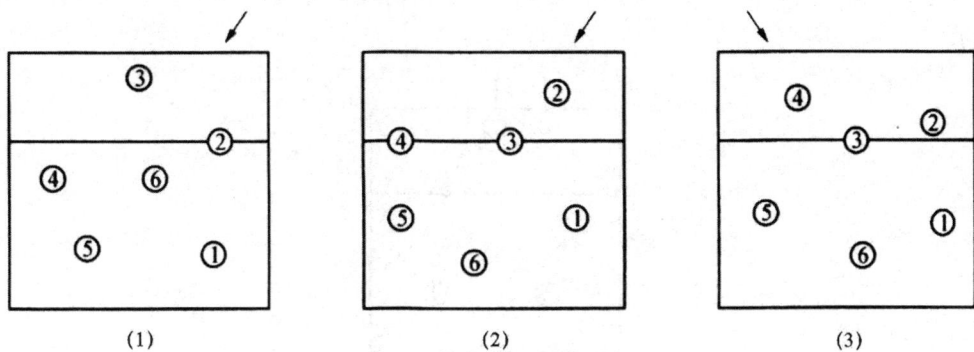

图 9-27　"中一二"进攻战术

②采用"边一二"进攻战术，2 号位队员为二传时，以 3 号位队员突前，与 2 号位队员共同防守前场吊球，其他队员防守后场，如图 9-28 所示。

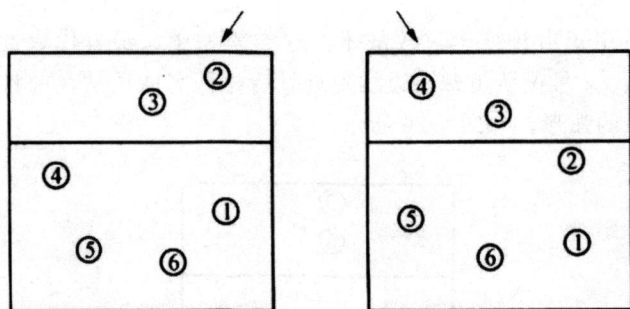

图 9-28 "边一二"进攻战术

（2）单人拦网防守阵型

在对方进攻威力不大、路线变化不多时，一般可采用单人拦网防守阵型。

①单人拦网防守阵型是根据对方进攻点的不同，由本方对应位置上的前排队员进行拦网的防守阵型，如图 9-29 所示。

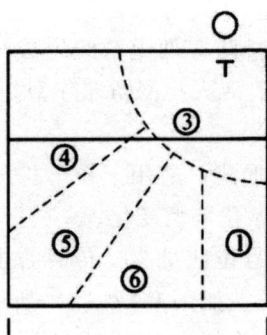

图 9-29 单人拦网防守阵型

②固定 3 号位队员拦网的防守阵型。无论对方从任何位置进攻，均由 3 号位队员拦网，如图 9-30 所示。

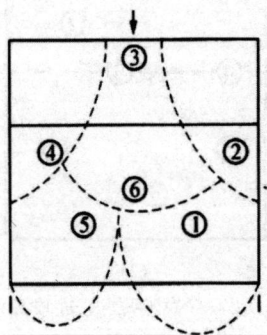

图 9-30 固定 3 号位队员拦网的防守阵型

（3）双人拦网防守阵型

当对方进攻威力较大，路线变化较多时，应采用双人拦网防守战术。其基本阵型变化有

"心跟进"与"边跟进"两种。

①"心跟进"防守战术阵型。多在对方以扣吊结合为主进攻，为了解决空心问题时采用，它是固定由后排中心的 6 号位队员在本方拦网时跟在拦网队员之后进行保护、防吊球的防守阵型，如图 9-31 所示。

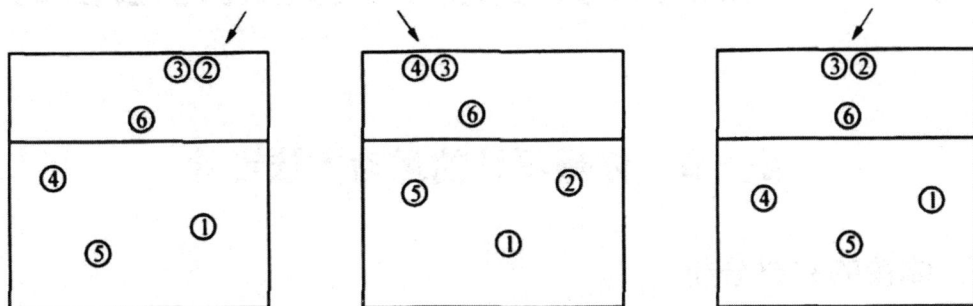

图 9-31　"心跟进"防守战术阵型

②"边跟进"防守战术阵型。它是由 1 号位或 5 号位队员跟进保护的防守形式。如对方从 4 号位进攻，则由本方 2 号位和 3 号位队员组成双人拦网，1 号位队员后撤至进攻线附近保护，4 号位队员后撤至进攻线以后防守斜线进攻，与后排队中形成面对进攻点的弧形防守区的防守阵型，如图 9-32 所示。

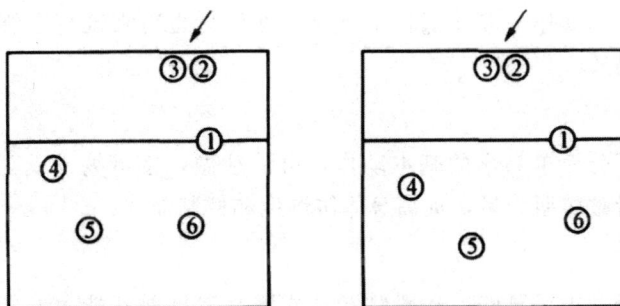

图 9-32　"边跟进"防守战术阵型

第十章　表现难美型项目的运动方法设计

第一节　体操项目的运动方法设计

一、体操的教材分析

（一）技巧

技巧练习对发展人体灵敏、柔韧、协调等素质以及增强关节韧带力量和提高平衡器官的能力有显著作用。

（二）单杠

单杠的特点是以悬挂摆动动作作为基础，围绕单杠做各种摆动、摆越、回环、转体等动力性练习。单杠内容选用的动作一般在低杠上练习，熟练后也可在高杠上练习，它有利于培养勇敢顽强、坚毅果断的品质。

（三）双杠

双杠内容选用了部分简单易学的基本动作，可单独做，也可编成成套动作练习。双杠练习能增强上肢肩带、胸背腰腹肌力量，提高身体协调性和控制能力。

（四）跳跃

跳跃分为一般跳跃和支撑跳跃。一般跳跃动作既是发展跳跃能力的专门性练习，又是支撑跳跃的辅助性练习。跳跃练习能培养勇敢顽强的精神，掌握超越障碍实用技能，增强下肢、肩带肌的力量和发展柔韧、协调、灵敏等身体素质。

二、体操教学的辅助与保护

（一）帮助

帮助可分为直接帮助和间接帮助两种。根据动作的特点和掌握动作过程的不同阶段及对象特点灵活运用。

直接帮助是在练习者做动作的过程中，帮助者给予助力，使其更好的掌握、改进动作技术。这是一种最基本、最简便的帮助方法。

间接帮助是帮助者不直接加助力于练习者身上，而是通过信号（语言、击掌等方式）、标志物和限制物，使练习者掌握正确用力时机和节奏，体会身体所在空间和方位，以帮助其尽快学会动作，提高动作质量。

（二）保护

在练习者由于意外的原因或因完成动作的技术不熟练而失手发生危险时，保护者根据实际情况，及时采取帮助其摆脱险境、维护安全的措施叫保护。保护可分为一般保护、自我保护和器械保护三种方式。

1. 一般保护

保护者在学生进行练习时，应根据项目的特点和动作的不同类型，选择靠近练习者完成动作的路线或容易发生失误的位置，仔细观察完成动作的情况，自始至终作好保护的准备。当动作发生错误或动作失败出现危险时，可运用托、接、抱、拦、挡和拨的方法，加快或减慢其动作速度，改变身体位置，停止动作，避免危险。

2. 自我保护

自我保护是练习者在做动作失误时，顺势运用某些技巧性动作摆脱危险的一种方法。一般采取及时的屈臂、屈膝、屈体、团身滚撤力等方法，从器械上跳下等附加动作形式和采取松一手或两手停止练习。如跳箱分腿腾越因冲力过大落地前扑时，应及时屈体做团身前滚翻；双杠后摆挺身落地不稳向后倒时，应顺势向后做团身后滚翻等。练习者若从高空跌落时，全身肌肉应保持一定紧张，及时低头、团身，尽量以肩臂着地，保护头颈，切不可直接用臂或用手撑地。

3. 器械保护

在练习高难动作时，可使用保护滑车、保护腰带、海绵垫、海绵坑等器具进行保护。

三、体操运动的基本动作

（一）技巧

1. 前滚翻（图 10-1）

要求：滚动圆滑，做到"圆、顺、正"。

重点：团身紧，滚动快。

图 10-1　前滚翻

教学步骤与练习方法：①屈膝团身做前后滚动，抱小腿起；②蹲撑，两手前放，提臀重心前移，用后脑触垫；③在一条直线上前滚翻或从高处往低处做前滚翻；④完整动作练习。

易犯错误及其原因：①方向不正，偏头着地——两手用力不匀；②滚动不圆滑——蹬地力量不够，低头不够，团身不紧。

2. 鱼跃前滚翻（图 10-2）

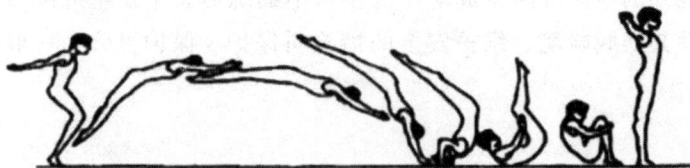

图 10-2　鱼跃前滚翻

由半蹲两臂后举的姿势开始，两臂前摆，同时两脚蹬地，身体向前上方跃起。腾空时要保持含胸、稍屈髋的姿势，接着两臂撑地顺势屈臂，低头做团身前滚翻起立。

要求：有腾空过程（身体成镰刀式），滚动圆滑。

重点：向前上方跃起，空中留腿固髋，缓冲落垫。

教学步骤和练习方法：①做两手远撑的前滚翻；②跃过实心球（或其他物体）的前滚翻；③采用逐渐增加鱼跃距离、高度的鱼跃前滚翻；④由助跑开始，做鱼跃前滚翻动作，要求双脚起跳，腾空高，落地远；⑤采用助跳板的高垫鱼跃前滚翻。

帮助与保护：对初学者采用一手托大腿一手托肩颈助其滚动；对巩固提高的对象采用压头后部，防止头颈受伤。

易犯错误及其原因：①扎背打臀；②腿下掉、膝碰头——髋不固定，两腿屈膝；③滚动不圆滑——臂屈缓冲不及时，团身不紧。

3. 后滚翻（图 10-3）

要求：滚动圆滑，方向正。

重点：积极后倒，团身紧，及时推手，用力匀。

图 10-3　后滚翻

教学步骤和练习方法：①蹲撑，两手置于肩上，做团身向后滚动练习；②向后滚动、手置于肩上，做翻臀同时两手触地练习；③利用斜坡由高处向低处做后滚翻练习；④在帮助下进行完整的技术练习。

帮助与保护：保护人跪在练习者一侧，一手托肩，一手托臀。

易犯错误及其原因：①方向不正，偏头——两手用力不匀；②滚动不圆滑——团身低头不够，推手不及时。

4. 直腿后滚翻起（图 10-4）

要求：两腿始终伸直，滚翻轻巧圆滑。

图 10-4　直腿后滚翻起

重点：屈体直腿，积极后倒，及时推手。

教学步骤和练习方法：①坐撑，向后直腿滚动。同时两手肩后撑垫；②由站立开始，直腿坐向后滚；③利用斜坡练习；④在帮助下进行完整技术练习。

帮助与保护：保护人站立侧面，两手提拉臀部，帮助推手和翻转。

易犯错误及其原因：①跌臀、滚动不圆滑——上体前屈不够，撑手不及时；②展髋——没有保持屈体后滚；③不能翻转——推手不及时；④脚落地离手太远，不易抬上体——收髋屈体不够，柔韧性差。

5. 经单肩后滚翻成单跪撑平衡（以经右肩为例，见图 10-5）

要求：后滚翻圆滑、协调，后举腿要直且不下降，脚高于头，方向正。

重点：偏头经单肩。

图 10-5　经单肩后滚翻成单跪撑平衡

教学步骤和练习方法：①坐撑后倒偏头练习；②单肩后滚翻成双腿跪撑；③帮助下进行完整技术练习。

帮助与保护：保护人单腿跪立于练习者左侧，一手托肩，一手托后举腿。

易犯错误及其原因：①后举腿下掉——推手后控腿不及时；②歪——偏头滚 与推手配合不当。

6. 跪跳起（图 10-6）

图 10-6　跪跳起

要求：两腿并拢跪立，身体前倾略收腹，两臂后举，同时两臂用力向前上肩挥摆，脚面和小腿同时用下压，使身体腾起，并迅速收腿，落地成蹲式。

7. 肩肘倒立（图 10-7）

要求：身体与地面垂直，重心稳（保持 3 秒）。

重点：两肘内夹、两手撑腰、躯体伸直。

图 10-7　肩肘倒立

教学步骤和练习方法：①直腿坐垫积极向后滚动，同时收腹举腿，两臂用力撑垫；②在帮助下进行练习，体会夹肘撑腰背和伸髋动作；③在支点上方举手或放一悬垂物，诱导练习者向上伸腿，然后进入完整技术练习。

帮助与保护：保护人立于练习者一侧，两手握住其小腿上提，同时用一膝顶练习者腰臀部，助其伸髋挺直身体。

易犯错误及其原因：①倒立时屈髋——身体不直，腰腹力量差，两手支撑的部位不对；②向后滚动力量过猛——伸髋太晚。

8. 头手倒立（图 10-8）

要求：身体与地面垂直，重心稳（保持 3 秒）。

重点：头手支撑点成等边三角形、重心移至垂面伸髋。

教学步骤和练习方法：①靠墙头手倒立；②两手抓垫边的头手倒立；③有扶持的头手倒立；④屈腿或分腿的头手倒立，然后进入完整技术练习。

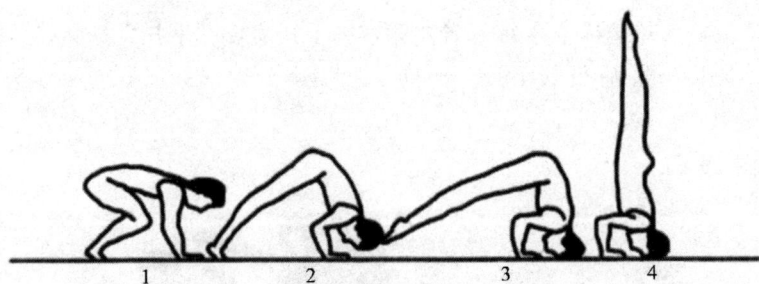

图 10-8　头手倒立

帮助与保护：保护人站在练习者前侧面，用两手扶住他的腰部，当成倒立时，扶立他的腿部。

易犯错误及其原因：①前倒——头手不成等边三角形，头顶支撑，拱背；②腿摆提臀不起——重心前移。

9. 手倒立（图 10-9）

要求：由前后分腿站立姿势开始，上体前屈，两手在体前撑地（五指分开、两手相距与肩同宽），接着前脚蹬地，后腿向后摆起，同时肩稍前移，当身体重心接近支撑垂直面时，蹬地腿迅速向摆动腿并拢，紧腰，成上体和两腿在一个垂直面上的倒立姿势。

图 10-9 手倒立

帮助与保护：保护者站在练习者侧面，两手扶他的腿部，初学时，保护者前后分腿站在练习者的前面，用前腿膝盖顶住他的肩部，同时用手提拉他的腰部。

教学步骤和练习方法：①靠墙做手倒立动作，保持一定的时间；②练习有人扶持的手倒立。

10. 侧手翻（以向左侧手翻为例，见图 10-10）

图 10-10 向左侧手翻

由侧向站立开始，两臂侧举，左腿侧举下落蹬垫，右腿向侧上摆、上体侧倒、两手腕稍向外转，依次撑垫，经分腿手倒立（腰、髋要直），两臂依次顶垫推垫。两脚在右手前依次落地成两臂侧举的分腿站立，然后并右腿成直立。

要求：有分腿倒立过程，脚、手、手、脚依次在一直线上，动作圆滑，快速翻转身体成一个"面"。

重点：上体侧两手依次撑地与脚腿摆蹬协调配合。

教学步骤和练习方法：①在帮助下做一腿蹬垫，一腿摆动成分腿手倒立（顶立、立腰）；②在帮助下由分腿倒立侧翻成并腿站立；③站在练习者体侧，在帮助下完成动作；④在垫上面做一直线标志，做侧手翻，手脚依次落在一条直线上。

帮助与保护：保护人立于练习者背后，两手先扶腰帮助立腰和翻转。

易犯错误及其原因：①歪——摆腿不正，手脚不在一条直线上；②后倒——低头、拱背、收腹。

11. 俯平衡（图 10-11）

两臂上举站立开始，一腿后举，上体前倒，抬头、挺胸、后举腿过头、支撑腿挺直、两臂由上经下绕至侧平举成单腿站立的平衡。

重点：挺身。

图 10-11　俯平衡

教学步骤和练习方法：有人扶持的燕式平衡和完整技术练习。

帮助与保护：保护人站在练习者后举腿一侧，一手托肩，另一手托腿。

易犯错误及其原因：支撑腿弯曲或后举腿不高——柔韧性差。

（二）单杠

1. 翻身上（图 10-12）

一脚蹬地，另一腿摆动翻上成支撑（以右脚蹬地为例）。屈臂正握杠站立，右脚向前一步蹬地，左腿经前向后上方用力摆起；右脚蹬地后迅速与左腿并拢，同时倒肩，屈臂引体使腹部贴杠翻转；当上体翻至杠前水平面时，控腿、翻腕抬头成支撑。

图 10-12　翻身上

要求：翻转圆滑，动作连贯，两腿伸直在杠上并拢。支撑时，身体与杠下垂直夹角不小于 30°。

重点：正确的摆腿方向；蹬、摆腿、引体、倒肩的密切配合。

教学步骤和练习方法：①手扶器械、做前踢腿练习；②蹬高处，如蹬跳箱盖做翻上，再进行完整技术练习。

帮助与保护：保护人站在杠前侧方，开始一手托臀，另一手托肩；随即换成一手托上臂，另一手托大腿、使其腹部贴杠。

易犯错误及其原因：①腹部贴不到杠——屈臂引体无力或无屈臂；摆腿方向不对；②腹部

挂杠停顿、蹬摆腿——屈臂引体配合不好，翻腕抬头不及时。

2. 转体 180°成支撑（图 10-13）

骑撑开始，后腿向前摆越转体 180°成支撑（以向右转为例）。由右手反握的骑撑开始，左手松开，向右后方倒肩，重心移至右肩，同时以右臂为轴，用上体和头、肩带动左腿摆越过杠，向右挺身转体 180°，左手换握杠成支撑。

图 10-13 转体 180°成支撑

要求：挺身转体、动作连贯。

重点：肩的移动与腿的摆越正确配合。

教学步骤和练习方法：在帮助下练习后，转入完整技术练习。

帮助与保护：保护人站在杠前握其脚，或站在杠后右侧，一手握上臂，一手托右大腿，助其平衡和转体。

易犯错误及其原因：①不平衡，前掉或后倒——肩的移动与腿的摆越配合不好；②收腹无挺身——转体方法不对；③动作配合不好——协调性差。

3. 骑撑前回环（图 10-14）

由右腿骑撑两手反握开始。两臂伸直撑杠，身体重心前移，左大腿上部靠杠，右腿举起向前跨出，同时上体挺直迅速前倒。当上体回环至杠后水平部位时，右腿压杠，展髋，左腿继续后摆，同时向上挺胸，两臂伸直压杠，翻腕成骑撑。

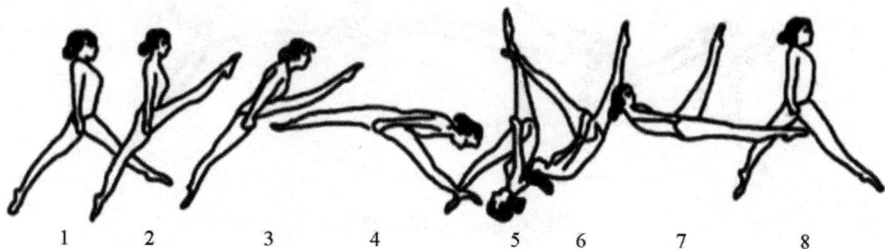

图 10-14 骑撑前回环

要求：直臂、直腿回环，保持分腿夹角大于 90°。

重点：前腿远跨，同时挺胸，上体积极前倒，使身体重心尽量远离握点；直臂翻腕成骑撑时，要立上体，制动两腿和紧握杠来控制稳定。

教学步骤和练习方法：①在帮助下练习低杠骑撑前腿远跨；②在两人帮助下做骑撑前回环的慢动作，体会各主要技术环节的技术要领；③在帮助下完整练习骑撑前回环。

帮助与保护：保护者站在杠后侧方，一手从杠下翻握练习者手腕，另一手当他身体回环至杠后时，托其背部帮助上成骑撑。

4. 支撑后回环（图 10-15）

支撑，两腿后摆；直臂顶肩，稍前倾；接着身体下落腹部贴杠时，主动迅速倒肩；两腿前摆，稍屈髋；两臂紧压杠，当腿回环至杠后水平部位时，立即制动腿，抬头翻腕挺胸成支撑。

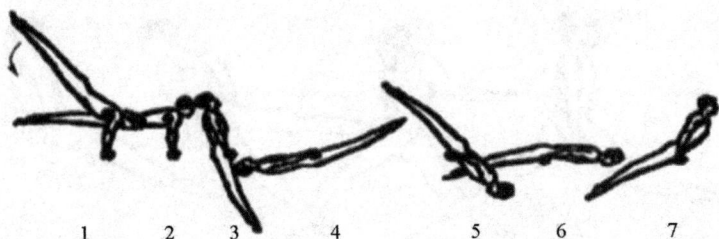

图 10-15　支撑后回环

要求：动作连贯圆滑。两臂紧压杠，保持转轴固定。

教学步骤和练习方法：①支撑后摆还原成支撑；②对概念模糊者，可在帮助下做慢回环，体会全过程，然后进入直接练习。

帮助与保护：保护人站在前侧方。动作的前半部一手托骶部、使腹部贴杠、另一手拨上臂助回环。后半部一手托腿，另一手托肩。

易犯错误及其原因：①髋砸杠——收腹过大，无速度，倒肩过晚；②腹部不贴杠——倒肩过早，两臂不是压而拉；③停不住——回环后腿无制动动作或制动过晚。

5. 支撑后摆下（图 10-16）

由支撑开始，两腿先前摆，接着用力后摆，肩稍前倾，两臂伸直撑杠。当后摆接近极点时，稍含胸并制动两腿，接着两臂伸直迅速用力顶肩推杠，抬上体挺身落下。

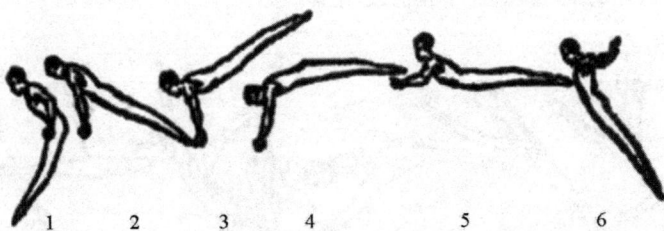

图 10-16　支撑后摆下

帮助与保护：保护者站在杠后侧方，一手托他的腹部，另一手托其腿部帮助后摆，然后扶持他的身体落地。

教学步骤和练习方法：①低杠支撑后摆下，但手不离杠；②支撑后摆不高做后摆下。

6. 支撑前翻挺身下（图 10-17）

支撑开始，低头、上体前倒，屈髋，腹部贴杠，扣腕、屈臂拉杠，使腿顺势缓慢地落下成杠后站立。

图 10-17 支撑前翻挺身下

要求：动作连贯，两腿并直，结束时站于杠后。

重点：翻转后拉臂收腹控制两腿慢落。

教学步骤和练习方法：低单杠，在帮助下做低头前倒体，顺势翻下练习和进行完整技术练习。

帮助与保护：保护者站在杠前侧，两手托背或腿部。

易犯错误及其原因：下掉——拉臂无力，腹部肌肉放松。

7. 向前摆越转体 90°挺身下（图 10-18）

骑撑，单腿向前摆越转体 90°挺身下（以向右转体为例）。右腿在前骑撑开始，右手稍离右腿反握杠、重心移至右臂；同时右腿压杠，两腿向左侧摆起；以右臂为轴，用头、肩带动身体向右转体 90°，左腿摆越；接着向右腿并拢挺身落下。

图 10-18 向前摆越转体 90°挺身下

要求：转体正，有单臂支撑的较高腾空的挺身过程。

重点：移肩与摆腿的密切配合及正确的转体方法。

教学步骤和练习方法：①跳箱上骑坐一手撑箱，做摆越转体下，要求有挺身动作；②完整技术练习。

帮助与保护：保护人站于右侧后方，一手握上臂一手托右腿。

易犯错误及其原因：①身体向前掉下，无明显的腾空——无移肩或向右移肩不够；②收腹，无挺身——转体方法不对。

（三）双杠

1. 支撑摆动（图 10-19）

由支撑开始，以肩为轴，举腿送髋，向前摆腿；再向后摆腿。当身体接近支撑点时稍屈髋，并加速摆腿。同时稍含胸、紧腰、顶肩、身体自然伸直。如此反复摆动。

要求：后摆挺；身髋高于肩，前摆身体自然伸展脚面高于头。

图 10-19　支撑摆动

重点：肩正确的相应移动；腿正确的加速时机；摆动以肩为轴。

教学步骤和练习方法：①学习正确的支撑姿势，在杠上做支撑移行；②支撑摆动，幅度由小到大；在帮助下练习；③支撑摆动，用脚触及一定高度标志物。

帮助与保护：保护人站在练习者侧面，一手握上臂、一手托臀部或腹部，助其前后摆动。

易犯错误及其原因：①摆动时不能以肩为轴，而是以髋为轴，或摆动小拉不开肩角；②节奏不协调——用力时机过早或过晚。

2. 支撑后摆挺身下（以左侧下为例）（图 10-20）

支撑摆动开始，当后摆接近最高时制动腿，右手推杠换握左杠，同时左手推杠侧平举，使身体平移出杠挺身下。

图 10-20　支撑后摆挺身下

要求：后摆腿高于肩水平部位，身体平移出杠，有单臂支撑、挺身过程，落地稳。

重点：移重心，推手换握时机。

教学步骤和练习方法：①杠端支撑（面向内）做小摆动后摆挺身下；②在保护帮助下做完整动作练习。

帮助与保护：保护人站在落地点同侧，一手握上臂，另一手托腹部，帮助出杠。

易犯错误及其原因：①推手换握太慢，身体侧移太晚，身体出不了杠；②没有保持挺身下，收腹屈腿——摆动技术不正确或存在害怕心理；③没有单臂支持过程。

3. 支撑前摆向左直角下（图 10-21）

由支撑摆动开始，当身体前摆过垂直部位后，两腿加速向前向外摆，身体向左移，脚摆至极点时，立即制动腿，右手顶肩推杠，换撑左杠（于左手后），身体左移，接着两腿下压，左臂推开至侧举，挺身落地。

图 10-21　支撑前摆向左直角下

帮助与保护：帮助者站在练习者的左侧后方，左手握他的左上臂，右手托其臀部，帮助出杠。

教学步骤和练习方法：①在保护下做完整动作；②掌握动作之后，可以用标志物指示摆腿的高度，提高完成动作的质量。

4. 分腿骑坐前进

由支撑前摆（图 10-22 之 1）开始，当前摆两腿过杠面时，立即向两侧分腿，并以大腿内侧沿杠稍向后滑动成两手后撑的分腿坐（图 10-22 之 2），身体挺直，两腿内侧夹杠（图 10-22 之 3），然后上体前倒，两手顺势于体前稍远处撑杠（图 10-22 之 4），同时两腿伸直保持紧张，用大腿压弹杠，后摆进杠并腿（如图 10-22 之 5），自然支撑前摆（图 10-22 之 6）。

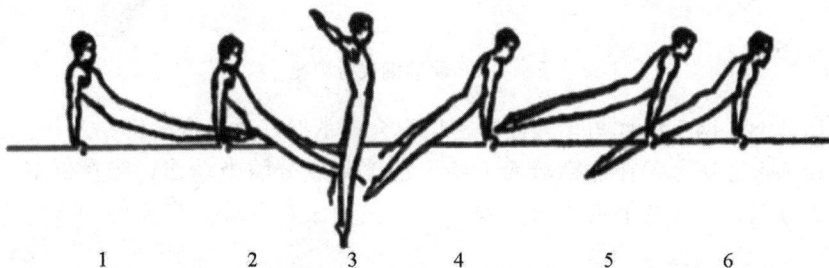

1　　　　2　　　　3　　　　4　　　　5　　　　6

图 10-22　分腿骑坐前进

帮助与保护：帮助者站在练习者前侧方，当他两手撑杠后摆时，右手握其上臂，左手托送膝部，帮助腿后摆进杠。在两腿前摆时，再稍托臀部帮助其成分腿坐。

教学步骤和练习方法：①练习支撑摆，前摆成分腿坐；②在帮助下慢做，体会推手伸腕，挺身前倒撑杠和两腿向后压弹杠的动作；③帮助下做完整动作。

5. 右外侧坐向左越两杠直角下（图 10-23）

外侧坐时，左腿屈膝，小腿后伸，右腿向后伸直。摆越两杠时，两臂撑直，肩左移稍后倒，利用压杠的反弹力两腿迅速向左上方摆起并拢，接近最高点时制动腿，右手推杠，换撑左杠，接着左手推杠侧举，腿下压，挺身落地。

帮助与保护：帮助者站在右杠外侧方，右手扶练习者上臂，左手从杠上托他的腰或臀部，帮助摆腿越过杠。

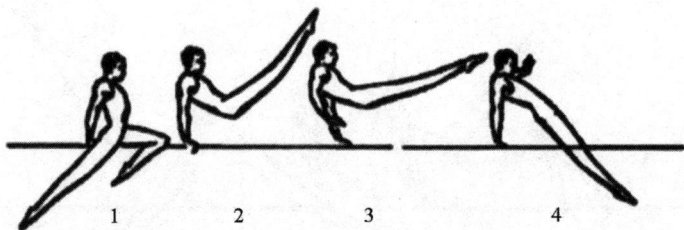

图 10-23　右外侧坐向左越两杠直角下

教学步骤和练习方法：①由右外侧坐摆越两杠至左外侧坐，或并腿坐于左杠上，体会摆越时身体向左移动；②在帮助下做完整动作。

6. 前滚翻成分腿坐（图 10-24）

分腿坐开始，两手体前靠大腿处握杠；上体前倒屈臂，顺势提臀屈体；两肘外展，两肩在手前撑杠；低头前滚，两腿并拢保持屈体姿势；当臀前移至肩上方时，两手迅速向前握杠；臀部接近杠水平面时，两腿分开下压；同时两臂用力压杠，上体迅速前跟成分腿坐。

要求：动作连贯，有并腿过程、臀部不下掉。

图 10-24　前滚翻成分腿坐

重点：上体前倒，两手撑杠与含胸提臀密切配合；掌握好手换握时机。

教学步骤和练习方法：①在低跳箱面上练习前滚翻成分腿坐动作；②在低双杠上做屈体俯撑蹬杠前滚翻成分腿；③在杠上前方放一块垫子，做前滚翻成分腿坐完整动作练习；④在保护帮助下练习。

帮助与保护：保护人站在杠侧，一手在杠下托肩，另一手托腹（或腿）帮助提臀；当练习者滚翻后，两手迅速至杠下托背和臀。

易犯错误及其原因：①臀部提不起、手握太远——背力太差；②肘不外展，肩触杠后身体从杠内滑落；③前滚翻过程中没有保持屈体姿势，挺身前倒打杠；④手换握过迟、分腿压臂跟上体不够，使滚后臀部下掉或成仰卧。

7. 慢起肩倒立（图 10-25）

分腿坐开始，两手在体前靠近大腿处握杠，接着两臂弯曲，上体前倒，提臀屈体，两手用力撑杠，两肩在手前 20～30 厘米处顶杠，两肘向外分开，当重心前移至支撑面上方时，伸展髋关节，两腿经侧并拢，抬头紧腰，身体伸直肩倒立。

要求：直腿慢起，体直，保持 3 秒以上。

重点：倒体、撑杠与提臀密切配合。

教学步骤和练习方法：①低双杠上，两肩顶杠分肘屈体立撑，一腿上举，另一腿蹬杠上摆并腿成肩倒立；②低双杠上，帮助做分腿坐慢起手倒立。

图 10-25 慢起肩倒立

帮助与保护：保护人站在练习者体侧，一手从杠下托肩，另一手托腿助其完成动作；站在肩顶杠上，两手提练习者腿帮助完成倒立。

易犯错误及其原因：①臀部提不起，前倒提臀不协调；②伸髋时回落前翻——伸髋过早或臂未保持在垂直部位和低头；③两肘未外展，肩顶杠时下沉；④倒立不稳，立腰紧髋不够——肩带肌、腰腹肌力量不够。

（四）跳跃

1. 支撑跳跃的基本技术分析

支撑跳跃动作由助跑、踏跳、腾空、推手、第二腾空、落地六部分组成，它们之间是互相联系的。

（1）助跑

助跑是为使身体获得一定的水平速度，为有力地踏跳创造良好的条件。助跑时，路线要直、有节奏、逐渐加速，最后几步要适当加大步幅，最后一步两臂向后下方弧形摆动。距离约 15～25 米左右。

（2）踏跳

踏跳是支撑跳跃全过程的最重要部分，使身体总重心在腾空中获得合理运动轨迹和初速度。踏跳要主动、猛、快。

（3）腾空

在脚蹬离助跳板后至推手阶段为腾空。腾空要有一定的远度和高度。踏跳后要稍含胸，腕关节微屈，两臂前伸，两腿伸直向后摆起不低于肩。

（4）推手

手触器械至推离器械称推手。推手的好坏决定第二腾空的高度和远度，推手要短促有力。

推手时，两臂前伸拉开肩角，然后猛力向前下方推撑器械，迅速顶肩，使身体获得较大的支撑反作用力，再度向前上方腾起。

（5）第二腾空

推手身体再度腾起后，要根据不同的跳跃动作做出不同的身体姿势，然后两臂向前上方摆起，上体急振，伸展髋关节，紧腰、固髋，准备落地。

（6）落地

落地是动作的结束阶段，当腾空展体后，身体下落接近地面时，用前脚掌着地立即过渡到全脚掌着地,迅速屈膝收腹做缓冲性的半蹲,全身保持一定紧张来努力维持平衡。落地要稳,在身体稳定后再成站立。

2. 一般跳跃

(1)横跳箱跳上、跳下

练习1:单脚踏跳,双脚踏低跳箱,挺身跳下。

练习2:跳上成跪撑,跪跳下。

练习3:跳上成蹲撑,向前跳下。

练习4:跳上成分腿立撑,挺身跳下。

(2)弹跳板练习

练习1:挺身跳(图10-26)。

图10-26 挺身跳

练习2:屈腿跳(图10-27)。

图10-27 屈腿跳

练习3:分腿跳(图10-28)。

图10-28 分腿跳

练习4：屈体跳（图10-29）。

图10-29　屈体跳

练习5：后屈腿跳（图10-30）。

图10-30　后屈腿跳

3. 支撑跳跃基本动作

（1）横箱分腿腾越（山羊）（图10-31）

要求：推手时，两脚尖不超过支撑点。推手后，空中有挺身动作。

图10-31　横箱分腿腾越（山羊）

重点：快速有力地踏跳，推手时腿及时制动。

教学步骤和练习方法：①距墙约50厘米处放置助跳板、助跑上板起跳，两手向前上方推墙保持起跳姿势落在板上练习；②俯撑推手跳成分腿立接挺身跳；③完整动作练习。

帮助与保护：保护人站在落地点侧面，必要时扶助练习者背部或腹部；或面对面站在山羊前，双手握练习者上臂顺势向前上提拉，后退1～2步帮助过器械。

易犯错误及其原因：①起跳无力，腾空过高——屈膝过大或全脚掌踏跳；起跳方向低；②第二腾空无挺身——推手无力或用力方向不对，过迟，腿无制动。

（2）分腿腾越纵箱（图10-32）

要求：第一腾空腿后摆高度与肩平，双手同时撑远端；第二腾空有挺身，落地稳。

重点：快速有力地踏跳与推手；两臂前伸撑远端。

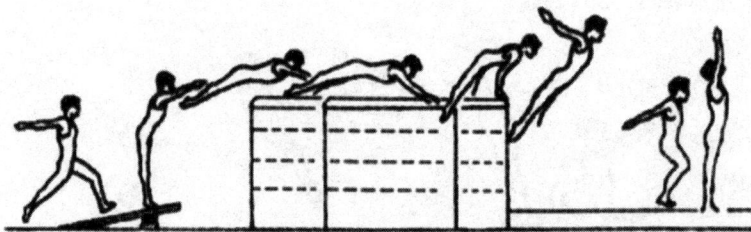

图 10-32　分腿腾越纵箱

教学步骤和练习方法：①在地上做俯撑向上摆收腹成分腿站立；②助跑踏跳手撑远端，身体落在高垫上成俯卧姿势（注意保护，防止练习者向前冲而从前面掉下）；③改变箱的倾斜度做分腿腾越，然后进入完整动作练习。

帮助与保护：参照横箱分腿腾越。

易犯错误及原因：①减速上板，起跳无力——有害怕心理；②第二腾空无挺身，甚至前冲下栽——起跳方向低，两臂没有撑远端，推手无力、过迟或用力方向不对，无制动腿。

（3）斜向右直角腾越横马（图 10-33）

斜进助跑，左脚在肩的前面踏板起跳。同时，上体稍后仰、右手撑马、右腿带动髋关节向马的前方摆起，左腿蹬板后，迅速与右腿并拢，左手迅速在体后撑马。接着右手推离器械，伸髋、挺身落地。

帮助与保护：保护者站在马的右侧面，练习者起跳后，右手握他的上臂，左手托其臀部。

教学步骤和练习方法：①做踏跳摆腿撑马的动作；②同①，但跳上成坐撑，然后举腿跳下；③做完整动作；④要求腾越有一定的高度，做越过马身上的障碍物，或者用脚尖触马的前上方的标志物。

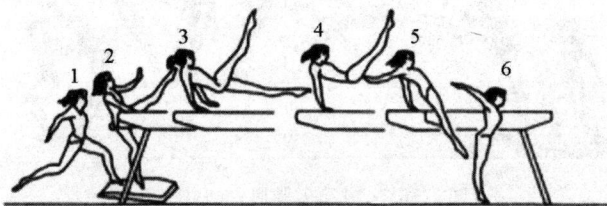

图 10-33　斜向右直角腾越横马

第二节　武术项目的运动方法设计

一、武术的内容和分类

我国历史悠久，地域辽阔，伴随着这个特点产生发展的武术运动可谓根深叶茂，内容丰富而且分类方式繁多，一般按运动形式将武术分为三大类。

（一）功法运动

功法运动是以单个武术动作作为主体进行练习，以达到健体或增强某方面体能的运动。例如，专习浑圆桩可以调心、调身、调息，长时间站马步桩可以增强腿力等。

传统功法运动的内容丰富多彩，按其形式与内容可分为内养功、外壮功、轻功、硬功四种。其中前人根据实践经验总结出来的一些功法延用至今，如"拍打功""沙包功"等仍是提高武术专项技能的有效训练方法与手段。

（二）套路运动

套路运动是指以技击动作为主要内容，以攻守进退、动静疾徐、刚柔虚实等矛盾运动的变化规律编成的整套练习形式。一般按练习形式分为单练、对练、集体表演。

1. 单练

是指单人练习的套路运动。其中包括拳术与器械两种形式。

（1）拳术

指徒手练习的套路运动。拳术的种类很多，如长拳、太极拳、南拳、形意拳、八卦拳、通背拳、象形拳等。

（2）器械

指手持武术兵器进行练习的套路运动。器械又可分为长器械、短器械、双器械、软器械等。目前最常见的器械是刀、剑、枪、棍，它们也是武术竞赛的主要项目。

2. 对练

指在单练基础上，由两人或两人以上，在预定条件下进行的假设性攻防练习套路。其中包括徒手对练、器械对练、徒手与器械的对练等。

3. 集体表演

指6人以上徒手或手持器械同时进行练习的演练形式。练习时可变换队形，也可采用音乐伴奏，要求队形整齐，动作协调一致。

（三）搏斗运动

搏斗运动是两人在一定条件下，按照一定的规则，根据双方的攻防实际情况，运用相应的功防技法进行的实战练习形式。目前武术竞赛中正在开展的有散打、太极推手等。

1. 散打

又称散手，古称手搏、白打等，由于徒手相搏、相角的运动形式在台子上进行，又称"打擂台"。现在的散打是两人按照一定的规则使用踢、打、快摔等方法制胜对方的竞赛项目。

2. 太极推手

太极推手是两人遵照一定的规则，使用太极拳技法的掤、捋、挤、按、採、挒、肘、靠等方法，双方粘连黏随，寻机借劲发力将对方推出，以此决定胜负的竞赛项目。

（四）武术的特点和作用

1. 武术的特点

（1）攻防技击性

武术作为体育项目，动作具有攻防技击性，这仍然是它的本质特征，如散打的技术与实用技击术基本是一致的，集中体现了武术攻防格斗的特点，只是从体育的观念出发，以不伤害对方为原则，严格规定了禁击部位和保护器具。作为中国武术特有表现形式的套路运动，虽然拳种不同，风格各异，有的还具有地方特色，但无论何种套路，其共同特点是以踢、打、摔、拿、击、刺等攻防动作构成套路的主要内容。虽然套路中不少动作的技术规格在原技击动作的基础上略有变化，或因连接贯串及演练技巧的需要，穿插了一些不具备攻防意义的动作，但通过一招一式表现攻与防的内在含义仍然是套路技术的核心。

（2）内外合一，形神兼备的民族风格

讲究动作形体规范，又求精气神传意，内外合一的整体运动观，是中国武术的一大特色。所谓内，指人的精神、意识和气息的运行；所谓外，指人体手眼身步的活动，如太极拳要求"以意识引导动作"，形意拳讲究"内三合、外三合"。套路演练在技术上特别要求把内在的精气神与外部的形体动作紧密结合，做到手到眼到，形断意连，使意识、呼吸、动作协调一致。这一特点充分反映了，武术作为一种文化形式在长期的历史演进中备受中国古代哲学、医学、美学等方面的渗透和影响，由此形成独具民族风格的运动形式和练功方法。

（3）广泛的适应性

武术的内容和练习形式丰富多样，不同的形式和内容都有与其相适应的各种练功方法，其动作结构、技术要求、运动风格和运动量不尽相同，分别适应不同年龄、性别、职业、体质的需要，人们可以根据自己的条件和兴趣爱好加以选择。同时，武术运动不受时间、季节的限制，场地器材也可以因陋就简，这种广泛的适应性给开展群众性体育活动创造了有利条件。

2. 武术的作用

（1）强身健体作用

武术之所以从军事技术分离出来，其中的一个重要原因是，练习武术对身体有着良好的影响，能起到强身健体的作用。练习武术时，无论是人体大的肌肉群，还是一些小的关节韧带，无论是人体外部的各个部位，还是内在的精神、意识、呼吸，都需协同作用，因此对人体的锻炼是全方位、多层次的。千百年来人们的习武实践和近年的科学研究都表明，武术注重内外兼修，对身体有着多方面的良好影响，经常练习可以取得壮内强外的健身效果。

（2）防身技击作用

武术由我国古代的技击术发展而成，其直接来源是攻防格斗。尽管现代的武术属于体育的范畴，然而技击性仍然是它的本质属性。通过练拳习武，不仅可以提高人体的各种身体素质，而且可以掌握一定的攻防技法，起到防身自卫的作用。另外，武术散打项目更是以攻防格斗为目的，坚持长期系统的学习，不仅可以提高防身自卫能力，还可以为国防、公安建设服务。

（3）教育娱乐作用

中华民族素有"礼仪之邦"之称，根植于中华传统文化土壤中的中华武术，也必然以具有浓郁的伦理思想色彩为其主要特色，尚武与崇德便成为习武实践中密不可分的两个方面。中华浩瀚历史长河中，戚继光等无数民族英雄和武术家，无不是德行和技艺同时修炼，甚至德先于技。实行尚武与崇德的教育，无疑可以陶冶人们的思想情操。另外，艰苦的习武实践，对于培养人们良好的生活习性和意志品质也具有积极作用。

中华武术独有的审美情趣也给武术增添了无穷的魅力。套路运动的动静疾徐、起伏跌宕，散打运动的巧妙方法、激烈对抗，不仅能培养人们的审美情趣，给人以美的教育，还能在节庆集会时丰富人们的业余文化生活，带给人们美的享受。同时，以武会友，切磋技艺，还能扩大交往，交流思想，增进友谊，为东西方的文化交流做出贡献。

（4）经济作用

不同的历史时期，武术表现的价值功能侧重点不同。随着我国社会主义市场经济的逐步建立，传统的武术在体育产业化过程中所表现出的经济价值越来越被更多的有识之士认同。首先，作为一种精神产品，武术能不同程度地满足人们对精神文化生活的需求。各种武术表演、比赛以及武侠文学和影视，在丰富人们文化生活的同时，也带来了巨大的经济效益。其次，武术作为一种劳务，在进行武术教学、训练以及辅导等活动时，也具有一定的经济效益。另外，作为一种资源，武术还能够带来相关产业的发展，如武术服装、器材以及各种武术书籍、期刊、音像制品等武术附属产品的销售，还有各种国际武术文化节等，都是以武术搭台，随着改革开放的深入，武术发挥的经济效益将会越来越大。

二、武术的基本功和基本动作

练武术必须要练基本功，武术的基本功也非常有系统性。戏曲、舞蹈、杂技以及其他体育项目的运动员常常借鉴武术的基本功和练习方法。

何谓基本功？基本功通常指人们在从事武术运动时需要具备的最基本的身体素质和基本技术。基本功和基本动作练习一般包括肩、腰、腿、手、步以及跳跃、平衡等练习。在练习中可穿插些徒手动作的连接组合练习。著名武术家蔡龙云先生的著作《武术运动基本训练》和近年来人民体育出版社出版的《武术基础练习》都较详细全面地介绍了基本功和基本动作内容，这里我们选择一些最常用的基本功练习内容，着重技术要领，从简加以叙述，供练习者参考。

（一）肩臂练习

通过此练习可增进肩关节柔韧性，加大肩关节活动范围，提高上肢动作的敏捷、松长、环绕能力。武术上肢动作非常繁杂，要求必须练习压肩、绕环、抡臂等。

1. 压肩

预备姿势：面对肋木（或一定高度的物体）站立，距离一大步，两脚左右分开，与肩同宽或稍宽。

动作说明：两手抓握肋木，上体前俯（挺胸、塌腰、收髋）并做下振压肩动作。也可由另一人辅助练习，随着练习人的下振动作，有节奏地施以压力。也可以两人对面站立，互相扶按肩部，身体前屈进行振动压肩动作。

要求与要点：两臂、两腿要伸直，抬头振幅应逐步加大，压点集中于肩部。

2. 单臂绕环

预备姿势：成左弓步站立，左手按于左膝上（也可两脚开立，左手叉腰）。

动作说明：右臂由上向后、向下、向前绕环一周。右臂由上向前、向下、向后绕环一周，练习时，单臂绕环可连续进行左右臂交替。

要求与要点：臂伸直，肩放松，划立圆，逐渐加速。

3. 双臂绕环

预备姿势：两脚开立，与肩同宽，两臂垂于体侧。

动作说明：

前后绕环：左右两臂依次做绕环。左臂由下向前、向上、向后做向前绕环；右臂由上向后、向下、向前做向后绕环。然后再做反方向的绕环。

左右绕环：左右两臂同时向右、向上、向左、向下划立圆绕环，或同时向左、向上、向右、向下划立圆绕环。

交叉绕环：两臂直臂上举，左臂向前、向下、向后，右臂向后、向下、向前，同时于身侧划立圆绕环。练习时可左右交替进行。

4. 仆步抡拍（乌龙盘打）

预备姿势：两脚开立，略宽于肩，两臂垂于体侧。

动作说明：左脚向左迈出一步成左弓步，上体随之左转，同时右臂向左前下方伸出，左掌手心向里，掌指向下，垂于右臂肘关节处。上动不停，上体右转成右弓步，同时右臂直臂由左向上。向右抡臂划弧至右上方，左掌下落至左下方。上动不停，上体右后转，同时右臂直臂向下，向后抡臂划弧至后下方，左臂直臂向上、向前抡臂划弧至前上方。上动不停，上体左转成右仆步，同时右臂直臂向上、向右、向下抡臂划弧至右腿内侧拍地；左臂向下、向左抡臂划弧停于左上方。练习时，左右交替进行。

右仆步抡臂动作，称右仆步抡拍；左仆步抡臂动作，称左仆步抡拍。

要求与要点：向上抡臂时要贴近耳，向下抡臂时要贴近腿。右仆步抡拍时，眼随右手，左仆步抡拍时，眼随左手。

（二）腿部练习

主要发展腿部的柔韧性、灵活性和力量等素质。练习方法有压腿、搬腿、劈腿和踢腿等。

1. 压腿

主要是拉长腿部的肌肉和韧带，加大髋关节的活动范围。压腿的方法有正压、侧压和后压三种。

（1）正压腿

面对肋木或一定高度的物体，并步站立。左腿提起，脚跟放在肋木上，脚尖勾起，两手扶按膝上。两腿伸直，立腰，收髋，上体前屈，并向前、向下做压振动作。练习时，左右腿交替进行。

要求与要点：直体向前、向下压振，要有一些酸痛感才会见效。也可进行耗腿，耗与压相交替，压腿高度可逐步升高。

（2）侧压腿

侧对肋木或一定高度的物体，右腿支撑，脚尖稍外撇。左腿举起，脚跟搁在肋木上，脚尖勾起，右臂屈肘上举，左掌附于右胸前。两腿伸直，向左侧压振。练习时，左右交替进行。

要求与要点：上体要完全侧过来，逐步过渡到上体，侧卧被压腿上。

（3）后压腿

背对肋木或一定高度的物体，并步站立，两手叉腰或扶一定高度的物体。右腿支撑，左腿向后举起，脚背搁在肋木上，脚面绷直，上体后屈并做压振动作。练习时，左右交替进行。

要求与要点：两腿挺膝，挺胸、展髋、腰后屈。

（4）仆步压腿

两脚左右开立，大开步，右腿屈膝全蹲，全脚着地，左腿挺膝伸直，脚尖里扣，然后两手分别抓握两脚外侧，成左仆步，接着重心左移，左膝弯曲，转成右仆步。练习时，左右仆步可交替进行。

要求与要点：挺胸、塌腰，左右移动不要过快。沉髋，使臀部尽量贴近地面移动。通过此动作练习，可增加髋关节在低动作时的灵活性。

2. 搬腿

增进腿部的柔韧性，提高腿部上举力量。搬腿的方法有正搬、侧搬、后搬三种。

（1）正搬腿

左腿屈膝提起，右手握住左脚，左手抱膝。然后，左腿向前上方举起，挺膝，脚外侧朝前。也可由同伴托住脚跟上搬。练习时，左右交替进行。

要求与要点：挺胸，立腰，髋关节尽量放松。

（2）侧搬腿

右腿屈膝提起，右手经小腿内侧向下托住脚跟。然后将右腿向右上方搬起，左臂上举亮掌。也可由同伴托住脚跟向侧搬腿。

要求与要点：练习步骤、易犯错误和纠正方法均与侧压腿同。

（3）后搬腿

手扶肋木或一定高度的物体，由同伴托起右腿从身后向上举，挺膝，脚尖绷直，上体略前俯。当同伴向后上方振腿时，上体后仰。也可由同伴用肩扛大腿做后搬动作。练习时，左右交替进行。

要求与要点：与后压腿同。

3. 劈叉

主要是加大髋关节的活动幅度，增进腿部的柔韧性。在压腿和搬腿练习后可进行劈叉练习。劈腿的方法有竖叉、横叉两种。

（1）竖叉

两腿前后分开成直线，左腿后侧着地，脚尖勾起，右腿的内侧或前侧着地。如柔韧性较差，可多做前后分腿的压振动作，或用手扶肋木做逐步向下劈腿的动作。

要求与要点：挺胸、立腰、沉髋、挺膝。

（2）横叉

两手在体前扶地，两腿左右分开成直线，脚内侧着地。

要求与要点：练习步骤与竖叉同。

4. 踢腿

踢腿是腿部练习中的重要内容，也是表现基本功训练的主要方面之一。可以较集中地反映出腿部的柔韧、灵敏和控制力量。踢腿的方法有：直摆性腿法和屈伸性腿法。

（1）直摆性腿法

①正踢腿

预备姿势：两脚并立，两手立掌，两臂侧平举。

动作说明：左脚向前上半步，左腿支撑，右脚脚尖勾起向前额处猛踢，两眼向前平视。练习时左右交替进行。

要求与要点：挺胸、直腰，踢腿时，脚尖勾起绷落或勾起勾落。收髋猛收腹，踢腿过腰后加速，要有寸劲。

②斜踢腿

预备姿势：与正踢腿同。

动作说明：右脚向前半步，右腿支撑，左腿勾紧脚尖向右侧耳际猛踢。两眼向前平视。练习时左右腿交替进行。

要求与要点：与正踢腿同。

③侧踢腿

预备姿势：与正踢腿同。

动作说明：右腿向前上半步，脚尖外展，左脚脚跟稍提起，身体略右转，左臂前伸，右臂后举。随后，左脚脚尖勾紧向左耳侧踢起，同时右臂屈肘上举亮掌，左臂屈肘立掌于右肩前或垂于裆前。眼向前平视。踢左腿为左侧踢，踢右腿为右侧踢。

要求与要点：挺胸、直腰、开髋、侧身、猛收腹。

④外摆腿

预备姿势：与正踢腿同。

动作说明：右腿向右前方上半步，左脚尖勾紧，向右侧上方踢起，经面前向左侧上方摆动，直腿落在右腿旁。眼向前平视。左掌可在左侧上方击响，也可不做击响。练习时左右交替进行。

要求与要点：挺胸、塌腰、松髋、展髋。外摆幅度要大，成扇形。

⑤里合腿

预备姿势：与正踢腿同。

动作说明：右腿向右前方上半步，左脚脚尖勾起里扣并向左上方踢起，经面前向右侧上方直腿摆动，落于右脚外侧。右手掌可在右侧上方迎击左脚掌（击响），也可不做击响动作，眼向前平视。练习时，左右腿交替进行。

要求与要点：挺胸、直腰、松髋、合髋，里合幅度要大并成扇形。

（2）屈伸性腿法

①弹腿

预备姿势：两腿并立，两手叉腰。

动作说明：右腿屈膝提起，大腿与腰平，右脚绷直。提膝接近水平时，要迅速猛力挺膝，向前平踢（弹击），力达脚尖。大腿平与小腿成一直线，高与腰平，左腿伸直或微屈支撑，两眼平视。

要求与要点：挺胸，直腰，脚面绷直，收髋。弹击要有寸劲（即爆发力）。

②蹬腿

预备姿势：与弹腿同。

动作说明：与弹腿同，唯脚尖勾起，力点达于脚跟。

要求与要点：均与弹腿同，唯强调勾脚尖。

③侧踹腿

预备姿势：两脚并立，两手叉腰。

动作说明：两腿左右交叉，右腿在前，稍屈膝。随即，右腿伸直支撑，左腿屈膝提起，左脚里扣，脚跟用力向左侧上方踹出，高与肩平，上体向右侧倒，眼视左侧方。练习时，左右可交替进行。练习时手可扶一定高度物体（如树），做侧踹练习，以体会上体侧倒动作的要领。

要求与要点：挺膝、开髋、猛踹，脚外侧朝上，力达脚跟，上身要稍侧倒。

5. 扫腿

扫腿是旋转性的一类腿法，分前、后扫腿两种。

（1）前扫腿

预备姿势：两脚并立，两臂垂于体侧。

动作说明：左脚向右腿后插步，同时两手由下向左、向上、向右弧行摆掌，右臂伸直，高与肩平，成侧立掌；左掌附于右上臂内侧，掌指向上。头部右转，目视右方。上体左后转180°，左臂随体转向左后方平移至体左侧，稍高于肩；右臂随体转自然平移至体右侧，掌心朝前，掌指朝右下方。上体继续左转，左脚尖外撇。右掌从后向上、向前屈肘降落；同时，左臂屈肘，掌指朝上从右臂内侧向上穿出，变横掌架于头部左上方，拇指一侧向下。随即右掌下降并摆向身后变勾手，勾尖朝上。在左脚尖外撇的同时，左腿屈膝，左脚跟抬起，直腿向前扫转一周。

练习时，可先做站立扫转动作（上肢动作按动作说明进行），左膝稍屈，右脚掌贴地旋转一周，以体会旋转时保持身体平衡的动作要领。还可先用双手扶地增加支撑，借以维持身体平衡。待扑腿扫转的要领掌握后，再过渡到不扶地的扫腿练习。

要求与要点：头部上顶，眼睛随体转平视前方，上体正直。在扫转时，注意拧腰与扫腿配合用力一致，始终保持右仆步姿势，保持身体重心平衡，右膝不要弯曲。

（2）后扫腿

预备姿势：两腿并立，两臂垂于体侧。

动作说明：左脚向前开步，左腿屈膝半蹲，右腿，挺膝伸直，成左弓步，同时两掌从两腰侧向前平直推出，掌指朝上，小指一侧朝前，眼看两掌尖。左脚尖内扣，左腿屈膝全蹲，成右仆步姿势，同时上体右转并前俯。两掌随体向转在右腿内侧扶地，右手在前。随着两手撑地，上体向右后拧转的惯性力量，以左脚前掌为轴，右脚贴地向后扫转一周。练习时，可先体会拧腰带动扫腿的旋转要领，充分发挥转体、拧腰所造成的惯性力量，然后再逐步增加后扫腿的速度和力量。

要求与要点：转体、俯身，撑地用力要连贯紧凑，一气呵成。上下脚动作不要脱节。

（三）腰部练习

腰是贯通上下肢节的枢纽，俗话说："练拳不练腰，终究艺不高。"在手、眼、身法、步法四个要素中，腰是较集中地反映身法技巧的关键。主要练腰的方法有前俯腰、甩腰、涮腰和下腰四种。

1. 前俯腰

并步站立，两手手指交叉，直臂上举，手心朝上，上体前俯，两手尽量贴地。然后两手松开，抱住两脚跟腱逐渐使胸部贴近脚部。持续一定的时间再起立。还可以向左或向右侧转体，两手在脚外侧贴触地面。

要求与要点：两腿挺膝伸直，挺胸、塌腰、收髋，并向前折体。

2. 甩腰

开步站立，两臂上举。然后以腰，髋关节为轴，上体做前后屈和甩腰动作，两臂也跟着甩动，两腿伸直。

要求与要点；前后甩腰要快速，动作紧凑而有弹性。

3. 涮腰

两脚开立，略宽于肩，两臂自然下垂。以髋关节为轴，上体前俯，两臂随之向左前下方伸出，然后向前、向右、向后、向左翻转绕环。练习时，可以上体先做向前、向后、向左、向右侧屈的动作，然后再做涮腰动作，速度要由慢到快，次数逐渐增多，左右方向交替进行。在涮腰后可下蹲、弓腰休息片刻，以防头晕。

要求与要点：尽量增大绕环幅度。

4. 下腰

两脚开立，与肩同宽，两臂伸直上举。腰向后弯，抬头、挺腰，两手撑地成桥形。下腰时，可由同伴托腰保护，下腰后，同伴可缓缓后推其膝部，以增加下腰效果。

要求与要点：挺膝、挺髋，腰向上顶。桥弓要大，脚跟不得离地。

三、武术的训练

（一）套路运动训练

1. 训练内容

根据武术套路运动的特点和训练目的，训练内容可分为身体训练技术训练，心理训练和智能训练。

（1）身体训练

身体训练的目的在于提高学生的身体机能和素质，为技术水平的提高打下良好基础。它包括一般身体训练和专项身体训练。

①一般身体训练：主要是增强学生身体的健康水平，提高各器官系统的机能，全面发展身体素质。而其中又以身体素质的训练为主要内容，多采用其他运动中的各种跑、跳、举等练习方式进行训练。

②专项身体训练：指与武术专项技术有直接联系的身体训练。采取与武术技术动作结构、动作方向、速度、幅度及用力性质有关的练习手段，来增强学生身体的武术活动能力，为学习、改进、提高武术技术动作提供直接的身体条件。武术基本功是训练专项身体素质的最佳途径，其中的腰、腿、臂、桩四功对身体主要部位的素质训练起着积极有效的作用。

需要注意的是，训练中应将一般身体训练与专项身体训练有机地结合起来，进行相互调剂、相互促进。对于少年儿童的启蒙和初级阶段的训练，尤其要加强一般身体训练，以促使其身体的全面发展，为专项身体训练水平地提高奠定好基础。

（2）技术训练

技术训练是训练工作中的核心环节，它分为基本技术训练、基本动作训练和套路技术训练。

①基本技术训练

武术中的基本技术，是从武术运动实践中提炼出的规范化的常用技术，只有将基本技术做得标准、规范，才能更好地保证套路完成的质量。它主要包含三方面的内容：

A. 动作的发力顺序：武术竞赛规则中强调动作要劲力充足，用力顺达，力点准确，发力完整。而发力顺序则是劲力体现的重要所在。因此在训练中应解决动作发力的顺序性，使之身体各部位间协调配合，按照一定的顺序进行用力。

B. 动作技击特点：武术动作的技击特点是基本技术的重要因素。因此，在训练各种基本技术动作时，要掌握并体现出左顾右盼，声东击西，指上打下，攻防兼有的攻防意识和动作特点。

C. 八法的协调配合：武术运动中的八法，是指动作时手、眼、身、步、精、气力、功八个方面。要求做到"拳如流星，眼似电；腰如蛇行，步赛粘；精要充沛，气宜沉；力要顺达，功宜纯"。

②基本动作训练

基本动作是指典型的，常用的，但又比较简单的动作。一般包括手型、手法、步型、步法、腿法、身法、平衡和基本跳跃等内容。并随技术水平的发展提高而逐步增多。在训练中，对基本动作的姿势必须严格要求，做到一丝不苟，以便形成准确的动力定型，为套路演练打下良好的基础。

③套路技术训练

套路技术训练，是指提高套路的演练技巧和水平，不断增强身体素质、机能，取得最佳的运动成绩。训练的形式有：

A. 分段训练：是指把整套动作分成若干段落进行反复练习。主要是解决局部动作的技术和节奏等问题，强化、改进段落的技术质量。根据训练目的和任务，可分为重点段、难度段、高潮段、起势段和收势段来进行训练。

B. 整套训练：是把在单个动作和分段训练中获得的动作规格、速度、节奏及意识的表现技能在成套训练中加以运用，增强高质量完成整套动作的能力。重点是要处理好整套的节奏和体力的分配，使其表现出动静分明、刚柔相济、章法清晰的演练效果。

C. 超套训练：是指一次上场完成一套以上数量的练习。其目的是增强"套路耐力"，提高无氧代谢能力，培养顽强的意志品质。

D. 对练套路训练：采用的训练步骤和方法一般有单人基本方法练习，双人配合练习，先慢练后快练，先分解练后整套练等，使之逐步达到方法准确，配合默契，攻防逼真的效果。

（3）心理训练

心理训练是指通过各种手段有意识地对学生的心理过程和个性特征施加影响，使学生掌握调节自己心理状态的各种方法，为更好地参加训练和争取优异成绩做好各种心理准备的训练过程。它主要分为一般心理训练和短期心理训练两部分。

2. 训练计划的制定

训练计划是对未来训练过程预先做出的理论设计，是运动训练过程的重要决策之一。训练计划一般包括多年计划、年度计划、周计划和日计划。

（1）多年计划

武术的多年训练计划一般分为基础训练阶段、专项提高阶段、最佳竞技阶段和竞技保持阶段。计划中主要有总任务、情况分析、训练指标和各阶段的主要内容。

①基础训练阶段：主要任务是打好武术技术基础和体能、智力、心理的全面基础。内容以基本功、基本技术、组合动作、长拳套路和一般身体素质的训练为主。

②专项提高阶段：主要任务是提高武术竞技能力。进行全面套路技术的掌握和专项所需的身体素质与机能的训练。

③最佳竞技阶段：主要任务是创造武术竞技的优异成绩。内容以"升华"专项技术为主线，进行提高完成套路动作质量和演练技术，以及专项所需的心理素质和发展难新动作的训练。

④竞技保持阶段：主要任务是保持高水平竞技能力。进一步发展专项身体素质和专项技术技巧，并进行编创适应个性的套路和比赛中心理稳定的训练。

（2）年度计划

年度训练计划主要是围绕年内的竞赛任务，来安排运动负荷控制、训练内容和手段。年度计划一般划分为以下 4 个周期进行训练。

①准备期：训练内容以提高全面身体素质和机能，掌握和改进武术基本功、基本技术为主。时间为 4～5 个月。

②基本期：训练内容以套路技术训练为主，着重专项素质和套路质量的提高，并安排适宜的心理训练。时间为 2.5～3.5 个月。

③竞赛期：训练内容是进一步精雕细刻套路技术，提高难度的稳定性，并通过各种形式的比赛提高适应和应变能力，促进竞技状态向最佳水平发展，参加比赛，创造优异成绩。时间为 1.5～2 个月。

④过渡期：训练内容以整改、学习和一般性活动为主，进行积极性休息、调整，以便消除疲劳，总结经验。时间为 1～1.5 个月。

（3）周计划

周训练计划是组织实施训练的极为重要的基本单位。根据训练任务的不同，可把周训练分为基本训练周、赛前诱导周、比赛周和恢复周 4 种类型。

①基本训练周：是采用最多的一种，主要通过负荷的改变促使机体出现新的适应，来提高竞技能力。又分为加量周、加强度周、强化训练周等，根据不同情况用于准备期及竞赛期。在内容上应用节奏交叉的进行负荷训练，以利于运动员接受大负荷训练和负荷后的恢复。基本功训练和身体训练可着重训练部位的交替，套路训练可进行不同项目的交替。

②赛前诱导周：主要任务是更有效地发展参赛套路的竞技能力，在内容上以参赛套路内容为主，在练习形式上更接近于比赛要求。

③恢复周：主要是通过降低训练负荷和改变练习内容，缓解与消除比赛带来的生理、心理上的疲劳。

（4）日计划

日训练计划又称课时训练计划（即课时教案），它应根据各周的任务要求和训练内容进行具体安排。一般包括每次课的目的与任务、日期、训练时数、训练次数、训练内容、训练方法及要求、运动负荷、课程组织等。

（二）散手运动训练

散手运动训练主要包括身体训练、技术训练、战术训练和心理训练。

1. 身体训练

身体训练是指在运动训练过程中运用各种训练手段，改善运动员的身体形态，发展运动素质，提高机体机能和健康水平的训练。散手身体训练是技、战术训练的基础和进行散手比赛的有力保证。它主要有以下内容与方法：

（1）力量训练

力量训练在散手中占有重要位置。抱、扛、摔需要最大力量；出拳、出腿既要有速度，又要有力度；攻防中反复完成技术动作和战术动作并使之不变形，则需力量耐力。因此，训练中应着重发展运动员的最大力量、快速力量和力量耐力。常用的方法有重复法、强度法、极限法、静力法、循环法、间歇法以及阶梯式训练法等，以进行各种负重和持重的力量练习。

（2）速度训练

速度素质是运动员进行快速运动的一种能力。由于散手运动的技战术都是以不同的速度形式表现出来的，因此速度能力决定着散手技战术运用和发挥的成效。按速度在散手中的表现形式，又可分为反应速度、动作速度、动作频率和位移速度。常采用的方法有通过打移动靶、条件实战、空击训练、负重训练以及比赛等，来进行视动反应、重复反应、预先激发和变速训练。

（3）耐力训练

耐力素质是人体在长时间负荷下抵抗神经、肌肉疲劳以及疲劳后迅速恢复的能力。散手比赛要求运动员具备坚持到比赛结束的充沛体力，以保证技巧战术的运用和发挥。所以，耐力素质对散手运动的影响十分显著。散手耐力素质的训练则包含有氧耐力和无氧耐力以及体力训练三种，多采用长时或短时的持续训练和强化性间歇训练方法，进行台阶跑、越野跑、跳绳、空击、打沙袋、打脚靶，以及"坐桩"式实战等练习。

（4）柔韧训练

柔韧素质是指人体各关节的活动幅度和肌肉、韧带的伸展能力。散手运动对柔韧素质的要求很高，如果柔韧性训练不足，往往会造成肌肉、韧带僵硬，动作幅度小，不仅直接影响散手技击技能的提高，而且会阻碍力量、速度、协调能力的发展，还易使运动员在训练中发生损伤。柔韧训练包括肩、臂、腕、腰、髋、腿、踝等部位，常采用动力拉伸和静力拉伸相结合的方法，其中又有主动训练和被动训练两种方式。

（5）灵敏训练

灵敏素质是指身体在短暂时间中变换位置的能力。是运动员各种素质和技击技能在运动过程中的综合表现，它取决于运动员的爆发力、动作速度，反应速度、协调能力等。训练方法有静物躲闪、躲闪摸肩、多吊袋摆荡闪身及各种游戏性练习等。

（6）功力训练

功力训练是指以提高打击力量和抗击打能力为主要目的一种专门性训练手段。它融力量、速度、耐力、柔韧等身体素质为一体，是散手运动员必备的一项能力和独特的练习形式。击打力量训练的方法有打沙袋、打脚靶、打墙靶、打木桩等。抗击打训练的方法有拍打功、倒地功、靠撞练习等。

（7）眼法训练

"眼为人之苗""拳技以眼为尊"。一双锐利的眼睛能使人心理上受到刺激，同时能及时发现空档，给予有力的打击，还能以此迷惑对手，造成错觉。眼睛的视觉分为定点视觉、周围视觉和感应视觉。训练方法有定视练习、观察练习、感应练习和假设性练习等。

2. 技术训练

散手技术，是双方在格斗时，为合理有效地击中、摔倒对方而充分发挥身体能力的动作方法。散手技术训练，则是指在散手训练过程中运用各种技术练习手段，改进技术动作方法，提高运动员技术水平和运用能力的训练。技术训练的方法主要有以下几种：

（1）空击练习

空击练习是熟练自如地掌握动作技术的重要训练手段，能够加强和改善神经传导通路的信息传递功能，进而提高动作的应变能力和反应速度。空击练习可分为个人单体技术空击、个人组合技术空击和随机组合空击三种形式。

（2）不接触式的攻防练习

是在排除阻抗条件的前提下，两人进行的攻防练习。目的是为了提高对对方攻防动作的判断和及时做出相应的动作反应的能力。它又可分为一攻一防和相互攻防式练习。

（3）模拟练习

是为提高某个单体或组合动作的运用能力，由教练或助手使用规定的方法反复地向练习者递招，而练习者则根据递招的具体情况做出相应的攻防动作，以此来提高反应速度，建立稳定的条件反射，直至动作技术的运用进入自动化阶段。

（4）条件实战练习

是指有条件限制的实战，是为提高运动员的某种技术能力而设置的、具有较强针对性的训练手段。该练习包括拳的实战、腿的实战、摔的实战、拳与腿的实战、拳与摔的实战、腿与摔的实战等。

3. 战术训练

散手战术，是根据比赛双方的具体情况，为战胜对方而采取的计策和方法。散手战术训练是指在散手训练过程中运用各种战术练习手段，培养运动员的战术意识，提高熟练、准确运用战术能力的训练。战术训练的方法主要有下列几种。

（1）假设性训练

是设想对方各种不同的打法，"身临其境"，假设性运用相应的打法形式。这种想练结合的方法，主要目的是培养战术意识，掌握各种战术的具体用法。

（2）战例分析训练

是从比赛录像中选择一些反应战术特点和应用战术较典型的片段，组织运动员观看。借助声像获得的直观印象，启发运动员的综合分析能力，研究战术运用中的特点和问题，制定切实可行的战术方案。

（3）战术分解训练

一种战术形式一般由几个技术动作组成，为了使每一个技术动作掌握的牢靠、扎实，可以先分解进行训练，有一定质量后再进行完整的战术形式训练。

（4）模拟训练

是采取效仿不同战术训练所需的动作，陪队员练习的一种方法。这种方法主要是模拟各种战术观念和个性特征的对手，以提高练习者的适应能力和战术运用能力。同时也可以模拟比赛环境和条件等。

（5）条件实战

是根据战术训练的需要，在规定一定的内容或使用动作的范围内，进行对抗战术训练。组织方法可固定对手，也可根据需要轮流"坐庄"，但重点都应放在培养练习者的战术意识和战术运用能力方面。

（6）实战比赛

是训练和检验战术运用效果的唯一手段。训练中的条件和环境必须按照竞赛规则的要求，丰富运动员的临场比赛经验，培养和锻炼其运用战术的能力。同时也可根据比赛需要，安排有特定条件的对抗实战。

4. 心理训练

心理训练是指在运动员出色地完成紧张而又复杂的专项训练和竞赛任务时，有意识、有目的地培养和完善其所具备的各种心理素质和心理品质的教育过程。散手心理训练的目的在于提高和完善散手运动员达到最高运动水平时所必须具备的各种心理素质。心理训练可分为一般心理训练和准备具体比赛的心理训练两大类。其通常采用较为有效的方法有下列几种。

（1）放松训练法

是一种通过自我暗示和调节使活动肌肉得到充分、主动、放松的方法。目前普遍采用的有肌肉渐进放松训练法、自生训练法和松静气功练习法等。

（2）想象训练法

是运动员通过有目的、有意识地在头脑中重现已经形成的表象来提高、巩固所获得的技术、战术水平或调整心理状态的一种方法。它有助于运动员技术动作的学习、提高和掌握；有助于对比赛和训练进行模拟训练；有助于运动员减少焦虑，提高运动能力和调整身心状态。具体训练的步骤分为想象放松，想象成功的比赛情景，目标控制想象三个阶段。

（3）意志品质训练

意志是指运动员为了实现确定的目的而支配自己的行动，并在行动时自觉克服困难的心理过程。意志品质的训练在散手运动员的心理训练乃至整个运动训练中占有重要地位。因此，训练意志品质要注意同身体训练、技术训练和战术训练有机地结合起来，同时还应使之贯穿在运动员的生活、学习、娱乐、训练、比赛等一切活动中，进行长期的、系统的训练和培养，不断提高运动员的勇猛果断、顽强坚韧、沉着自制、独立自觉和自信心等意志品质。

第三节　跳水项目的运动方法设计

一、跳水运动的起跳技术

对于跳水爱好者而言，学习起跳，比较常用的是立定起跳（Standing jump），走板起跳次之，跑台起跳则很少采用。因此，我们向跳水爱好者主要介绍立定起跳和走板起跳技术。

（一）立定起跳

1. 跳板的向前立定起跳

（1）动作过程

练习者面对跳水池在板端站立，两臂侧平举，待身体平稳后下蹲沉板，同时两臂从体侧偏后方向由慢至快地做弧形下压上摆动作，然后蹬板腾空。

（2）技术要领

①沉板压臂时，肩不能过分前倾。

②沉板压臂时，两臂应伸直，两手下压至膝关节旁再上摆。这样可促使跳水者的髋膝关节弯曲到一定的角度，使股四头肌等主要肌肉群的纤维预先拉长，以增大蹬板力量。

③起跳时，两臂快速上摆。在蹬板的同时，手臂向上摆动，产生一种朝下的反作用力（这种反作用力能增大跳板的下沉幅度），加快跳板反弹速度，蹬板时手臂上摆要快。

2. 跳板向后立定起跳

（1）动作过程

练习者面对板站立，两臂侧平举。前脚掌着板，脚跟悬空（稍提起），身体略前倾，待身体平稳后，下蹲沉板，同时两臂从体侧偏后方向由慢至快地做弧形下压上摆，蹬板腾空。

（2）技术要领

①站板时身体略前倾，以保持身体平衡，头部正直，目光注视跳板后端。

②板压臂时，两臂应伸直，两手下压至膝关节旁时再上摆，以增大蹬板力量。

③蹬板时手臂上摆要快，加快跳板反弹速度。

3. 跳台向后立定起跳

（1）动作过程

练习者面对台站立，两臂侧平举。前脚掌着台，脚跟悬空（稍提起），肩略前倾，稍停顿，身体下蹲，同时两臂从体侧偏后方由慢至快地做弧形下压的上摆动作，然后蹬台腾空。

（2）技术要领

①站台时身体略前倾，保持身体平衡。

②压臂时，身体下蹲不能太深。

③蹬台时摆臂要快，以增大避台力量。

（二）走板起跳

跳板和跳台跑动跳水的助跑动作（包括最后的跨跳动作）竞赛规则规定最少应为4步。练习者可根据自己的特点选用4步、5步或6步走板起跳。这里只向大家介绍4步的走板起跳技术。练习者在学习走板起跳之前，应先在跳板板端学习连续的弹板动作。当在跳板板端能连续弹板10次，并做到不退板，中途不停顿时，就可学习走板起跳了。

1. 1米板和3米板的连续弹板

（1）动作过程

练习者站立板端，两臂伸直上摆至两耳旁。然启身体下蹲，两臂从体侧偏后方做弧形下压动作。蹬板时，两臂快速上摆至耳旁，稍停顿，待两脚即将着板时再重复上述动作。

（2）技术要领

①蹬板时，要保持躯干正直，切不可前倾后仰。

②身体下落时，可略低头，以便看清楚落脚点，当再次蹬板腾空时，头部应保持正直，目视前方。

③腾空后应迅速判断身体位置，当感觉身体前倾将弹出板端时，应在落板的一瞬间做臀部后坐和两腿往前下方蹬板的补救动作。当感觉身体将明显后退时，应在落板的一瞬间做躯干前倾和两腿往后下方蹬板的动作，调整身体到正常位置。

2. 走板起跳

（1）动作过程

身体直立，目视板端。迈第一步（左脚起）时，两臂不动，迈第二步时，两臂对称前摆，身体略前倾，其步距比第一步大。迈第三步踏跳腿时，两臂加大后摆幅度，踏跳腿屈膝，脚后跟先着板。然后两臂伸直前摆上举提膝，腿上摆，同时踏跳腿蹬板，身体在腾空的过程中提膝腿主动伸直靠拢踏跳腿。在身体下落的过程中，屈髋、膝关节，两臂从体侧偏后方向由慢至快地下压。当前脚掌着板时，两臂快速上举，同时蹬板腾空。

（2）技术要领

①走板各步的步距。第一步的步距应与跳水者本人平常走路时的步距一致；第二步的步距应比第一步大，这样在第三步加大步距时，身体移动就不会显得太突然；第三步和第四步（最后一步）步距虽然受跳水者身高、腿部力量强弱、踏跳腿蹬板的方向等因素的影响，但不宜强调过长，因为加长步距后，跳水者必然加快走板速度，从而出现身体不平稳、容易冲出板外等缺点。在一般情况下，第三步的步距在 90 厘米左右，第四步步距在 30 厘米左右。

②在单腿踏跳的同时，两臂应快速上举。踏跳时，快速摆臂的反作用力能增大跳板的下沉幅度，从而获得较高的踏跳高度。因此，迈出踏跳步时，应加大两臂的后摆幅度，以便在踏跳腿蹬板时，两臂做出幅度大、速度快的前摆上举动作。加大两臂后摆幅度时，应保持身体平衡，肩不能过分前倾。

③踏跳蹬板方向。蹬板方向与走板起跳的稳定性有直接的联系。练习者的踏跳腿应朝正下方蹬板，跳板反弹力推动身体向上腾空，向前走板产生的惯性力推动身体落在板端。相反，如果向前下方蹬板则会产生退板现象，如果向后下方蹬板则身体很容易冲出板端外。

④在踏跳腾空的过程中并腿。踏跳腿蹬板时，应快速摆臂提膝，在腾空的过程中，提膝腿迅速伸直与踏跳腿并拢，完成并腿动作的身体位置正处在踏跳腾空最高点，这种尽早并腿的动作有利于跳水者准确地完成起跳。因为从腾空最高点到两脚着板有一段短暂的时间，练习者在这段时间里，可以判断和调节身体重心，平衡身体，达到准确起跳的目的。

⑤与跳板立定起跳一样，沉板时，伸直的两臂由慢到快地下压，两手掌经膝关节旁快速上摆，以增大蹬板力量。

⑥与跳板立定起跳一样，蹬板起跳时应伸直两臂快速上举至耳旁，以增大蹬板力量。

（三）入水时的身体位置和姿势

1. 入水时的身体位置

无论是半周动作还是翻腾动作，在入水的一瞬间，虽然翻腾速度已明显减馒，但是还存在惯性。为做到垂直入水，练习者在入水的一瞬间，应把自已伸直的身体控制在接近垂直位置。如果在开始入水的一瞬间，身体已处于垂直位置，那么在入水的过程中身体由于惯性会继续转动，导致身体势必脱离垂直。通常翻腾力较大的动作，其入水时的身体惯性也大，跳水者应根据动作翻腾的快慢来确定入水时的身体位置。

2. 入水时的身体姿势

一个准确、优美的跳水动作，不仅入水角度要直，而且身体各部位也要充分伸展成一条直线。

身体向前头入水时的身体姿势应做到：两臂伸直靠拢两耳旁并手，头部正直，肘关节伸直夹紧头部，收腹、紧腰，臀部夹紧，两腿伸直并拢，脚尖绷直，整个身体充分伸展，从手臂到脚尖成一直线。入水后要保持这一姿势，直到身体下沉，速度明显减慢。如果在水下过早仰头挺胸，则会溅起水花。跳高台动作时，这种过早仰头挺胸动作很容易使练习者的颈部和腰部受伤。

向后头入水的身体姿势应做到：两臂伸直靠拢两耳旁并手，稍仰头、挺胸，肘关节伸直夹紧头部，收腹、紧腰，夹紧臀都，两腿伸直并拢，脚尖绷直，整个身体稍呈反弓形，但从肩部到脚尖应成一直线。入水后，保持这种姿势，直到身体下沉，速度明显减慢。

在群众跳水活动中，入水时常出现不绷脚尖、弯膝、分腿、屈髋、塌腰、肩角大等缺点，使入水时身体不直。一般造成入水身体不直的主要原因有以下几个方面：

（1）柔韧性差。

（2）腰腹力量差。

（3）身体协调和控制能力差。

（四）压水花技术

入水压水花技术也称为翻掌压水花技术，可分为入水到底和入水滚翻两种。练习者在练习过程中，首先应注意下列几点。

第一，在即将入水时，两臂伸直贴住两耳，夹紧头部。一手抓住另一手的四指（大拇指除外），掌心对水面。

第二，在掌心即将触水的一瞬间，收腹、紧臀，同时用力伸直肘关节并夹紧头部拉长身体。

第三，躯干进入水中时，两臂可向体侧方向或体侧偏前方分臂。入水时的分臂动作不仅能加强压水花的效果，而且能减轻练习者手臂的负荷，避免肩、肘受伤。

第四，向前入水滚翻。在身体全部进入水中时，可做低头、含胸、屈髋的滚翻动作。正确运用滚翻动作，能较好地压水花。水中滚翻位置的深浅，直接影响压水花的效果，通常在水面以下 1.5～1.8 米处开始滚翻，会取得较好的效果。

第五，向后入水带臂。向后入水时，用力向后使身体在水下沿翻腾方向继续转动（相当于向前入水的滚翻动作），可加强压水花效果。因此，向后入水的动作在入水前，身体角度应处于接近垂直的位置，然后通过带臂动作拉直入水角度。

1. 向前入水的到底压水花技术

（1）动作过程

身体以接近垂直的角度开始入水，在掌心即将触水的一瞬间，伸臂拉长身体。同时伸直肘关节夹紧头部。当躯干进入水中时，分臂划水，两臂贴体侧，身体沿着翻腾方向继续下潜到底。

（2）学习方法

①在 3 米和 5 米跳台上熟练掌握各种姿势的向前倒下基本动作。

②体侧并手压水花模仿，请同伴帮助完成。练习时，同伴站在高 15～30 厘米的地方，练习者背对同伴两臂侧平举站立，两臂由体侧快速上摆贴住两耳，在头上并手，掌心向上，在并手的同时用力向上伸臂。拉长身体，夹紧头部。练习者并手伸臂后，同伴两手重叠，向下拍击练习者的手掌。多次重复上述动作。

2. 向前压水花的滚翻压水花动作

身体以接近垂直的角度开始入水，在掌心即将触水的一瞬间，伸臂拉长身体，同时伸直肘关节夹紧头部。当躯干进入水中时，低头、弓背分臂划水，两臂贴体侧。当身体全部进入水中时，迅速屈髋做滚翻动作。

3. 向后入水的压水花技术

身体以接近垂直角度开始入水（但两臂应与水面垂直），在掌心即将触水的一瞬间，迅速向后带臂，拉长身体，同时伸直肘关节，夹紧头部。当躯干进入水中时，分臂划水，两臂贴体侧，身体沿翻腾方向做较大幅度的翻转。

二、跳水运动的基本动作

基本动作是指跳水竞赛规则难度表上没有列出的基本动作。通过各种基本动作练习，可使跳水练习者建立正确的时间概念和空间概念，提高跳水时的平衡能力和控制身体的能力，从而逐步掌握起跳、入水技术，打好基础。

（一）跳下

跳下是指身体在空中不做翻转并以脚先入水的基本动作。可以在跳台和跳板的不同条件下练习，掌握在空中对身体的控制能力。向前跳下时，身体不能过分前压，否则空中动作不易控制，且缺乏起跳高度。向后跳下时，身体不能过分后倒。在空中完成 B 式和 C 式跳下动作时，应迅速打开身体，调节重心，使身体垂直入水。

1. 向前 A 式跳下

可分为 1 米板向前 A 式跳下，1 米板向前立定起跳 A 式跳下，3 米板向前 A 式跳下，3 米板向前立定起跳 A 式跳下，池边向前的 A 式跳下（入水点距池边 40～50 厘米为宜），3 米、5 米、5 米以上跳台 A 式跳下。要注意的是下落时，高度越高，两臂在两耳旁停留时间越长，越有利于调节身体重心，维持平衡。

2. 向前 B 式跳下

可分为 1 米板向前，3 米板向前，3 米台向前，5 米、5 米以上跳台的 B 式跳下。需要注意的是：

（1）起跳时，两臂快速上摆至两耳旁，两脚一离开板，就快速屈髋，举腿，含胸，躯干略前倾，两手摸脚背。然后迅速屈髋，压腿成 A 式，两臂伸直贴拢大腿外侧入水。

（2）高度越高，身体下落两臂在体侧停顿的时间越长，越有利于维持重心平衡。

3. 向前 C 式跳下

可分为 1 米板向前立定起跳的 C 式跳下，3 米板向前 C 式跳下，3 米台向前 C 式跳下，5 米、5 米以上跳台向前 C 式跳下。应注意以下几点。

（1）起跳时，两臂快速上摆至两耳旁，两脚一离开板，快速屈髋和膝关节，使大腿向胸部靠拢，同时含胸，两臂贴大腿外侧，双手抱住小腿，在腾空最高点完成上述动作后，迅速伸直髋关节和膝关节，两臂贴拢大腿，直体入水。

（2）高度越高，身体下落时，两臂在体侧停留时间越长，以利于调节重心，维持平衡。

4. 向后 A 式跳下

可分为，1 米板向后 A 式跳下，3 米板向后 A 式跳下，池边向后 A 式跳下，3 米、5 米及 5 米以上跳台向后 A 式跳下。应注意以下几点。

（1）起跳腾空后，目视跳板后方，两臂向上夹于两耳旁，紧腹、夹臀，两腿并拢，脚尖绷直，入水时两臂伸直贴拢大腿外侧。

（2）高度越高，两臂在两耳停留的时间越长，越利于调节重心，维持平衡。

5. 向后 B 式跳下

可分为 1 米板向后 B 式跳下，3 米板向后 B 式跳下，3 米、5 米及 5 米以上跳台向后 B 式跳下。应注意以下几点。

（1）起跳蹬板时，两臂快速上摆至两耳旁，两脚离板后快速屈髋、举腿、含胸，躯干稍前倾，同时两臂下压摸脚背，然后迅速屈髋、压腿，两臂伸直贴拢大腿外侧，以直体姿势入水。

（2）高度越高，身体下落时两臂在体侧停顿的时间越长，越利于调节身体重心，维特平衡。

6. 向后 C 式跳下

可分为 1 米板向后 C 式跳下，3 米板向后 C 式跳下。

（二）倒下

倒下是指身体在空中翻转半周并以头先入水的基本动作。在各种不同高度的板、台上练习倒下动作，是为了学习和掌握各种姿势的打开入水技术和调节入水角度的技术以及入水的压水花技巧。

在学习倒下动作之前，跳水者应先在陆上进行各种打开模仿、并手模仿以及各种倒立练习。

1. 向前 A 式倒下

（1）3 米板（台）向前并手的 A 式倒下动作过程

身体直立，两臂伸直在头上方并手，两掌心向外，然后提踵，身体前倾倒下。双脚离板（台）后，注意看水面，收腹紧臀，两腿并拢，脚尖绷直。肘关节伸直夹紧头部，使臂伸直成直体姿势入水。

（2）3 米板（台）向前分臂 A 式倒下动作过程

身体直立，两臂侧平举，然后提踵倒下。双脚离板（台）后，注意看水面，收腹紧臀，两腿并拢，脚尖绷直。入水时两肘关节伸直靠拢两耳，夹紧头部，并手，掌心向外成直体姿势入水。

2. 向前 B 式倒下

（1）池边向前并手 B 式倒下动作过程

站池边，躯干前倾下压，两臂伸直靠拢两耳并手，掌心向外，注视水面。然后提踵，身体前倾倒下。入水时肘关节伸直夹紧头部，成屈体姿势入水。

（2）3 米板（台）向前分臂 B 式倒下动作过程

站板（台）上，躯干前倾下压，两手侧平举。然后提踵，身体前倾倒下。在倒下的过程中，注视水面，两腿并拢，脚尖绷直，展直髋关节。然后两臂伸直迅速靠拢两耳并手，掌心向外，入水时收紧腹部，用力伸臂成直体姿势入水。

（3）3 米板（台）向前坐台的 B 式倒下动作过程

坐在板（台）端，两腿伸直上举，两手抱住小腿后面，肘关节贴拢膝盖外侧，按着身体前倾倒下。头朝下时两臂分开，注意看水面，两脚并拢，脚尖绷直，摆腿展直髋关节。然后两臂伸直，迅速靠拢两耳并手，掌心向外。入水时收紧腹部，肘关节伸直夹紧头都，用力伸臂成直体姿势入水。

3. 向前的 C 式倒下

（1）3 米板（台）向前下蹲的 C 式倒下动作过程

板（台）边，身体下蹲，两手抱住小腿，肘关节贴拢大腿外侧，接着提踵，身体前倾倒下。在倒下的过程中，注视水面，同时伸直髋和膝关节，并往后、上方伸腿，脚尖绷直，两腿并拢。然后两臂伸直迅速靠拢两耳并手，掌心向外。入水时，收紧腹部，肘关节伸直夹紧头部，用力伸臂成直体姿势入水。

（2）3 米板（台）向前坐台 C 式倒下动作过程

坐在板（台）端，两手抱住小腿，肘关节贴拢大腿外侧，身体前倾倒下。在倒下的过程中，注视水面，同时伸直髋和膝关节，并往后上方伸腿，脚尖绷直，两腿并拢。然后两臂伸直迅速靠拢两耳并手，掌心向外。入水时，收紧腹部，肘关节伸直夹紧头部，用力伸臂成直体姿势入水。

4. 向后的 A 式倒下

（1）1 米板向后的 A 式倒下功作过程

身体直立，脚掌着板（台），两臂伸直在头上方并手，两掌心向外，然后仰头带臂提踵，身体后前倾倒下。在倒下过程中，挺胸，仰头看水面，倾斜入水。

（2）3 米板（台）向后分臂 A 式倒下动作过程

身体直立，两臂侧平举，前脚掌着板（台），脚后跟悬空，然后仰头，身体后倾倒下。在倒下的过程中稍挺胸，仰头看水面，并收腹、紧臀，两腿并拢，脚尖绷直。然后两臂伸直，迅速靠拢两耳并手，掌心向外，手碰水时，减小仰头，肘关节伸直夹紧头部，用力伸臂人水。

5. 向后的 B 式倒下

（1）3 米板（台）向后 B 式倒下动作过程

躯干前倾下压，两臂伸直，两手摸板（台）面，前脚掌着板（台），脚后跟悬空，臀部后移倒下。在倒下的过程中，两腿并拢，脚尖往前上方伸出去，展直髋关节，仰头看水面。然后，两臂伸直，从体侧迅速靠拢两耳并手，掌心向外，手碰水时减小仰头，肘关节伸直夹紧头部，收紧腹部，用力伸臂入水。

（2）5 米台向后 B 式倒下（动作同上）

6. 向后的 C 式倒下

（1）3 米板（台）向后"体侧并手"的 C 式倒下动作过程

身体下蹲，前脚掌着板（台），脚后跟悬空，两手抱住小腿，肘关节贴拢大腿外侧，然后身体后倾倒下。在倒下的过程中，同时伸直髋和膝关节。脚尖往前上方伸出去，两手贴大腿。仰头看到水面后，两臂经体侧迅速靠拢两耳并手，掌心向外。手碰水时减小仰头，肘关节伸直夹紧头部，收紧腹部，用力伸臂入水。

（2）5 米台向后"体侧并手"的 C 式倒下过程

动作同上，但伸髋和膝关节的时间比 3 米板（台）早一些，且在展直身体后，如入水角度过大，只能紧腿和伸臂补救，不能入水瞬间压腿，最后，不要过早并手。

（3）3 米板（台）向后"体前并手"的 C 式倒下动作过程

身体下蹲，前脚掌着板（台），脚后跟悬空，两手抱住小腿，肘关节贴拢大腿外侧，身体后倾倒下。在倒下的过程中，同时伸直髋和膝关节，脚尖往前上方伸出，而手靠拢腹部并手。仰头看到水面后，两手经脚前、脸前伸向头顶，手碰水时减小仰头，肘关节伸直夹紧头部，紧腹，用力伸臂入水。

参考文献

[1] 朱有瓛.中国近代学制史料（第一辑上册）[M].华东师范大学出版社，1983.

[2] 汤志钧，陈祖恩.戊戌时期的教育[M]，上海教育出版社，1993.

[3] 朱有瓛.中国近代学制史料（第一辑下册）[M].华东师范大学出版社，1986.

[4] 何晓夏，史静寰.教会学校与中国教育近代化[M].广东教育出版社，1996.

[5] 朱有瓛，高时良.中国近代学制史料（第四辑）[M].华东师范大学出版社，1993.

[6] 李晋裕，藤子敬，李永亮.学校体育史[M].海南出版社，2000.

[7] 王占春.新中国中小学体育教材建设与体育教学改革[M].北京：人民教育出版社，1994.

[8] 张丽荣.体育教学的价值回归探索[M].北京：中国纺织出版社，2017.

[9] 王丽辉.全民运动视角下冬季体育的实施措施[J].冰雪体育创新研究，2021（05）：3—4.

[10] 童莉，谢丽华.冬季体育教学中德育的渗透策略探索[J].当代体育科技，2017，7（33）：64—65.

[11] 魏龙飞，丁铭一.新课标背景下拓宽中初中冬季体育教学思路的几点做法[J].运动，2017（14）：114—115.

[12] 唐宝盛.冬季体育教学要树立以学生健康成长为本的理念[J].冰雪运动，2016，38（05）：48—50.

[13] 谷茂恒，姜武成.高校体育教学评价体系的构建[M].北京：航空工业出版社，2019：79.

[14] 张伟，孙哲.体育教学功能解析与实现途径研究[M].北京：中国商业出版社，2018：45.

[15] 冷际伟，胡泯.现代教育技术在体育教学中的应用[J].攀枝花学院学报，2008（3）：126—128.

[16] 戴信言.高校体育教学多种模式的探索[M].北京：中国原子能出版社，2016.

[17] 张丽琼.高校体育教学管理存在的问题及优化策略[J].当代体育科技，2020（3）：101＋103.

[18] 王萍."自主探究—合作"体育教学法的理论分析[J].教学与管理，2009（24）：151—152.

[19] 刘伟.高校体育教育创新理念与实践教学研究[M].北京：九州出版社，2019.

[20] 龚新芳.浅析高校体育教学对学生终身体育意识的培养[J].当代体育科技，2021（26）：99—101.

［21］张黎琴．大学生体育科学素养培养与终身体育研究［J］．当代体育科技，2019（28）：103－104．

［22］宋乃庆．中国基础教育新课程的理念与创新［M］．北京：中国人事出版社，2002．

［23］毛振明．体育教学科学化探索［M］．北京：高等教育出版社，1999．

［24］谷茂恒，姜武成．高校体育教学评价体系的构建［M］．北京：航空工业出版社，2019．

［25］郭道全，魏富民，肖勤，等．现代高校体育教学概论［M］．北京：中国商务出版社，2015．

［26］刘复兴．试论新时代我国基础教育的结构性变革［J］．教育研究，2018（10）：57－63．

［27］陈方煜．现代体育教学体系分析与创新研究［M］．长春：东北师范大学出版社，2017．

［28］孙云．学校体育课教学目标内容体系构建［M］．哈尔滨：哈尔滨工业大学出版社，2020．

［29］梁益军，肖波，周煜．高校体育教学创新体系的构建研究［M］．北京：光明日报出版社，2016．

［30］杨媛，杨晋．普通高校体育教学创新与体系构建研究［M］．北京：中国书籍出版社，2017．

［31］周遵琴．高校体育教学改革与发展［M］．成都：电子科技大学出版社，2015．

［32］毛振明．体育教学改革新视野［M］．北京：北京体育大学出版社，2003．

［33］邵帅．基于互联网思维下的体育教学方法改革［J］．通讯世界，2020（6）155－156．

［34］王贵春．试论运用多媒体 CAI 进行体育教学的方法与策略［J］．赤峰学院学报（自然科学版），2013（24）．

［35］毛振明．体育教学内容论［M］．北京：北京体育大学出版社，2014．

［36］龚坚．现代体育教学论［M］．重庆：西南师范大学出版社，2009．

［37］刘满．体育教学团队的科学建设与管理［M］．北京：中国商业出版社，2018．

［38］贾振勇．体育教学改革与实践应用探究［M］．北京：新华出版社，2018．

［39］谷茂恒，姜武成．高校体育教学评价体系的构建［M］．北京：航空工业出版社，2019．

［40］陈炜，黄芸．体育教学与模式创新［M］．北京：光明日报出版社，2016．

［41］包春峰．构建与科学、人文、健康教育相融合的高校体育教学模式［D］．天津：天津大学，2007．

［42］杨平川．基于网络环境的高校体育教学模式创新研究［J］．体育研究与教育，2018（2）：53－56．

［43］董国强．创新人才素质培养研究［D］．哈尔滨：哈尔滨工程大学，2005．

［44］梁智恒．体育教学"合作学习"模式的构建与实践［J］．哈尔滨体育学院学报，2007（3）：52－54．

［45］陈琦．从终身体育思想审视我国学校体育的改革与发展［J］．体育科学，2004（1）：40－43．

［46］雷继红，贾进社．我国高校体育教学模式现状及其发展趋势［J］．西安体育学院学报，2006（3）：109－111，130．

［47］郭庆生．俱乐部型体育教学模式可行性研究［J］．山西师大体育学院学报，2004（2）：47－49．

［48］郑大军．体育俱乐部教学模式在高校体育教育中的实施［J］．淮北师范大学学报（自然科学版），2016（2）：90－93．